거리의 시민들

지구화 시대에 누가 왜 어떻게 시위에 참여하는가

마르코 지우니·마리아 T. 그라소 지음 박형신 옮김

거리의 시민들

지구화 시대에 누가 왜 어떻게
시위에 참여하는가

Street Citizens
Protest Politics and Social Movement Activism in the Age of Globalization

한울
아카데미

차 례

표 차례

책 머리에

2009년부터 2012년까지 우리 세 사람은 CCC 프로젝트["현장에서 저항 행위 포착하기: 항쟁의 맥락화Caught in the Act of Protest: Contextualizing Contention"]를 이끌었다. 6개국(나중에는 14개국)의 동료들과 함께, 우리는 다양한 쟁점을 다루는 수많은 시위에서 참가자들을 아주 막대한 규모로 조사했다. 마르코 지우니Marco Giugni와 마리아 그라소Maria Grasso는 초기 CCC 팀의 일원으로, 각각 스위스와 영국에서 이 연구를 공동 설계하고 공동으로 현장 조사를 수행했다. 우리가 생각하기에 CCC 프로젝트는 지금까지 우리가 이용할 수 있는, 개별 저항 시위자들에 대한 가장 큰 데이터베이스를 생산했다는 점에서 성공적이었다. 현재 CCC의 전체 카탈로그에는 14개국에서 개최된 서로 다른 109개의 행사에 참여한 2만 2000명이 넘는 개별 시위자로부터 얻은 답변이 담겨 있다. 이들 데이터 대부분은 저항 참여자들을 연구하는 데 관심이 있는 모든 연구자에게 무료로 제공되고 있다. 이 책 『거리의 시민들』은 이 데이터베이스와 이 노력에 참여한 모든 나라 모든 팀의 노고에 근거하여 이루어진 성과이다.

이 책은 정확히 우리가 CCC 프로젝트를 통해 생산해 내기를 바랐던 것 — 즉, 사람들이 자신의 불만을 표출하기 위해 거리로 나가는 흥미로운 현상에 관한 책 한 권 분량의 심층적인 분석 — 이다. 이 책은 CCC의 장점을 십분 활용한다. 프로젝트를 구상하는 동안 우리는 몇 시간이고 우리가 던질 정확한 질문들에 대해 논의했고, 저항자와 시위자의 표본을 추출하는 방법을 놓고 끝없이 토론했으며, 거듭되는 회의에서 우리가 흥미로울 수 있다고 생각했던 수많은 맥락 데이터를 놓고 논쟁을 벌였다. 그렇게 긴 (그리고 솔직하게 말하면 자주 지루했던) 시간이 걸린 주요한 이유는 우리가 표준화를 시도했기 때문이다. 우리는 저항자, 시위, 국가들을 비교할 수 있는 도구와 방법을 고안하고 싶어 했다. 어쨌거나 사회과학은 비교**이다**. 우리는 (마침내) 하나의 책이 CCC가 갖는 비교의 강점을 이용하게 되어 기쁘다. 우리가 공동의 접근방식을 놓고 벌인 고통스러운 토론이 드디어 결실을 맺었다.

물론 이 책에 앞서 수많은 CCC 출판물이 간행되었다. CCC 멤버들은 다양한 저널에 논문을 발표했고, 그중 일부는 그들의 분과학문을 주도했다. 저널의 두 특집호는 CCC가 낳은 또 다른 주목할 만한 부산물이었다. CCC 데이터를 이용한 논문들로 이루어진 한 권의 모음집도 나왔다. 그러나 이 책이 나올 때까지 우리가 몇 년 동안 그렇게 세밀하게 조사했던 저항자들을 다룬 단일한 모노그래프는 생산되지 않았다. 이전의 결과물은 모두 한정된 구체적인 연구 주제만을 다루었고, 자주 데이터의 작은 부분만을 활용했다. 이 책은 데이터 전체를 이용하여 21세기 초의 저항 행위를 완전하게 묘사하고 있다.

우리는 또한 이 연구의 대모와 대부로서 이 책이 CCC의 주요 목표를 중심 주제로 삼고 있다는 것에 긍지를 느낀다. 우리의 목적은 비교 방법을 통해 어떤 사람이 저항하는지, 그들은 왜 저항하는지, 그리고 그들이 어떤 채널을 통해 거리로 나오게 되었는지를 분석하는 것이었다. 우리는 항상 저항과 저항자들은 오직 **맥락 속에서**만 제대로 연구될 수 있다고 믿었다. 물론 우리가 저항 참가자들과 관련하여 알고 있는 몇 가지 사항은 저항이 발생하는 맥락이나 그들이 맞서 싸우는 쟁점과 무관하게 모든 저항에 적용되는 것처럼 보인다. 그러나 저항 사건 간에는, 그리고 국가 간에는 상당한 차이가 존재한다. 오래전에 찰스 틸리Charles Tilly가 특정한 규칙을 따르는 레퍼토리repertoire 또는 표출양식display이라고 묘사한 관행들은 매우 이질적이다. 이탈리아의 긴축반대 저항자들은 스웨덴의 LGBTQ+ 행진 참가자들과 다르다. 저항자들은 자신을 표현하기 위해 기본적으로 동일한 의례를 사용하기도 하지만, 참여자들의 성격, 참여 동기, 그들을 충원하는 방식은 서로 다르다. 이 책은 이러한 저항들에서 나타나는 다양성 속의 통일성에 경의를 표한다.

이 책은 사회운동과 저항에 대한 아주 잘 구상된 연구이자 그러한 연구에 아주 크게 기여할 저작이다. 저자들은 저항과 저항자들이 쟁점과 국가에 따라 다르다는 것, 그리고 가장 중요한 것으로는 그러한 차이들이 무작위적이 아니라 유형화되어 있다는 것을 설득력 있게 보여준다. 그러한 차이는 저항 발생과 참여에 대한 기존의 설명 및 새로운 설명들에 의해 해명될 수 있다. 이를테면 경제적 쟁점과 관련한 저항과 문화적 쟁점과 관련한 저항에는 서로 다른 부문의 사람들이 참여한다. 이 두 저항에도 역시 많은 공통점이 있지만, 이 책의 분석은 그럼에도 불구하고 이 두 저항에는 지우니와 그라소가 살펴본 모든 변수 ─ 문화적 변수, 구조적 변수, 인지적 변수 ─ 와 관련하여 유의미한 차이가 존재한다는 것을 보여준다. 문제는 이 두 가지 유형의 저항 간의 경계가 점점 흐려지고 있는가 하는 것이다. 저자들은 이것이 사실일 수 있다고 제안하지만, 그것이 확실해지기 위해서는 더 많은 종단적 증거가 누적되기를 기다려야 한다. 이 책은 또한 21세기 첫 10년 동안 극심한 위기가 어떻게 남유럽을 강타했는지를 잘 보여준다. 이탈리아와 스페인은 표본 속의 북유럽 국가들과는 뚜렷이 구분되는 저항 잠재력과 현저히 다른 저항자들을 가진 나라인 것으로 나타난다. 적어도 거리 위에서는 북유럽과 남유럽 간에 아주 다른 거리 투쟁이 벌어지는 분단된 유럽이 존재하는 것으로 보인다.

이 책은 국가 간의 그리고 쟁점 간의 흥미로운 차이를 부각시키는 것 외에도, 저항과 관련하여 계속되고 있는 일부 신화들이 이제 폐기되어야 한다는 것을 보여준다. 이를테면 저항자들은 소외되어 있고 반정치적인 사람들이라는 우화는 지지되지 않는다. 저항자들은 정치에 매우 관심이 많다. 그들은 정당과 일체감을 가지고 있고, 자신들이 정치에 영향을 미칠 수 있다고 생각하며, 관례적인 정치 참여 형태들에도 상호 보완적인 방식으로 참여한다. 저항자들은 정치적 외부자들이 아니다. 비록 쟁점과 나라별로 다르기는 하지만, 그들은 내부자들이다. 더 나아가 새로운 소셜미디어가 저항의 장에서 사람들을 동원하고 충원하는 방식 및 여타 많은 것을 근본적으로 변화시키고 있다는 신화가 폭로된다. 이전과 마찬가지로 시위자들 대부분은 조직의 성원이고, 공식 또는 비공식 네트워크를 통해 충원된다. 마지막으로, 경제 위기가 저항의 계급 기반을 부활시키고 위험한 저항을 만들었다는 생각 역시 이 책에 제시된 증거에 기초하여 폐

기될 수 있다. 사회적으로, 문화적으로, 그리고 재정적으로 더 강한 집단이 여전히 거리를 압도적으로 지배하고 있다.

요약하면, 이 책은 비교 접근방식을 통해 새로운 영역을 개척하고 저항과 저항 참여에 대한 우리의 통찰력을 심화시킨다. 동시에 이 책은 이 분야에서 오랫동안 계속되어 온 일련의 논쟁을 해결하는 데 도움을 줄 수 있는 강력한 증거들을 제시하고 있다.

베르트 클란더만스Bert Klandermans

자클린 판 스테켈렌뷔르흐Jacquelien van Stekelenburg

스테판 발흐라버Stefaan Walgrave

암스테르담과 보브생에서

2018년 2월

이 책은 국제 협력 노력에서 비롯되었다. 이 국제 협력 연구는 유럽과학 재단European Science Foundation: ESF의 연구비와 관련 국가에서 운영하는 국가 기금 기관의 후원으로 가능했다. 협력 연구 프로젝트 "현장에서 저항 행위 포착하기: 항쟁의 맥락화CCC"는 2008년에 제출되어 2009년에 승인받았다(08-ECRP-001). 벨기에, 네덜란드, 스페인, 스웨덴, 스위스, 영국의 국가 기금 기관들도 협력 연구 프로젝트 중 개별 프로젝트에 자금을 지원하기로 합의했다. 이러한 지원으로 인해 연구팀은 지원금의 구체적인 목적과 기간을 훨씬 넘어서는 연구 활동에 착수할 수 있었다. 이탈리아를 포함한 다른 나라들도 나중에 이 연구에 동참했다. 전용 웹사이트(www.protestsurvey.eu)는 프로젝트에 대한 더 자세한 정보를 제공하고 있다. 이 웹사이트에서는 데이터에도 접근할 수 있다(http://dans.knaw.nl).

연구비를 제공한 기관 외에도 ESF 공동 프로젝트에서 책임자 역할을 한 베르트 클란더만스Bert Klandermans를 위시하여 많은 사람에게도 감사의 인사를 전한다. 자클린 판 스테켈렌뷔르흐Jacquelien van Stekelenburg와 스테판 발흐라버Stefaan Walgrave도 공동 프로젝트에서 주도적인 역할을 했다. 우리는 이 세 분뿐만 아니라 몇 년 동안 연구를 조직하고 관리해 준

'지상 통제' 팀과 '데이터 처리' 팀의 협력자들에게도 감사한다.

우리는 또한 프로젝트에 참여한, 그리고 무엇보다도 데이터 수집에 참여한 모든 연구원에게 따뜻한 감사를 표하고 싶다. 너무 많아서 개별적으로 언급할 수는 없지만, 우리는 이 연구를 가능하게 만들어준 모두 ─ 각국 팀들의 리더와 수석 연구자들, 연구보조원들, 시위 현장에서 질문지를 돌리는 데 도움을 준 학생들, 그리고 어떤 식으로든 이 공동 노력에 동참해 온 다른 협력자들 ─ 에게 감사한다.

도나텔라 델라 포르타Donatella della Porta와 더그 매캐덤Doug McAdam에게도 특별한 감사를 보낸다. 이 두 분의 격려와 제안은 이 책을 쓰는 과정에서 얼마간의 의구심이 들 때조차 우리에게 계속해서 의욕을 북돋아주었고, 또한 이 책을 더 수월하게 쓸 수 있게 해주었다. 탁월한 사회운동 학자인 이 두 분에게서 받은 이러한 종류의 지원은 우리에게 매우 유익한 것이었다.

마지막으로, 그렇지만 특별히, 우리는 우리의 조사에 응답하여 질문지를 다시 보내준, 우리가 연구 대상으로 삼은 7개국의 수많은 시위자에게 감사한다. 그들이 없었다면, 이 책은 분명 쓸 수 없었을 것이다. 우리는 그들이 우리의 연구에 기여한 것에 대해서는 물론이고 무엇보다도 정치 참여를 통해 민주주의에 활력을 불어넣어 준 것에 대해서도 감사한다. 민주주의는 단지 권리와 의무의 문제만이 아니다. 민주주의는 투표를 통해서뿐만 아니라 시위와 같은 비선거 정치 활동을 통해서도 적극적으로 정치에 참여하는 사람들에 의해 만들어진다. 이 책을 바로 그 거리의 시민들에게 바친다.

제1장

지구화 시대의 저항 정치와 사회운동 행동주의

이 책은 시민에 관한 책이자 저항에 관한 책이다. 이 책은 보다 광범위한 의미에서의 시민들, 구체적으로는 정부가 제정하거나 발의한 정책에 반대하여, 또는 특정 쟁점에 반대하거나 지지하여 거리에서 저항하는 거리의 시민들을 다룬다. 이 장에서 우리는 이 책에서 다루는 주요 쟁점을 소개하고, 주요 논점을 제시하며, 분석에 사용된 데이터와 방법에 대해 기술한다. 이 책은 활동가들에 대한 원조사 데이터에 근거하여 경제적 공정성이나 기후 변화와 같은 우리 시대의 긴급한 사회문제들에 정치적으로 맞서 싸우는 활동가들의 다양한 동기, 사회적 특성, 가치들을 분석하고, 이를 통해 현대 저항 정치의 성격을 설명한다. 우리는 오늘날 저항 정치와 사회운동 행동주의가 무엇이고, 그것들의 주요한 특징은 무엇이며, 거리의 시민들을 얼마만큼까지 사회적·정치적 변화의 추동력으로 볼 수 있는지를 묻는다. 전 세계에서 민족주의 정당과 포퓰리즘 정당이 인기를 끄는 등 제도 정치로부터의 광범위한 민심 이탈과 정치적 책임성의 위기 crisis of responsibility로 특징지어지는 지구화 시대에, 좌파-자유주의적 저항 정치는 보다 광범한 정치 변화와 사회 변혁에 대해 자신이 지닌 잠재력을 실현하는 데서 큰 도전에 직면해 있는 것으로 보인다. 금융시장의 지배력, 지구화의 힘, 우파 포퓰리즘의 부상 사이에 끼어 소수자의 지위에 갇힌 오늘날의 좌파는 사회적·정치적 변화의 추동력으로 작동하는 데 점점 더 어려움을 겪고 있다. 이는 거리에서 행해지는 저항 정치의 특징에도, 그리고 오늘날 운동의 주요 주창자들이 드러내는 가치에도 반영되어 있다. 이러한 맥락에서 이 책은 좌파의 저항문화와 저항 정치의 특징들, 즉 거리의 시민들이 시위에 참여하는 동기와 방법에서부터 그들이 옹호하는 대의와 그들이 제기하는 쟁점까지, 그리고 그들의 동원 구조와 정치적 태도 및 가치뿐만 아니라 사회운동 내에서 그들이 인식하는 정체성과 운동 효과, 그리고 저항 참여에서 감정이 수행하는 역할과 같은 다른 주요한 측면들도 분석한다.

거리 시위: 정상화된 모듈식 항쟁 정치의 한 형태

오늘날 자유민주주의의 맥락에서 시민들은 자신들의 불만을 표출하기 위해 다양한 도구 ─ 선거에서 투표하는 것에서부터 공무원들과 직접 접촉하는 것에 이르기까지, 청원서에 서명하는 것에서부터 정치적 이유로 특정 상품의 구입을 거부하는 것에 이르기까지, 지역사회 행동 집단에 참여하는 것에서부터 거리 시위에 참여하는 것에 이르기까지 — 를 자신의 뜻에 따라 이용한다. 이 '항쟁 레퍼토리repertoire of contention'들은 지난 여러 세기를 경과하며 발전해 왔다. 틸리(Tilly 1986, 1995)가 탁월하게 보여주었듯이, 자본주의의 출현과 국가 형성이라는 두 가지 대규모 과정 — 로칸(1970)의 용어를 사용하면, 산업혁명과 국가혁명 — 은 항쟁 레퍼토리에서 주요한 변화를 낳았다. (영토적으로, 그리고 정치적으로) 지역적이고 (지역 엘리트들로부터) 후원을 받고 (기존의 권리와 특권을 보존하는 것을 목적으로 하는) 반발적이던 레퍼토리들이 전국적이고 자율적이며 사전행동적인 레퍼토리들로 대체되었다. 이 관점에서 볼 때, 사회운동은 이러한 변화로부터 탄생했고, 거리 시위는 파업, 대중집회, 선거 등과 함께 새로운 레퍼토리의 주요한 부분이 되었다(Tilly 1986).

태로(Tarrow 1998: 30)는 이러한 생각을 다음과 같이 적절하게 요약했다. "1780년대에 사람들은 선적된 곡물을 강탈하는 방법, 세금 징수자들을 공격하는 방법, 과세 장부를 불태우는 방법, 불법 행위자들과 공동체의 규범을 위반한 사람들에게 복수하는 방법을 알고 있었다. 그러나 그들은 아직 공동의 목적을 위해 대중 시위, 파업, 또는 도시 반란과 같은 행위를 하는 것에는 익숙하지 않았다. 1848년 혁명이 끝날 즈음에 청원, 공개모임, 시위, 바리케이드는 서로 다른 사회적 행위자 단체들이 다양한 목적을 위해 이용하는, 익히 알려진 통상적인 방법이 되었다." 이 발췌문은 또한 오늘날 이러한 형태의 동원이 지닌 주요 특징으로, 청원과 인터넷상에서의 행동 요구internet call-to-action와 함께 거리 시위가 '모듈식 퍼포먼스

modular performance' — 즉, "다양한 지역 및 사회적 환경에 맞게 조정될 수 있는 일반적인 [저항] 형태"(Tilly and Tarrow 2015: 17) — 가 되었다는 것이라고 강조한다. 이제 시위는 더 이상 특정 목적이나 집단 — 이를테면 조세 반대 폭동, 징병 반대 폭동, 생계 폭동, 곡물 탈취와 같은 종래의 항쟁 레퍼토리처럼 — 에 매이지 않으며, 서로 다른 쟁점에 대해 서로 다른 목적을 위해 서로 다른 행위자들에 의해 사용된다. 따라서 시위는 또한 틸리의 사회운동에 대한 정의에 부합한다. 틸리는 사회운동을 "실권자의 관할권하에 살고 있는 주민들이 자신들의 숫자, 헌신, 단결, 가치를 반복해서 공개적으로 드러냄으로써 그 주민들의 이름으로 그 실권자에게 지속적으로 도전하는 것"이라고 정의했다(Tilly 1994: 7). 숫자, 헌신, 단결, 가치를 보여주기 위한 방법으로 다른 사람들과 함께 거리로 나가 저항하는 것보다 더 나은 수단이 존재하는가?

항쟁 레퍼토리의 변화에 대한 틸리의 주장은 수세기에 걸쳐 일어난 장기적인 변화와 관련되어 있지만, 저항 — 그리고 보다 구체적으로는 시위 — 의 역할은 좀 더 짧은 시기 동안에 바뀌었다. 이 점과 관련하여 학자들은 그 부침에도 불구하고 종래의 사회경제적 쟁점과 함께 새로운 탈물질주의적 우려가 발전하면서 저항을 발생시키는 쟁점이 전반적으로 증가함에 따라 최근 수십 년간 시위 횟수뿐만 아니라 참가 인원도 상당히 증가했다는 것을 보여주어 왔다(Van Aelst and Walgrave 2001). 이러한 평화로운 저항의 중요성이 증대한 것은 시민과 국가 모두가 그러한 행위에 부여하는 정당성이 증가한 것과 나란히 이루어졌고, 이는 저항 행동의 정상화 normalization of protest behavior를 낳았다(Dalton 2008; Fuchs 1991; Marsh and

Kaase 1979; Topf 1995; Van Aelst와 Walgrave 2001). 그리하여 시위는 대의민주주의 국가들에서 공적 주장과 참여가 이루어지는 주요한 채널 중 하나가 되었다(Norris et al. 2005).

일부 학자들은 이러한 저항의 정상화가 얼마간 저항자의 정상화normalization of protester를 가져왔다고 주장했는데, 이는 저항자들의 보다 폭넓은 스펙트럼이 일반 시민의 특징을 더욱 근접하게 반영하게 되었기 때문이다(Van Aelst and Walgrave 2001). 저항 — 투표 및 여타 특정한 참여 형태를 제외하면 가장 일반적이고 가장 광범위한 참여 형태인 — 의 정상화는 저항이 더 이상 노동조합의 투사, 진보적인 지식인, 의식 있는 학생들에 국한된 현상이 아니며, 따라서 "거리에서 우리는 모두 평등하다"라는 것을 시사한다(Van Aelst and Walgrave 2001). 더 나아가 '감정 동원emotional mobilization'이 부상한 것이 정상화에 기여한 것으로 인식된다. 현대 정치에서 이처럼 중요해진 거리 시위는 특히 누가 저항 활동에 어떤 이유에서 참여하고 그들이 어떻게 동원되는지를 조사하기를 원하는 사람들에게 적절한 연구 대상의 하나이다. 시위는 항쟁 정치contentious politics의 가장 전형적인 형태로, 다양한 쟁점에 대해 저항하는 서로 다른 유형의 사람들에 의해 사용되고 있으며, 서로 다른 사회계층 사이로 점점 더 확산되어 왔다.

하지만 모든 사람이 시위에 참여하는 것은 아니다. 우선 반 앨스트와 발흐라버(Van Aelst and Walgrave 2001)가 지적했듯이, 교육 수준이 낮은 사람들, 사회적으로 취약한 사람들, 가난한 사람들은 거리로 나설 가능성이 여전히 낮은데, 이는 정치 참여에서 교육이 갖는 강력한 동원 효과를 다시 한번 보여준다(Berinsky and Lenz 2011). 게다가 교육 수준과 상관없이, 거리로 나가 저항 정치에 참여하는 성향은 정치적 스펙트럼상의 좌파와 우파에서 동일하지 않다. 좌파들은 거리에서 저항하는 것에 더 많은 중요성을 부여하는 반면, 우파들은 제도적인 채널에 더 많은 특권을 부여하는 경향이 있다(Kriesi 1999). 이러한 서로 다른 태도는 좌파와 우파의 문화적 차이를 반영한다. 좌파에 속하는 사람들은 대체로 직접 행동과 상향식 형태의 참여민주주의를 강조하는 '시민권 연합civil rights coalition'에 속하는 반면, 우파에 속하는 사람들은 하향식 개입과 대의민주주의를 우선시하는 '법과 질서 연합law and order coalition'에 더 가깝다(della Porta 1996). 그러므로 우리가 주어진 특정한 맥락에서 관찰하는 시위들 대부분 — 이 책에서 분석하는 시위들을 포함하여 — 이 도덕적·문화적 쟁점을 다루든 아니면 사회적·경제적 쟁점을 다루든 간에 좌편향적이라는 것은 놀랄 일이 아니다. 이 구분에 대해서는 나중에 더 자세히 논의할 것이지만, 이제 최근에 일어난 몇 가지 중요한 변화 — 사람들이 거리 시위를 하는 방식에 영향을 미쳐왔을 수 있는 — 를 논의함으로써 이 책에서 제시할 분석의 토대를 마련하고자 한다.

지구화 시대에 저항하기

저항자의 정상화에 대한 반 앨스트와 발흐라버(Van Aelst and Walgrave 2001)의 주장(보다 자세한 논의로는 Norris et al. 2005를 보라) — 빈번하게 거론

되고 공적으로 승인되고 있다는 점에서 널리 받아들여지고 있는 저항의 정상화라는 테제와 함께 — 은 하나의 일반화된 주장이지만, 그들이 자신들의 주장을 뒷받침하는 근거로 제시한 경험적 증거들은 시간과 공간 모두에서 한정되어 있다. 그들의 분석은 서로 다른 나라들에서 산출된 데이터들을 선택적으로 보여주지만, 주로 벨기에의 저항과 시위에 관한 정보에 기초한다. 반 앨스트와 발흐라버도 주장하듯이, 벨기에의 거리 저항 전통이 다른 대부분의 서유럽 국가들과 대체로 일치할 수도 있다. 그러나 그들의 결론을 다른 서유럽 국가들로 일반화하는 것은 추측일 수밖에 없다. 게다가 그들의 연구는 2000년 이전의 기간을 다루고 있다. 이는 그들이 최근의 두 가지 중요한 대규모 항쟁의 물결, 즉 글로벌 정의 운동global justice movement과 긴축반대 운동이 이끌었던 저항들을 놓치고 있다는 것을 의미한다(Ancelovici et al. 2016; della Porta 2007a, 2015; della Porta and Mattoni 2014; Flesher Fominaya and Cox 2013; Giugni and Grasso 2015). 게다가 그들은 2008년부터 유럽이 직면한 가장 심각한 경제 위기 중 하나를 놓치고 있다. 우리는 이러한 사태의 진전이 현대의 사회적 저항과 그 특징을 이해하는 데서 열쇠라고 믿는다. 그 이유를 간단히 스케치해 보자.

글로벌 정의 운동 — 가장 널리 알려진 명칭만 거론하더라도 노-글로벌 no-global 운동, 지구화반대anti-globalization 운동, 또 다른 지구화alter-globalization 운동, 밑으로부터의 지구화를 위한 운동 등 다양한 명칭으로 불리는 — 은 1990년대 후반에 세계 풍경 속으로 들어와서 지난 수십 년 동안 주요한 항쟁의 물결을 형성했다. 비록 그 항쟁의 씨앗은 몇 년 전으로 거슬러 올라가지만, 그 운동이 대중운동으로 대약진을 한 것은 흔히 1999년 11월에 열린 세계무역기구World Trade Organization 회의에 반대하는 일련의 시위, 이른바 '시애틀 전투'라고 칭해지는 것을 통해서였다. 이 사건은 기본적으로 두 가지 형태를 취하는 일련의 항쟁 모임과 캠페인을 낳았다. 즉, 한편은 G7/8 정상회담과 그와 유사한 정부 회의에 반대하는 저항 — 특히 이른바 급진적인 젊은 저항자 중 이른바 '흑인 블록'이 일부로 참여할 때 자주 폭력적인 — 이고, 다른 한편은 사회포럼으로 대표되는 대항 모임들 — 가장 유명한 것 으로는 세계사회포럼World Social Forum과 유럽사회포럼European Social Forum — 이다.

글로벌 정의 운동은 사회운동에 대한 일반적인 정의를 반영하여, 전 세계의 사람들 사이에 정의의 대의(경제 정의, 사회 정의, 정치 정의, 환경 정의)를 진전시킨다는 공동의 목표에 근거하여 다양한 종류의 집합행위에 참여하는 조직들(형식 수준이 다양하고, 심지어 정당까지를 포함하는)과 여타 행위자들의 느슨한 네트워크로 정의되었다(della Porta 2007b: 6). 현재 우리의 목적에서 중요한 점은 글로벌 정의 운동이 '좌파 중의 좌파' 정당, 노동조합, 노동단체와 같은 전통적인 '종래의' 단체에서부터 환경·평화·연대 단체와 같은 '새로운' 종류의 행위자에 이르기까지, 그리고 학생 결사체, 급진 청년집단 및 여전히 많은 다른 단체 역시 포함하는 광범위한 행위자, 네트워크, 연합을 하나로 묶는 포괄적인 운동이라는 것이다. 이는 전통적인 운동과 새로운 사회운동 간의 경계를 모호하게 하는 것으로, 그리하여 또한 적어도 동원된 지지자들의 사회적 구성과 가치 지향의 면에서는 좌파 운동을 일정 정도 균질화시키는 것으로 인식되기도 한다(Egert and Giugni 2012). 달리 말해 글로벌 정의 운동은 이전에는 자체적으로 동원하는 경향이 있었던 서로 다른 조류의 '단일 쟁점' 운동들을 지구적 규모의 사회적·경제적 부정의는 물론 신자유주의에도 대항하는 투쟁이라는 공통의 '마스터 프레임master frame'(Benford 2013b; Snow and Benford 1992; Tarrow 1992) 아래에 한데 묶음으로써, '종래의' 쟁점(과 운동)과 '새로운' 쟁점(과 운동)을 화해시키는 데 기여했다.

그다음에는 2008년 이후 지금까지 유럽이 직면했던 가장 극심한 경제 위기 중 하나인 대침체Great Recession[2008년 글로벌 금융위기를 1930년대 대공황Great Depression에 빗대어서 사용하는 용어 _옮긴이]가 찾아왔다. 이 위기는 2000년대 후반과 2010년대 초반에 긴축반대 저항과 운동의 물결을 함께 몰고 왔다. 긴축반대 저항은 2008년 위기가 시작된 직후부터 급속히 성장하여 2011년에서 2012년 사이에 절정에 달했다(Cinalli and Giugni 2016a). 그중에서도 특히 미디어의 주목을 받은 대규모 사건이 바로 2011년 5월 마드리드에서 벌어진 인디그나도스 운동Indignados movement 또는 15M 시위[스테판 에셀Stephane Hessel의 책『분노하라』에 공감한 스페인의 분노한 사람들indignados이 2011월 5월 15일 마드리드에서 벌인 시위로, 2011년 5월 15일(15 de mayo)에 일어났다고 하여 '15M 시위'라고 불린다 _옮긴이]와 같은 해 9월 뉴욕에서 벌어진 월스트리트 점거 저항이었다. 이들 저항과 운동은 경제 위기에 대한 직접적인 대응이었지만, 그들이 훨씬 더 크게 반발한 것은 많은 유럽 국가가 제정하고 이른바 '트로이카'(유럽위원회, 유럽중앙은행, 국제통화기금)가 지지한 긴축정책 ― 기본적으로 예산(특히 사회적 부문에서의 지출)을 극심하게 삭감하는 것으로 구성된 ― 이었다.

대침체에 대한 정치적 반발은 어쩌면 경제 위기 자체보다는 그 부정적인 영향에 대처하기 위해 정부가 세운 계획과 더 관련되어 있었다(Bermeo and Bartels 2014: 4). 하지만 극심한 경제적 상황이 불만을 산출해 왔고, 특정한 조건하에 있는 사람들이 그러한 불만을 저항을 통해 해소하려고 했다고 인식할 수도 있다. 그러한 불만은 새로운 사회집단과 그 지지자들에게 자신들의 상황을 개선하기 위해 저항 활동에 참여할 수 있는 정치적 공간을 열어주기도 한다. 그리고 그곳에서 그들은 선진 자본주의적 민주주의 국가에서 나타나는 불공정한 부의 분배 패턴이라고 인식되는 것과 맞서 싸우기도 하고, 사회의 모든 부문이 경제 위기의 비용을 골고루 부담하고 있지 않다는 사실에 주목하기도 한다(Grasso and Giugni 2016a). 이런 점에서 학자들은 긴축시대의 새로운 저항 주체로 '프레카리아트 precariat'가 갖는 중요성을 강조해 왔고(della Porta 2015; Martin 2015), 그리하여 지구화가 초래하는 새로운 균열(이를테면 지구화의 승자와 패자 간의 분열)이 지닌 진보적 잠재력 ― 외국인 혐오 주장과 이민 반대 주장의 반동적 잠재력과 대비되는 것으로서의 ― 을 강조하기도 했다(Kriesi et al. 2006, 2008, 2012).

새로운 지지자의 동원이라는 측면에서 살펴보면, 경제 위기만이 아니라 경제 위기에 대처하기 위한 정부의 대책이 촉발한 긴축반대 저항 역시 새로운 불만을 만들어내 왔다. 게다가 긴축반대 저항은 라이프스타일에 초점을 맞추는 새로운 사회운동으로 인해 (특히 전통적인 계급 균열이 진정됨에 따라 그러한 새로운 쟁점들이 정치적 동원의 기반이 되는 공간을 더 크게 확대했던 국가들에서) 얼마간 뒤로 밀렸던 종래의 불만과 쟁점들을 되살려내 왔다(Kriesi et al. 1995). 그러한 불만들은 선진 산업 사회의 불평등과 자원

배분에 관한 문제와 관련되어 있다(Della Porta 2015). 따라서 긴축반대 저항은 초점을 보다 광범위한 도덕적·문화적 쟁점에서 다시 더 많은 빵과 버터의 재분배에 관한 관심으로 이동시킨 것으로 보인다(Della Porta 2015). 이러한 의미에서 긴축반대 시위 참가자들은 종래의 쟁점 시위 참가자들과 더 많은 특성을 공유한다(Grasso and Giugni 2016b). 그들은 새로운 쟁점 시위자들보다 덜 교육받은 중간계급 사람들이다. 그들은 또한 새로운 쟁점을 둘러싼 저항에 참석하는 일반적인 요주의 인물들보다 자원이 더 빈약한 사람들이다. 동시에 그들은 종래의 쟁점 저항에 참여했던 사람들보다 조직에 덜 뿌리를 두고 있다. 그들은 또한 보다 젊은 세대 출신이거나 학생일 가능성이 크다. 게다가 글로벌 정의 운동과 마찬가지로, 긴축반대 운동은 온라인 소셜 네트워크를 광범하게 이용하고(Anduiza et al. 2014) 다양한 형태의 심의-참여 민주주의(della Porta and Rucht 2013)를 경험하는 등 혁신적인 조직화 및 동원 형태를 보여주었다. 따라서 이들 운동 참여자는 덜 제도화되고 조직 네트워크에 덜 뿌리를 두고 있으며 이전에 제도 외적 참여를 했던 경험이 더 적을 것으로 예상되기도 한다.

보다 넓게는 이 책은 저항 참여 — 그리고 보다 구체적으로는 거리 시위 참여 — 의 모습이 지구화가 초래한 대규모 과정과 구조적 변화로 인해 변화되었고, 보다 최근에는 경제 위기에 의해, 그리고 최근의 사회운동이 초래한 지구화 과정의 정치화와 변화에 의해 촉진되었다는 가정에 기초하고 있다. 이러한 관점에서 볼 때, 글로벌 정의 운동은 시민들이 시위에 더 광범하게 참여할 수 있는 공간을 창출하는 데뿐만 아니라 '종래의' 빵과 버터의 재분배 문제와 '새로운' 라이프스타일 쟁점(즉, 도덕적·문화적 쟁점)

을 하나로 묶는 데에도 기여했다. 최근의 심각한 경제 위기는 전통적인 쟁점에 기초한 정치적 동원의 기반이었던 불평등과 계급 균열을 다시 전면에 복귀시켜 왔다. 이와 관련하여 긴축반대 저항은 그러한 균열을 재정치화하고 재동원하는 데 더욱 기여해 왔고, 그리하여 그러한 쟁점을 전면에 부각시켰다.

분명히 말해두지만, 이 진단이 옳다는 것을 증명하는 것이 우리의 목표는 아니다. 우리의 목적은 현 국면에서 왜 경험적 데이터를 활용하여 시위 참여에 대한 국가 간 비교분석을 해야 하는지를 아주 강력하게 보여주는 것이다. 게다가 이것은 이 책의 장들 전체에 걸쳐 우리의 분석을 안내할 나침반을 개발할 수 있게 해준다. 이 점과 관련하여 우리는 이러한 과정과 변화가 지구화 시대의 저항 정치 풍경에서 잠재적 변화의 씨앗을 뿌렸고 영구적으로든 단지 일시적으로든 간에 서로 다른 종류의 참여 조건을 (적어도 잠재적으로) 창출해 왔다고 제안하고 싶다. 보다 구체적으로 말하면, 이러한 상황의 전개가 거리 시위의 참여에 다음과 같은 다양한 영향을 미쳤을 수 있다. 즉, 그것은 자본주의와 계급 균열을 저항 정치로 되돌려 놓았을 수도 있고, 저항 정치와 선거 정치 간의 관계뿐만 아니라 다른 형태의 참여 간의 관계 역시 변화시켰을 수도 있다. 또한 온라인 소셜 네트워크를 비롯하여 동원의 새로운 채널을 전면에 부각시켜 보다 전통적인 채널과 네트워크의 역할을 경시하게 했을 수도 있고, 인지적 차원과 정서적 차원 모두에서 정치적 행위자와 대상에 대한 새로운 태도와 성향을 낳았을 수도 있다. 그리고 그것은 저항 참여의 근저를 이루는 불만, 이해관계, 가치, 정체성, 동기를 새롭게 강조하게 했을 수도 있다. 이 책에서 우리는 거리 시위 참여에 대한 미시적 분석을 통해 그러한 결과를 탐지하고 기술하기 위해 노력할 것이다.

거리 시위 참여에 대한 미시 수준의 분석

사회운동과 항쟁 정치에 관한 문헌들은 지난 50여 년 동안 크게 증가해 왔다. 적어도 1967~1968년에 유럽과 미국에서 저항의 물결이 일어난 이후 학자들은 사회운동의 기원, 전개, 결과에 대해 탐구해 왔다. 사회운동 연구자들은 대부분 저항의 집합적 차원, 즉 집합적 행위자로서의 운동에 관심을 가져왔지만, 연구들은 또한 누가 어떤 이유로 저항 활동에 참여하고 어떻게 동원되는지를 이해하기 위해 미시 수준 또는 개인 수준의 분석에도 초점을 맞추어 왔다. 이것이 또한 이 책의 목적이기도 하다. 우리는 시위에 참여하는 개별 참여자들에게 초점을 맞추고, 그들이 누구인지, 왜 시위에 참여하는지, 어떤 채널과 메커니즘을 통해 시위에 참여하는지를 더 잘 이해할 수 있게 해주는 많은 측면을 검토할 것이다. 이를 위해 우리는 사회운동 연구에서부터 정치학에서의 정치 참여에 관한 문헌에까지 이르는, 저항 참여에 대한 구조적 설명에서부터 사회심리학적 설명에까지 이르는, 그리고 항쟁 정치에 대한 문화적 접근방식에서부터 합리적 선택 접근방식에까지 이르는 다양한 연구 전통과 문헌들로부터 논의를 끌어낸다.

우리는 시위자들의 사회적·태도적 특성, 동원 구조, 동기뿐만 아니라

이 모든 것의 차이 또한 분석하며, 어떤 요인이 새로운 저항자와 보다 경험 있는 저항자들을 구별짓는지, 그리고 그러한 요인이 국가뿐만 아니라 저항 쟁점별로 어떻게 다른지를 파악한다. 이 점에서 우리의 설명은 누가, 왜, 그리고 어떻게 거리 시위에 참여하는지는 참여의 동원 맥락뿐만 아니라 미시구조적 동학과 사회심리적 동학과 연관되어 있는 많은 상호 관련된 요인들에 의해서도 영향을 받는다는 논리를 따른다. 〈그림 1-1〉은 이 책의 개념 틀을 도표로 그린 것이며, 또한 각각의 측면을 다루는 장을 표시해 놓은 것이기도 하다.

우리는 시위 참여의 동학이 세 개의 서로 관련된 요인의 층으로 이루어져 있다고 생각한다. 첫째 층은 거리 시위 참여의 동원 맥락을 나타낸다. 동원 맥락은 수요, 공급, 동원의 측면에서 설명될 수 있다(Klandermans 2004). 수요 측면은 주어진 사회에서 저항자들이 지닌 잠재력을, 공급 측면은 그 사회의 사회운동 부문의 특성을, 동원 측면은 수요와 공급을 연결시키는 기법과 메커니즘을 말한다(Klandermans 2004). 여기서 우리는 저항 잠재력에 특히 더 초점을 맞춘다. 저항에 대한 수요는 한 사회의 불만 수준에서부터 시작된다. 저항 잠재력은 그러한 불만을 반영하고 시민들이 기꺼이 저항하려는 의지에 달려 있다. 이것은 시민들이 서로 다른 유형의 정치 활동, 특히 저항 활동에 참여하는 성향을 통해 인식할 수 있다. 그러한 성향은 국가별로뿐만 아니라 시간이 지남에 따라서도 다를 수 있으며, 따라서 우리는 주어진 시점에 주어진 나라의 저항 잠재력 — 보다 구체적으로는 시위 참여 잠재력 — 을 측정할 수 있다.

우리의 목표가 시위 참여를 설명하는 것은 아니지만, 우리는 동원 맥락

그림 1-1 | 이 책의 개념 틀과 각 장의 구성

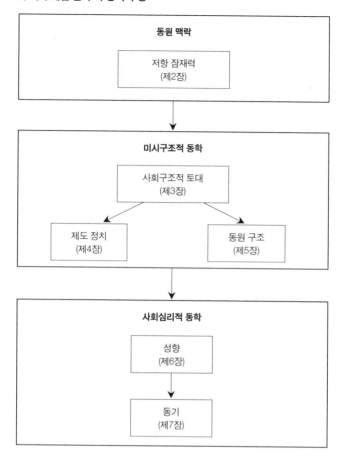

을 시위 참여의 미시구조적 동학과 사회심리적 동학을 이어주는 것으로 간주한다. 다음으로 우리는 미시구조적 동학이 사회심리적 동학에 선행하는 것으로 파악한다. 왜냐하면 사회심리적 동학이 저항 참여의 미시 동원micromobilization 맥락의 일부이기 때문이다. 마지막으로, 미시구조적 동학은 사람들이 시위에 참여하게 하는 동기를 형성하는 데 기여한다.

사회운동 연구의 오랜 전통은 운동 참여의 구조적 차원이 갖는 중요성을 강조한다. 따라서 이 책에서 논의된 요인들의 둘째 층은 시위에 참여하는 미시구조적 동학과 연관되어 있다. 여기서 우리는 세 가지 측면에 특별히 주의를 기울인다. 첫째 측면은 사회계급, 그리고 보다 일반적으로는 저항의 사회적 기반과 관련되어 있다. 사회계급은 사회학과 정치학 전반에서 핵심 개념이지만, 사회운동 문헌들에서는 다소 무시된 측면이 있다(이에 반대되는 입장을 취하고 있는 것으로는 Eidlin and Kerrissey 2018을 보라). 그렇지만 여러 학자가 운동 참여에서 사회계급이 수행하는 역할을 검토해 왔다(Eder 1993, 2013; Graco and Giugni 2015; Hylmö and Wennerhag 2015; Kriesi 1989; Maheu 1995). 특히 새로운 사회운동 이론은 1970년대와 1980년대에 생겨난 새로운 쟁점과 새로운 운동은 '중간계급 급진주의자들middle class radicals'(Parkin 1968)이 동원되고 있음을 알리는 것이었다는 점을 강조해 왔다. 보다 최근에 경제 위기의 맥락에서 발생한 저항과 긴축조치에 반대하는 저항들은 학자들로 하여금 계급의 역할을 재고하게 했고, 그 결과 학자들은 사회운동과 저항 행동에서 계급이 점점 더 중요한 역할을 한다고 주장해 왔다(della Porta 2015). 따라서 우리는 오늘날 시위 참여에서 계급이 수행하는 역할을 고려하고, 또한 시위자들의 이데올로기와 가치가 여전히 계급에 기초한 균열에 의거하는지 아니면 계급과 가치가 점점 더 서로 단절되는지를 검토한다.

　미시구조적 동학의 둘째 측면은 제도 정치, 더 정확하게 표현하면 저항 정치와 제도 정치 간의 관계와 관련되어 있다. 사회운동 연구자들은 점점 더 선거 정치와 비선거 정치 간의, 즉 제도 정치와 항쟁 정치 간의 긴밀한 관계에 대해 인식하게 되었고, 그리하여 우리가 정당과 투표에 관한 연구와 사회운동과 저항에 대한 분석을 병행할 필요가 있다고 주장해 왔다(Císař and Navrátil 2015; della Porta et al. 2017; Goldstone 2003; Heaney 2013; Heaney and Rojas 2015; Hutter et al. 2018; Kriesi 2014; Kriesi et al. 2012; McAdam and Tarrow 2010, 2013; Norris et al. 2015). 저항의 공급은 대체로 한 사회의 사회운동 부문의 특징 — 사회운동의 힘, 다양성, 그리고 호전성 — 과 관련되어 있지만, 제도적 행위자와 제도 정치 또한 저항의 기회를 제공하는 데 기여한다(Kriesi 2004). 더 나아가 시민들이 제도 정치와 관계 맺는 방식은 동원 과정이 저항에 대한 수요와 저항 기회의 공급을 어떻게 조화시키는지를 밝힐 수 있게 해준다.

미시 동원에 관한 가장 일관된 발견물 중 하나는 개인들의 사회운동 참여가 사람들이 이전에 사회적 네트워크에 뿌리를 두고 있던 정도에 달려 있다는 것이다(Corrigall-Brown 2013). 따라서 미시구조적 동학과 관련된 셋째 측면은 사회운동 연구자들이 동원 구조mobilizing structure라고 부르는 것을 다룬다. 동원 구조는 사람들을 집합행위에 동원하고 참여하게 하는 집합적 매개체를 일컫는다(McAdam et al. 1996). 그러한 매개체에는 무엇보다도 동원을 지원하고 촉진하는 사회적 네트워크와 유대가 포함된다(Diani 2004). 자원과 조직이 불만을 집합행위로 전환하는 조건을 창출할 때 저항이 발생할 가능성이 더 크다는 것을 자원 동원 이론이 분명하게 밝힌 후 동원 구조는 사회운동 연구에서 핵심에 자리하고 있다(McCarthy and Zald 1977; Oberschall 1973; Tilly 1978). 따라서 우리 역시 사람들이 그러한 동원 구조를 통해 얼마나 시위에 참여하는지, 그리고 사람들이 어떤 채널을 통해 그러한 저항 형태로 충원되는지를 검토한다.

연구자들은 사람들을 저항에 참여하게 하는 미시구조적 동학을 강조했던 것과 마찬가지로, 사람들의 참여를 촉진하거나 가로막는 사회심리적 요인들에도 많은 관심을 기울여왔다(van Stekelenburg and Klandermans 2013). 이에 맞추어 이 셋째 요인들의 층은 시위 참여의 심리학적 동학과 관련되어 있다. 그러한 요인들에는 정체성(Hunt and Benford 2004), 이데올로기(Snow 2004), 감정(Goodwin et al. 2004), 동기(Klandermans 2015), 헌신(Erickson Nepstad 2013) 등과 같은 다양한 측면이 포함된다. 여기서는 이러한 측면들 모두를 다루지만, 우리는 두 가지 주요한 탐구 노선을 따라 그것들을 분류한다. 첫째로는 성향predisposition이 미치는 영향을 살펴본다. 이 성향이라는 개념은 선거 행동 연구에서 오랜 그리고 권위 있는 역사를 가지고 있지만, 사회운동 문헌들에서는 강력한 돌파구를 마련하지 못했다(적어도 명시적으로는 그렇게 하지 못했다. 그렇게 했다고 하더라도 그 개념이 갖는 의미는 다소 모호하고 불명확하다). 컬럼비아 투표모델 또는 사회학적 투표모델에서처럼, 전통적으로 정치적 성향은 어떤 사람이 특정 정당에 대해 투표하는 경향에 영향을 미치는 사회경제적 지위, 종교적 지위, 주거 지위와 관련된 변수들을 가리켰다(Lazarsfeld et al. 1948). 이른바 '정치적 성향 지표'는 연구자들이 그러한 측면들을 포착하여 투표 선택을 예측할 수 있게 해주는 것으로 여겨졌다. 여기서 우리는 성향 개념을 보다 넓은 의미로, 다시 말해 주어진 대상에 대한 사람들의 인지적·정서적 성향을 지칭하는 것으로 사용한다. 이에 의거하여 우리는 시위 참여에서 정치적 태도(인지적 성향)와 감정(정서적 성향)이 수행하는 역할을 탐구한다. 전자가 정치 참여에 대한 표준적 설명에서 핵심을 차지한다면(Brady et al. 1995; Verba and Nie 1972; Verba et al. 1978, 1995), 후자는 최근 사회운동 연구에서 중요성을 획득해 왔다(Flam and King 2005; Goodwin et al. 2000, 2001; Jasper 1998; 이에 대한 논평으로는 Flam 2014, 2015, Goodwin et al. 2004, and Jasper 2011을 보라). 선거 참여와 저항 참여에 관한 연구들을 따라 우리는 시위자들 사이에서 정치적 태도와 감정이 어떻게 결합되는지를 검토한다.

사회심리적 동학과 관련된 둘째 탐구 노선은 시위에 참여하는 사람들의 동기를 살펴본다. 이것은 사람들이 시위에 참여하는 근원적인 이유를 가장 면밀하게 설명해 주기 때문에 핵심적인 측면 중 하나이다. 연구자들은 사회운동에 참여하는 다양한 동기를 강조해 왔다. 문헌들은 자주 동기를 세 가지 유형 — 즉, 자신의 상황을 바꾸기 위하여(도구성), 자신이 속한 집단의 성원으로서 행동하기 위하여(정체성), 또는 자신의 의견을 표현하기 위하여(이데올로기) — 으로 구분한다(Klandermans 2013). 우리는 이익 지키기, 연대 표현하기, 도덕적 책무 느끼기를 포함하여 시위에 참여하는 많은 동기를 검토한다. 이것들은 문헌에서 자주 서로 다른 종류의 유인 — 선택적 유인(Oliver 2013), 사회적·연대적 유인(Passy 2013), 도덕적 유인(van Stekelenburg 2013) — 으로 지칭된다. 우리는 또한 시위자들의 이데올로기와 정치적 가치가 수행하는 역할에 대해서도 고찰한다. 우리는 특히 좌파-우파 가치 지향과 자유주의적-권위주의적 가치 지향이 수행하는 역할을 살펴본다. 우리가 연구하는 시위의 유형을 감안할 때, 우리는 참여자들 대부분이 강한 좌파-자유주의적 가치 지향을 가지고 있을 것으로 예상한다. 하지만 우리는 또한 좌파적 가치와 자유주의적 가치의 상대적 비중과 그 가치들이 시위 참여와 관계되는 방식 모두에 변이가 있을 것으로 예상한다.

맥락 속에서의 미시 동원: 균열, 기회, 그리고 저항 전통

미시 동원은 진공상태에서 발생하는 것이 아니다. 그것은 맥락에 의존한다(van Stekelenburg et al. 2009). 참가자의 유형, 참가 이유, 동원 채널은 상황에 따라 달라지는 경향이 있다. 사회운동 연구는 전통적으로 국가적 맥락이 갖는 중요성을 보여주어 왔다. 정치적 동원의 조건은 유럽에서 국가별로 유의미하게 다를 수 있다. 학술 문헌들은 그러한 변이를 설명할 수 있는 다양한 요소를 강조한다. 국가 균열의 구조(Lipset and Rokkan 1967; Rokkan 1970), 집합행위에 이용할 수 있는 자원(Tilly et al. 1975), 서로 다른 정치적 기회구조(Hutter 2014a; Kitschelt 1986; Kriesi et al. 1995), 역사적으로 뿌리내린 저항문화와 저항 전통(della Porta and Diani 2006; della Porta and Mattoni 2013; Fahlenbrach et al. 2016) 등이 그러한 요소들이다. 이러한 방식으로 국가적 맥락은 시위와 참가자들의 특징뿐만 아니라 저항의 동원 맥락 ― 수요, 공급, 동원 ― 에도 영향을 미친다. 여기서 우리는 저항 행동의 맥락을 틀 짓는 데, 그리하여 시위와 참가자들의 특징을 틀 짓는 데 기여한다고 여겨지는 세 가지 주요 측면에 초점을 맞춘다. 국가별 저항 전통, 계급 균열의 중요성, 그리고 사회운동 동원에서의 정치적 기회구조(특히 국가의 힘에 의해 포착되는 공식적인 제도적 구조)가 바로 그것들이다.

이 절에서는 우리의 연구가 다루는 7개국에서 역사적으로 착근된 문화적·제도적 저항 조건 — 이것이 아래의 장들에서 수행하는 우리의 분석을 인도할 것이다 — 을 기술하기 위해 각국이 이들 세 가지 측면에 따라 어떻게 특징지어지는지를 간략히 논의한다.

서로 다른 나라들은 서로 다른 저항 전통에 의해 특징지어지는 것으로 인식되기도 한다(della Porta and Mattoni 2014; Grasso 2016). 이것은 우리의 연구가 다루는 7개국에도 적용된다. 우리가 다루는 나라들은 이 측면에서 크게 네 개의 '그룹'으로 묶인다고 말할 수 있다. 남부 유럽의 두 나라인 이탈리아와 스페인은 오랜 저항 전통(특히 좌파에서)을 가지고 있으며, 특히 2000년대 초에 글로벌 정의 운동의 동원과 함께 다시 활성화되어 왔다(della Porta 2007a). 또한 이 두 나라에서는 거리에서 특히 급진적인 대립이 발생해 왔으며, 이는 이탈리아에서 특정 시기에 우파 테러리즘뿐만 아니라 좌파 테러리즘도 발생시켰고, 스페인에서는 지역주의적인 정치 폭력을 낳았다. 게다가 이 두 나라에서는 전통적인 균열(특히 계급 균열)과 재분배 쟁점에 기초한 동원이 지배적이었고, 그리하여 새로운 갈등 노선에 기초한 저항이 출현할 수 있는 여지가 거의 없었다. 동시에 어떤 다른 나라들보다도 이탈리아와 스페인에서는 저항이 좌파 문화의 일부를 이루고 있는 것으로 보인다.

이와 대조적으로 네덜란드와 스위스는 노동운동이 대체로 신조합주의적 절차(Esping-Andersen 1990)에 통합되어 있는 협약consociational 국가 그룹에 속하는 것으로 볼 수 있으며, 따라서 다른 운동과 다른 쟁점에 근거한 동원 공간이 열려 있다. 적어도 네덜란드와 스위스에서 새로운 사회운동이 큰 몫을 차지하고 있다는 사실은 이러한 유형의 저항 전통을 증명해 준다(Kriesi et al. 1995).

벨기에 또한 그 나라의 협약적 성격을 감안할 때 이 그룹에 속하는 것으로 볼 수도 있다. 하지만 노동운동은 벨기에에서 더 큰 역할을 하는데, 이 또한 노동조합이 겐트 제도Ghent system[1901년 벨기에 겐트 지방에서 노동자의 실업에 대비하기 위해 만든 제도로, 특히 노동조합이 실업보험을 자주적으로 운영한다는 특징을 지니고 있다 _옮긴이] 내에서 실업급여를 관리하는 데서 수행하는 핵심적인 역할 때문이다. 이와 동일한 제도가 스웨덴에서도 적용되고 있다. 게다가 스웨덴은 관례적인 정치 참여 수단에 특권을 부여하는 약한 저항 전통을 특징으로 하고 있다(Peterson 2016).

마지막으로, 영국은 이 점에서 그 자체를 하나의 사례로 간주할 수 있다. 앵글로-색슨 국가들의 노동조합 제도들에서 전형적으로 드러나는 분절적이고 다원주의적인 성격은 이들 나라에서 노동운동이 조직화된 동원을 이루어내기 어렵게 만들며, 이는 저항이 특정한 기업과 특정 쟁점을 중심으로 다소 작은 규모로 발생하게 한다. 또한 영국에서 새로운 사회운동 부문은 '중간계급 급진주의자들'에 의해 자주 원자력이나 동물권리 같은 구체적인 쟁점에 초점을 맞추어서 제한적으로만 그리고 때로는 급진적인 행동주의 형태로만 출현했다(Parkin 1968).

정치갈등은 궁극적으로 구조적·문화적 균열에 뿌리를 두고 있다. 따라서 정치적 동원은 가장 근본적인 수준에서는 이미 존재하는 균열에 의존한다. 립셋과 로칸(Lipset and Rokkan 1967)의 연구와 로칸(Rokkan 1970)의 독창적인 연구에서뿐만 아니라 바르톨리니와 마이어(Bartolini and Mair

1990)의 연구에서도 영감을 받아, 크리시와 그의 동료들(Kriesi et al. 1995)
은 사회운동의 동원이 국가의 균열구조에 어떻게 의존하는지를 보여주
어 왔다. 좀 더 구체적으로 말하면, 그들은 전통적 균열 - 아마도 가장 주목
할 만한 것인 좌파-우파의 계급 균열을 포함하여 - 의 완화는 새로운 갈등 노
선에 의존하는 운동과 저항이 출현할 수 있는 공간을 열어준다고 주장한
다. 그러한 새로운 균열은 정치화되기도 하고, 그리하여 정치적 동원에
이용되어 새로운 운동과 저항이 발생하는 토대를 형성하기도 한다. 이와
는 대조적으로, 전통적 균열이 여전히 현저할 경우에는 새로운 운동과 저
항을 위해 동원이 이루어질 수 있는 공간은 그리 존재하지 않는다. 따라
서 크리시와 그의 동료들은 이를테면 자신들이 연구한 다른 세 나라인 독
일, 네덜란드, 스위스와 비교했을 때 프랑스에서 계급 균열이 계속해서
현저하게 존재한다는 사실이 저항에서 새로운 사회운동이 수행하는 몫
이 적다는 것을 어떻게 설명해 주는지를 보여준다. 이러한 의미에서 이탈
리아와 스페인은 우리의 연구에 포함된 다른 나라들에 비해 프랑스 모델
- 우리의 두 번째 그룹과 가장 유사한 - 에 더 가까워 보인다.

사회운동의 부상과 동원에서 사회적·정치적 균열이 수행하는 역할에
더 많이 주목하라는 최근의 요구에 비추어 볼 때, 이러한 추론 노선은 우
리에게도 적실하다(Della Porta 2015; Hutter 2014a; Kriesi et al. 2012). 이러한
관점에서 학자들은 최근 불평등이 전 지구적으로 점점 더 증가하는 것을
목격하면서, 사회운동 이론에서 자본주의에 더 많은 관심을 가질 것을 요
구해 왔다(Della Porta 2015; Hetland and Goodwin 2013). 이는 우리로 하여
금 전통적인 좌파-우파의 계급 균열 - 자본주의와 관련된 정치적 갈등의 근

저를 이루는 주요한 분열선 ― 을 가장 중시하게 한다. 크리시와 그의 동료들(Kriesi et al. 1995)에 따르면, 전통적 균열의 완화는 전통적인 분열선에 따라 동원되는 운동에 비해 새로운 사회운동이 가진 상대적 강점을 설명하는 데 큰 도움이 된다. 우리는 이 추론 노선이 저항 활동(그리고 보다 구체적으로는 시위)의 특징을 설명하는 데에도 이용될 수 있다고 믿는다. 우리는 시위의 어떤 특징들은 전통적인 계급 균열에 의해 영향을 받을 것으로 예상할 수 있다. 이를테면 이전 연구들은 시위의 사회적 구성과 시위자들의 가치 지향이 계급 균열의 상대적 강도에 달려 있다고 시사한다(Eggert and Giugni 2012, 2015). 하지만 여기서 우리는 가장 중요한 것은 계급 균열의 강도가 아니라 정치적 경쟁에서 계급 균열이 부상하는 정도와 이용 가능성이라고 믿는다(Bartolini and Mair 1990).

우리는 바르톨리니와 마이어(Bartolini and Mair 1990)의 독창적인 연구를 이용하여 20세기에 전통적인 계급 균열이 지녔던 역사적 중요성에 따라 우리의 연구 대상 7개국을 분류할 수 있다. 바르톨리니와 마이어는 1885년에서 1985년 사이의 유럽 유권자의 안정화에 관해 분석하면서 우리에게 유용한 데이터를 도출해 냈다(Bartolini and Mair 1990: 92). 그들은 그 시기 동안 유럽 13개국 ― 이들 국가에는 우리의 연구 대상 7개국 중 6개국이 포함되어 있다 ― 에서 실시된 선거 가운데 높은 수준의 계급 경쟁과 높은 정도의 계급 균열로 특징지어지는 선거가 차지하는 비율을 보여준다. 우리는 이것을 정치적 경쟁 ― 그들의 연구에서는 선거 경쟁 ― 에서 계급 균열이 갖는 중요성을 보여주는 역사적 지표로 인식할 수 있다. 그들의 수치에 따르면, 스웨덴은 계급 균열의 이용 가능성이 단연 가장 컸고, 영국, 이탈리아, 네덜란드 ─ 이들 나라 모두는 거의 비슷했다 ─ 가 그 뒤를 따랐으며, 그다음에 벨기에, 그리고 마지막으로 스위스가 그 뒤를 이었다. 스페인은 그들의 연구에 포함되지 않았다. 스페인은 전통적으로 종교적 균열이 정치적 갈등을 구조화하는 데서 중요한 역할을 해온 남부 유럽 국가의 하나이기 때문에, 우리는 스페인을 이탈리아 가까이에 위치시킬 수 있다.[1]

바르톨리니와 마이어(Bartolini and Mair 1990)의 연구는 냉전이 끝나기 이전 시기를 다루고 있기 때문에, 우리가 연구한 7개국에서 역사적으로 계급 균열이 얼마나 중요했는지를 보여주는 하나의 척도일 수 있다. 여기서 우리는 저항 전통, 균열구조, 그리고 (우리가 아래에서 논의하는) 정치적 기회구조라는 장기적 지표의 측면에서 우리의 연구 대상 국가들의 위치를 설정해 보고자 한다. 이러한 국가 순위는 또한 전통적인 계급 균열이 얼마나 두드러지는지에 따라 자신들이 연구한 4개국을 특징짓는 크리시와 그의 동료들(Kriesi et al. 1995)의 연구에서도 찾아볼 수 있다. 그들이 주장하듯이, 네덜란드와 스위스에서는 계급 균열의 정도가 다소 낮은데, 이것은 이들 국가에서 제2차 세계대전 이후 많은 시기 동안 연립정부에 사회민주주의자들이 참여하고 있었다는 것과 노동조합 제도가 덜 호전적이 되고 분절화되었을 뿐만 아니라 뚜렷한 집합적 계급 정체성을 가지고 있지 않았다는 것에서 기인한다(Kriesi et al. 1995). 비록 벨기에는 그들의 연구에 포함되어 있지 않지만, 벨기에에도 연립정부가 존재했을 뿐만 아니라 역시 협약적 성격을 지니고 있었기 때문에, 벨기에는 앞의 두 나라의 상황에 가까웠을 것으로 볼 수 있다.

크리시와 그의 동료들(Kriesi et al. 1995)은 사회운동의 동원에 영향을 미치는 정치적 기회구조의 요소들에 여러 균열을 포함시킴으로써, 서로 다른 국가적 균열구조가 특정 운동을 동원하는 데서 어떻게 서로 다른 공간을 만들어내는지를 보여준다. 하지만 대부분의 사회운동 학자들은 다른 제도적 측면에 초점을 맞추는 것을 선호한다. 그것들은 네 가지 주요 차원, 즉 제도화된 정치체계의 상대적 개방성 또는 폐쇄성, (일반적으로 하나의 정체政體를 뒷받침하는) 광범위한 일단의 엘리트 연합의 안정성 또는 불안정성, 엘리트 동맹의 존재 또는 부재, 그리고 국가의 억압 능력과 성향으로 나누어질 수 있다(McAdam 1996).

정치적 기회에서의 차이는 주로 총합 수준에서 사회운동의 흥망성쇠, 사회운동의 행위 레퍼토리, 그리고 (비록 덜 흔하기는 하지만) 사회운동의 결과를 설명하는 데 사용되었지만, 또한 개인 수준에서도 저항 행동에 영향을 미치는 것으로 인식되기도 한다(Cinalli and Giugni 2011, 2016b; Morales 2009). 이 책에서 정치적 기회에서 나타나는 차이를 우리가 연구한 7개국의 시위 특징에서 나타나는 차이와 체계적으로 연결하는 것은 우리의 목적이 아니다. 하지만 아래의 장들에서는 저항 조사 데이터에 대한 우리의 분석 결과를 구체화하기 위해 여기에서 논의된 맥락과 관련하여 나타나는 차이를 선별적으로 언급할 것이다. 여기서 우리는 정치적 기회의 틀을 채택하여 7개국을 도표에 배치하고, 그리하여 저항 조사 데이터의 또 다른 분석들의 맥락을 설정한다.

우리의 연구가 다룬 7개국은 모든 구성 요소에서 서로 다른 정치적 기회구조를 보여준다. 크리시와 그의 동료들(Kriesi et al. 1995)이 정치적 동원에서 일반적인 구조적 환경으로 설정한 두 가지 측면, 즉 국가의 공식적인 제도적 구조라는 한편과 국가의 비공식적인 절차와 지배적인 전략이라는 다른 한편을 살펴보자.[2] 그들의 관점에서 전자는 도전자에 대한 국가의 개방성(약한 국가) 또는 폐쇄성(강한 국가)의 정도를 규정한다. 후자, 즉 국가의 지배적인 전략은 배타적exclusive(억압적, 대결적, 대립적)이거나 아니면 통합적integrative(촉진적, 협동적, 동화적)일 수 있다. 크리시와 그의 동료들(Kriesi et al. 1995: 37)은 의회, 행정, 직접민주주의 영역의 강함 또는 약함에 기초하는 공식적 차원과 관련해서는 영국과 스웨덴(스칸디나비아 국가들)을 강한 국가의 사례들로 보는 반면, 이탈리아와 스위스는 약한 국가들의 사례로 보고(아마도 스위스를 가장 전형적인 경우로 볼 것이다), 그리고 네덜란드를 중간 사례로 본다. 이에 더하여 우리는 스페인을 이 연속선에서 약한 국가의 극단에 둘 수 있다. 이탈리아와 스페인에서는 역사적 분절화에서 기인하는 일정 수준의 지방분권화(이탈리아), 지역주의 ― 분리주의적인 폭력조직의 발전을 포함하여 ― 가 차지하는 중요한 지위(스페인), 그리고 높은 수준의 부패가 국가의 업무수행 능력을 해쳐왔다. 게다가 가톨릭교회의 강력한 유산은 이탈리아와 스페인의 국가 통합을 지연시켰고, 수년간의 파시스트 지배는 한동안 발전을 멈추게 했다. 마지막으로, 사회학적·영토적으로 연방주의적 구조를 가진 벨기에는 유럽 상황에서는 다소 약한 국가의 사례라고 볼 수 있다.

국가의 지배적인 전략을 검토할 때에는 그 패턴이 조금 달라진다. 다른 요소들이 동일할 경우 지배적인 전략은 배제적인exclusive 국가들에서는 전반적으로 높은 수준의 억압 성향을 보이고, 포용적인inclusive 국가들에서는 낮은 수준의 억압 성향을 보인다. 우리는 이번에도 크리시와 그의 동료들(Kriesi et al. 1995)을 따라 영국, 네덜란드, 스웨덴, 스위스를 포용적인 전략이 지배하는 국가의 사례로 보지만, 이탈리아는 배제적인 전략이 지배하는 국가의 사례로 본다. 벨기에는 포용적 전략의 극단에 더 가까울 가능성이 큰 반면, 스페인은 역시 배타적인 전략으로 특징지어지는 국가의 사례인 이탈리아에 가깝게 위치지어질 수 있다. 스페인과 이탈리아의 파시스트 통치 유산은 국가가 도전자를 대하는 데 있어 비교적 높은 수준의 억압적 태도가 발전하는 데 유리하게 작용했을 것이 거의 틀림없다.

우리는 균열의 이용 가능성과 국가의 힘 — 즉, 사회적·문화적 대립의 정치화와 관련된 사회적 차원과 정치적 기회구조와 관련된 제도적 차원 — 을 결합한 단순한 유형학을 통해 우리가 다루는 7개국을 도식적으로 표현해 볼 수 있다. 〈그림 1-2〉는 이 유형학 내에서 각국이 차지하는 위치를 보여준다. 만약 다른 요소들이 동일하다면, 우리는 국가의 힘과 계급 균열의 이용 가능성이 구체적으로 어떻게 결합되는지에 따라 시위자들의 계급 구성, 동원 구조와 사회적 네트워크, 가치 지향, 정치적 태도, 동기가 다를 것으로 예상할 수 있다. 하지만 앞에서 논의한 바와 같이, 우리는 동원 맥락의 다른 많은 측면과 마찬가지로 저항 전통이 하나의 역할을 한다는 것을 잊어서는 안 된다(Klandermans 2004). 저항 행동은 단순히 2×2의 유형학으로는 설명하기 어려운 복잡한 현상인데, 우리가 이 책에서 수행하는 것과 같이 여러 가지 다른 측면을 고찰할 경우에는 특히 더 그렇다. 따라서 이 유형학은 단지 발견적 목적만을 가지며, 따라서 우리의 접근방식은 이 유형학으로부터 도출된 가설을 검증하는 것에 맞추어져 있지 않다. 여기서 논의된 맥락적 요인들과 관련한 7개국의 상황은 아래의 장들에서 이루어

그림 1-2 | **연구 대상 국가의 분류**

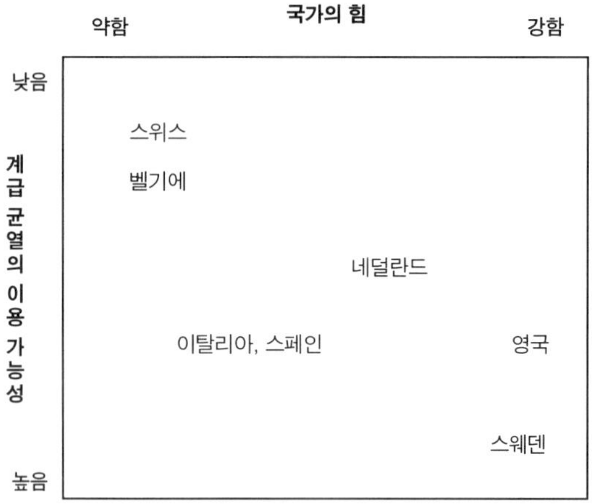

지는 분석을 인도하는 데 그칠 뿐이다.

저항 분해하기: 쟁점과 시위자들

모든 시위와 모든 시위자가 똑같지 않다는 것은 너무나도 당연한 말이다. 주어진 맥락에서 발생하는 특정한 사회운동 부문과 어떤 단일 시위에 참여하는 특정한 사람들의 집단은 둘 다 이질적인 실체이다. 가장 분명한 것은 시위가 다양한 주제, 쟁점, 관심사에 의거하여 일어난다는 것이다. 게다가 시위들은 (운동만큼이나) 크기, 사회적 구성, 급진성의 정도 및 여타 특징의 측면에서도 서로 다르다. 마찬가지로 특정한 시위에서 우리는 서로 다른 사회적 배경을 가진, 서로 다른 목표와 동기에 의해 움직이는, 그리고 서로 다른 정도로 헌신하는 참가자들을 발견할 수 있다. 우리는 저항을 설명하는 요인이 쟁점과 지지자들에 따라 다르다는 것을 인정하기 때문에, 우리의 분석은 이러한 이질성을 진지하게 받아들인다(Meyer and Minkoff 2004).

문헌들은 서로 다른 유형의 운동을 범주화하려는 다양한 시도를 보고하고 있다. 이전의 노력들 — 특히 집합행동 연구의 전통 속에서 이루어진 — 은 서로 다른 운동들이 추구하는 일반적인 목표나 방향을 강조해 왔다. 이와 관련하여 가장 되풀이되는 구분 방식은 그 운동들이 얼마나 많은 변화를 꾀하는가에 따라 운동을 개혁 운동과 혁명 운동으로 구분하는 것이다(Blumer 1946; Goodwin 2001). 전자는 점진적인 변화를 목표로 하는 반면, 후자는 "최소한 정부나 국가를 전복시키고자 한다"(Goodwin and Jasper 2009: 4). 이 구분과 밀접하게 관련된 것으로 가장 많이 채택되는 구분 방식이 운동을 온건한 운동과 급진적 운동으로 구분하는 것이다(Haines 1984). 이와 유사하게 일부는 사회변화의 방향과 속도에 의거하여 운동을 진보적 운동, 보수적 운동, 반동적 운동으로 구분한다(Killian 1973).

이러한 유형학이나 분류가 갖는 문제는 그것들이 사회운동을 물화物化하고 시간이 지남에 따라 운동의 목표가 바뀔 수도 있다는 사실을 숨기는 경향이 있다는 것이다. 골드스톤(Goldstone 1998)이 주장했던 것처럼, 개혁과 혁명은 환경이 어떻게 전개되는가에 따라 아주 동일한 종류의 운동이 낳는 두 가지 서로 다른 결과일 수도 있다. 다른 사람들은 우리의 관점에 보다 가깝게 쟁점에 따라 서로 다른 유형의 운동으로 구분해 왔다. 이 관점에 입각하여 일부 학자들은 사회운동의 특성을 그 운동을 발생시킨 근본적인 균열과 연관시켜 왔다. 이를테면 라슈케(Raschke 1985)는 사회운동의 발전을 역사적으로 추적하고 사회운동을 지배적인 사회갈등 노선과 연계시키고자 시도하면서, 유럽 역사의 과정에서 성공을 거두어 온 세 가지 주요 운동 패러다임, 즉 권위 패러다임, 분배 패러다임, 라이프스타일 패러다임으로 운동을 구분할 것을 제안해 왔다. 각각의 패러다임은 각기 정치적 쟁점, 경제적 쟁점, 문화적 쟁점에 초점을 맞추는 유력한 운동 또는 운동 유형(Kriesi 1988a) ─ 보다 구체적으로는 인종적·지역주의적 운동(권위), 노동운동(분배), 그리고 새로운 사회운동(라이프스타일) ─ 에 의해 특징지어지는 것으로 볼 수 있다. 크리시(Kriesi 1988a)는 이 삼분법적 구분 방식과 운동과 대항운동 간의 구분을 교차시켜서 하나의 유형학을 제시했다. 여기서 운동은 기성의 권위에 도전하는 운동을 가리키는 반면, 대항운동은 그러한 도전에 맞서 기존의 권리와 특권을 옹호하는 운동을 말한다.

라슈케(Raschke 1985)의 분배 패러다임과 라이프스타일 패러다임은 지금까지의 사회운동 문헌에서 가장 유명한 구분인 '종래의' 사회운동과 '새로운' 사회운동 간의 구분과 대체로 중첩된다. 새로운 사회운동 이론은 종래의 운동과 비교했을 때 새로운 운동이 갖는 본질적으로 다른 성격을 강조해 왔다(이에 대한 논평으로는 Buechler 1995; Pichardo 1997을 보라). 쟁점의 측면에서 볼 때, 종래의 운동 ─ 자주 노동운동으로 축소된다 ─ 은 '물질적인' 경제적 평등, 재분배, 복지를 다루는 반면, 새로운 운동은 '비물질적인' (또는 '탈물질적인') 문화적 쟁점 및 라이프스타일 쟁점에 더 관심을 가진다. 평화운동, 생태운동, 여성운동, LGBTQ+운동뿐만 아니라 무단점유 운동과 연대 운동도 문헌들에서 강조되는 새로운 사회운동의 가장 대표적인 사례들이다(Kriesi et al. 1995). 종래의 운동과 새로운 운동의 구분은 결과적으로 잉글하트(Inglehart 1977)의 잘 알려진 탈물질주의 이론theory of postmaterialism을 크게 반영한다. 이 이론에 따르면, 종래의 운동에 참여하는 사람들은 물질주의적 가치를 가지고 있는 경향이 있는 반면, 새로운 운동에 참여하는 사람들은 탈물질주의적 가치를 가지고 있는 경우가 많다. 하지만 최근에 일부 사람들은 오늘날 이 구분이 적실한지에 대해 의문을 제기해 왔다(Eggert and Giugni 2012, 2015).

연구들은 시위를 모두 동일한 것으로 간주하고, 그 대신 다른 종류의 정치 활동과 비교했을 때 시위가 갖는 특징에 특권을 부여하는 경향이 있어 왔다. 하지만 노리스와 그의 동료들(Norris et al. 2005: 203)이 지적했듯이, "모든 시위를 동등한 현상으로 간주하는 것은 하나의 범주 오류category mistake이다. 시위자들의 사회적 특성, 지지하는 체계, 동기적 태도, 행동 특성은 사건의 유형에 따라 다르다." 따라서 이 책에서 우리는 데이터를 분석할 때 시위의 유형에 따른 차이를 체계적으로 고찰한다.

시위는 많은 측면에서 서로 다를 수 있다. 이를테면 시위는 더 의례화되거나 덜 의례화될 수도 있고(이를테면 메이데이 시위처럼), 평화적일 수도 있고 폭력적일 수도 있으며, 합법적일 수도 있고 불법적일 수도 있다. 또한 조직자와 참여자 모두가 시위에 따라 다르다(van Stekelenburg et al. 2012). 시위는 또한 그 시위가 다루는 쟁점의 측면에서도 다를 수 있다. 쟁점 정치issue politics는 투표 행동 연구에서, 특히 투표에 관한 경제적 모델의 맥락에서 하나의 주요한 특징으로 다루어져 왔다(이에 대한 논평으로는 Lewis-Beck and Stegmeier 2000, 2007을 보라). 하지만 사회운동 연구자들이 쟁점에 항상 초점을 맞추어 온 것은 아니었다(적어도 명시적으로 그렇게 하지는 않았다). 물론 서로 다른 운동을 연구한다는 것은 또한 쟁점을 살펴본다는 것을 의미하기도 한다. 왜냐하면 운동은 (그 내용의 측면에서) 쟁점에 의해 정의되기 때문이다. 이런 점에서 종래의 운동과 새로운 운동을 구분하는 것은 적실하다. 그렇지만 다양한 종류의 저항 쟁점이 운동의 특성에, 보다 구체적으로는 운동의 지지자, 참여 동기, 그리고 그러한 참여의 근저를 이루는 메커니즘에 어떻게 영향을 미치는지를 고찰하는 연구는 거의 이루어지지 않았다(Grasso and Giugni 2015, 2016b).

시위를 명시적으로 범주화하려는 드문 시도 중 하나에서 베르휠스트(Verhulst 2011)는 쟁점에 초점을 맞추었다. 그는 두 가지 차원을 교차시키는 저항 쟁점의 유형학을 제시했다. 첫 번째 차원은 종래의 쟁점과 새로운 쟁점을 구별하는 것과 관련되어 있지만, 거기에 제3의 범주, 이른바 대체로 동의 쟁점consensual issue을 추가한다. 종래의 쟁점과 새로운 쟁점 모두 대립 쟁점position issue — 즉, 이 쟁점들은 찬성과 반대 의견으로 나누어진다 — 으로 간주될 수 있지만, 대체로 동의 쟁점은 이를테면 번영과 부패 같은 모든 사람이 동의하는 합의 쟁점valence issue과 유사하다[우리는 거의 모든 사람이 번영에 동의하고 부패에 반대한다고 가정할 수 있다(Stokes 1963)]. 두 번째 차원은 특정한 쟁점이 그 쟁점과 관련된 공중에게 호소하여 공중이 행동에 나서게 하는 방법과 범위에 초점을 맞추는 것으로, 쟁점을 보편주의적 쟁점과 특수주의적 쟁점으로 구분한다. 전자는 "하나의 명확한 사회집단과 구체적인 관련이 전혀 없는 쟁점"이고, 후자는 "구체적인 사회집단과 본질적으로 관련되어 있는 쟁점"이다(Verhulst 2011: 55). 달리 말해 보편주의적 쟁점은 전체 주민과 관련되어 있는 반면, 특수주의적 쟁점은 특정 집단과 결부되어 있다. 베르휠스트의 견해에 따르면, 가장 중요한 것은 서로 다른 저항 쟁점이 사건의 구성뿐만 아니라 참가자들의 동기와 동원 궤적에도 영향을 미친다는 것이다. "서로 다른 사람들은 서로 다른 쟁점에 의해 영향을 받고, 그 쟁점들이 사람들에게 서로 다른 동기를 부여하고 또한 결국에는 서로 다른 시위 방식을 낳는다"(Klandermans et al. 2014: 499).

이 책에서 우리는 저항 쟁점의 역할을 강조해 온 이전의 연구들(Grasso and Giugni 2015, 2016b; Kriesi et al. 1995; Meyer and Minkoff 2004; Verhulst 2011)을 따라 저항 쟁점을 시위의 서로 다른 유형을 구별하는 하나의 핵심 요소로 간주한다. 이전의 출판물들(Grasso and Giugni 2015, 2016b)에서 우리는 쟁점이 시위 지지자들에게 어떤 영향을 미치는지, 그리고 긴축반대 운동이 종래의 운동과 새로운 운동 모두와 얼마나 다른지를 조사하기 위해 종래의 저항, 새로운 저항, 그리고 긴축반대 저항 간의 구분에 의존해 왔다(또한 Peterson et al. 2015도 보라). 우리는 긴축반대 운동이 몇몇 특징에서는 현재의 신자유주의적 맥락과 연결되어 있음에도 불구하고 종래의 운동과 대단히 유사하다는 것을 발견했다. 이런 이유에서 우리는 이 책에서 문화적 쟁점에 초점을 맞추는 시위와 경제적 쟁점에 초점을 맞추는 시위를 구분한다. 이러한 구분은 종래의 쟁점과 새로운 쟁점 간의 구분과 크게 중첩된다. 왜냐하면 "많은 종래의 쟁점이 불평등, 사회보장, 노사관계와 같은 사회경제적 요인에 초점을 맞추는 경향이 있는 반면, 새로운 쟁점들은 자주 젠더, 성적 지향, 낙태, 동물권리, 평화와 전쟁 같은 도덕적·문화적·라이프스타일적 쟁점을 다루기" 때문이다(Klandermans et al. 2014: 498~499). 하지만 우리는 몇 가지 이유에서 그 쟁점들을 각기 경제적 쟁점과 문화적 쟁점으로 지칭하기를 좋아한다. 우선 오늘날 유럽에서 항쟁의 공간을 가장 잘 특징짓고 있는 것은 문화에 대한 저항과 경제에 대한 저항이다(Hutter 2014a). 지난 10년 동안 많은 유럽 국가를 강타한 심각한 경제 위기는 사회적·경제적 쟁점을 다시 항쟁의 주요 대상으로 되돌려 놓았고, 그 쟁점들을 보다 문화에 기반한 쟁점들과 다르게 만들었다. 우리의 분석이 의존하는 조사는 경제 위기가 한창일 때 수행되었다. 게다가 종래의 쟁점과 새로운 쟁점, 또는 종래의 운동과 새로운 운동에 대해 말하는 것은 노동운동이 과거의 또 다른 시대에 속하는 반면 새로운 운동은 현대 시기를 특징짓는다는 생각을 전하는, 얼마간 오해를 불러일으키는 함의를 지니고 있다. 역사적으로 전자가 후자에 선행하지만, 오늘날에도 경제적 쟁점과 문화적 쟁점에 근거하는 두 가지 유형의 운동(그리고 시위)이 여전히 공존하고 있다. 마지막으로, 종래의 운동과 새로운 운동에 대해 말하는 것은 우리가 새로운 사회운동 이론을 따른다거나 아니면 그 이론을 문제 삼는다는 잘못된 인상을 줄 위험이 있다. 또한 우리가 다루는 일단의 시위에 상당수의 긴축반대 저항이 포함되어 있다는 점도 지적해 둘 필요가 있다. 그러한 저항들은 주로 경제적 목적을 가지고 있고, 그렇기에 우리는 그 저항들을 경제적 쟁점에 속하는 것으로 범주화한다.

시위가 이질적인 일정한 기준에 따라 범주화될 수 있는 것과 마찬가지로 시위자들도 그럴 수 있다. 일반적으로 사회운동 연구자들은 고위험 활동에 참여할 준비가 된 사람들을 포함하여 매우 강력하게 헌신하는 활동가들에게 초점을 맞춘다(McAdam 1986). 하지만 충원의 차이differential recruitment — 즉, 왜 서로 다른 사람들이 사회운동에 참여하는가 — 에 관한 연구는 사회운동 연구에서 오랜 전통을 가지고 있는 반면(Snow et al. 1980; 이에 대한 논평으로는 Barkan and Cohn 2013을 보라), 참여의 차이differential participation — 즉, 왜 일부 사람들이 다른 사람들보다 더 격하게 참여하는가 — 에 관한 연구는 지금까지 그리 자주 다루어지지 않았고, 따라서 단지 소수의 연구만이 존재할 뿐이다(Barkan et al. 1995; Klandermans 1997; Kriesi 1993; McAdam 1986; Oliver 1984; Passy and Giugni 2001; Saunders et al. 2012; Wiltfang and McAdam 1991).

거리 시위 참여자들에 관한 최근의 연구들은 서로 다른 정도의 참여를 보여주는 하위집단들을 보다 면밀하게 검토하고, 서로 다른 유형의 저항자들이 서로 다른 요인들에 의해 특징지어질 것임을 시사해 왔다. 이를테면 베르휠스트와 발흐라버(Verhulst and Walgrave 2009)가 시위에 처음 참여하는 사람들에게 주의를 집중했다면, 베르휠스트와 반 라에르(Verhulst and Van Laer 2008)는 스스로를 '골수분자die-hard'라고 칭하는 사람들 — 즉, 지속적인 저항자들 — 을 고찰했다. 처음 참여하는 사람들을 대상으로 한 연구에서 베르휠스트와 발흐라버(Verhulst and Walgrave 2009)는 신참자들이 다른 저항자들보다 전기적으로 시위에 참여할 시간이 더 많다는 것,

그리고 신참자는 비저항자에서 저항자가 되는 과정에서 경험 있는 저항자가 또 다른 저항에 참여할 때보다 상당히 더 높은 장벽에 직면하기 때문에 신참자들은 다른 저항자들과 감정적으로 다르다는 것을 발견했다. 더 나아가 그들은 신참자들이 저항 물결 직후나 그 와중에 개최된 시위, 대규모 시위, 그리고 종래의 운동 또는 새로운 감정적 운동의 시위에 상대적으로 더 많이 참여한다는 것을 발견했다. 신참자에 관한 연구와 저항에 더 깊이 참여하는 사람들에 관한 연구 간의 틈을 메우기 위한 하나의 시도에서, 손더스와 그의 동료들(Saunders et al. 2012)은 서로 다른 참여 정도에 의해 구분되는 네 가지 유형의 저항자들 ― 그들은 이 네 가지 유형을 신참자novice, 복귀자returner, 반복적 참여자repeater, 헌신자stalwart라고 부른다 ― 을 고찰했다. 그들의 분석은 우리가 저항자들을 하나의 동질적 집단으로 취급하는 것을 피해야 한다는 것을 시사하는 한편, 저항 정치를 떠받치는 다양한 요인이 저항에 기여하는 정도를 평가하는 것이 중요하다는 점을 강조한다.

이러한 문헌들에 고무받아 이 책에서 우리는 간헐적으로 참여하는 사람들과 보다 정기적으로 참여하는 사람들을 구별하는 것이 적실한지를 검토한다. 우리가 이 두 유형의 시위자들을 구별하기 위해 사용하는 기준은 참여의 빈도이다. 전자는 덜 헌신적이고 더 산발적으로 참여하는 사람들인 반면, 후자는 시위에 더 강하게 헌신하며 더 자주 참여하는 사람들이다. 이 책의 나머지 부분에서 우리는 그들을 각각 간헐적 시위자occasionals와 활동가activists라고 부를 것이다. 우리의 분석이 기초하고 있는 조사 ― 우리가 아래에서 더 자세하게 기술하는 ― 에는 응답자들이 당시까지, 그리고 지난 12개월 동안 시위에 참여한 횟수를 묻는 질문이 포함되어 있다. 간헐적 시위자와 활동가에 대한 조작화는 '지난 12개월'을 기준으로 삼았는데, 왜냐하면 12개월이라는 기간이 젊은 참가자들에 대한 바이어스를 피할 수 있게 해주기 때문이다. 보다 구체적으로 말하면, 우리는 지난 12개월 동안 조사 대상이었던 시위 중 하나에 참여한 것 외에는 다른 시위에 추가로 참석하지 않았다고 말한 모든 시위자를 간헐적 시위자로 정의한다. 지난 12개월 동안 적어도 두 가지 시위에 참여했다고 말한 다른 모든 응답자는 활동가로 분류되었다. 이는 우리가 하나의 시위에만 참여했던 사람들을 그해에 적어도 둘 또는 그 이상의 시위에 참여했던 사람들과 비교한다는 것을 의미한다.

저항자 조사하기

사회운동 연구 분야는 방법론적 다원주의methodological pluralism로 특징지어진다. 질적 연구와 양적 연구 모두가 이 주제에 대한 우리의 지식을 더 심화하고 확장하는 데 기여해 왔다. 틸리와 그의 공동저자들(Sorter and Tilly 1974; Tilly et al. 1975)의 독창적인 연구들과 그 후 태로(Tarrow 1989)의 연구에 자극받은 저항 사건 분석들은 최근 몇 년 동안 상당히 인기를 끌어왔다(이에 대한 논평으로는 Hutter 2014b, Koopmans and Rucht 2002, Olzak 1989를 보라). 개인들의 사회운동과 저항 활동 참여에 관한 연구의 경우에 조사가 타당하고 신뢰할 수 있는 하나의 도구라는 점이 입증되어 왔다.

사회운동과 저항 활동에서 참여를 결정하는 요인에 관한 기존의 연구들은 대부분 조사자료에 의존한다. 그 가운데 가장 잘 알려진 사례가 아마도 반스와 카아제(Barnes and Kaase 1979)의 독창적인 연구일 것이다. 기존의 일반 조사 데이터들도 이러한 목적으로 자주 이용된다. 이를테면 슈스만과 술레(Schussman and Soule 2005)의 분석은 미국 시민 참여 조사American Citizen Participation Survey에 근거한다. 이와 유사하게 유럽의 저항 행동에 대한 기존의 설명 중 많은 것이 유럽 사회 조사European Social Survey: ESS나 여타 일반 조사 데이터에 근거한다(Grasso 2016; Quaranta 2015, 2016).

일반 인구 조사의 조사 데이터를 사용하는 것은 여러 장점이 있지만 단점도 있다. 주요 장점은 일반 인구 조사가 참여자와 비참여자 모두에 대한 정보를 제공하므로 사회운동과 저항 활동에서 참여를 결정하는 요인들에 대한 가설을 검증할 수 있게 해준다는 것이다. 하지만 이러한 종류의 데이터에는 몇 가지 중요한 단점도 있다. 그중 세 가지는 경험적 관점에서 볼 때 두 가지 주요한 분석적 장애로 이어지기 때문에 언급해 둘 필요가 있다. 첫째, 일반적인 인구 조사는 실제 행동보다는 단지 공지된 행동에만, 그리고 자주 참여 의도에만 의존하여 이루어진다. 응답자의 표본 전반에 걸친 (다소 믿기 힘든) 체계적 바이어스를 사실로 받아들일 경우에는 그것이 그다지 문제가 되지 않을 수 있지만, 참여 의도는 실제 참여에 대한 약한 예측 변수이기 때문에 특정한 분석 유형에서는 여전히 중요한 한계를 지닌다(Klandermans and Ogema 1987).

둘째, 우리가 응답을 신뢰한다고 하더라도, 저항(그리고 보다 구체적으로는 시위)에 참여하는 사람들의 수는 일반적으로 아주 제한적이기 때문에, 일반 인구 조사는 상대적으로 적은 저항자 표본을 산출한다. 이 경우에 표본의 수가 적기 때문에 하위집단에 대해 상세한 분석을 하기가 비록 불가능하지는 않지만 매우 어렵다.

셋째, 그리고 아마도 가장 중요한 것으로, 일반 인구 조사는 일반적 측면에서, 이를테면 사람들이 지난 12개월 동안 또는 자신의 전체 삶에서 대중 시위나 여타 종류의 정치 활동에 참여했는지를 물음으로써 참여를 측정한다(Grasso 2016). 하지만 일반적으로 일반 인구 조사는 사람들이 어떤 쟁점을 위해 참여하는지 또는 어떤 운동에 참여하는지를 보여주지는 않는다. 달리 말해 일반 인구 조사는 구체적인 참여 유형의 목표와 쟁점을 사상한다. 이러한 측면들에 대해 질문을 한다고 하더라도, 시위자 수의 표본이 적을 경우 앞의 두 가지와 동일한 문제로 이어질 것이며, 집단과 쟁점별로 분해된 분석은 충분한 사례를 손에 넣지 못할 것이다.

저항자들에게 초점을 맞추고 그 모집단 내의 차이를 좀 더 자세히 이해하기 위해 지난 몇 년 동안 사회운동 연구자들은 저항 조사 데이터에 점점 더 의존하여 저항 참여를 더 면밀하게 분석해 왔다(della Porta 2009; della Porta et al. 2006; Fillieule et al. 2004; Giugni and Grasso 2015; Walgrave and Rucht 2010). 이 방법은 일반 인구 조사에서처럼 사람들에게 과거의 저항 참여 여부나 참여 가능성을 묻기보다는 현장에서 저항 행위를 하고 있는 저항자들을 연구하고 조사하는 것으로 이루어진다. 사회운동 참여의 결정요인과 동학을 탐구하는 하나의 방법으로서의 저항자 조사는 다른 연구팀에 의해 1990년대 후반에서 2000년대에 걸쳐 개발되었다. 유럽에서는 프랑스어를 사용하는 연구팀이 이른바 INSURAindividual surveys in rallies(집회에 참여하는 개인들에 대한 조사) 방법론을 개발했다(Fillieule and Blanchard 2010). 하지만 이 방법은 최근에 보다 구체적인 형태의 조사 속에서 발흐라버와 그의 팀(Van Aelst and Walgrave 2001; Walgrave and Verhulst 2011)에 의해 더욱 발전되고 검증되고 세련화되었다.

제2장에서 유럽 시민들의 항쟁 잠재력을 도식화하기 위해 일반 주민들을 대상으로 실시한 ESS 조사 데이터를 사용한 경우를 제외하고는, 이 책은 베르트 클란더만스, 자클린 판 스테켈렌뷔르흐, 스테판 발흐라버가 2009년에 시작하여 이끌어온 국가 간 공동 CCC 프로젝트에서 생산한 저항 조사 데이터에 전적으로 기초한다.[3] 이 프로젝트는 몇몇 유럽 국가에서 2009년에서부터 2012년까지에 걸쳐 실시되었다. 각국의 연구기금 기관에서 자금을 지원하고 유럽과학재단 공동연구EUROCORES 기구를 통해 조정된 이 프로젝트는 처음에는 6개국 — 벨기에, 네덜란드, 스페인, 스웨덴, 스위스, 영국 — 이 참여했다. 그러다가 다른 국가 팀들이 작업에 참여하여 방법론을 이용함에 따라 다른 나라들 — 체코, 이탈리아, 멕시코 — 도 합류했다. 앞에서 언급했듯이, 이 책에서 우리는 서유럽의 맥락에, 그러니까 프로젝트에 대부분 참여했고 동일한 기간에 비슷한 수의 시위를 조사했던 7개국(벨기에, 이탈리아, 네덜란드, 스페인, 스웨덴, 스위스, 영국)에 초점을 맞추고 있다. 방법론적 접근방식에 대한 논의를 포함하여 프로젝트에 대한 자세한 내용은 클란더만스와 그의 동료들의 글(Klandermans et al. 2014) 및 판 스테켈렌뷔르흐와 그의 동료들의 글(van Stekelenburg et al. 2012)에서 확인할 수 있다.

우리의 표본은 이 연구에 포함된 7개국에서 2009년에서 2013년 사이에 발생한 시위를 그 대상으로 하고 있다. 표본 추출 전략상 우리가 다루는 시위는 주어진 나라의 맥락에서 '꽤 큰' 것이어야 했기 때문에 소수의 참여자만 참가하는 매우 작은 행사들은 제외되었다. 따라서 각 나라에서 포함된 시위의 표본이 모든 시위의 완벽한 표본은 아니지만, 그 나라에서 발생한 모든 대규모 시위 가운데서 뽑은 적절한 표본이라고 할 수 있다. 우리는 이 표본 내에서 결국에는 다양한 쟁점 — 특히 '종래의' 사회경제적 쟁점은 물론, 도덕적, 문화적, 또는 라이프스타일적 쟁점과 관련된 '새로운' 쟁점까지 — 을 다루는 시위를 조사하게 되었다. 좌파가 시위를 이용하고 거리로 나가려는 경향이 있는 반면 우파는 자주 제도적 채널에 특권을 부여하는 경향이 있기 때문에(Kriesi 1999), 우리의 표본에는 불가피하게 '좌파 성향'의 시위가 압도적으로 많이 포함되어 있다. 게다가 우리는 표본을 일관성 있게 만들기 위해 우리가 조사한 시위 중 유일하게 '우파 성향'이었던 시위, 즉 스페인에서 발생한 낙태 반대 시위를 논의에서 제외시켰다. 대부분의 나라에서는 연구 기간에 발생한 대규모 저항 사건이 모두 포함되었다.

우리는 특정 시위에 참여한 시위자들을 무작위적으로 표집하기 위해 두 가지 기법을 이용하여 저항자들에 대한 데이터를 수집했다(Walgrave and Verhulst 2011). 첫 번째 기법은 저항 사건이 발생한 지역의 모든 시위자에게 우편 조사 설문지의 작성을 요청하는 면접원 중 한 명에 의해 선택될 기회를 동등하게 부여하는 것을 목적으로 한다. 이를 위해 먼저, 저항 전체를 조사 대상으로 삼기 위해 저항의 규모를 추정하고, 지시자들 — 또는 전문가 팀의 리더들 — 로 하여금 건너뛰어야 하는 줄의 수를 계산하게 한다. 그다음에는 지시자들이 각 면접원이 인터뷰할 개인을 미리 선정하게 함으로써 표집 바이어스를 최소화한다. 왜냐하면 면접원들이 자신들과 비슷한 피조사자에게 접근할 가능성이 더 크다는 것이 이전의 연구에서 밝혀졌기 때문이다. 이런 식으로 면접원들은 n번째 줄마다 보내져서 대면 조사를 하거나 특정 저항자에게 우편 조사 설문지를 나누어준다. 두 번째 기법은 무응답을 통제하는 장치이다. 우편 조사 외에도, 설문지를 배포하기에 앞서 인터뷰 대상자 5명 중 1명마다 짧은 대면 인터뷰를 실시했다. 대면 인터뷰 응답률은 90%에 육박했다. 이러한 대면 인터뷰는 무응답으로 인해 초래될 수 있는 바이어스를 가늠하는 데 기여할 수 있다(보다 자세한 내용은 Walgrave et al. 2016을 보라).[4] 각각의 시위에서 약 200명의 참가자와 대면 인터뷰를 실시했고, 그들 역시 우편조사 설문지를 받았다. 총 1000여 명의 참가자에게 우편 조사 설문지를 나누어주었다(그중 800명과는 먼저 대면 인터뷰를 하지 않았다). 우편 설문지의 반송률은 국가와 시위마다 다른데, 15%에서 50%가 넘는 경우에 이르기까지 다양하다. 제3장부터 제7장까지에 제시된 분석에 사용된 전체 표본에는 우리가 연구 대상으로 삼은 7개국에 거의 균등하게 분포된 71개의 시위가 포함되어 있다. 연구에 포함된 시위의 전체 목록은 부록에 제시되어 있다.

이 방법론의 여러 가지 버전이 그간 수많은 연구에 적용되어 왔다. 그중 몇 가지만 언급하면, 2001년에 제노바에서 열린 G8 정상회담과 2002년에 피렌체에서 열린 유럽사회포럼에 관한 연구(della Porta et al. 2006), 2003년에 있었던 미국의 이라크 개입에 반대하는 시위에 대한 국가 간 비교분석(Walgrave and Rucht 2010), 2003년에 에비앙에서 열린 G8 정상회

담에 반대하는 시위에 참여한 사람들에 대한 조사(Fillieule et al. 2004), 그리고 2006년에 열린 아테네 유럽사회포럼 참여자에 대한 조사(della Porta 2009)를 들 수 있다.

CCC 프로젝트는 또한 특히 학술지 ≪동원Mobilization≫(Klandermans 2012)과 ≪국제사회학International Sociology≫(Klandermans et al. 2014)의 특집호뿐만 아니라 저항과 긴축을 다룬 편집서의 여러 장(Giugni and Grasso 2015)을 포함하여 다양한 간행물로도 발전되었다. 하지만 이 책은 서유럽 전역의 거리 시위 참여에 대해 상세하게 그리고 포괄적으로 설명하는 것을 목표로 한다는 점에서 독특하다.

이 저항 조사 데이터 및 데이터의 사용에는 여러 한계점 또한 존재한다. 이 데이터가 일반적인 조사 기법에 비해 장점이 많고 그 타당성과 탄탄함이 입증되어 왔지만(van Stekelenburg et al. 2012), 이 저항 조사 방법 역시 한계가 있다. 특히 여러 쟁점을 함께 다루는 저항 사건들을 비교할 때 주의를 요한다(Walgrave et al. 2016). 이러한 제한사항 중에서도 특별히 주의를 기울여야 할 사항이 하나 있다. 일반 조사에서는 참가자와 비참가자 모두가 포함되지만(저항 활동에 관한 한 일반적으로 후자가 전자보다 수적으로 많다), 저항 조사에서는 참여자하고만 인터뷰한다. 따라서 일반 조사 데이터에는 저항자와 비저항자를 비교할 수 있는 기준선이 전혀 존재하지 않기 때문에 그 데이터는 시위 참여의 결정요인에 관한 가설을 검증하는 데 사용될 수 없다. 하지만 우리는 ESS에 제시된 변수들에 반영되어 있는 시위 참여자의 비율들을 비교함으로써 저항자의 특성과 일반 주민의 특성을 비교할 수 있으며, 무엇보다도 거리 시위에 참여하는 사람들의 구체적인 특징만을 집중적으로 부각시킬 수 있다. 이처럼 우리는 이 책에서 시위자들의 특성, 사회인구학적 프로필, 동원 구조, 이데올로기와 가치, 태도와 감정, 동기에 초점을 맞춘다. 그리고 이 모든 것이 국가, 시위 유형, 시위자의 유형에 따라 어떻게 다른지를 살펴본다. 더 나아가 이 모든 특징이 거리로 나가는 시위자들의 서로 다른 헌신 수준에 어떻게 영향을 미치는지를 조사한다.

이 책의 개관

유럽에서의 시위 참여의 동학에 대한 우리의 설명은 서론에 해당하는 이 장과 본론을 구성하는 여섯 개의 장, 그리고 이 책의 주요 발견물들을 요약하고 그것들을 보다 광범위한 하나의 관점 내에 위치시키는 결론에 해당하는 장으로 이루어져 있다. 각 장의 내용과 순서는 앞서 〈그림 1-1〉에 개관된 개념 틀을 따른다.

우리는 제2장에서는 동원 맥락을 다룬다. 제2장은 ESS 데이터를 이용하여 7개국의 정치적 동원 잠재력 — 동원의 수요 측면(Klandermans 2004) — 을 보다 넓은 맥락에서 분석한다. 우리는 거기서 유럽 시민들의 항쟁성의 정도와 그 항쟁성이 나라마다 그리고 시간이 경과함에 따라 어떻게 다른지를 평가하는 것을 목표로 한다. 이에 더하여 우리는 유럽 시민들의 동원 구조, 정치적 가치, 정치적 태도와 관련된 여러 측면을 검토한다. 이는 이어지는 장들에서 이루어지는 분석에서 우리의 시위자 표본이 갖는 특성과 비교할 수 있는 근거를 마련하기 위한 것이다.

제3장, 제4장, 제5장은 시위 참여의 미시구조적 동학과 관련되어 있다. 제3장에서는 저항의 계급 기반에 대해, 그리고 그러한 계급 기반이 시위자의 이데올로기와 어떻게 연결되어 있는지에 대해 다룬다. 좀 더 구체적으로 말하면, 사회계급이 시위 참여를 어느 정도 뒷받침하는지, 그리고 사회계급이 서로 다른 나라들에서, 문화적 쟁점과 경제적 쟁점과 관련한 시위에서, 그리고 간헐적 시위자와 활동가들 사이에서 어느 정도의 역할을 하는지를 검토한다. 이를 위해 우리는 시위자의 직업 지위뿐 아니라 시위자가 좌파-우파 척도에서 차지하는 위치도 살펴본다. 더 나아가 우리는 시위 참여에서 이데올로기와 정치적 가치가 수행하는 역할을 분석한다. 왜냐하면 이것들 역시 계급 및 실업과 관련되어 있기 때문이다. 우리는 서로 다른 사회적 위치에 있는 사람들이 서로 다른 일단의 가치를 가지는지, 그리고 불안정한 존재 상태precarity가 저항의 새로운 계급 기반을 형성하는지를 분석하기 위해 서로 다른 사회적 배경을 가진 시위자들이 지닌 정치적 가치들을 대비시킨다. 우리는 특히 좌파-우파 가치와 자유주의적-권위주의적 가치에 초점을 맞추어서, 그러한 가치들이 서로 다른 나라의 시위자뿐만 아니라 문화적/경제적 쟁점과 간헐적 시위자/활동가 분할에 따라서도 어떻게 다르게 분포되어 있는지를 살펴본다.

제4장은 저항 정치와 제도 정치 간의 관계를 다룬다. 우리는 서로 다른 참여 형태 간의 연관성뿐만 아니라 저항과 투표 간의 연관성도 살펴본다. 우리는 이 관계에 대한 두 가지 가설, 즉 저항과 투표가 서로를 배제하는 제로섬 게임이라는 가설과 저항과 투표는 상호 보완적인 것으로 서로를

강화한다는 가설을 검토한다. 우리의 목적은 서유럽에서 서로 다른 유형의 제도적 형태의 행동주의와 제도 외적 형태의 행동주의 간의 연관성과 관련된 질문을 해명하고, 이어서 정당과 저항 간의 연관성을 분석하는 연구를 수행하는 것이다. 우리는 또한 국가, 쟁점, 시위자의 유형에 따른 차이도 살펴본다.

제5장에서 우리는 시위자의 동원 구조와 그것이 시위 참여를 유인하는 데 미치는 영향을 다룬다. 그중에서도 특히 사람들이 시위에 참여하는 채널에 초점을 맞춘다. 우리는 직접적 채널(대인 네트워크)뿐만 아니라 간접적 채널(매체)의 역할을 살펴보고, 그러한 채널들이 국가적 맥락, 시위 쟁점, 시위자 유형에 따라 어떻게 다른지를 검토한다. 대인 네트워크와 관련하여, 우리는 시위자들이 서로 다른 유형의 네트워크를 통해 참여를 요청받았는지를 살펴본다. 보다 일반적으로 우리는 사회운동 충원과 관련하여 제기된 두 가지 경쟁하는 관점, 즉 시위자들이 자신의 동기에 기초하여 독자적인 선택을 통해 참여한다고 가정하는 견해와 그들이 주로 다른 행위자들로 인해 저항에 참여하게 된다고 주장하는 견해를 대비시킨다.

제6장과 제7장은 시위 참여의 사회심리적 동학을 다룬다. 제6장은 시위자의 인지적·정서적 성향을 살펴본다. 보다 구체적으로 말하면, 제6장은 정치적 태도와 감정의 역할뿐만 아니라 이 둘이 서로 어떻게 관련되어 있는지를 다룬다. 우리는 특히 시위자가 정치에 얼마나 관심을 가지고 있는지, 민주주의에 얼마나 만족하는지, 정치제도를 얼마나 신뢰하는지, 자신들의 참여를 통해 사태를 얼마나 바꿀 수 있다고 느끼는지를 검토한다.

우리는 또한 시위가 문화적 쟁점을 다루는지 아니면 경제적 쟁점을 다루는지에 따라, 그리고 시위자가 간헐적 시위자인지 아니면 활동가인지에 따라 나라마다 정치적 관심, 만족, 신뢰, 그리고 효능감이 어떻게 다른지 살펴본다. 더 나아가 우리는 시위의 정치적 태도와 (정치적 태도와 결합되어 시위에 참여하려는 개인의 동기에 서로 다른 방식으로 영향을 미칠 것으로 예상되는) 네 가지 주요 감정(화, 걱정, 공포, 좌절) 간의 관계를 검토한다. 정치적 태도와 감정과 관련하여, 우리는 시위자들의 헌신을 설명하는 두 가지 입장, 즉 정치적 태도에 기초하는 인지적 설명과 감정의 역할을 강조하는 정서적 설명을 평가하고, 이 두 가지 유형의 요인이 어떻게 결합하는지를 살펴본다.

제7장에서 우리는 시위자의 동기에 초점을 맞추지만, 또한 항쟁 정치에서 시민이 수행하는 역할을 다룸으로써 이전 장에서 행해진 분석을 점검한다. 우리는 오늘날 시위가 네트워크와 일체감에 기초한 진정한 사회운동의 일부인지 아니면 고립된 개인들로 이루어진 하나의 집합체인지를 묻는다. 다시 말해 우리는 어느 정도까지 거리의 시민들에 대해 말할 수 있는지를 묻는다. 더 나아가 우리는 이 문제를 시위자들의 동기에 대한 검토와 연결시켜, 무엇이 사람들로 하여금 거리로 나가게 하는지를 살펴본다. 이와 관련하여 우리는 시위자들의 동기를 서로 다른 여섯 가지 종류 — 이익 지키기, 연대 표현하기, 견해 표현하기, 정치인에게 변화 압박하기, 공중의 의식 고취하기, 도덕적 책무 느끼기 — 로 구분한다. 우리는 이러한 동기가 나라마다 얼마나 다른지뿐만 아니라 시위 쟁점과 시위자 유형에 따라 어떻게 다른지도 검토한다.

마지막으로, 제8장에서는 이 책의 주요 발견물을 요약하고, 시위 참여자들에 대한 분석으로부터 저항 정치의 현재와 미래를 위한 주요한 교훈들을 도출한다. 이는 앞서 논의한 쟁점들로 다시 돌아가서 이 책의 발견물들에 기초하여 그 쟁점들을 재평가하는 작업이다. 특히 우리는 지구화시대에 좌파 저항 정치의 역할이 무엇인지를 논의한다. 오늘날 시위자는 누구인가? 그들은 무엇을 원하는가? 그들은 정치 변화와 사회 변혁의 목표를 선도적으로 추구하는가, 아니면 특정 위협에 대해 반발적으로 대응하는가? 우리는 또한 저항 정치와 제도 정치 간의 관계에 대해서도 논의한다. 그리고 유럽 저항 정치의 미래에 대해 성찰하는 것으로 이 책을 끝맺는다.

제2장

항쟁적인 유럽인들?

아래의 장들에서는 제1장에서 스케치한 개요에 따라 우리가 연구에서 다룬 7개국 시위들의 특징과 시위자들의 특성을 검토한다. 제3장부터 제7장까지에서 시위자들에게 보다 구체적으로 초점을 맞추어 나아가기에 앞서, 이 장에서는 유럽 시민들의 항쟁 잠재력과 그 잠재력이 나라별로 어떻게 다른지를 평가한다. 다시 말해 우리는 이 장에서 뒤에 이어지는 분석을 수행하기 위한 맥락을 설정한다. 우리는 일반 주민을 대상으로 실시한 기존의 유럽사회조사ESS[1]를 이용하여 이러한 작업을 수행함으로써 우리의 연구가 다루는 7개국의 일반 주민 사이에서 드러나는 정치적 동원 잠재력 및 기타 주요한 태도의 여러 측면을 개관한다. 우리는 특히 네 가지 측면, 즉 유럽인들의 정치적 동원 잠재력, 그들의 동원 구조(특히 결사체 참여associational involvement의 측면에서), 그들의 정치적 가치(특히 좌파-

자유주의적 가치 지향과 우파-권위주의적 가치 지향), 그리고 그들의 정치적 태도(보다 구체적으로는 정치적 관심, 만족, 신뢰, 효능감)를 고찰한다. 우리는 이어지는 장들에서 수행하는 분석 속에서 이러한 특성들을 우리의 시위자 표본의 특성과 비교할 것이다.

유럽의 저항 잠재력: 유럽인들은 얼마나 항쟁적인가?

유럽 시민들, 좀 더 구체적으로는 우리의 연구에 포함된 7개국의 시민들은 얼마나 항쟁적인가? 이 질문에 답하는 주요한 방법으로는 두 가지가 있을 수 있다. 하나는 총합적 수준에서 동원을 살펴보는 것이다. 이는 단일 국가들에 대한 많은 기존 연구에서뿐만 아니라 저항 사건 분석 방법을 이용하거나(Beissinger 2002; Hutter 2014a; Kriesi et al. 1995; Tarrow 1989) 항쟁 집회들을 목록화하여(Tilly 1995) 저항 행동을 비교 분석한 연구들에서도 수행되었다. 다른 하나는 개인 수준에 초점을 맞추는 것으로, 조사 데이터에 기초하여 분류된 다양한 정치 활동에 과거에 참여했는지 또는 앞으로 참여할 것인지를 사람들에게 묻는 것이다(Barnes and Kaase 1979). 여기서 우리는 연구 대상 7개국의 동원 잠재력을 도표화하기 위해 후자의 접근방식을 따른다.

〈표 2-1〉은 다양한 정치 참여 형태에 참여했다고 밝힌 7개국 국민의 비율을 보여준다. 여기에는 선거 투표율 외에도 시민들이 목소리를 내기 위해 자유롭게 사용할 수 있는 가장 흔한 방법 가운데 몇 가지, 즉 정치인이

나 정부 관계자와 접촉하기, 정당이나 행동 단체에서 일하기, 여타 종류의 단체나 협회에서 일하기, 캠페인 배지를 달거나 스티커 붙이기, 청원서에 서명하기, 시위 참여하기, 특정 제품 불매운동하기가 포함되어 있다.[2] 게다가 이 장의 다른 모든 표와 마찬가지로, 이 표 또한 일곱 차례에 걸쳐 실시된 ESS의 데이터를 포함하는 누적 데이터 세트를 사용하여 그 분포를 여러 시점별로 보여준다.[3] 이것은 발견물을 탄탄하게 해주는데, 단일 회차 조사의 데이터는 일부 특정한 우발적 사건들에 의해 영향을 받았을 수도 있지만, 또한 우리가 이 장에서 고찰하는 참여 패턴과 여타 측면의 추세를 시간의 경과에 따라 보여줄 수 있게 해주기 때문이다.

표의 윗부분은 다른 형태와 비교해 볼 때 지금까지는 투표가 시민들이 목소리를 내는 가장 광범위한 수단이라는 것을 보여준다. 이 수치들은 실제 투표율을 과대평가할 가능성이 크다. 왜냐하면 투표는 사회적으로 바람직한 것으로 알려져 있는 현상이기 때문이다. 하지만 이 수치들은 현대 민주주의 사회에서 투표가 핵심적인 역할을 한다는 것을 보여준다. 7개국 모두에서 응답자 중 최소 3분의 2가 지난 전국 선거에서 투표했다고 밝혔다. 게다가 장기적인 추세를 살펴보면, 민주주의가 확립된 국가들과 다른 나라들 모두에서 비록 투표율이 계속해서 감소하고 있기는 하지만, 이 패턴은 시간이 지나면서 얼마간 안정적인 모습을 보인다. 그렇지만 7개국 사이에는 꽤 중요한 차이들도 존재한다. 이를테면 벨기에와 스웨덴은 영국과 스위스에 비해 더 높은 투표율을 보여준다. 이러한 차이를 설명하는 것은 우리의 분석의 범위를 넘어선다. 그러한 차이는 다양한 종류의 구조적 요인(이를테면 각국의 정치 문화, 선거제도의 유형, 의무투표제)뿐만

표 2-1 | 정치적 동원의 잠재력(2002~2014)(지난 12개월 동안 제시된 정치 활동을 수행한 사람들의 비율)

단위: %

	2002	2004	2006	2008	2010	2012	2014	전체
지난 전국 선거에서 투표했다								
벨기에	85.2	91.5	92.9	92.1	88.6	89.3	90.4	89.9
이탈리아	89.5	87.2	–	–	–	80.6	–	86.2
네덜란드	86.3	82.4	84.0	86.1	84.1	83.8	78.7	83.7
스페인	77.7	81.8	79.1	81.9	83.5	76.7	80.8	80.2
스웨덴	87.0	89.1	89.0	91.1	93.9	90.5	91.7	90.2
스위스	69.0	67.0	66.6	64.5	63.0	66.3	67.4	66.4
영국	72.4	68.1	71.7	70.3	71.6	70.7	70.9	70.9
정치인이나 정부 관계자와 접촉했다								
벨기에	17.8	13.5	18.5	15.3	11.7	16.1	14.4	15.4
이탈리아	12.0	13.6	–	–	–	15.5	–	13.6
네덜란드	14.5	13.8	14.5	14.1	17.0	14.3	17.6	15.1
스페인	12.0	12.6	12.1	10.0	13.4	13.3	16.4	12.7
스웨덴	16.5	14.3	14.9	14.8	16.3	16.3	19.5	16.0
스위스	17.4	14.4	13.3	12.0	15.7	14.8	14.7	14.6
영국	18.2	15.0	16.7	16.9	14.8	15.2	19.4	16.6
정당이나 행동 단체에서 일했다								
벨기에	5.4	3.9	5.8	4.3	4.6	4.4	4.4	4.7
이탈리아	3.0	4.0	–	–	–	5.4	–	4.0
네덜란드	3.4	3.8	4.0	3.4	3.4	3.5	4.1	3.6
스페인	6.1	7.4	5.1	2.9	6.9	7.9	8.4	6.2
스웨덴	5.0	3.3	5.0	4.4	3.6	4.4	6.3	4.6

	2002	2004	2006	2008	2010	2012	2014	전체
스위스	7,8	7,0	6,0	4,9	5,8	6,4	5,8	6,3
영국	3,4	2,2	2,5	2,2	1,7	2,0	3,1	2,4

다른 단체나 협회에서 일했다

	2002	2004	2006	2008	2010	2012	2014	전체
벨기에	23,2	15,2	25,8	21,1	19,6	18,4	19,4	20,4
이탈리아	7,6	8,9	–	–	–	12,6	–	9,4
네덜란드	23,1	17,2	24,3	26,2	23,4	25,7	33,7	24,8
스페인	16,7	17,7	14,0	9,5	17,6	22,1	22,0	16,7
스웨덴	24,6	24,3	26,8	27,0	28,3	34,3	36,0	28,7
스위스	17,3	13,3	13,7	13,1	13,6	17,4	16,5	14,9
영국	9,2	8,0	9,1	6,6	6,1	7,7	8,6	7,9

청원인 배지를 달거나 스티커를 붙였다

	2002	2004	2006	2008	2010	2012	2014	전체
벨기에	7,4	5,2	9,6	7,0	7,0	6,5	6,6	7,0
이탈리아	7,3	8,2	–	–	–	10,9	–	8,6
네덜란드	3,8	5,4	3,9	5,1	3,9	3,8	5,3	4,4
스페인	9,8	11,6	7,7	4,7	10,0	10,8	11,5	9,2
스웨덴	10,7	12,8	16,3	18,4	19,5	20,0	19,2	16,5
스위스	9,4	8,5	6,1	6,9	4,8	5,6	6,0	6,9
영국	9,8	7,5	9,3	5,6	6,2	6,0	8,9	7,6

청원서에 서명했다

	2002	2004	2006	2008	2010	2012	2014	전체
벨기에	33,9	22,0	30,4	27,6	20,6	20,6	23,1	25,5
이탈리아	17,4	13,5	–	–	–	23,2	–	17,3
네덜란드	22,4	23,5	20,5	23,5	26,2	22,1	28,6	23,8
스페인	24,2	24,7	22,5	17,0	26,5	33,2	32,5	25,4

	2002	2004	2006	2008	2010	2012	2014	전체
스웨덴	40.8	48.7	44.3	47.2	37.2	43.6	43.6	43.8
스위스	39.4	38.2	35.6	37.7	31.8	34.1	33.2	36.0
영국	40.0	35.5	40.6	38.2	28.5	32.1	40.1	36.4
시위에 참여했다								
벨기에	8.4	6.5	7.6	7.4	6.4	5.2	7.2	7.0
이탈리아	11.0	11.6	–	–	–	17.3	–	12.8
네덜란드	2.9	4.4	3.0	3.3	2.8	2.8	2.9	3.1
스페인	17.5	34.0	17.8	16.0	18.3	25.9	23.2	21.4
스웨덴	6.4	7.6	4.8	6.5	4.9	7.3	11.0	6.9
스위스	7.9	8.8	7.2	7.7	3.9	4.4	5.5	6.7
영국	4.4	3.7	4.4	3.8	2.4	3.1	5.7	3.9
특정 제품을 불매했다								
벨기에	12.8	9.9	10.5	11.2	9.2	11.3	15.1	11.4
이탈리아	7.6	7.1	–	–	–	12.0	–	8.5
네덜란드	10.4	8.3	9.3	9.4	10.1	12.1	14.6	10.6
스페인	8.0	14.0	10.1	7.9	11.6	17.5	17.2	12.1
스웨덴	32.5	34.8	30.6	37.3	35.6	42.8	47.5	37.2
스위스	31.4	24.9	28.5	25.0	27.4	28.2	28.5	27.7
영국	26.1	20.6	23.7	24.2	19.3	18.5	24.0	22.3

주: 설계 가중치가 부여되었다.
자료: ESS(누적 데이터 세트).

아니라 보다 우연적인 요인(이를테면 특정 선거의 특징)에도 달려 있다.[4] 우리의 현재 목적을 위해 여기서 중요한 사실은 선거 참여의 잠재력이 중요한 점들에서 국가마다 다르다는 것이다. 이것은 하나의 적절한 정보이다. 왜냐하면 우리는 선거 정치와 저항 정치 — 아민제이드(Aminzade 1993)의 적절한 정식화를 이용하면, 투표와 바리케이드 — 가 서로 관련되어 있다는 것을 알고 있기 때문이다(McAdam and Tarrow 2010). 우리는 제4장에서 이에 대해 보다 상세하게 논의할 것이다.

하지만 우리가 가장 관심을 가지는 정치 활동은 말할 것도 없이 시위 참여이다. 시위는 서로 다른 사람들에 의해 서로 다른 목적으로 사용되기 때문에, '모듈식 저항modular protest'(McPhail 2013)으로 또는 '모듈식 레퍼토리(modular repertoire)'(Tarrow 2011)의 일부로 인식된다. 따라서, 그리고 온라인 행동주의와 디지털 정치의 중요성이 증가하고 있음에도 불구하고(Bennett and Segerberg 2013; Earl and Kimport 2011; Gerbaudo 2012; Trotier and Fuchs 2015), 우리는 시위를 오늘날 항쟁 정치의 전형적인 형태로, 즉 전 세계적으로 그리고 역사적으로 사회운동 활동을 가장 전형적으로 특징짓는 형태로 간주할 수 있다.

시위 참여는 저항 사건에 기초한 척도들을 살펴볼 때도 나타나듯이, 국가마다 크게 다르다(Kriesi et al. 1995). 조사 기간 전체 동안의 평균 비율을 살펴보면, 이러한 형태의 항의가 시민들에 의해 가장 많이 채택되는 나라는 스페인이고, 이탈리아가 그 뒤를 잇고 있다. 스페인의 상황은 이 점에서 주목할 만하다. 5명 중 1명이 인터뷰 이전 12개월 동안에 시위에 참여한 적이 있었다. 반대편 끝에는 영국과 네덜란드가 있다. 영국과 네덜란드 시민들은 이러한 참여 형태에 관한 한 가장 덜 항쟁적이다. 4% 미만의 시민들만이 지난해에 시위에 참여했다고 말했다. 벨기에, 스웨덴, 스위스는 비슷한 수치를 보이며 두 국가군 사이에 위치하지만, 항쟁적인 스페인과 이탈리아보다는 저항 수준이 낮은 영국과 네덜란드에 가깝다. 이것은 상대적으로 명확한 패턴을 산출하는데, 우리는 이에 근거하여 가장 항쟁적인 나라에서부터 가장 덜 항쟁적인 나라에까지 세 개의 국가군을 확인할 수 있다. 이탈리아와 스페인이 맨 위에 위치하고, 벨기에, 스웨덴, 스위스가 중간에, 그리고 영국과 네덜란드가 맨 밑에 위치한다.[5] 이러한 차이는 이들 국가에서의 저항 행위의 정도와 대중성에 대한 일반적인 이해를 얼마간 반영한다. 그러나 다시 말하지만, 그러한 국가 간 참여의 차이를 설명하는 것은 우리의 목적이 아니다. 중요한 점은 그러한 결과가 국가들이 서로 다른 저항 잠재력을 가진다는 점을 보여준다는 것이며, 우리는 이 요인을 아래의 장들에서 우리의 데이터를 분석하면서 고찰할 것이다.

시간이 지나면서 시위 참여가 어떻게 진화해 왔는지를 살펴보는 것 역시 적실하다. 전체적으로 볼 때, 이 데이터가 포괄하는 12년 동안에 극적인 변화는 없었다. 즉, 해당 국가들의 비율과 순위는 그 기간의 시작 시점과 종료 시점에서 거의 동일하게 나타난다. 하지만 또한 시간의 경과에 따라 일정한 추세와 얼마간의 변화가 관찰된다. 이를테면 벨기에와 스위스에서는 참여가 감소한 것으로 보이는 반면, 영국, 스페인, 특히 스웨덴에서는 참여가 증가했고, 네덜란드의 경우에는 다소 안정세를 유지하고 있다(조사가 이루어지지 않은 연도들이 있기 때문에 이탈리아에 대해서는 추론하기가 어렵다). 게다가 스페인의 경우는 2004년과 2012년의 큰 폭의 증가와 같은 몇 번의 중요한 파동에 의해 특징지어진다. 이 같은 증가는 2003년 미국의 이라크 개입에 반대하여 발생한 저항들(Walgrave and Rucht 2010) 과 (인디그나도스 운동을 포함하여) 2011년과 2012년의 경제 위기와 긴축조치에 대항한 저항들(Calvo 2013; Castaneda 2013; Romanos 2013)과 관련되어 있을 수 있다.

시위 참여 유형은 각 나라의 서로 다른 시위 전통을 반영하지만, 서로 다른 정치적 기회구조 또한 반영한다. 대중 시위는 현대의 항쟁 레퍼토리에서 여전히 중요한 역할을 하지만(Tarrow 2011; Tilly 1986, 1995), 시민들은 다른 참여 형태들 역시 이용할 수 있다. 그중 네 가지 – 정치 엘리트와 접촉하기, 특정한 종류의 정치 단체(정당을 포함하여)에서 일하거나 특정한 정치적 대의의 캠페인에 참여하기, 청원서에 서명하기, 그리고 특정 제품 불매하기 같은 정치적인 소비주의적 활동에 참여하기 – 가 오늘날 실제로 특히 중요해 보인다. 동원 잠재력은 시위 참여뿐만 아니라 이처럼 함께 또는 대용으로 사용할 수 있는 다른 참여 형태들과 관련해서도 평가되어야 한다. 이것들 각각에 대해 논의해 보기로 하자.

정치 엘리트와 접촉하기는 7개국 모두에서 아주 대중적인 정치 활동으로, 평균적으로 응답자의 약 15%가 인터뷰 전 12개월 동안에 그런 종류의 활동을 한 적이 있다고 밝혔다. 더 나아가 국가 간 변이는 상당히 작은데, 이는 이 형태에서는 이를테면 시위와는 달리 맥락이 참여에 그리 영향을 미치지 않는다는 것을 시사한다. 모든 자유민주주의 국가에서 이용할 수 있는 이 채널에는 그것을 이용하는 데 헌신하는 핵심 세력이 존재하는 것으로 보인다. 하지만 낮은 시위 참여로 특징지어지는 나라들에서 이 형태를 더 많이 이용하는 경향이 있다는 것은 일부 체계들이 항쟁 활동을 고무할 가능성이 더 큰 반면 다른 체계들은 보다 제도적인 수단을 통해 참여하는 것을 선호한다는 것을 시사한다.

세 가지 구체적인 종류의 활동 ― 즉, 정당이나 행동 단체에서 일하기, 다른 단체나 협회에서 일하기, 캠페인 배지를 달거나 스티커 붙이기 ― 은 동일한 하나의 기본적인 참여 양식, 즉 단체 활동이나 정당 활동에 속하는 것으로 간주될 수 있다. 이것들은 서로 다른 맥락에서 매우 다른 비율로 사용되는 다소 제도적인 참여 형태이다. 인구의 낮은 비율만이 정당 활동이나 행동 단체 활동에 참여하는데, 그 비율은 3%가 안 되는 영국에서부터 6%가 조금 넘는 스위스(스위스에서는 주州별 정당 분할 제도가 참여를 촉진할 수도 있다)에 이르기까지 다양하다. 이보다는 많은 사람이 다른 단체나 협회의 일에 관여한다. 여기에도 국가 간에는 중요한 변이가 관찰된다. 벨기에, 네덜란드, 그리고 특히 스웨덴에서는 인구의 꽤 높은 비율이 이러한 종류의 활동에 참여해 왔지만, 영국과 이탈리아에서는 그 참여율이 10분의 1도 되지 않았다. 우리는 이 측면을 결사체 참여를 다루는 다음 절에서 좀 더 고찰할 것이다. 마지막으로, 캠페인 배지를 달거나 스티커를 붙이는 것은 스웨덴에서 특히 대중적이었으며, 네덜란드에서는 훨씬 덜 그러했다.

청원서에 서명하기는 꽤 대중적인 정치 활동이다. 때때로 그것은 많은 주민을 동원하는 데 도움이 될 수 있다. 청원서에 서명하기의 대표적인 예가 1980년대에 네덜란드에 크루즈미사일을 배치하는 것에 저항하기 위해 네덜란드 평화운동에 의해 시작되어 거의 400만 명이 서명한 국민

청원이다(Krisi 1988b). 사실 청원은 투표 다음으로 가장 빈번하게 사용되는 정치 활동이다. 이것은 부분적으로는 이 참여 형태에 요구되는 낮은 정도의 헌신에 의해 설명된다. 당신은 단지 청원서에 서명하기만 하면 된다. 물론 청원서에 서명을 받기 위해서는 활동가와 운동가들이 필요한 준비 작업을 해야 하고 서명을 받기 위해 밖에 나가야 한다. 하지만 사람들이 이 행위에 참여하기 위해서는 단지 주어진 대의에 서명하기만 하면 된다. 이 활동의 사용은 국가별로 크게 다른데, 그 비율은 이탈리아가 17%로 가장 낮고 스웨덴이 44%로 가장 높다. 영국과 스위스 시민들도 이 형태를 자주 이용한다.[6]

마지막으로, 특정 제품 불매운동은 오늘날 점점 더 중요해지고 있는 행동 양식이다. 구매운동buycotting — 즉, 정치적 이유로 특정 제품을 구매하는 것 — 과 함께 불매운동은 정치적 소비주의political consumerism로 알려진 정치적 행위의 한 양식이다(Michelletti 2003; Stolle and Michelletti 2013). 불매운동은 "부당한 제도적 관행이나 시장 관행을 바꾸는 것을 목적으로 하는, 생산자와 제품에 대한 소비자의 선택"으로 정의되기도 한다(Michelletti et al. 2004: xiv). 우리가 볼 수 있듯이, 이러한 정치 참여 형태를 사용하는 데에는 국가별로 엄청난 변이가 존재한다. 환경문제와 윤리적 소비에 보다 민감한 북유럽과 중부유럽 국가들에서는 남유럽 국가들에서보다 정치적 소비주의 행위의 비율이 더 높게 나타난다. 영국, 스위스, 그리고 특히 스웨덴에서는 인터뷰하기 전 12개월 동안에 특정 제품에 대한 불매운동을 한 적이 있다고 말한 사람이 특히 많았다. 다른 참여 형태들에서의 국가 간 차이와 함께, 이것은 서로 다른 나라의 시민들이 특정 정책에 반대하

거나 다양한 정치적 대의를 증진시키기 위한 방법으로 다른 참여 형태들
보다 특정한 형태의 참여에 더 중점을 둔다는 것, 즉 자신들의 목소리를
내는 특정한 방법에 특권을 부여한다는 것을 시사한다.

동원 구조: 유럽인들은 자발적 결사체에 참여하는가?

사회운동 연구자들은 시민들의 저항 참여 가능성을 증가시키는 조건으
로 공식적인 단체와 비공식적인 단체가 수행하는 핵심적인 역할뿐만 아
니라 기존의 네트워크 유대가 수행하는 역할도 오랫동안 강조해 왔다
(McAdam 1999; Oberschall 1973; Tily 1978). 특히 자원 동원 이론은 이러한
종류의 요인을 중핵에 위치시켜 왔다(이에 대한 논평으로는 Edwards and
McCarthy 2004를 보라). 그러한 요인들이 저항 행동, 보다 일반적으로는 항
쟁 정치를 뒷받침하는 동원 구조를 틀 짓는다(McAdam et al. 1996, 2001).
그러한 미시 동원 맥락(특히 기존의 사회적 네트워크들)은 (집합적 귀속의 과정
과 정체성의 창출을 통해) 대규모 사회적·문화적 변혁 — 일상적 삶 속에서 개
인들에게 영향을 미치는 — 을 집합적으로 해석할 수 있는 프레임을 제공하
고, (리더십의 역할, 커뮤니케이션 기술 등을 통해) 그러한 해석을 구체적인 행
동으로 옮기는 데 필요한 단체를 수립할 수 있는 기반을 마련해 주며, (참
여가 주는 만족을 창출함으로써 잘 알려진 무임승차의 문제의 극복할 수 있게 해주
는) 연대적 참여를 가능하게 하는 유인을 제공한다(McAdam et al. 1988).
　불행하게도 ESS는 결사체 참여를 측정하는 데 이용되는 일반적인 질문

을 포함하지 않고 있다. 그러한 질문들은 사람들에게 자신이 서로 다른 종류의 자발적 결사체(얼마간 정치적 성격을 지니기도 하는 정당, 노동조합, 평화단체, 환경단체, 여성단체 등등)의 성원인지 또는 그러한 결사체가 촉구하는 활동에 참여해 왔는지를 묻는 것으로 구성된다. 따라서 우리는 당원과 노동조합을 제외한 자발적 단체나 자선 단체의 일에 얼마나 빈번히 참여하는지를 묻는 것으로 구성된 대체 질문('전혀 아니다'에서 '적어도 일주일에 한 번'까지의 답변으로 이루어진)에 의지할 수밖에 없다.[7] 〈표 2-2〉는 결사체 참여를 보여주는 이 세 가지 지표의 분포를 보여준다.

당원과 관련한 수치는 앞서 논의한 정당이나 행동 단체에서 일하는 것과 관련된 수치를 부분적으로 반영한다. 전체적으로 볼 때, 인구의 비교적 낮은 비율만이 당원이다. 동시에 국가 간에는 꽤 큰 차이가 관찰된다. 이를테면 스웨덴과 스위스 시민의 경우에는 7% 이상이 당원이지만, 영국과 스페인 시민의 경우에는 3%도 안 된다. 물론 정당 체계의 유형이 이러한 차이를 어느 정도 설명하기도 한다. 왜냐하면 스웨덴과 스위스에서 채택하고 있는 다당제는 정당에 참여할 기회를 더 많이 제공하기 때문이다. 우리가 2012년과 2014년에 관한 데이터는 가지고 있지 않지만, 당원이 최근 몇 년 동안 일반적으로 약간 감소하는 추세를 보이는데, 이는 시민들이 제도 정치로부터 점점 더 이탈하고 있음을 반영한다(Grasso 2016; van Bizen et al. 2012). 아래에서 정치적 태도의 추세를 논의할 때, 우리는 이 측면으로 다시 돌아올 것이다.

노동조합 또는 그와 유사한 단체의 회원인 사람들의 비율은 당원의 비율보다 훨씬 높다.[8] 지난 몇 년간의 감소 추세에도 불구하고, 스웨덴은 이

표 2-2 | 결사체 참여(2002~2014)

단위: %

	2002	2004	2006	2008	2010	2012	2014	전체
당원								
벨기에	7.2	6.7	6.9	4.8	6.0	-	-	6.3
이탈리아	4.0	4.1	-	-	-	-	-	4.0
네덜란드	4.8	5.6	5.3	5.1	5.3	-	-	5.2
스페인	3.2	4.1	2.5	1.3	2.0	-	-	2.5
스웨덴	8.2	6.8	6.4	6.7	7.3	-	-	7.1
스위스	8.8	7.4	7.4	6.1	6.9	-	-	7.4
영국	2.7	2.4	2.6	2.4	1.9	-	-	2.4
노동조합 또는 그와 유사한 단체의 회원(현재)								
벨기에	29.5	31.5	32.5	34.0	32.6	31.0	31.6	31.8
이탈리아	15.2	12.4	-	-	-	14.1	13.7	13.7
네덜란드	20.8	20.1	18.3	16.8	19.2	17.1	16.8	18.5
스페인	7.8	7.5	8.4	7.0	9.1	-	9.5	8.2
스웨덴	57.7	57.8	55.8	49.3	49.4	45.6	47.9	52.1
스위스	12.5	11.5	11.7	10.1	10.0	9.5	9.4	10.8
영국	18.2	14.5	16.1	15.4	14.0	13.0	15.2	15.2
자발적 결사체 또는 자선단체의 일에 참여(적어도 한 달에 한 번)								
벨기에	-	-	14.3	-	-	13.8	-	14.0
이탈리아	-	-	-	-	-	14.4	-	14.4
네덜란드	-	-	28.3	-	-	32.7	-	30.5
스페인	-	-	10.8	-	-	18.3	-	14.6
스웨덴	-	-	11.7	-	-	13.3	-	12.5
스위스	-	-	31.0	-	-	30.9	-	31.0
영국	-	-	17.0	-	-	19.8	-	18.3

주: 설계 가중치가 부여되었다.
자료: ESS(누적 데이터 세트).

측면에서 가장 높은 수준을 보이며, 벨기에가 그 뒤를 따르고 있다. 잘 알려진 바와 같이, 스칸디나비아 국가들뿐만 아니라 벨기에도 복지 제공(특히 실업 수당)에서 노동조합에 핵심적인 역할을 부여하는 겐트제도를 채택해 왔고, 따라서 이들 나라는 다른 나라에 비해 높은 노동조합 결성 비율을 보인다(Visser 1992). 이와 대조적으로 스페인과 스위스 같은 나라나 영국과 이탈리아에서는 사람들이 노동조합이나 그와 유사한 단체의 회원일 가능성이 훨씬 적다. 이는 이들 나라에서 노동조합이 상대적으로 약하다는 사실을 반영한다.

마지막으로, 자발적 단체나 자선 단체의 일에 참여하는 것에서도 국가 간에 중요한 변이를 보이고 있다. 불행하게도 우리가 사용할 수 있는 데이터는 2006년과 2012년 두 차례의 ESS뿐이다. 따라서 우리는 시간의 경과에 따른 추세 차이를 확인할 수는 없다. 하지만 이 두 가지 시점만 가지고도 우리는 특정한 나라들에서 인구의 높은 비율 ― 네덜란드와 스위스에서 거의 3분의 1 ― 이 자신들이 정기적으로(적어도 한 달에 한 번) 자원봉사를 한다고 밝히고 있음을 확인할 수 있다. 다른 모든 국가에서 이 비율은 평균 12~18% 사이이다. 이것도 많은 사람이 참여하는 것이기는 하지만, 네덜란드와 스위스에서보다는 훨씬 적다. 물론 특정 국가에서 자원봉사 활동에 참여하는 사람들의 비율이 더 높다는 것은 그러한 나라들에 그러한 단체들, 특히 풀뿌리 참여를 중점에 두는 단체들이 더 광범하게 존재하기 때문일 수도 있다.

정치적 가치: 유럽인들은 좌파인가 우파인가,
자유주의적인가 권위주의적인가?

가치 지향, 신념, 이데올로기는 인간 행동의 주요한 추동력이다(Rokeach 1973). 좀 더 구체적으로 말하면, 사람들 대부분이 반드시 이데올로기적으로 사고하는 것은 아니지만(Converse 1964), 정치적 가치는 정치적 행동과 참여에 중요한 방식으로 영향을 미치는 것으로 나타나 왔다(Almond and Verba 1963; Van Deth and Scarbrough 1995; 이에 대한 논평으로는 Halman 2007을 보라). 가치는 행위 — 정치적 행위를 포함하여 — 의 틀을 짓고 행위에 영향을 미친다.

정치 행동 연구자들, 좀 더 구체적으로는 투표 행동 연구자들은 다양한 가치 지향을 조사해 왔다. 그중 네 가지 가치 지향이 문헌에서 특히 중심적인 역할을 해왔다. 그중 첫 번째 짝의 두 가지 가치 지향은 전통적인 정치 공간을 구성하는 것으로 볼 수 있다. 좌파 지향과 우파 지향은 대체로 가장 자주 연구되는 가치 차원이다(이에 대한 논평으로는 Mair 2007을 보라). 이는 자원의 계획적 배분을 강조하는 보다 좌파적인 견해와 자원의 자연적 배분을 강조하는 우파적인 견해 간의 대립을 가리킨다(Kitschelt 1994). 전자는 평등주의와 사회 정의를 지지하는 반면, 후자는 불평등을 '자유시장'에서의 경쟁을 자극하는 유인으로 바라본다. 좀 더 구체적으로 말하면, 이 구분은 사회경제적 영역에서 나타나는 좌파와 우파 간의 전통적 균열을 가리키며, 역사적으로 정치적 행동에서 사회계급이 수행하는 역할과 연결되어 있었다(이에 대한 논평으로는 Knutsen 2007을 보라). 서로 대립하는 전통적인 가치 지향의 두 번째 짝은 권위주의적 가치와 자유주의적 가치이다(이에 대한 논평으로는 Esmer and Pettersson 2007을 보라). 여기서는 전통적이고 배타적인 가치들이 보다 세속적이고 개방적이며 관대한 가치와 대비된다. 권위주의자들은 여성이 사회에서 부차적인 역할을 해야 한다고 믿고 있고, 이민에 반대하며, 법과 질서에 대해 강한 믿음을 가지고 있다. 그들은 소수자에 대한 동등한 권리와 통합에 반대한다. 반면 자유주의자들은 자유와 개방적인 사회적 가치 ─ 사회의 모든 집단에 대한 동등한 인정과 동등한 지위 부여를 지지하며 각 집단에게 자신을 표현하면서 자유롭게 살 수 있는 기회를 제공하는 ─ 를 믿는다.

이들 가치 지향 ─ 그리고 그 가치들의 근저를 이루는 사회적·정치적 균열 ─ 은 새로운 균열 및 그와 관련된 가치 지향의 출현을 강조해 온 학자들에 의해 도전받고 발전되어 왔다. 그중에서 두 가지 가치 지향은 언급할 만한 가치가 있다. 그중 하나가 잉글하트의 연구를 통해 널리 대중화되어 온 물질주의적-탈물질주의적 가치 지향이다(Inglehart 1977, 1990, 1997; 보다 자세한 논의로는 Scarbrough 1995를 보라). 잉글하트의 견해에 따르면, 복지국가가 성장하면서 물질주의적 목표를 덜 중시하도록 만들어온 덕분에, 그리고 새로운 코호트들이 연장자 코호트들을 대체함에 따라, 제2차 세계대전 이후 서유럽은 자아표현과 자기실현, 해방과 정체성이라는 목표, 주관적인 웰빙, 삶의 질 등을 강조하는 탈물질주의적 가치가 부상하는 상황을 목도해 왔다. 이러한 견해는 새로운 사회운동 이론 내에서 중요한 역할을 해왔다(이에 대한 논평으로는 Buechler 1995와 Pichardo 1997을 보라). 최근에 들어와서 학자들은 지구화 과정으로, 또는 더 좁게 그리고 아마도 정확하게는 탈국가화 과정으로 널리 지칭되는 것과 관련된 또 다른 새로운 갈등의 노선을 강조해 왔다(Zürn 1998). 이는 아주 자주 통합-분리 균열, 또는 보편주의-특수주의 차원이라고 지칭되며, 그러한 과정은 승자와 패자의 대립이라는 새로운 가치 균열을 낳았다(Kriesi et al. 2006, 2008, 2012).

여기서 우리는 주로 좌파-우파 가치 지향과 자유주의-권위주의 가치 지향에 대해 언급한다(Evans et al. 1996; Flanagan and Lee 2003; Knutsen 1995). 키트셸트(Kitschelt 1994, 1995)는 자신의 연구에서 (특히 한편에서는 사회주의 정치와 자본주의 정치 간의 대립을 가로지르고 다른 한편에서는 자유주의적 정치와 권위주의적 정치가 대립하는 현대 서유럽의 경쟁적 정치 공간을 정의하면서) 이 두 가지 차원에 초점을 맞추어왔다. 궁극적인 가치, 이데올로기, 사회 질서의 형태와 관련하여 키트셸트(Kitschelt 1994)는 전자의 차원에서는 자원의 계획적 배분(사회주의적 정치)과 자원의 자연적 배분(자본주의적 정치)을 대비시키고, 후자의 차원에서는 평등과 자유와 함께하는 우애(자유주의적 정치)와 평등과 자유가 없는 우애(권위주의적 정치)를 대비시킨다. 그의 견해에 따르면, 새로운 사회운동이 등장한 것은 정치적 갈등의 주요 축이 수평적인 전통적 좌파-우파 대립에서 좌파-자유주의적 정치와 우파-권위주의적 정치 간의 새로운 이율배반으로 대각선 이동을 했기 때문이고, 이것이 또한 새로운 급진 우파가 등장할 수 있는 토대가 되었다(Kitschelt 1995).

유럽 시민들은 이 두 가지 차원에 의해 형성된 공간 속에서 자신들을 어디에 위치시키는가? 달리 말해 그들은 일반적으로 얼마나 좌파-자유주의적 또는 우파-권위주의적인가? 불행하게도 ESS는 이러한 가치 지향에 대한 척도를 단지 몇 가지만 제공한다. 여기서 우리는 두 가지 질문, 즉 각 차원마다 하나의 질문을 사용한다. ESS 질문지는 먼저 사람들에게 "정부가 소득수준의 차이를 줄여야" 하는가(좌파-우파 차원)에 대해 입장을 제시하게 한 다음, "게이와 레즈비언들은 그들이 원하는 대로 자유롭게 살아야" 하는가(자유주의적-권위주의적 차원)를 묻는다.[9]

전반적 분포와 국가 간 분포는 〈표 2-3〉과 같다. 수치는 진술에 동의하거나 매우 동의하는 응답자의 비율을 나타낸다. 전반적으로 응답자들 대부분은 좌파-우파 가치 지향과 관련한 진술에 동의하거나 매우 동의한다. 가장 중요한 것은 이 차원이 다소 분명한 패턴을 산출한다는 것이다. 다른 나라 사람들에 비해 더 많은 이탈리아 사람과 스페인 사람들이 소득 격차를 줄이기 위해 국가가 개입해야 한다고 믿는다. 다시 말해 이탈리아와 스페인은 전체적으로 다른 나라들보다 훨씬 더 좌파적이다. 네덜란드는 이 순위에서 반대편 끝에 위치하고, 나머지 4개국은 그 사이 어딘가에 자리한다. 이러한 차이는 시간이 지나도 여전히 변화가 없었다.

자유주의-권위주의 가치 지향의 경우에는 패턴이 좀 더 모호하다. 전체적으로 볼 때, 또다시 응답자들 대부분이 이 차원을 포착하는, 그리고 게이와 레즈비언의 권리를 언급하는 진술에 동의하거나 매우 동의한다. 하지만 변이의 측면에서 국가 간 차이가 상대적으로 작기 때문에 명확한 군집이 관찰되지는 않는다. 네덜란드 시민들이 가장 자유주의적인 것으로 나타나고, 스웨덴, 벨기에, 영국, 스페인, 스위스, 그리고 마지막으로 이탈리아 시민 순으로 그 뒤를 잇는다. 이탈리아는 분명히 이 측면에서

표 2-3 | 좌파-자유주의적 가치와 우파-권위주의적 가치(2002~2014)

	2002	2004	2006	2008	2010	2012	2014	전체
정부는 소득수준의 차이를 줄여야 한다(동의 또는 매우 동의)								
벨기에	70.5	65.7	68.2	69.8	70.2	71.3	71.2	69.5
이탈리아	79.0	80.7	–	–	–	83.0	–	80.8
네덜란드	58.7	55.6	57.7	54.8	57.1	55.8	56.2	56.6
스페인	79.6	79.7	84.0	80.0	81.0	83.6	86.2	82.0
스웨덴	68.7	66.7	67.6	64.0	63.5	68.9	67.1	66.8
스위스	64.6	65.2	69.9	67.0	68.1	67.6	58.5	65.9
영국	62.0	59.2	56.8	58.3	61.2	64.2	62.8	60.6
게이와 레즈비언들은 그들이 원하는 대로 자유롭게 살아야 한다(동의 또는 매우 동의)								
벨기에	80.3	79.3	80.0	84.7	87.2	85.6	86.8	83.4
이탈리아	72.0	64.4	–	–	–	73.4	–	69.2
네덜란드	87.9	89.2	88.5	90.9	92.8	92.5	91.9	90.4
스페인	72.2	74.0	77.3	78.3	81.5	82.6	88.8	79.5
스웨덴	81.7	83.7	86.4	86.8	90.2	88.3	91.9	86.8
스위스	80.4	75.5	77.4	82.0	82.6	78.3	82.6	79.6
영국	75.7	75.9	78.8	81.4	84.8	83.8	85.1	81.0

주: 설계 가중치가 부여되었다.
자료: ESS(누적 데이터 세트).

가장 덜 자유주의적이다. 하지만 이탈리아의 깊은 가톨릭 전통주의를 감안할 때, 그리고 우리가 어쩔 수 없이 이 하나의 항목에만 의존하여 판단해 볼 때, 이탈리아에서는 종교적인 가치가 LGBTQ+ 권리와 관련하여 보다 보수적인 입장을 취하게 하는 역할을 했을 가능성이 크다. 게다가 이러한 가치 지향은 시간이 지남에 따라 좌파-우파 가치 지향보다 더 변화하고 있음을 알 수 있다. 총합 수준에서는 특히 자유주의적 가치가 모든 국가에서 증가하고 있지만, 그중에서도 특히 영국, 스페인, 스웨덴에서 그러하다. 간단히 말하면, 유럽 시민들은 지난 15년 정도 동안 여전히 거의 동일한 정도로 좌파적이거나 아니면 우파적이었지만(스페인과 스위스 같은 소수의 예외가 다른 방향으로 나아감에도 불구하고), 적어도 이 제한적인 척도에 비추어 볼 경우 그들은 동시에 분명히 보다 더 자유주의적이 되어왔다.

이민은 의심의 여지없이 오늘날 가장 두드러진 정치적 쟁점 중 하나로, 정당들, 그중에서도 특히 우파 정당들의 정치적 어젠다에서 중심적인 위치를 차지하고 있다. 권위주의자들은 이민자에 반대할 가능성이 더 큰 반면, 자유주의자들은 개방된 국경과 사람들의 자유로운 이동을 지지하는 경향이 있다. 오늘날 지구화 또는 탈국가화에 의해 초래된 대규모 변혁은 이민을 정치 공간의 자유주의적-권위주의적 차원 — 한때 종교적 함의를 지니고 있던 차원 — 에 속하는 주요한 문화적 쟁점 중 하나로 만들었다(Kriesi et al. 2006, 2008, 2012). 따라서 우리는 앞에서 살펴본 두 가지 측면에 더하여 〈표 2-4〉에서는 이민자의 지위와 역할에 대한 가치 지향을 보다 구체적으로 보여주는 두 가지 지표를 살펴본다. 그중 첫 번째 질문이 이민이 나라의 경제에 나쁜지 아니면 좋은지에 대한 입장을 묻는다면, 두 번째 질문은 이민자들에 의해 나라의 문화적 삶이 훼손되는지 아니면 풍부해지는지를 묻는다. 이 두 질문에 대한 응답 항목은 0~10점 척도로 구성되었기 때문에, 우리는 국가별 및 연도별 평균을 제시한다.

분명히 스위스는 평균적으로 볼 때 이민이 경제에 좋다고 믿는 경향이 있는 시민이 가장 많은 나라이다. 반면 벨기에는 그 반대쪽 끝에 위치한다. 영국과 스웨덴도 높은 평균을 보이고 있고, 그다음에는 스페인, 이탈리아, 네덜란드의 순서이다. 시간의 경과에 따라 살펴보면, 일부 국가(벨기에, 네덜란드)는 일정한 안정성을 보이고, 일부 다른 국가(영국, 스웨덴, 스위스)는 증가 추세를, 그리고 또 다른 국가(스페인)는 감소 추세를 보인다. 이탈리아의 패턴은 특정 연도의 데이터가 부재하여 확인하기가 더 어렵다. 이민의 문화적 측면과 관련해서는 스웨덴이 가장 개방적인 나라로 나타나고 있으며, 네덜란드와 스위스가 얼마간 떨어져서 뒤를 잇고 있고, 그다음에 벨기에와 스페인이 그 뒤를 따르고 있다. 영국과 이탈리아는 이 점에서 더 폐쇄적이다. 요약하면, 일반적인 좌파-우파 가치와 자유주의-권위주의 가치가 저항 활동 ― 시위를 포함하여 ― 에 참여하는 다양한 환경을 제공하는 것과 마찬가지로, 보다 구체적인 이민 관련 가치들도 연구 대상 7개국에서 서로 다른 동원 맥락을 보여준다.

표 2-4 | 이민에 대한 가치(2002~2014)

단위: 0-10점 척도의 평균

	2002	2004	2006	2008	2010	2012	2014	전체
이민은 나라의 경제에 나쁜가 아니면 좋은가?								
벨기에	4.59	4.35	4.66	4.80	4.53	4.57	4.48	4.57
이탈리아	5.32	4.66	-	-	-	5.18	-	5.01
네덜란드	4.82	4.59	5.14	5.36	5.19	5.22	4.87	5.02
스페인	5.40	5.57	5.66	5.17	4.97	5.21	4.98	5.27
스웨덴	5.46	5.02	5.37	5.48	5.95	5.60	5.78	5.51
스위스	5.86	5.58	5.88	6.16	6.12	6.10	6.13	5.95
영국	4.39	4.60	4.54	4.67	4.54	4.50	4.84	5.59
이민자들에 의해 나라의 문화적 삶이 훼손되는가 아니면 풍부해지는가?								
벨기에	5.83	5.66	5.80	5.85	5.52	5.77	5.73	5.74
이탈리아	5.27	4.75	-	-	-	5.61	-	5.14
네덜란드	6.06	5.83	6.08	6.15	6.13	6.26	6.05	6.08
스페인	5.86	5.93	5.82	5.71	5.91	6.21	6.01	5.91
스웨덴	7.10	6.97	6.91	6.99	7.16	6.97	7.28	7.05
스위스	6.24	6.08	6.04	6.21	6.00	6.09	6.01	6.10
영국	5.15	5.02	4.79	4.90	4.95	5.10	4.97	4.98

주: 0-10점 척도에서 0은 "경제에 나쁘다" 또는 "문화적 삶이 훼손된다"를 나타내고, 10은 "경제에 좋다" 또는 "문화적 삶이 풍부해진다"를 나타낸다; 설계 가중치가 부여되었다.
자료: ESS(누적 데이터 세트).

정치적 태도: 유럽인들은 정치에 대해
무관심하고 불만족하고 불신하고 무력한가?

정치적 가치는 정치적 태도에 영향을 미친다. 정치적 태도는 정치와 정치적 대상에 대한 (보다 직접적으로 관찰할 수 있는) 성향을 말한다. 여기서는 네 가지 정치적 태도, 즉 정치적 관심, 정치적 만족, 정치적 신뢰, 정치적 효능감에 초점을 맞춘다. 이것들 모두는 이전의 연구에서 정치 참여 일반에 대한, 그리고 특히 저항 활동 참여에 대한 강력한 예측 변수임이 밝혀져 왔다(Almond and Verba 1963; Barnes and Kaase 1979; Brady et al. 1995; Schusman and Soule 2005; Verba and Nie 1972; Verba et al. 1978, 1995). 이 경우 우리는 국가별로 비율과 평균을 비교하는 것 외에 시간의 경과에 따른 추세를 살펴보는 데에도 더욱 관심을 가진다. 왜냐하면 이러한 태도들은 시민들의 정치로부터의 소외 및 시민과 정치의 분리 현상이 증가하는 것을 포함하여 많은 학자가 지적해 온 근원적인 문제들을 보여주는 중요한 지표들이기 때문이다(Dalton and Wattenberg 2002; Grasso 2016; Hay 2007; Mair 2006). 이 절에서 우리는 특히 유럽인들이 정치에 얼마나 무관심해졌는지, 민주주의에 얼마나 불만을 가지고 있는지, 정치제도를 얼마나 불신하는지, 그리고 (자신들의 정치적 효능감에 대해 점점 환멸을 느끼게 되었다는 의미에서) 자신들이 얼마나 무력하다고 보는지를 검토한다.

정치적 관심은 참여와 분명하게 연관되어 있으며, 정치 참여 모델 — 그것이 선거 모델이든 비선거 모델이든 간에 — 에 통상적으로 포함된다. 〈표 2-5〉는 정치에 꽤 또는 매우 관심이 있다고 밝힌 7개국 시민의 비율을 보

표 2-5 | 정치적 관심(2002~2014)(정치에 꽤 또는 매우 관심이 있는 사람들의 비율)

단위: %

	2002	2004	2006	2008	2010	2012	2014	전체
정치적 관심(정치에 꽤 또는 매우 관심이 있다)								
벨기에	44.9	43.3	44.8	48.4	46.1	45.1	47.7	45.7
이탈리아	32.5	35.3	–	–	–	48.7	–	37.9
네덜란드	66.0	61.2	63.1	66.8	65.5	63.7	63.4	64.3
스페인	21.4	28.9	25.8	26.2	28.4	34.6	41.0	29.4
스웨덴	57.5	57.4	61.8	58.7	61.5	58.0	67.6	60.2
스위스	60.6	59.1	56.6	57.9	58.9	62.0	61.4	59.4
영국	52.1	47.3	52.1	56.5	52.7	48.4	57.6	52.5

주: 설계 가중치가 부여되었다.
자료: ESS(누적 데이터 세트).

여준다. 우리는 이 비율에 나라마다 그리고 시간이 지남에 따라 상당한 변이가 있음을 볼 수 있다. 국가 간 차이의 측면에서 볼 때, 분명히 스페인 시민들이 정치 문제에 대해 평균적으로 관심이 가장 적고, 이탈리아 시민들이 그다음, 그리고 벨기에 시민들이 그 뒤를 잇고 있다. 이 세 나라 모두에서 정치에 꽤 또는 매우 관심이 많다고 답한 응답자는 절반에도 미치지 못했다. 이와 대조적으로 다른 네 나라에서는 정치에 관심이 있는 사람들이 그렇지 않은 사람들보다 더 많다. 네덜란드 사람들이 관심이 가장 많고, 스웨덴 사람과 스위스 사람들이 그 뒤를 이었다.

스페인과 이탈리아의 경우에는 정치로부터의 시민들의 이탈이 매우 현저하다. 네덜란드에서 정치에 관심 있는 사람은 스페인에 비해 2배 이상 많다. 게다가 2002년의 데이터를 살펴보면, 그 차이가 훨씬 더 커지는데, 그 시기에는 그 비율이 1 대 3이 넘는다. 이는 정치적 관심과 관련된 또 다른 중요한 측면을 보여주는데, 그것은 일부 국가들, 즉 스페인과 이탈리아(이탈리아의 경우에는 산발적인 데이터를 가지고 판단해 볼 때)에서 정치적 관심이 의미 있게 증가하고 있으며, 스웨덴에서도 역시 일정 정도 증가하고 있다는 것이다. 우리는 또한 벨기에와 영국에서는 2002년과 비교했을 때 2014년에 정치에 관심이 있는 사람들의 비율이 유의미하게 증가한 것을 볼 수 있지만, 이것은 진정한 추세이기보다는 기복의 문제인 것처럼 보인다. 이와 대조적으로 네덜란드와 스위스는 보다 안정적인 추세를 보이고 있다. 따라서 사람들이 정치에 점점 덜 애착을 가진다는 것을 보여주는 증거들에도 불구하고, 고등교육의 확산, 그리고 어쩌면 소셜 미디어의 등장도 정치적 관심이 증가한 것과 얼마간 연관되어 있는 것으로 볼 수도 있다. 정치적 관심의 증가는 또한 경제 위기와 긴축반대 저항 시기 동안 이루어진 재동원의 효과일 수도 있다. 그렇다고 하더라도, 여기서 중요한 점은 많은 사례에서 유럽의 시민들은 약 15년 전보다 오늘날 정치에 더 많은 관심을 가지고 있는 것으로 보인다는 것이다.

민주주의에 대한 태도는 정치 문화를 구성하는 중요한 요소로 인식되는데, 특히 시민문화와 사회자본 연구 전통에서 그러하다(Almond and Verba 1963; Putnam 1993). 민주주의에 대한 만족의 정도와 방향은, 그 관계의 성격과 방향이 명확하지는 않지만, 참여에 영향을 미치는 것으로 나타나 왔다(Farah 1979). 많은 연구가 시민들이 민주주의에 대해 더 높은 수준으로 만족하는 나라들이 전국 선거에서 더 높은 수준의 투표율을 보이는 경향이 있다는 것을 보여준다. 하지만 누군가는 또한 민주주의가 작동하는 방식에 만족하면 현 상황을 바꾸기 위해 행동할 필요성을 느끼지 않게 되기 때문에 정치적 무관심으로 이어질 수 있다고 주장할 수도 있다. 이런 맥락에서 일부 학자들은 민주주의에 대한 시민들의 만족도가 시간의 경과에 따라 상승하는 것이 전국 선거 투표율의 감소와 유의미한 관계가 있음을 발견해 오기도 했다(Ezrow and Xezonakis 2016). 동시에 민주주의에 대한 불만은 특정한 조건하에서 사람들이 집합행위와 저항 행동에 참여하게 만드는 일단의 불만을 유발하는 것으로 인식될 수도 있다. 결국 모든 것은 분석의 대상으로 삼은 참여 유형이 무엇인가 — 선거 형태인가 비선거 형태인가 — 에 따라 달라질 수 있다(Farah 1979). 이것은 서로 다른 참여 형태를 구분해야 할 뿐만 아니라 참여 형태를 결정하는 요인들 또한 구분할 필요가 있음을 다시 한번 더 보여준다.

〈표 2-6〉은 7개국에서 민주주의가 작동하는 방식에 대한 시민의 만족도를 0~10점 척도의 평균으로 나타낸 것으로, 여기서 0은 "매우 불만족스럽다"를 의미하고 10은 "매우 만족한다"를 의미한다. 만족 수준에는 국가별로 상당한 차이가 있다. 만족도가 높은 스위스는 낮은 만족 수준을 보이는 이탈리아 사람들과 특히 대비된다. 이탈리아 사람들은 이 점에서 훨씬 더 부정적이다. 스웨덴 사람들, 그리고 정도는 덜하지만 네덜란드 사람들도 꽤 만족하는 반면, 벨기에, 영국, 스페인 사람들은 만족도가 낮은 것으로 나타났다. 시간의 경과에 따른 변화를 살펴보면, 두 가지 추세가 발견되는데, 일부 국가에서는 만족도가 증가하는 반면(스웨덴과 스위스에서 가장 현저하게, 그렇지만 영국과 네덜란드에서도 일정 정도 증가한다), 다른 나라들에서는 반대 방향을 보여준다(특히 이탈리아와 스페인에서, 그렇지만 벨기에에서도 역시 일정 정도 그러하다). 따라서 우리가 최근에 발견한 상황은 2000년대 초반 이후에 일어난 변화와 함께 다시 한번 더 검토될 필요가 있다.

시민들의 정치적 소외에 대한 논의들은 어쩌면 정치적 관심도와 민주주의에 대한 만족도가 낮아지는 것 못지않게, 정치적 신뢰의 상실과 정치적 효능감의 감소에 대해 언급해 왔다. 한편에서는 오랫동안 정치제도에 대한 신뢰가 정치제도에 대한 인식, 그리고 보다 일반적으로는 정치체계의 정당성에 대한 인식과 근본적으로 연결되어 있는 것으로 여겨져 왔다(Almond and Verba 1963; Schumpeter 1942). 반면 시민들이 자신들의 행위가 정치에 영향을 미칠 수 있다고 느끼지 않고, 따라서 정치에 대해 냉소적이 될 때, 그것은 정치적 무관심으로 이어질 수도 있다(Whiteley and

표 2-6 | 각국에서 민주주의가 작동하는 방식에 대한 만족의 정도(2002~2014)

단위: 0~10점 척도의 평균

	2002	2004	2006	2008	2010	2012	2014	전체
민주주의에 대한 만족의 정도								
벨기에	5.52	5.56	5.49	5.17	5.20	5.86	5.30	5.45
이탈리아	5.01	4.78	-	-	-	4.11	-	4.67
네덜란드	5.85	5.66	6.08	6.23	6.18	6.31	6.00	6.03
스페인	5.70	6.07	5.93	5.83	5.10	3.98	4.24	5.26
스웨덴	6.12	5.91	6.35	6.47	6.75	7.01	6.80	6.47
스위스	6.60	6.39	6.90	6.93	7.07	7.39	7.35	6.90
영국	5.08	5.14	4.93	4.88	4.97	5.58	5.17	5.10

주: 0~10점 척도에서 0은 "매우 불만족스럽다"를 나타내고, 10은 "매우 만족한다"를 나타낸다; 설계 가중치가 부여되었다.
자료: ESS(누적 데이터 세트).

Seyd 2002). 하지만 많은 것이 우리가 제도 정치와 선거 정치에 초점을 맞추는가, 아니면 비관례적인 형태의 참여를 다루는가에 달려 있다. 실제로 제도 정치와 선거 정치에 대해 불신하고 환멸을 느끼는 시민들은 그것들에 대해 비판적인 입장을 드러내고 비관례적인 참여 형태들에 더 많이 참여하게 될 수도 있다(Dalton 2004; Norris 1999). 연구들은 정치적 신뢰가 제도적 참여와는 정正적으로 연관되어 있지만 비제도적 참여와는 부負적으로 연관되어 있다는 것을 발견해 왔다(Hooghe and Marien 2013).

하지만 신뢰가 정치적 참여에 중요한 요소가 되기 위해서는 사람들이 효능감 또한 가지고 있어야 한다. 사회운동 연구자들은 저항 활동에 참여하는 데서 개인적·집합적 효능감이 수행하는 중요한 역할을 자주 강조해 왔다(Opp 2013). 이전의 연구들은 이 요인이 기존의 사회적 네트워크에의 개인적 참여라는 요소와 함께 사회운동 참여의 차이를 예측하는 데서 핵심 변수임을 밝혀내 왔다(Passy and Giugni 2001). 따라서 신뢰와 효능감의 조합은 이 점에서 결정적일 수 있다(Andretta et al. 2015; Gamson 1968; Hooghe and Marien 2013; Seligson 1980; Watts 1973). 안드레타와 그의 동료들(Andretta et al. 2015: 131)이 지적했듯이, "불신이 집합적 효능감과 결합되지 않을 때, 불신은 실제로 소외감과 좌절감을 표현하는 것일 수 있고, 민주정치에 대한 불만을 초래할 수 있다." 우리는 이 점에 대해 제6장에서 다시 논의할 것이다. 왜냐하면 안드레타와 그의 동료들이 우리가 이 책에서 사용하는 것과 같은 데이터를 이용하여 이러한 측면들의 조합을 탐구했기 때문이다. 여기서 우리는 신뢰와 효능감을 따로따로 분석한다.

〈표 2-7〉은 다양한 정치제도에 대한 0~10점의 신뢰 척도의 평균을 보

여주는데, 여기서 0은 "전혀 신뢰하지 않는다"를 의미하고 10은 "완전히 신뢰한다"를 의미한다. 현재 우리의 목적과 가장 관련이 있는 항목은 아마도 첫째 항목(의회에 대한 신뢰), 둘째 항목(정치인에 대한 신뢰), 셋째 항목(정당에 대한 신뢰), 즉 국가의 정치체계 및 그 주역들과 관련된 신뢰일 것이다. 다시 한번 더 우리는 나라마다의 변이와 시간의 경과에 따른 변이를 발견한다. 각국의 의회에 대한 신뢰는 스웨덴과 스위스에서 가장 높고, 영국과 이탈리아에서 가장 낮다. 스페인 역시 낮고, 벨기에와 네덜란드는 그 사이의 한 지점에 위치한다. 가장 중요한 것은 바로 그 같은 나라들이 시간이 지남에 따라 서로 다른 변화의 패턴을 보인다는 점이다. 이탈리아, 스페인, 그리고 얼마간은 영국에서도 역시 신뢰 수준이 떨어졌고, 스웨덴과 스위스에서는 신뢰 수준이 증가했다. 반면에 벨기에와 네덜란드에서는 별 변화 없이 유지되었다. 흥미롭게도 일부 국가에서 나타나는 이러한 정치적 신뢰의 감소는 국가의 입법권과 관련되어 있을 뿐만 아니라 유럽의회에 대한 신뢰 수준의 하락을 반영하는 것이기도 하다. 이는 우리가 정치에 대한 불만을 모든 수준에서 보다 일반화된 추세로 목격하고 있음을 의미한다.

우리는 정치인과 정당에 대한 신뢰와 관련해서도 비슷한 패턴을 발견한다. 두 가지 경우 모두에서 다시 스웨덴과 스위스 시민들은 가장 높은 신뢰 수준을 보인다. 하지만 여기서 네덜란드 사람들은 훨씬 더 신뢰하고 있다. 반대편 끝에서는 이탈리아와 스페인이, 그러나 얼마간은 영국도 정치인과 정당에 대해 훨씬 낮은 수준의 신뢰를 보여주고 있다. 여기서 가장 두드러진 것은 특히 남유럽 두 나라에서 매우 낮은 수준을 보인다는

표 2-7 | 정치적 신뢰(2002~2014)

	2002	2004	2006	2008	2010	2012	2014	전체
자국 의회에 대한 신뢰								
벨기에	4.99	4.68	4.99	4.57	4.46	5.02	4.84	4.80
이탈리아	4.83	4.41	-	-	-	3.16	-	4.21
네덜란드	5.22	4.67	5.34	5.57	5.37	5.29	5.24	5.24
스페인	4.83	5.09	5.00	5.02	4.29	3.42	3.67	4.48
스웨덴	5.92	5.35	5.62	5.74	6.28	5.93	6.23	5.85
스위스	5.75	5.52	5.76	5.83	5.80	6.14	6.21	5.83
영국	4.68	4.29	4.20	4.32	4.11	4.28	4.34	4.31
정치인에 대한 신뢰								
벨기에	4.28	4.24	4.36	4.04	3.86	4.31	4.14	4.18
이탈리아	3.54	3.23	-	-	-	1.95	-	3.00
네덜란드	4.87	4.69	5.04	5.22	5.25	5.12	4.89	5.00
스페인	3.37	3.68	3.50	3.26	2.74	1.91	2.23	2.95
스웨덴	4.72	4.19	4.46	4.62	5.04	4.74	4.97	4.66
스위스	4.93	4.77	4.94	4.93	5.01	5.21	5.25	4.99
영국	3.79	3.59	3.41	3.56	3.43	3.66	3.48	3.55
정당에 대한 신뢰								
벨기에	-	4.29	4.36	3.99	3.85	4.23	4.13	4.14
이탈리아	-	3.24	-	-	-	2.00	-	2.77
네덜란드	-	4.80	5.12	5.20	5.26	5.07	4.86	5.05
스페인	-	3.67	3.46	3.21	2.71	1.88	2.21	2.86

	2002	2004	2006	2008	2010	2012	2014	전체
스웨덴	–	4.40	4.62	4.77	5.11	4.86	5.10	4.79
스위스	–	4.64	4.77	4.68	4.81	4.99	5.06	4.81
영국	–	3.68	3.53	3.63	3.52	3.69	3.53	3.59
유럽 의회에 대한 신뢰								
벨기에	4.88	4.98	5.15	5.14	5.03	5.12	4.83	5.02
이탈리아	5.54	4.88	–	–	–	4.33	–	4.95
네덜란드	4.72	4.61	4.78	5.07	4.94	4.82	4.49	4.77
스페인	4.82	5.05	5.03	4.95	4.46	3.91	3.85	4.58
스웨덴	4.02	3.95	4.49	4.66	4.96	4.71	4.72	4.48
스위스	4.81	4.61	4.76	4.83	4.56	4.66	4.51	4.68
영국	3.64	3.55	3.49	3.60	3.36	3.43	3.15	3.43

주: 0~10점 척도에서 0은 "전혀 신뢰하지 않는다"를 나타내고, 10은 "완전히 신뢰한다"를 나타낸다; 설계 가중치가 부여되었다.

자료: ESS(누적 데이터 세트).

것이다. 이것은 확실히 국내적인 이유와 관련이 있지만, 또한 경제 위기와 관련이 있을 수도 있는 보다 일반적인 추세를 보여주는 것이기도 하다. 시간의 경과에 따른 추세는 각국의 의회에 대한 신뢰 추세와 유사하다. 특히 이탈리아와 스페인에서는 신뢰 수준이 크게 낮아지고 있고, 영국에서도 일정 정도 떨어지고 있지만, 스웨덴과 스위스에서는 신뢰 수준이 올라가고 있다. 남유럽 두 나라에서 되풀이되는 부패 스캔들, 그리고 얼마간은 영국의 경비 지출 스캔들도 아마도 이들 나라에서 정치적 신뢰가 하락한 것과 무관치 않을 것이다.

마지막으로, 우리는 유럽 시민들이 정치적 효능감 – 보다 적절하게는 정치적 효능감에 대한 느낌 – 과 관련하여 어떻게 점수를 매기고 있는지를 살펴볼 수 있다. 정치학자들은 대개 내적 정치적 효능감과 외적 정치적 효능감을 구분한다. 전자는 자신이 정치를 이해할 수 있고 따라서 정치에 참여할 수 있는 능력을 가지고 있다는 믿음을 일컫는 반면, 후자는 사람들이 정부가 자신들의 요구에 응할 것이라고 믿는지와 관련되어 있다 (Balch 1974). 외적 효능감의 결여는 때때로 정치적 냉소주의라고 지칭되기도 한다(Agger et al. 1961). 여기서 우리는 내적 효능감을 보여주는 지표로 두 가지를 이용한다. 하나는 사람들이 정치가 너무 복잡해서 이해할 수 없다고 믿는 정도를 나타내는 것이고, 다른 하나는 정치적 쟁점에 대해 결정하기 어렵다고 생각하는 정도와 관련되어 있다.

〈표 2-8〉은 7개국에서 정치가 너무나도 복잡해서 이해할 수 없다고 생각하는 사람들의 비율과 정치적 쟁점에 대해 결정을 내리기가 어렵거나 매우 어렵다고 느끼는 사람들의 비율을 보여준다. 두 경우 모두에서 높은

표 2-8 | 내적 정치적 효능감(2002~2014)

단위: %

	2002	2004	2006	2008	2010	2012	2014	전체
정치는 너무 복잡해서 이해할 수 없다('통상적으로'와 '빈번히')								
벨기에	36.1	37.0	33.1	40.0	–	–	–	36.5
이탈리아	40.1	41.4	–	–	–	–	–	40.8
네덜란드	32.2	36.5	34.2	32.0	–	–	–	33.7
스페인	42.2	43.2	41.3	39.1	–	–	–	41.2
스웨덴	27.4	29.7	24.4	28.1	–	–	–	27.4
스위스	28.9	30.7	32.2	29.1	–	–	–	30.2
영국	40.7	42.5	41.6	39.5	–	–	–	41.0
정치적 쟁점에 대해 결정하기 어렵다('어렵다'와 '매우 어렵다')								
벨기에	44.2	47.4	43.8	48.2	–	–	–	45.9
이탈리아	55.1	47.8	–	–	–	–	–	51.0
네덜란드	34.3	38.5	37.0	32.6	–	–	–	35.6
스페인	39.6	42.2	49.1	44.3	–	–	–	44.0
스웨덴	40.3	44.4	41.1	39.9	–	–	–	41.4
스위스	26.1	33.4	33.8	32.8	–	–	–	31.4
영국	29.6	35.2	33.0	31.4	–	–	–	32.2

주: 설계 가중치가 부여되었다.
자료: ESS(누적 데이터 세트).

비율은 내적 정치적 효능감의 수준이 낮다는 것을 나타낸다. 불행하게도 2010~2014년 시기의 데이터는 존재하지 않는다. 그렇지만 이용 가능한 데이터들만 가지고 보더라도, 우리는 정치가 너무 복잡하다는 생각과 관련하여 영국, 이탈리아, 스페인 시민들이 가장 무력감을 느끼는 반면(이는 정치적 효능감의 수준이 낮다는 것을 의미한다), 스웨덴 사람과 스위스 사람, 그리고 벨기에 사람과 네덜란드 사람들은 정치적 효능감의 수준이 높다는 것을 충분히 알 수 있다. 정치적 쟁점에 대해 결정을 내리는 문제를 살펴보면, 분포와 순위는 약간 다르지만, 이탈리아와 스페인은 ― 그리고 여기서는 벨기에와 스웨덴도 ― 다시 한번 더 낮은 정치적 효능감 수준을 보이는 반면, 네덜란드와 스위스는 ― 그리고 여기서는 영국도 ― 더 높은 정치적 효능감의 수준에 의해 특징지어진다. 최근 시기의 데이터가 누락되어 있기에, 여기서는 시간의 경과에 따른 추세는 고찰하지 않는다.

결론

이 장에서 우리는 유럽 시민들의 동원 잠재력에 초점을 맞추어서 서로 다른 형태의 정치 참여, 동원 구조, 정치적 가치 및 여타 핵심적인 정치적 태도의 측면에서 유럽 시민들의 초상을 스케치했다. 이 초상은 국가 간의 중요한 변이뿐만 아니라 특정한 공통의 패턴을 보여준다. 특히 ESS 데이터를 통해 저항 잠재력과 여타 핵심적 측면을 살펴볼 때, 남유럽의 두 나라가 눈에 띈다. 첫째, 이탈리아와 스페인 시민들은 특히 시위 참여와 관련하여 다른 나라의 시민들보다 더 큰 저항 잠재력을 보여주는 반면, 청원과 같은 덜 대결적인 정치 활동이나 불매운동(즉, 정치적 소비주의)과 같은 덜 혁신적인 활동에는 덜 적극적이다. 둘째, 이탈리아와 스페인은 또한 좌파적 가치를 가장 강력하게 지지하고 있음을 보여준다. 그리고 동시에 정치적 관심과 신뢰의 수준이 낮을 뿐만 아니라 다른 나라들에 비해 민주주의에 대한 만족도도 낮다는 것을 보여주는데, 이는 정치체계로부터 소외된 정도가 더 심하다는 것을 암시한다. 게다가 이탈리아와 스페인 사람들은 최근 몇 년 동안 제도 정치로부터 점점 멀어지고 있는 반면, 다른 나라 – 그 어느 나라보다도 스위스 – 의 시민들은 민주주의에 더욱 애착을 가지거나 훨씬 더 만족하고 있으며, 자신들의 정치제도를 훨씬 더 신뢰하고 있다.

하지만 묘사된 패턴과 추세를 전적으로 신뢰해서는 안 된다. 비교연구자들은 잘 알고 있듯이, 개념들은 한 나라에서 다른 나라로 그 의미가 항상 그대로 옮겨지지 않는다. 다시 말해 이 장에서 수행된 것과 같은 서술적인 국가 간 비교는 잘 알려진 등가성의 문제problem of equivalence에 직면한다(van Deth 1998). 즉, 동일한 개념이 다른 맥락에서는 다른 의미를 지닐 수 있다. 마찬가지로 우리가 여기서 검토한 지표의 의미는 국가마다 다를 수 있는데, 이는 관찰된 유사성이나 변이가 적어도 부분적으로는 서로 다른 해석의 산물일 수도 있다는 것을 시사한다. 하지만 ESS는 국제적으로 인정받은 조사이며, 여기서 우리가 분석한 문제들은 모두 이전에 정치학 문헌들에서 수많은 연구에 의해 수차례 검증되고 논급되어 왔으며, 따라서 여기서 이러한 우려는 최소화되어도 무방할 것이다. 더욱이 이러한 문제들은 우리가 비교적 동질적인 공간에 속하는 7개국을 고려하고 있다는 사실 때문에 더욱 줄어든다. 즉, 우리가 다루는 나라들은 모두 서유럽 민주국가이며, 스위스를 제외하고는 대부분 유럽연합에 속해 있다. 따라서 우리는 우리가 관찰한 패턴과 추세가 실제 유사점과 차이점을 반영하고 있으며, 따라서 아래의 장들에 제시된 저항 조사 데이터의 분석을 인도하는 강력한 근거가 될 수 있다고 믿는다.

제3장

저항 연구에 자본주의 되돌려 놓기

마이클 립스키(Michael Lipsky 1968: 1144)는 자신의 고전적인 글 「정치적 자원으로서의 저항Protest as a Political Resource」에서 "최근 미국 정치가 비교적 무력한 집단의 저항 활동에 자주 의존하는 것은 저항이 소수 집단과 저소득 집단 정치의 중요한 측면이라는 것을 시사한다"라고 지적했다. 역사적으로 볼 때, 실제로 저항과 (파업, 피켓 라인[노동 쟁의 때 출근 저지 투쟁을 위해 파업 노동자들이 늘어선 줄 _옮긴이], 바리케이드 같은) 여타 형태의 항쟁 정치는 다른 '약자의 무기들weapons of the weak'(Scott 1987)로부터 진화했고, 다른 방법으로는 목소리를 낼 수 없는 자원이 빈약한 집단들이 정치 무대에서 자신들의 주장을 펴는 수단을 제공한다(Piven and Cloward 1977). 사회운동 연구자들은 오랫동안 저항의 사회적 기반을 연구해 왔다. 역사적으로 사회운동은 자본에 대항하는 노동투쟁과 연관되어 있었고, 그리하여 노동계급 및 호전적인 좌파와 연계되어 있었다. 하지만 1960년대 이후 새로운 운동과 새로운 집단이 등장하면서 사회운동의 계급적 기반은 중도 정당 또는 심지어 보수 정당을 지지하는 중간계급 전문가와 개인들로까지 확대되어 왔다. 특히 새로운 사회운동을 연구하는 학자들은 어째서 중간계급이, 그리고 특히 사회문화적 전문가 집단이 그러한 운동에서 적극적이었는지에 주목해 왔다(Cotgrove and Duff 1980; Krisi 1989). 하지만 아주 최근에 학자들은 후기 신자유주의의 경제 위기가 되풀이되면서 불만과 사회경제적·구조적 진전이 사회운동에서 한 번 더 중심적인 것이 되고 있으며 따라서 자본주의를 사회운동 연구에 다시 끌어들일 필요가 있다고 주장해 왔다(della Porta 2015; Giugni and Grasso 2015; Hetland and Goodwin 2013). 이러한 요구에 유념하면서, 우리는 이 장에서 저항의 사회적 기반을 검토한다. 특히 이 장은 주관적 계급 일체감, 그리고 경제적 좌파-우파 차원과 사회적 자유주의-권위주의 차원 모두와 관련된 정치적 가치를 포함하여 현대 저항 정치에서 사회계급이 수행하는 역할을 검토한다. 우리는 사회계급과 정치적 불평등의 여타 원천들 – 이를테면 젠더, 세대, 교육과 같은 – 이 시위 참여를 뒷받침하는지, 그리고 그것들이 국가, 쟁점, 시위자 유형에 따라 어떻게 다른지를 검토한다. 좀 더 구체적으로는 오늘날 시위가 어느 정도까지 가장 무력한 사람들의 자원으로 남아 있는지, 그리고 프레카리아트화precarization의 증가가 새로운 저항의 기반이 될 수 있는지를 검토한다.

저항의 사회적 기반의 변화

찰스 틸리(Charles Tilly 1986: 2)는 항쟁 레퍼토리를 "[어떤 집단이] 상이한 개인들에 대해 서로 다른 유형의 주장을 하기 위해 사용하는 일체의 수단"이라고 정의했다. 항쟁 레퍼토리들은 시간과 공간에 의해 제약받으며, "사람들은 이미 알고 있는 한계 내에서 행위하는, 즉 기존 형태의 가장자리에서 혁신을 꾀하는 경향이 있다"(Tilly 1986: 390). 이를테면 대중 행진은 선거 연회에서 유래된 반면, 바리케이드는 밤이나 힘든 시기에 주변에 사람들이 접근하는 것을 막기 위해 사슬을 사용하던 관행에서 생겨났다(della Porta 2013). 틸리(Tilly 1986: 392)가 보여주듯이, 항쟁 레퍼토리는 산업화와 국민국가의 출현을 포함한 역사적 과정의 특정한 특징들과 연관되어 있었다. 산업화와 국민국가의 출현은 교구적인 지역적 저항이 전국적 저항으로 바뀜을 알리는 것이었다. 지역적 저항은 후원에 의존했다. 즉, 지역적 저항은 "즉시 의존할 수 있는 실권자 - 적합하지 않거나 아무런 조치도 취하지 않는 실권자들을 대신하여 일시적으로 행동하지만 조치를 취한 후에는 권력을 포기하는 - 에게 불만을 전달하거나 분쟁을 해결해 줄 것을 호소"했다. 이와는 대조적으로 19세기는 파업, 선거 집회, 공개 모임, 청원, 시위 등을 포함하는 전국적인 항쟁 레퍼토리의 출현을 목격했다(della Porta 2013). 틸리(Tilly 1986: 391~392)는 이 레퍼토리를 자율적인 것으로 묘사했는데, "이 새로운 레퍼토리를 사용하는 사람들이 기존 실력자의 그늘에 머물면서 그 실력자들에 의해 재가된 관례에 적응하는 대신에 자신들의 불만과 요구를 표현하기 시작하는 경향이 있기" 때문이었다. 게다가 근대성과 산업화 과정은 전통적인 공동체들을 파편화했고, 정치는 점점 더 전국적이 되었다. 그다음에 그것은 특정한 이해관계, 즉 사회계급의 이해관계를 대변하는 전국적인 상설 결사체들의 설립으로 이어졌다.

당시 출현하고 있던 그 같은 특정한 세력 중 하나가 산업 노동계급이었다. 카를 마르크스(Karl Marx 1852)의 고전적 개념에 따르면, 자신들에 대한 정치적 의식을 획득하고 하나의 계급으로서 자신들만의 이해관계를 지닌 계급만이 대자적für sich 계급, 즉 공동의 이해관계를 추구하는 일에 정치적으로 참여하는 계급이 될 수 있다. 반면에 이러한 정치적 주체성을 발전시키지 못한 계급은 마르크스가 '하나의 감자 자루'에 비유했던 당시의 프랑스 농민들과 같이 단순히 즉자적an sich 계급으로 남아 있을 것이다. 농민계급에 비해 산업 노동계급은 공장에서 일하기 위해 도시로 모여들고 있었고, 그리하여 사회적으로도 하나의 집단으로서 착취를 경험하고 있었다. 자본에 대항한 노동계급의 투쟁은 산업 시대를 규정하는 새로 등장하던 계급갈등이었고, 이것은 이 계급이 사회운동의 선봉에 서서 사회주의 혁명이라는 궁극적인 목적을 가지고 사회변화를 추진할 것임을 의미했다.

노동 빈민을 사회변화의 대행자로 강조하는 것은 마르크스 이후 다른 많은 학자의 저작을 특징지어 왔다(Piven and Cloward 1977). 하지만 1960년대부터 새로운 사회운동이 부상한 이후 학자들은 이러한 새로운 사회변화의 노력을 뒷받침해 온 것은 오히려 중간계급의 동원이라고 주장해 왔다(Eder 1993; Kriesi 1989). 이에 반대하여 다른 학자들은 계급의 해체와 사회분화의 증가는 현재의 맥락에서 사회운동 참여의 계급 기반에 대한 분석이 부질없는 것임을 의미한다고 주장해 왔다(Pakulski 1993; Pakulski and Waters 1996a, 1996b). 마르크스주의적 사고에 따르면, 사회운동은 착취 받는 계급의 이해관계를 표현하는 것이지만, 증거들은 상층 사회계급의 사람들 또한 집합행위에 점점 더 참여하게 되었다는 것을 보여준다. 특히 문화적 쟁점의 출현은 이를테면 보다 개방적인 사회적 가치와 보다 포괄적인 민주주의 개념의 이름으로 서로 다른 계급의 개인들이 함께 저항하게 하는 동력으로 작용해 왔다(della Porta 2015).

이러한 변화는 일부 학자에 의해 재분배의 정치the politics of redistribution에서 인정의 정치the politics of recognition로 이동한 것으로 이해되어 왔다(Fraser and Honnetes 2003). 특히 1960년대와 1970년대 이후 사회정의 쟁점 — 이타적인 사회운동 참여로 프레임지어질 수 있는 — 에 중간계급 출신의 부유한 사회문화적 전문가들이 점점 더 많이 동원되고 있다는 사실이 입증되어 왔다(Krisi 1989). 실제로 마르크스 자신은 계급갈등에서 인텔리겐치아나 지식인과 같은, 착취와 생산의 과정으로부터 더 멀리 떨어져 있는 부르주아의 특정 분파들은 노동계급에게서 전체 사회의 최고 이익을 확인하고 노동계급의 해방 속에서 인간 해방을 발견하고는 노동계급의 편을 들 것이라고 주장했다. 하지만 문화적 쟁점에 초점을 맞추는 사회운동들은 인정의 관념 및 정체성 정치와 연계되어 있어서 사회를 변화시키는 것보다는 서로 다른 사회집단이 자신들의 권리를 인정받게 하는 것을 목표로 하는 경향이 있었다. 그리하여 계급, 그리고 더 나아가 계급과 불평등의 연관성은 20세기 후반에 집합행위에서 주요한 동기부여 요인이 되지 못했다.

실제로 정치 참여에 대한 고전적 설명들은 더 나은 교육을 받은 사람들과 더 높은 사회경제적 지위를 가진 사람들을 포함하여 더 많은 지략을 지닌 개인들이 더 많은 참여 수단을 가질 가능성이 크다는 점을 일관되게 시사해 왔다(Barnes and Kaase 1979; Brady et al. 1995; Verba et al. 1995). 반면에 불만과 사회 붕괴를 집합행위가 출현하는 원인으로 설명하는 이론들은 참여를 사회적 긴장 및 박탈과 연계시켰다(Gurr 1970; Kornhauser 1959; Smelser 1962). 역사적으로 사회운동 연구에서 후자의 견해는 운동 자원, 전략, 프레임 및 정치적 기회와 관련된 다른 요소들이 동원을 설명하는 데 더 유망한 것으로 인식되기 시작하면서 정체 상태에 놓여 있다(Kriesi et al. 1995; McAdam 1999; McAdam et al. 1996; Tarrow 2011). 사회문화적 전문가들은 미숙련 노동자들보다 저항 활동에 더 많이 참여한다(Kriesi 1989). 이에 비해 미숙련 노동자들은 보다 제도적인 참여 방식을 선호하는 경향이 있다.

이러한 맥락에서 2008년 위기 이후 기존의 정치적 책임성의 위기 내에서 글로벌 북부의 긴축 조치에 반대하는 움직임이 증가해 왔다(della Porta 2015). 지난 10년 동안에는 경제적 측면을 점점 더 강조하고 엄청나게 증가한 불평등을 문제 삼는 동시에 긴축 조치와 "도덕적으로 파산한"(그리고 민주주의 제도를 붕괴시킨 것으로 보이는) 신자유주의 경제모델 모두에 대해서도 대항하는 많은 운동이 출현해 왔다. 부패한 정치체계 — 정치 엘리트들(이를테면 자기 잇속만 차리는 특권 집단으로 프레임지어지고 라 카스타ha casta라고도 알려진)과 금융회사들(이를테면 다양한 역외 기구를 통해 세금을 회피하는) 둘 다 및 그들의 경제적 이익을 보호하는 행태들을 포함하여 — 에 대한 비판은 더 많은 사회정의에 대한 요구를 동반해 왔다. 델라 포르타(Della Porta 2015)는 스페인 인디그나도스 시위 가운데 하나에 내걸렸던 플래카드를 묘사한다. 그 플래카드는 "그들은 그것을 민주주의라고 부르지만, 그것은 민주주의가 아니다Lo laman democracia y no lo o es"라는 글귀를 내걸고 "이제 진짜 민주주의Democracia Real Ya"를 요구한다. 이런 식으로 이해되는 진짜 민주주의에는 공중이 정치적 의사결정에 참여하고 더 나아가 사람들이 존엄한 삶을 살 수 있는 사회경제적 능력을 가지게 하기 위해 정치체계와 경제체계 모두를 급진적으로 재조직화하는 것, 그럼으로써 사람들이 실제로 그렇게 할 수 있는 능력과 자원을 가지게 하는 것까지가 포함된다.

긴축반대 저항은 이 책이 다루는 유럽의 여러 나라뿐만 아니라 그리스, 아이슬란드, 포르투갈, 이집트, 튀니지, 미국과 같은 전 세계의 많은 나라에서도 발생했다. 이러한 맥락에서 많은 저항자는 경제 위기가 심화된 것은 정치 엘리트와 금융 엘리트들의 부패 때문이라고 보았고, 특히 이 위기가 은행 및 여타 금융 기관에서 발생했지만 세금 증가와 공공 서비스의 삭감을 통해 그 비용을 떠맡아야만 했던 것은 바로 공중이었다는 사실을 강조했다. 특히 공공 서비스의 이 같은 삭감은 신자유주의 경제체계가 도덕적으로 얼마나 파탄되었는지를 알리는 것으로 인식되었다. 왜냐하면 신자유주의 경제체계는 사회에서 가장 주변화되고 가난한 부문에 점점 더 큰 손실을 입히기 때문이다.

몇몇 학자들은 이러한 저항 물결을 목도하면서 자본주의, 불만, 사회경제적·구조적 발전에 대한 분석이 사회운동 연구에서 더 중심을 차지해야 한다고 주장해 왔다(della Porta 2015; Hetland and Goodwin 2013). 앞에서 지적했듯이, 마르크스주의적 접근방식은 계급 연구가 사회운동 연구에서 중심이 되어야 한다고 제안하며, 불평등과 궁핍화의 증가를 포함하여 신자유주의에 의해 발생하는 새로운 불만과 관련된 이러한 새로운 동원을 이해하는 데 계급 연구가 적용되어야 한다고 주장한다. 이러한 문제들은 사회보장 지출의 감소와 노동 인구의 프레카리아트화 및 비정규직화의 증가로 인해 더욱 악화되었다. 공공 서비스의 축소와 사회복지의 위축은 기존의 가난한 사람들을 다시 한번 더 강타했고, 이는 저항자들로 하여금 사회에서 가장 부유한 부문이 저지른 실수와 정치적 잘못이 초래한 비용을 가장 가난한 사람들이 치르게 만드는 경제체계의 비인간성과 도덕적 파탄을 비판하게 했다. 이러한 모든 불만은 긴축의 맥락에서 자신들의 경제 부문 동맹자들을 감싸고 있는 것으로 보이는 부패한 엘리트들에 대한 분노를 더욱 심화시켰다. 이러한 맥락을 고려해 볼 때, 계급 문제와 좌파-우파 가치가 사회운동 연구에 되돌아온 것은 그리 놀랄 일이 아니다.

현대 저항의 구조와 사회적 기반

정치적 행위에서 계급을 연구할 때, 과거에는 연구자들이 육체 노동계급에 초점을 맞추었다면, 1960년대와 1970년대에는 '신중간계급'으로 옮겨가는 경향이 있었다. 하지만 오늘날 학자들은 저항의 사회적 기반을 분석하면서 점점 더 '새로운 계급', 즉 "사회적 프레카리아트 ─ 젊고, 실업자이거나 단지 파트타임으로 고용되어 있고, 아무런 보호도 받지 못하고, 종종 잘 교육받은 — "에 초점을 맞추고 있다(della Porta 2015: 4). 가이 스탠딩(Guy Standing 2011)은 자신의 저서 『프레카리아트The Precariat』에서 프레카리아트는 자본주의나 국가에 대해 최소한으로만 신뢰한다는 점에서 중간 계급 봉급생활자들과 구별되고, 예속의 대가로 복지와 관련하여 프롤레타리아와 동일한 사회계약을 맺지 않고 있다는 점에서 프롤레타리아와 구별된다고 주장한다. 이것은 실업자와 임시계약자로 구성된 프레카리아트가 심각한 경제적 불안정성과 노동시장 불안정성을 경험하는 상황을 낳고, 이러한 상황은 다시 더욱 광범한 실존적 불안감을 불러일으킨다. 이는 개인들이 명확한 또는 안정적인 경력 경로나 직업 정체성을 가지고 있지 않고 또 안정성을 결여하고 있어 미래를 계획할 수 없기 때문이다. 이러한 조건들은 다시 분노, 아노미, 불안, 소외와 같은 일련의 불만을 증가시키는 것으로 이해된다. 하지만 오래전에 마르크스가 즉자적 계급과 대자적 계급을 구별하며 지적했듯이, 정치적 의미에서 하나의 계급이 되기 위해서는 개인들은 같은 사회적 위치에 속하는 것에 그치지 않고 자신들을 하나로 뭉쳐서 정치적으로 행위하는 하나의 집단으로 인식해야 한다. 따라서 프레카리아트는 사회구조적인 측면에서는 존재할 수 있지만, 그들이 정치적 의미에서 실제로 하나의 자의식적 계급을 구성하는지, 즉 자신들을 하나의 정치적 단위로 인식하고 공통의 목적을 위해 집합적으로 행위하는지는 여전히 경험적인 문제로 남아 있다. 실제로 어떻게 보면, 프레카리아트의 사회적 조건은 그들이 정치적 의미에서 자신들을 하나의 계급으로 인식하는 것이 현실적으로 매우 어려울 수밖에 없다는 것을 의미한다. 이를테면 도시 노동계급과 달리 그들은 공장에서 함께 모여 일하지 않기 때문에, 그들은 자신들이 똑같이 착취당하고 있다는 사실과 전체 자본주의 체계가 지닌 착취적 성격을 깨닫지 못하며, 따라서 계급의식을 발전시키지 못한다.

이러한 모든 사항을 고려할 때, 사회구조, 계급, 가치 간의 관계를 연구하는 것은 무엇이 정치적 행동주의를 뒷받침하는지, 그리고 지구화 시대에 무엇이 헌신적인 활동가들과 간헐적인 시위자들을 구분하는지를 이해하고자 하는 탐구에서 핵심적인 부분에 해당한다. 커보(Kerbo 1982)는 경제적 결핍이나 실업과 같은 위기로 인해 촉발된 운동은 대체로 그 피해자들을 끌어들이고 보다 자연발생적이고 더 폭력적인 경향이 있는 반면, 그러한 위기 밖에 존재하는 운동들은 도덕적 가치의 문제에 더 초점을 맞추고 더 조직화되고 덜 폭력적인 경향이 있다고 이미 지적한 바 있다. 최근의 긴축반대 저항에 관한 연구들은, 그러한 사건을 배후로 하는 운동들은 글로벌 정의 운동과 같은 이전의 국가적·초국가적 저항의 물결과 관련되어 있기도 하지만, 또한 심의에 더 많은 참여를 보장하는 혁신을 요구하기도 한다고 시사한다(della Porta and Mattoni 2014). 특히 1990년대 후반과 2000년대 초반의 글로벌 정의 운동의 경험은 "화이트칼라 노동자와 블루칼라 노동자, 실업자와 학생, 청년세대와 노년 세대" 간에 광범한 연합이 가능하다는 것(della Porta 2015: 16)과, 그것이 문화적 쟁점을 다루는 운동과 경제적 쟁점을 다루는 운동 간의 차이를 흐리게 해왔을 수도 있다(Eggert and Giugni 2012, 2015)는 것을 보여주었다.

하지만 그러한 광범한 연합은 또한 그러한 운동들에 운동의 모든 성원을 하나의 분명한 정치적 목적하에 묶어줄 수 있는 집합적 정체성을 발전시켜야 하는 과제를 부여한다. 이러한 문제들은 우리가 논의하는 현재의 저항 물결에서도 여전히 많이 나타난다. 활동가들은 정치적 목적에 서로 동의하고 동일한 가치와 이상을 공유하는가? 델라 포르타(della Porta 2015: 23)가 지적하듯이, 우리는 긴축반대 운동에서 노동계급 정치로의 복귀나 하나의 새로운 계급 기반으로서의 프레카리아트의 출현보다는 오히려 "자신들을 하층 계급에 속하는 것으로 생각하는 경향이 있는 다양한 사회적 행위자들의 연합"을 목격한다. "학생과 불안정 노동자들뿐만 아니라 공무원들도 함께 저항에 다양한 사회적 기반을 제공했다." 더욱이 '액체적liquid' 동일시 과정(Bauman 2000)이 동원 과정을 방해하는 것으로 여겨져 왔고, 최근의 연구는 급진적인 포퓰리스트 우파의 출현을 강조해 왔지만, 좌파는 여전히 새로운 사회운동의 전형적인 가치인 탈물질주의적·자유주의적·코즈모폴리턴적 가치에 의해 특징지어진다. 델라 포르타(Della Porta 2015: 25)는 긴축반대 운동이 어떻게 "수많은 시민을 여론에 민감하게 만들고 그들에게 민주정치를 교육함으로써 신자유주의로 인해 모욕을 당한 사람들의 존엄을 회복시킬" 수 있었는지를 지적한다. 긴축반대 운동이 우리 시대를 위한 '대항민주주의counter-democracy'(Rosanvallon 2008)의 발전을 촉진할 수 있을지는 시간만이 말해줄 것이다.

우리가 알고 있듯이, 대침체는 부채 위기로 인해 소비가 침체된 것과, 수요와 수익을 높게 유지하는 '민간 케인스주의private Keynesianism' 해결책이 종식된 것과 관련이 있었다(Streek 2014). 소비자 부채에 의존하는 땜질식 해결책과 "거품에서 거품으로의 이동"(Wallerstein 2010)은 결국 2008년에 강력한 경제 위기를 초래했는데, 특히 가장 약하고 가장 부채가 많은 남유럽 민주주의 국가에서 그러했다. 하지만 그것은 더 강한 경제에서도 불평등을 심화시켰는데, 이는 지구화 과정에서는 소수만이 '승자'가 되고 그로 인해 노동계급의 궁핍화와 중간계급의 프롤레타리아화가 증대되기 때문이다(della Porta 2015; Stiglitz 2012). 저성장, 고실업, 극심한 불평등, 임금 정체, 사회적 급여의 거듭된 축소라는 후기 신자유주의가 낳은 경제적 비효율성이 다시 저항의 사회적 기반에 반영되고, 그리하여 저항에 "불안정한 젊은이들이 점점 더 많이 참여하는 경향이 있지만, 그들은 대체로 일종의 프레카리아트화를 겪은 다른 사회집단들과 연합해서 저항에 참여한다"(della Porta 2015: 28).

틸리(Tilly 1986)는 전통적으로 사회운동을 자본주의와 국민국가의 발전과 연계시켜 왔다. 왜냐하면 저항은 국가권력과 국가 수준에서의 자본주의 발전 모두에 도전할 수 있기 때문이다. 이러한 방식으로 경제변화는 정치적 기회(Kousis and Tilly 2005; Tilly 1986)에 영향을 미치고 그리하여 저항의 초점이 자본주의와 (자본주의의 계급구조에 반영되어 있는) 생산 관계에서 특정한 일단의 정치제도로 이동하는 데 영향을 미쳤다면, 국가조직은 투쟁을 통해 발생했다(Tilly 1990). 폴라니(Polanyi 1944: 107)는 최초의 대전환, 즉 경제적 자유주의의 첫 번째 물결이 '이중의 움직임 double-movement' – 한편에서는 시장이 팽창하지만, 다른 한편에서는 시장의 팽창을 저지하기 위해 "생산 조직뿐만 아니라 인간과 자연의 보존까지 목표로 하는 사회보호의 원칙"을 축으로 하여 대항운동이 조직화되는 – 에 의해 특징지어지는 것으로 파악했다. 전후의 포드주의 모델은 후일 대량 생산물의 대량 소비를 위해 비교적 높은 임금과 국가의 개입을 요구했다. 하지만 이미 1970년대경에 포스트 포드주의적 신자유주의로 전환하면서 복지국가가 해체되고 불평등이 증가하기 시작했다(Alderson and Nielsen 2002). '민간 케인스주의'로 지칭되어 온 사조 속에서, 증가하는 불평등에 직면하여 수요를 떠받치기 위해 저금리가 이용되었고, 이는 다시 다양한 거품, 그리고 궁극적으로는 2008년 금융 위기를 촉발했다(Streeck 2014). 특히 남유럽 국가들에서는 초기의 값싼 자산담보 대출capital credit이 주택 거품의 성장을 떠받쳤지만, 이제 국가 기관들이 더 이상 거시경제에 개입하기 위해 전통적인 통화 및 환율 수단을 이용할 수 없었기 때문에 위기 직전에 잇달아 발생하는 문제들에 대처할 수 없었다(Scharpf 2011). 특히 유럽연합에서는 복지가 더욱 감축됨에 따라 회원국 사이에서, 그리고 회원국 내에서 불평등이 증가했다(Scharpf 2011). 게다가 긴축 추진은 수요에 더욱 부정적인 영향을 미쳐 위기를 심화시켰다(Stiglitz 2012).

남유럽 국가들에서는 각국 정부가 공공 서비스를 줄이는 동안 무려 시민들의 4분의 1과 젊은이의 절반 이상이 일자리를 잃을 만큼 실업률이 급격히 증가했다. 이는 훨씬 더 많은 시민이 실제로는 현재 축소된 사회 서비스를 필요로 한다는 것을 의미한다. 낭비적인 복지지출을 비판하는 수사들은 특히 실직한 젊은이들 사이에서 불안정성을 증대시켰고, 이는 다시 궁핍화하고 있는 노동계급과 프롤레타리아화되고 있는 중간계급이 동맹을 맺게 함으로써 긴축반대 동원에 유리한 조건을 제공했다(della Porta 2015: 35). 물론 사회운동 문헌들은 이미 "전통적인 사회적 균열이 진정된 것으로 여겨지는 사회에서 중간계급의 특정한 구성 부문들이 항쟁 형태의 정치를 주도하는 것처럼 보인다"라고 지적해 왔다(della Porta 2015: 42).

특히 신중간계급은 서비스 부문에서 형성되는 것으로 인식되었고, 그들의 경제적-기능적 지위를 포함한 기술적·문화적 능력을 고려할 때 이 신중간계급이 사회적 쟁점을 둘러싼 새로운 갈등에 동원될 가능성이 더 큰 것으로 여겨졌다(Krisi 1989).

계급과 불안정한 고용 상황 외에도 많은 다른 요소들이 저항의 사회적 기반을 형성하는 것으로 강조되어 왔다. 연구들은 남성이 저항에 더 적극적이라고 주장하는 경향이 있다(McAdam 1999; Paulsen 1991; Verba et al. 1995). 매카시와 잘드(McCarthy and Zald 1973)는 학생과 실업자 같은 고용에서 벗어나 있는 사람들이 저항에 참여할 가능성이 더 클 것이라고 시사한다. 그러나 고용 상태에 있는 사람들이 저항에 참여할 가능성이 더 큰지 아니면 더 작은지는 분명하지 않다(Mcadam 1986; Erickson Nepstad and Smith 1999). 전기적 가용성 접근방식biographical availability approach[전기적 가용성이란 운동에 참여할 때 비용과 위험을 증가시킬 수 있는 개인적 제약 요인들(이를테면 풀타임 고용, 결혼, 가족 책임)이 없는 상태를 일컫는다 _옮긴이]은 또한 젊은 세대가 시위에 참여할 수 있는 시간과 에너지를 더 많이 가질 것이라고 힘주어 말하는 경향이 있어왔다(Wiltfang and McAdam 1991). 하지만 연구들은 또한 1960년대/1970년대 세대가 특히 정치화되어 있으며, '저항 세대protest generation'라고 불려왔다는 것도 보여주었다(Grasso 2014). 더구나 노년 세대는 자녀들이 집을 떠났기 때문에 전기적으로 참여가 더 가능하다고 말해지기도 했다(Erickson Nepstad and Smith 1999). 일부 국가들이 다른 국가들보다 더 그렇기는 하지만, 교육도 참여에 중요한 긍정적인 영향을 미치는 것으로 나타났다(Grasso 2013). 연구들은 일관되게 사회경제적 지위가 높고 교육 수준이 높은 개인이 다른 사람들보다 저항에 참여할 가능성이 더 크다는 것을 보여주었다(Rosenstone and Hansen 1993; Verba et al. 1995). 교육은 여러 가지 이유로 중요할 수 있다. 이를테면 교육은 그 자체로 사람들이 정치에 참여하는 데 필요한 기본적인 스킬과 이해력을 가질 수 있게 해주는 세심한 주의력과 높은 정치적 식견을 나타내는 것이기 때문이다.

문화적 측면: 계급의식, 이데올로기, 정치적 가치

사회계급은 정치적 행동과 저항의 구조적 기반을 반영하며, 이데올로기와 정치적 가치로 대표되는 문화적 측면도 지니고 있다. 마르크스주의 전통에서 계급의식은 노동계급이 자본주의적 사회관계하에서 자신들을 착취당하는 계급으로 인식하는 것을 말한다. 자신들의 착취와 집합적 힘에 대한 이러한 인식은 혁명과 사회의 급진적 재조직화를 예고하는 것일 수도 있다. 그 후 많은 마르크스주의 사상가들은 혁명이 일어나지 않은 이유를 설명하기 위해 노력해 왔다. 물론 오늘날에는 노동계급, 또는 육체적 직업에 종사하는 개인들이 선진 산업사회에서 더 이상 시민의 대다수를 차지하지 못한다. 이는 일부 학자들로 하여금 우리가 정치로부터 노동계급을 배제하는 새로운 계급 전쟁New Class War을 목도하고 있다고 주장하게 했다(Evans and Tilley 2017). 마르크스는 계급의식 및 프롤레타리아와 자기 계급 내의 다른 성원들의 동일시를 즉자적인 객관적 계급에서 대자적인 주관적 계급으로 이동하는 것과 연결시켰다. 그리고 이러한 인식이 다시 급진적인 사회변화를 위한 정치적 행동주의를 낳는다고 이해된다.

마르크스는 또한 계급의식의 발전을 변증법적으로 보았고 이를 자본주의의 위기 경향과 연관시켰다(Crossley 2013). 자본가들 간의 경쟁으로 인해 가격이 하락하는 경향은 자본가들로 하여금 임금을 낮추게 하지만, 과잉 생산과 과소 소비는 이러한 문제들을 더욱 심화시켜 자주 소규모 회사들을 파산시키고 노동자들을 해고하게 만들며, 그리하여 수요를 감소시킴으로써 과잉 생산과 과소 소비의 위기를 더욱 강화한다(Crossley 2013). 이것이 바로 우리가 최근의 경제 위기에서 목격해 온 것이다. 이는 더 큰 회사들이 작은 회사들을 인수하게 하고, 따라서 자본의 독점 경향을 증가시킨다. 그리고 이러한 위기 경향은 임금을 하락시키고 자본을 집중시킴으로써 계급을 양극화시켜 불평등을 증대시킨다(Crossley 2013). 게다가 마르크스에 따르면, 노동계급이 동일한 소수의 고용주에 의해 고용됨에 따라 그들은 더 자주 함께 모이게 되고, 따라서 자신들이 당하는 착취를 자신들이 하나의 계급으로서 겪는 공통의 문제로 인식하기가 더 쉬워진다. 이러한 과정에서 생활조건이 악화됨에 따라 노동자들은 자신들의 쇠사슬 외에는 잃을 것이 없게 되고 점점 더 급진화된다.

마르크스는 노동계급이 자본주의의 위기와 악화되는 경제 상황을 겪으면서 노동계급의 내부에서 계급의식이 거의 자연발생적으로 출현한다고 생각했지만(이것이 바로 자본주의는 자본주의의 무덤을 파는 사람들을 만들어낸다는 관념이다), 지금까지는 그렇지 않았다. 따라서 다른 사상가들은 왜 그런 일이 아직 일어나지 않았는지를 설명하고자 해왔다(Crossley 2013). 이를테면 레닌(Lenin 1902)에 따르면, 고도로 훈련되고 헌신적인 혁명 정당 - 사회의 이익과 프롤레타리아 착취의 종식(달리 말해 자본주의적 생산양식과 그 생산양식이 지닌 사회적 관계의 초월과 폐지)의 이익을 동일시하는 노동계급의 가장 뛰어난 성원과 혁명적인 부르주아 인텔리겐치아로 구성되는 - 에 의해 계급의식이 외부에서 주입되어야 한다. 레닌(Lenin 1902)이 볼 때, 문제는 노동계급은 스스로 자신들의 구조적 조건으로부터 생겨나는 진정한 혁명적 계급의식을 발전시킬 수 없고 단지 노동조합 의식만 발전시킬 수 있을 뿐이라는 것이었다(Crossley 2013). 따라서 노동계급에 계급의식을 주입하기 위한 정치적 작업을 진행하고 이데올로기를 발전시키는 것이 더 절실하게 요구되었다. 이론과 실천을 연결시킴으로써, 그리하여 착취를 종식시키는 유일한 수단은 전체 생산체계를 초월하는 것이지 단지 생활조건을 개선하는 단순한 개혁이 아니라는 인식과 착취의 경험을 연결시킴으로써 노동계급이 사회주의와 재분배의 원칙에 이데올로기적으로 헌신하게 만드는 일이 혁명 정당의 과업으로 인식되었다.

마르크스주의적 사고에서 이데올로기는 급진화를 설명하는 매우 중요한 기본 요소이다. 이데올로기는 사회운동 참여를 예측하는 지표의 하나로 여겨져 왔다(Klandermans 2004; Snow 2004). 사람들의 신념은 사람들이 저항 활동과 보다 급진적인 형태의 사회적 행위에 참여하기로 결정하는 데서 결정적인 역할을 한다. 역사적으로 개인들은 자신보다 더 상위에 있는 것으로 인식되는 사회적 목표와 전체 사회에 긴급하게 요구되는 사회적 변화를 위해 자신들의 목숨을 걸었다. 그러한 활동가들이 너무나도 용감하게 자신들을 희생시킨 것은 정의, 평등, 착취의 종식 등과 같은 강력한 사상을 믿었기 때문이다. 전통적으로 저항은 사회변화를 요구하는 자원이 빈약한 집단, 좌파, 사회적 진보주의자들의 영역으로 여겨져 왔다(Dalton et al. 2010). 그러나 신중간계급과 정체성 정치가 부상한 이후 아주 최근에는 종교적, 우파 포퓰리즘적, 보수적 저항 운동들도 부상해 왔다.

통상적으로 이데올로기는 서로를 강화하는 가치들을 포함하는 하나의 신념 체계로 이해된다(Halman 2007). 정치적 가치는 앨먼드와 버바(Almond and Verba 1963)의 고전적인 저작 『시민 문화Civic Culture』 이후 정치적 행위에 관한 연구에서 중추를 이루어왔다. 가치는 보통 (우리가 제6장에서 검토하는) 태도, 신념, 견해 및 여타 지향이나 성향에 선행하는 것으로 인식된다. 일반적으로 가치는 행위를 인도하는 태도나 규범, 견해를 인도하는 뿌리 깊은 지향으로 이해된다(Halman 2007). 정치적 가치는 사회의 구조화 측면에서 무엇이 바람직한지에 관한 생각이라고 볼 수 있다(van Deth 1995). 정치적 가치는 평등과 불평등 간의 갈등, 자유와 권위주의 간의 갈등, 그리고 특히 노동과 자본 간의 균열과 관련하여 발생하는 계급갈등과 관련되어 있다(Halman 2007). 앞 장에서도 논의했듯이, 좌파와 우파의 개념은 일반적으로 더 많은 평등을 지지하는지 아니면 불평등을 지지하는지와 관련한 경제적 차원과 연계지어져 온 반면, 다른 가치들은 이민, 낙태, 안락사, 사회에서의 여성의 역할, 형사처벌 등과 같은 문제에서 자유를 지지하는지 아니면 권위주의를 지지하는지라는 사회적 차원과 더 밀접하게 연계지어지는 경향이 있다(Halman 2007). 일반적으로 좌파-자유주의자들은 가난한 사람, 불우한 사람, 소수자의 편을

드는 경향이 있다(della Porta and Diani 2006). 사회적 차원은 '새로운' 쟁점
의 출현 및 탈물질주의의 부상에 대한 논의와 훨씬 더 연관되어 있다. 일
부 학자들에 따르면, 특히 자유주의적인 개인들이 환경 및 LGBTQ+ 권
리와 관련된 쟁점과 연계된 '새로운' 정치적 어젠다를 지지하며, 그로 인
해 그들은 특히 새로운 사회운동을 지지할 가능성이 크고, 따라서 문화
적 쟁점을 둘러싼 운동과 저항에 참여할 가능성 역시 크다(Kriesi 1989).

시위 참여의 사회적 기반

우리가 앞서 언급했듯이, 연구자들은 저항 활동 참여를 결정하는 요소들
로 수많은 사회인구학적 특성이 지닌 중요성을 강조해 왔다. 그러한 특
성들에는 사회계급 ─ 사회계급은 이 장에서 우리의 주요한 초점의 대상이다
─ 뿐만 아니라 젠더, 세대, 교육과 같은 다른 측면들도 포함된다. 우리의
시위 참여자 표본은 어떠한 사회인구학적 특성을 가지는가? 보다 구체적
으로 말하면, 그들은 젠더, 세대, 교육, 계급의 측면에서 어떻게 구성되
어 있는가? 그들은 특정 계급과 얼마나 일체감을 가지는가? 그리고 그들
의 사회인구학적 특성 ─ 그들이 속한 사회계급과의 구조적 상관관계와 주관적
인 태도적 상관관계 모두를 포함하여 ─ 은 국가, 시위 쟁점, 시위자의 유형에
따라 어떻게 다른가? 〈표 3-1〉은 우리의 데이터에 나타난 시위 참여의
사회적 기반을 보여줌으로써, 그리고 그러한 사회적 기반이 우리의 연구
에 포함된 7개국에서 어떻게 다른지뿐만 아니라 시위 유형(문화적 시위와

표 3-1 | 국가, 시위 쟁점, 시위자 유형별 시위자의 사회인구학적 특성과 정치적 가치

단위: %, 평균

	국가							시위 쟁점		시위자 유형	
	벨기에	이탈리아	네덜란드	스페인	스웨덴	스위스	영국	문화적	경제적	간헐적 시위자	활동가
젠더(남성)(%)	58.0	48.3	55.2	57.0	43.6	42.0	50.4	45.2	56.7***	50.5	51.9**
코호트(%)											
제2차 세계대전 이후 세대	9.9	4.9	6.8	5.9	12.2	8.0	9.4	8.8*	7.5	8.1***	6.0
1960년대/1970년대 세대	27.9	25.2	30.1	22.6	20.5	23.3	21.6	23.0	26.2***	22.9	24.6
1980년대 세대	27.4	23.1	24.5	25.7	12.8	25.0	20.5	21.4	24.3***	24.5*	22.4
1990년대 세대	16.6	17.4	12.5	26.3	16.6	18.3	19.3	18.2	17.7	18.1	18.3
2000년대 세대	18.2	29.4	26.2	19.6	37.9	25.3	29.3	28.6***	24.0	28.4*	26.6
교육(%)											
중등학교 또는 그 이하	56.7	37.4	35.6	34.6	30.7	40.1	18.6	31.7	39.6***	32.6	35.6*
학사 또는 그와 동등한 학위	11.5	17.6	30.3	17.0	1.9	24.0	40.4	23.6***	20.0	25.2***	20.6
석사 또는 그 이상의 학위	31.8	45.0	34.1	48.5	67.4	35.9	41.0	66.2***	57.8	65.7***	62.1
직업(%)											
봉급생활자	55.9	39.9	55.3	58.1	44.4	57.5	60.4	57.1***	52.3	57.5**	53.9
중간전문직	20.2	10.2	14.2	17.4	11.3	14.1	14.3	14.5	15.3	15.2	14.7
노동계급	11.7	6.8	9.6	9.9	8.4	5.6	5.6	6.0	10.7***	5.6	9.1***
실업자	5.7	21.7	3.3	5.4	9.3	10.0	4.4	7.3	6.6	5.1	6.9***
학생	6.6	21.4	17.7	9.2	26.5	12.9	15.3	15.0	15.1	16.5	15.3
계급 일체감(%)											
상층계급/중상계급	30.0	16.6	47.6	15.4	22.5	32.2	18.7	30.8***	24.1	40.3***	23.7

	국가							사위 쟁점		사위자 유형	
	벨기에	이탈리아	네덜란드	스페인	스웨덴	스위스	영국	문화적	경제적	간헐적 사위자	활동가
중하계급	40.2	50.3	24.5	25.9	43.3	45.4	38.1	40.4***	33.0	34.3	37.8***
노동계급	18.8	17.2	19.4	51.8	24.0	10.6	22.8	13.9	33.8***	14.6	26.8***
기타 계급/비계급	11.0	15.9	8.4	6.9	10.2	11.8	20.4	14.8***	9.2	10.7	11.7
좌파-우파 가치[1(우파)~5(좌파)점 척도의 평균]											
정부는 소득을 부유한 사람들로부터 가난한 사람들에게 재분배해야 한다	3.97	4.40	3.87	4.16	4.40	4.00	4.26	4.08	4.17***	3.73	4.27***
가장 중요한 공공 서비스도 민간에게 맡기는 것이 가장 좋다(역순)	4.15	4.23	4.22	4.23	4.60	4.49	4.52	4.37**	4.32	4.15	4.42***
척도: 좌파-우파 가치 [1(우파)~5(좌파)점 척도의 평균]	4.06	4.32	4.05	4.19	4.49	4.24	4.39	4.23	4.24	3.94	4.34***
자유주의적-권위주의적 가치[1(권위주의적)~5(자유주의적)점 척도의 평균]											
어린아이들은 권위에 복종하도록 가르쳐야 한다(역순)	2.54	3.34	2.68	2.76	3.39	3.05	2.96	3.03***	2.81	2.67	3.02***
외국인들도 나의 나라에서 와서 영원히 살 수 있게 허용해야 한다	3.32	4.04	3.25	3.72	4.10	3.61	3.73	3.70***	3.58	3.28	3.78***
척도: 자유주의적 - 권위주의적 가치 [1(권위주의적)~5(자유주의적)점 척도의 평균]	2.92	3.70	2.96	3.24	3.75	3.33	3.35	3.37***	3.20	2.97	3.40***

* p ≤ 0.05, ** p ≤ 0.01, *** p ≤ 0.001

경제적 시위)과 시위자 유형(간헐적 시위자와 활동가)에 따라서도 어떻게 다른지를 보여줌으로써 이러한 질문에 답할 수 있게 해준다. 〈표 3-1〉은 사회계급의 구조적·객관적 구성요소(직업) 외에도, 그 요소와 상관관계가 있는 태도들, 즉 계급 일체감 및 그 요소와 연관된 정치적 가치 차원(좌파-우파 가치와 자유주의적-권위주의적 가치)도 보여준다. 후자와 관련하여 우리는 이 기술記述적인 절에서 각각의 차원과 관련된 구체적인 항목들은 물론 좌파-우파 가치 결합 척도와 자유주의적-권위주의적 가치 결합 척도도 분석한다.

젠더와 관련하여 연구들은 여러 가지 이유에서 남성이 전통적으로 여성보다 저항에 참여할 가능성이 더 컸다고 주장하는 경향이 있는데, 그러한 이유들로는 이를테면 정치는 "여성을 위한 것이 아닌" 어떤 것으로 차별적으로 사회화되었다는 점, 그리고 여성이 오랫동안 가정이라는 사적 영역으로 좌천되었던 반면 남성들은 정치와 외부 사회세계의 공적 영역에 종사하는 생계부양자로 인식되어 왔다는 점 등이 거론된다(Schussman and Soule 2005). 나라별로 결과를 살펴보면, 우리는 문헌 속에서 보이는 젠더에 관한 이론화가 단지 세 나라, 즉 벨기에, 네덜란드, 스페인에서만 경험적으로 입증된다는 것을 알 수 있다. 영국과 이탈리아에서는 남성과 여성이 거의 동등하게 참여하는 것으로 나타났고, 스웨덴과 스위스에서는 여성이 더 높은 비율을 차지했다. 이는 벨기에와 스페인에서는 노동조합과 노동운동이 특히 시위 조직자로서 중요한 역할을 하고 있다는 점, 그리고 남성들이 육체적 직업에 더 많이 종사하는 경향이 있다는 사실과 연관지어 설명될 수 있다. 다른 한편 스웨덴과 스위스에서는 새로운 사회운동 부문이 보다 활발한데, 그중에서도 여성운동이 특히 강력하다. 이들 나라에서 여성이 더 많이 참여하는 것은 여성이 참여할 수 있는 여성 쟁점과 관련한 저항이 더욱 폭넓게 공급되고 있다는 점과 관련하여 설명될 수 있다.

시위 참여에서 나타나는 세대 차이를 다룬 문헌들이 증가하고 있는데, 특히 미국에서의 연구들은 1960년대와 1970년대에 성인이 된 세대를 '저항 세대'라고 강조한다. 참여의 세대 차원에 관한 조사 결과를 살펴보면, 우리는 스페인과 스위스를 제외한 모든 나라에서 1960년대와 1970년대 세대가 가장 또는 두 번째로 적극적인 정치 세대임을 알 수 있다. 이처럼 젊은 시절에 경험한 고도로 정치화된 맥락의 사건들이 오늘날에도 여전히 사회운동에서 그들의 정치적 행동주의를 고조시키는 데 영향을 미치는 것으로 보인다(Grasso 2014). 벨기에와 스페인을 제외한 모든 나라에서는 위기의 시대인 2000년대에 성인이 된 가장 젊은 세대가 가장 정치화된 세대 또는 두 번째로 가장 정치화된 세대이기도 하다. 이러한 결과는 사회화의 정치적 맥락이 세대의 독특한 정치 참여 패턴에 영향을 미친다는 관념을 강하게 뒷받침한다. 이를 가장 대표하는 세대가 바로 1960년대와 1970년대라는, 그리고 현재의 경제 위기라는 역시 특히 정치화된 맥락에서 성인이 된 세대이다(Grasso 2016). 벨기에와 스페인에서만 가장 젊은 세대가 1980년대와 1990년대 세대보다 더 정치화되지 않았다. 1980년대와 1990년대 세대는 일반적으로 정치에 보다 소극적인 세대로 간주되지만, 벨기에와 스페인에서는 다른 나라들에서보다 더 적극적인 세대로 부각된다. 이는 이들 나라에서 이 시기 ─ 즉, 벨기에에서는 1980년대, 그리고 스페인에서는 1990년대 ─ 에 특수한 저항 운동이 특히 많이 일어났던 것과 연관되어 있을 수 있다. 그 저항 운동들은 그 시기에 성인이 된 코호트에 인상적인 경험을 심어주었다.

문헌들은 정치적 행위에서 교육이 수행하는 중심적인 역할을 강조해왔다(Berinsky and Lenz 2011). 거기에는 여러 가지 이유가 있는데, 그중에서도 특히 중요한 것은 교육이 사람들로 하여금 정치적 행위에 나서도록 자극하는 정보를 이해하는 데 필요한 자원 및 스킬과 관련되어 있기 때문이다(Grasso 2013). 참가자들의 교육 수준에서 나타나는 국가 간 차이를 살펴보면, 벨기에를 제외한 모든 나라에서 시위자의 대다수가 최소한 대학 학위를 소지하고 있는 경향이 있음을 알 수 있다. 이것은 현재의 싸움에서 시위자들 대부분이 적어도 교육과 관련해서는 실제로 꽤 자원이 풍부한 개인들이라는 것을 암시한다. 전통적으로 저항은 육체적 직업에 요구되는 매우 낮은 교육 수준을 지닌 노동계급의 영역으로 여겨졌지만, 오늘날에는 오히려 고학력 중간계급이 훨씬 더 많이 저항에 참여하고 있다(Kriesi 1989). 사람들이 정치적 쟁점을 이해할 수 있는 지식과 스킬을 갖추는 데서, 정치에 관심을 가지고 특정한 정치적 가치를 강력하게 신봉하는 데서, 그리고 정치적 효능감 ─ 참여가 실제로 중요하다는 느낌 ─ 을 가지는 데서 교육이 얼마나 중요한지를 강조하는 고전적인 참여 이론을 생각해볼 때, 이는 놀랄 만한 일이 아니다. 저항자들은 영국과 스웨덴에서 특히 고학력자였지만, 이탈리아와 스페인에서도 역시 그랬다.

하지만 이 장에서 우리의 주된 관심은 사회계급과 직업이 정치 참여에서 수행하는 역할을 구조적 측면과 주관적 측면 모두에서 분석하는 데 있다. 우리가 살펴본 바와 같이, 연구들은 프레카리아트, 즉 젊은 실업자나 불완전 고용자들의 역할을 강조해 왔다. 왜냐하면 그들이 최근에 발생한 긴축반대 저항의 새로운 기반을 형성하고 있기 때문이다. 그리스와 스페인에서의 연구뿐만 아니라 미국에서의 연구도 불안정한 청년들이 수행하는 역할을 강조하는 것으로 보인다(Calvo 2013; Gitlin 2012; Sotirakopoulos and Sotiropoulos 2013). 하지만 긴축반대에 동원된 것은 그들만이 아니었다. 그들은 "다른 사회집단들, 그중에서도 특히 긴축 정책에 의해 가장 큰 타격을 받은 사람들과 거리에서 만났다"(della Porta 2015: 52). 한편에서는 실업이 더 적은 자원의 소유를 시사하는 것으로 인식될 수도 있지만, 다른 한편에서 연구들은 일부 실업자들의 경우 자원이 풍부할 수도 있음을 보여주어 왔다(Dunn et al. 2014). 게다가 현재의 경제 위기 상황 및 그 위기가 특히 불평등 확대와 청년 실업의 증가라는 측면에서 초래하고 있는 엄청난 피해를 놓고 볼 때, 우리는 경제 위기를 실업자와 불안정한 청년들로 하여금 사회운동의 대열에 합류하게 하는, 그리고 부당한 사회제도들 및 자신들이 초래하지 않는 위기의 정치적 파장에 맞서 싸우기 위해 거리로 나가게 만드는 요인으로 분명하게 이론화할 수 있다.

국가 간 차이에 관한 조사 결과들은 대부분의 나라에서 시위가 매우 중간계급의 관심사인 경향이 있음을 분명하게 보여준다. 이탈리아와 스웨덴을 제외한 모든 국가에서 참가자의 대다수는 봉급생활자에 속한다. 대부분의 나라에서 그다음으로 큰 직업군은 학생 또는 중간 전문직으로 구성된다. 모든 나라에서 중간계급은 특히 과대대표되었고 노동계급은 특히 과소대표되었다. ESeCEuropean Socio-economic Classification(유럽 사회경제

분류)가 숙련 또는 미숙련 육체 직업에 고용된 인구 비율을 추정한 결과 (Bihagen et al. 2014)를 살펴보면, 우리는 국가 인구 통계와 표본의 대표성 간의 이러한 격차가 남유럽 국가 — 그러한 직업에 고용된 사람들이 거의 25% 에 달하는 이탈리아와 스페인 — 에서 특히 크다는 것을 알 수 있다.

또한 모든 국가에서 시위 참여자들 가운데서 실업자가 차지하는 비율 이 상당한데, 특히 이탈리아, 스웨덴, 스위스에서는 실업자가 노동계급의 성원보다도 더 많다. 7개국의 2010년 절대 실업 수준을 비교해 보면, 우 리는 실업자들이 이탈리아, 스웨덴, 스위스에서는 국가 통계에 비해 시위 에서 과대대표된 반면, 벨기에, 영국, 네덜란드, 스페인에서는 과소대표 되고 있음을 알 수 있다. 이런 점에서 적어도 이탈리아, 스웨덴, 스위스에 서는 프레카리아트화가 저항의 새로운 사회 기반을 구축하고 있다는 주 장이 얼마간은 타당해 보인다. 하지만 다른 나라에서는 실업자들이 인구 에서 차지하는 비율에 비해 상대적으로 과소대표되고 있으며, 저항은 여 전히 주로 중간계급과 학생들의 일로 남아 있다. 이처럼 우리의 결과는 학생들이 어느 시위에서나 자주 모습을 드러내는 경향이 있는 반면 실업 자들은 일부 국가에서만 과대대표되는 경향이 있다는 점에서 전기적 가 용성 테제(McAdam 1986)를 엇갈리게 지지한다.

계급 일체감 또는 계급의식은 급진적 참여를 유인하는 요인들과 관련 하여 마르크스주의적 사고에서 특히 의미 있는 것으로 간주되는 변수이 다. 우리가 볼 수 있듯이, 노동계급과 일체감을 가지는 개인들의 비율은 직업에 근거하여 객관적으로 노동계급으로 분류되는 개인들의 비율보다 현저하게 높다. 이는 특히 영국, 네덜란드, 스페인, 스웨덴에서 그렇다.

이들 나라에서 그 비율은 객관적 기준에 근거하여 분류된 객관적 노동계급과 실업자 모두의 비율보다 더 크다. 이는 객관적으로는 노동계급이 아닌 개인들 사이에서 노동계급과의 일체감이 그들 나라의 급진적 정치 행동에 참여하게 하는 하나의 자극제일 수 있음을 시사한다. 이 발견은 육체적 직업은 아니지만 아마도 통상적인 하급 서비스 직종에 종사하는 개인들, 또는 자신들의 부모가 노동계급이거나 노동계급이었던 개인들과 노동계급 공동체 출신인 개인들이 여전히 노동계급과 강한 일체감을 가지고 있으며, 이것이 다시 정치적 행위에 참여하게 하는 하나의 중요한 자극제가 될 수 있다는 것을 시사한다. 이처럼 노동계급이 과소대표되는 것으로 나타나기 때문에 객관적으로는 계급 자체가 더 많은 참여와 연결되지는 않지만, 주관적으로는 노동계급과의 일체감이 참여에 더 중요할 수도 있다. 이것은 다시 많은 학자가 주장하듯이 주관적인 요소 역시 동원에 중요할 수 있으며, 불만 그 자체가 자동적으로 개인으로 하여금 정치적 행동에 참여하게 하지는 않는다는 것을 보여준다. 노동계급과의 주관적 일체감과 참여 간의 관계는 보다 좌파적이고 자유주의적인 정치적 가치를 가지는 것 또한 동원에 중요할 수 있다는 것을 시사한다.

정치적 가치는 사람들이 왜 정치적 행위에 참여하는지를 이해하는 데서 기본적이다(van Deth and Scarbrough 1995). 앞에서 우리는 사회경제적 평등의 가치에 대한 믿음과 억압과 착취에 대한 반대가 어떻게 여러 세대의 활동가들의 사고를 자극해 왔는지를 지적했다. 보다 구체적으로는 재분배와 공공 소유 같은 좌파적인 정치적 가치는 역사적으로 노동계급 정치 및 노동운동과 매우 밀접하게 연계되어 있었다. 게다가 관용적이고 자유주의적인 사회적 가치들이 평등을 추구하고 경제적 착취에 대항하여 투쟁하는 동시에 자유와 자율성과 진정성을 강조하는 새로운 정치와 긴밀하게 결합하면서 사회적 차원이 점점 더 중요해졌다. 이런 점에서 억압과의 싸움은 경제적 통제의 영역과 사회적 통제의 영역 모두에서 해방을 강조하는 싸움으로 이해되었다.

국가 간 차이의 측면에서 우리는 모든 나라가 좌파적 신념과 관련한 1~5점 척도 ― 여기서 1은 강하게 반대한다는 것을 의미하고 5는 강하게 동의한다는 것을 의미한다 ― 에서 아주 높은 점수를 기록하고 있음을 볼 수 있다. 영국, 이탈리아, 스웨덴의 시위자들은 이와 관련하여 특히 두드러진다. 이탈리아와 스웨덴의 시위자들은 특히 재분배를 지지한다면, 영국, 스웨덴, 스위스의 시위자들은 공공 서비스를 가장 많이 지지하고 민영화에 반대한다. 이 세 나라 모두는 민영화와 공공 서비스의 축소를 경험했고, 그것이 특히 이들 국가에서 그러한 쟁점들을 강조하게 만들었을 수 있다. 영국에서는 공공 서비스의 방어와 복지 축소에 대한 반대가 긴축반대 시위의 핵심 측면이었다. 자유주의적 가치에 대한 지지 또한 예상대로 시위자들 사이에서 높지만, 평균적으로 좌파적 가치만큼 높지는 않다. 특히 이탈리아와 스웨덴에서는 어린아이들에게 권위에 대해 단순히 맹목적으로 복종하게 하는 것보다는 독립성을 장려하는 것을 가장 많이 지지하는 것으로 나타났다. 다시 한번 더 이 두 나라의 시위자들은 재분배를 지지했던 것처럼 자유주의적인 견해에 대해서도 가장 높은 지지율을 보인다. 특히 이탈리아와 스웨덴에서도 이민과 자유로운 이동에 대해 높은 지지율을 보이지만, 영국, 스페인, 스위스의 시위자들 또한 비교적 높은 평균

점수를 보이고 있다.

우리의 데이터가 지닌 장점 중 하나는 시위자들에게 초점을 맞추어 그들의 특성을 국가별로 분석하기에 충분할 만큼 표본을 가지고 있을 뿐만 아니라 시위를 쟁점별로 구분하여 살펴볼 수 있다는 것이다. 〈표 3-1〉에 제시된 결과로부터 우리는 계급을 포함하여 주요 사회인구학적 측면의 차이를 살펴볼 수 있다. 역사적으로 전통적인 노동운동은 재분배와 사회경제적 평등의 문제에 초점을 맞추는 경향이 있었던 반면, 1960년대와 1970년대 이후 등장한 운동들은 여성의 권리, LGBTQ+ 권리, 환경보호 등 여타 측면을 강조하는 경향이 있었다. 젠더 및 시위 쟁점과 관련한 결과들은 여성이 남성에 비해 문화적 쟁점에 관한 시위에 참여할 가능성이 더 큰 반면 남성은 경제적 테마에 관한 시위에 더 적극적이라는 것을 보여준다. 이것은 노동 단체들이 더 많은 남성을 회원으로 가지고 있는 경향이 있고, 따라서 시위에 참석할 남성을 더 많이 충원할 가능성이 크기 때문인 것으로 보인다.

가장 나이가 많은 세대와 가장 나이가 적은 세대가 실직할 가능성이 가장 크고 따라서 노동투쟁에 몰두할 가능성이 적다는 점을 감안하면, 그들은 문화적 시위에 참여할 가능성이 클 것이다. 반면 그 중간의 1960년대/1970년대 세대와 1980년대와 1990년대 세대 모두는 이론적으로 경제적 쟁점을 둘러싼 시위에 참여할 가능성이 더 클 것이다. 가장 나이가 많은 세대와 2000년대에 성인이 된 가장 나이가 적은 세대는 실제로도 문화적 쟁점 − 경제적 쟁점에 반대되는 것으로서의 − 에 더 많이 참석하는 경향이 있다. 이들 세대는 환경, 여성의 권리 등을 포함하여 문화적 쟁점에 참여할 가능성이 더 크지만, 경제적 쟁점과 관련한 시위에도 비슷한 비율로 참여한다. 반면에 1960년대/1970년대 세대와 1980년대 세대는 실제로 경제적 시위에 더 많이 참석하는 경향이 있지만, 1990년대 세대도 마찬가지로 어느 종류의 시위에든 참석할 가능성이 있다.

교육 수준이 높은 저항자들은 문화적 쟁점에 관한 시위에 더 많이 참여할 가능성이 큰 반면, 교육 수준이 낮은 저항자들은 경제적 쟁점과 관련한 시위에 참여할 가능성이 더 컸다. 이러한 발견은 사람들이 참여하는 운동이 서로 다르다는 것과 관련하여 설명할 수 있다. 한편 교육 수준이 낮은 개인들은 육체적 직업에 종사할 가능성이 크며, 따라서 경제적 쟁점을 둘러싼 시위에 참여할 사람들을 충원할 가능성이 더 큰 노동조합 및 기타 노동 단체에 가입되어 있을 가능성이 크다. 반면 교육 수준이 높은 개인들은 새로운 사회운동 단체에 참여하거나, 그러한 단체에 참여하는 어떤 사람을 알거나, 문화적 쟁점과 관련한 시위에 참여할 사람들을 충원할 가능성이 큰 단체나 정당의 성원일 가능성이 더 크다.

신중간계급에 대한 이론들이 예상했듯이, 봉급생활자들은 문화적 쟁점에 관한 시위에 더 많이 참여하는 경향이 있는 반면, 노동계급의 개인들은 경제에 초점을 맞춘 시위에 더 많이 참여하는 경향이 있다. 중간 전문직에 종사하는 개인, 실업자, 학생들은 문화적 시위와 경제적 시위에 참석할 가능성이 똑같이 크다. 놀랄 것도 없이, 노동계급과 일체감을 가질 가능성이 큰 개인들이 역시 경제적 쟁점과 관련한 시위에 더 많이 참석하는 반면, 다른 계급에 속하는 개인들은 문화적 쟁점을 더 선호한다. 중하계급이나 여타 계급 또는 비계급no class과 일체감을 가지는 개인들은 문화적 쟁점과 경제적 쟁점을 둘러싼 시위에 참여할 가능성이 똑같이 크다. 가치와 시위 쟁점의 측면에서 살펴볼 때, 우리는 좌파적 가치와 관련하여 그 패턴이 예상했던 것만큼 균일하지 않다는 것을 알 수 있다. 재분배에 대한 지지는 문화적 쟁점 저항보다는 경제적 시위에 참여하는 것과 밀접하게 연관되어 있지만, 공공 서비스에 대한 지지는 경제적 시위보다는 문화적 시위에 참여하는 것과 약간 더 연관되어 있는 경향이 있다. 이는 문화적 쟁점을 둘러싼 많은 시위가 교육, 보건 서비스, 육아 및 기타 공공 서비스와 관련한 문제들과 연관되어 있다는 사실과 관련되어 있을 수 있다. 다른 한편 이민과 반권위주의에 대한 지지와 전체 척도에 대한 지지 모두와 문화적 쟁점을 둘러싼 저항 간에 나타나는 현저한 관계는 자유주의적인 사회적 가치에 대한 지지와 매우 분명하게 연관되어 있다.

우리의 연구에서의 또 다른 주요한 비교 차원은 간헐적 저항자와 활동가 저항자 간의 비교이다. 〈표 3-1〉에 제시된 결과는 남성이 경험이 많은 시위자 — 보다 간헐적인 저항자와 대비되는 것으로의 — 일 가능성이 더 크다는 것을 보여준다. 여기에는 여러 가지 이유가 있을 수 있다. 이를테면 전기적 가용성 이론은 어린아이가 있다는 것이 참여를 막을 수 있다고 강조한다. 여성에게는 돌봐야 할 자식이 있을 가능성이 더 큰데, 이것이 그러한 젠더 차이를 설명해 줄 수 있다. 이에 비해 남성은 장애물이 더 적기 때문에 더 많은 시위에 참석할 수 있다. 더 나아가 이 기술적 결과들이 연령 차이와 세대 차이를 식별하지 않는다는 점을 고려하면, 남성이 더 많이 참여한 것은 남성 활동가가 참석할 가능성이 큰 노동조합 및 노동운동과 관련한 시위가 더 많았기 때문일 가능성도 있다.

가장 나이가 많은 세대와 가장 적은 세대는 간헐적 참여자를 포함하고 있을 가능성이 가장 큰 반면, 1980년대와 1990년대 세대는 간헐적 시위자보다 활동가를 더 많이 포함하고 있는 경향이 있고, 1960년대/1970년대 세대는 양쪽의 비율이 같다. 이러한 발견은 (1960년대와 1970년대의 저항과 사회운동이 일어나기 이전인) 제2차 세계대전 시기에 성인이 된 가장 나이 많은 세대 가운데 간헐적 시위자가 있을 가능성이 가장 크다는 것을 시사한다. 그들이 참여한 시위는 아마도 종교 단체나 교회를 통해 연금 생활자들을 끌어들이는 환경 쟁점이나 개발 쟁점을 둘러싼 시위들이었을 것이다. 더 나아가 가장 젊은 세대의 어린 나이와 그들의 낮은 저항 경험 수준을 고려할 때, 이 집단 내에 활동가에 비해 간헐적 시위자의 수가 더 많을 것이라는 점은 충분히 이해할 수 있다. 1960년대/1970년대 세대 — 그들이 지닌 정치적 성향으로 알려진 세대 — 에서는 경험이 많은 활동가와 보다 간헐적으로 저항하는 개인의 비율이 같았는데, 이는 급진주의와 저항 운동의 전성기에 성인이 된 이 세대, 즉 '저항 세대'의 성원들이 나이가 들어가면서도 여전히 정치에 참여해 왔다는 것을 보여준다. 글로벌 정의 운동 초기에 성인이 된 세대에서도 이는 마찬가지로 사실이다. 반면 1980년대에 성인이 된 세대는 더 몰정치적인 것으로 여겨져 왔으며, 여기서 우리는 활동가들보다 간헐적 시위자들을 더 많이 발견한다.

교육 수준과 행동주의 간의 관계와 관련하여 발견한 결과들은 흥미롭다. 문헌들은 오랫동안 교육이 정치 참여를 고무하는 데 강력한 효과가 있다는 것을 보여주어 왔다(Brady et al. 1995). 여기에는 여러 이유가 있다. 이를테면 교육을 더 많이 받은 사람일수록 정치적 소양과 정치적 관심 ─ 정치적 행동주의의 기반이 되는 ─ 이 높은 경향이 있다는 것이다. 더 나아가 정치 참여에서의 불평등에 관한 문헌들은 계급뿐만 아니라 교육 수준에 따라서도 정치 참여에 중요한 차이가 있음을 분명하게 보여준다 (Grasso 2018). 따라서 만약 이것이 단순한 선형적 관계에 있다면, 우리는 더 많은 교육을 받은 저항자들이 간헐적 시위자보다는 활동가일 가능성이 더 크고 교육을 덜 받은 시위자들은 그 반대일 것이라고 예상할 수 있다. 하지만 조사 결과는 교육 수준이 낮은 사람들(중등교육 또는 그 이하의 교육 자격증을 가진) 가운데서 간헐적 시위자보다 시위 활동가를 발견할 가능성이 더 크다는 것을 보여준다. 더 많은 교육을 받은 집단들(학사 학위 또는 그와 동등한 자격증을 가진 집단과 석사 학위 또는 그 이상의 자격증을 가진 집단들) 사이에서는 활동가보다 간헐적 시위자가 더 많다. 이는 교육 수준이 낮은 사람들 사이에서 참여 ─ 그리고 특히 정치적 행동주의 ─ 의 장벽이 더 높기 때문에(우리는 참여자와 비참여자를 구별하는 데서 교육이 미치는 중요한 영향을 보여주는 연구들로부터 이를 알 수 있다) 교육 수준이 낮은 집단에서는 보다 헌신적인 개인들이 참여자가 되는 경향이 더 크다는 것을 시사한다. 그리고 이는 그들 가운데 왜 활동가의 비율이 더 높은지를 설명해 준다.

또한 교육과 관련한 이전의 연구 결과들을 살펴보면, 노동계급 또는 실업자에 속하는 개인과 같이 자원이 빈약한 집단들은 간헐적 시위자보다 활동가일 가능성이 더 큰 경향이 있는데, 이것은 자원이 더 빈약한 집단들 가운데서 더 높은 수준으로 참여하는 개인들은 참여의 장벽을 뛰어넘을 수 있는 사람들이라는 주장을 한 번 더 뒷받침한다. 반면에 중간계급에는 간헐적 시위자가 더 많은데, 이는 이들의 경우 참여 비용이 더 적고, 더 많은 자원을 가진 개인들은 개인적 수준에서 동원에 요구되는 정치적 소양과 정치적 관심을 가지고 있으며, 따라서 그들을 시위에 끌어들이는 데에는 노동조합과 같은 단체나 사회주의적 또는 기타 평등주의적 원칙에 대한 깊은 가치 헌신이 그리 필요하지 않기 때문이다. 우리는 또한 노동계급 및 중하계급과 일체감을 가지는 사람들 가운데서 더 많은 활동가를 발견하는 반면, 상층계급이나 중상계급과 일체감을 가지는 사람들 가운데서는 간헐적 시위자가 더 많다는 것을 발견한다. 이것은 하층 사회계급의 성원으로서의 계급의식을 더 많이 가진 사람일수록 활동가가 될 가능성이 더 크다는 생각을 다시 한번 더 뒷받침해 준다.

좌파적 가치와 자유주의적 가치로 눈을 돌리면, 재분배와 민영화라는 한편의 항목과 반권위주의와 이민이라는 다른 한편의 항목 모두에서 모든 사례의 활동가들이 이데올로기적으로 보다 강하게 확신하고 있음을 알 수 있다. 즉, 그들은 여섯 가지 측정 모두(개별 항목과 두 가지 결합 척도)에서 간헐적 시위자보다 더 높은 평균값을 보이고 있다. 이러한 차이는 재분배와 이민자 지원에서 특히 큰데, 이것은 빈번히 참여하는 개인과 단지 한 번 저항에 참여한 개인 간의 주요한 차이 중 하나는 평등주의적 원리와 자유주의적 원리 모두에 대해 그들이 가지고 있는 신념의 강도에서 나타나는 차이라는 것을 시사한다. 이러한 신념의 이데올로기적 요소는 무엇이 개인들로 하여금 간헐적인 저항자가 아니라 활동가가 되어 많은 시위에 참여하게 하는지를 이해하는 데서 특히 중요하다.

사회구조, 정치적 가치, 그리고 헌신

지금까지 우리는 시위자들의 사회적 기반 및 그것과 관련된 정치적 가치가 국가, 시위 쟁점, 시위자 유형에 따라 어떻게 다른지를 살펴보았다. 우리는 이미 몇 가지 중요한 발견물을 통해 자원이 빈약한 집단들이 시위자들 사이에서 과소대표되고 있지만 그 가운데서 시위에 참여하는 사람들은 재분배와 불평등 같은 경제적 문제를 놓고 투쟁하는 사회운동에 참여하는 활동가일 가능성이 크다는 사실을 보여주었다. 우리는 이제 사회인구학적 변수(좀 더 구체적으로는 사회계급)와 두 가지 가치 차원이 헌신(즉, 거리에 나가기로 한 결정) — 이는 "당신은 지금까지 얼마나 시위에 참여하기로 결정했는가?"라는 질문에 대해 "매우 많이"라고 응답한 것에 의해 측정되었다 — 에 미치는 영향에 대한 분석으로 돌아간다. 이러한 유형의 분석은 우리로 하여금 사회인구학적 특성이 사람들이 저항에 헌신하는 정도의 차이 — 사람들이 대의를 위해 기꺼이 희생을 감수하고 대가를 치르고자 하는 정도의 차이 — 를 얼마나 설명하는지를 확인할 수 있게 해줄 뿐만 아니라 계급 일체감이 저항에서 수행하는 역할의 문제 — 마르크스주의적 논의에서 매우 중심적인 문제 — 는 물론 불안정한 존재 상태가 저항의 새로운 기반이 될 수 있는지의 문제에 대해서도 보다 확실한 답변을 제시할 수 있게 해준다. 우리는 앞서 논의한 변수와 헌신의 관계를 회귀분석하는 일련의 로지스틱 모델 logistic model을 통해 그렇게 한다. 우리는 여기서 이 모델들을 통해 헌신의 예측 변수로서 객관적인 사회구조적 지표와 주관적인 계급 일체감 갖는 효과는 물론 정치적 가치가 갖는 효과 또한 분석한다.

〈표 3-2〉는 헌신의 공변covariant 효과를 확인하기 위해 수행한 회귀분석의 결과를 보여준다. 이 표는 여섯 개의 모델을 보여준다. 각 모델에는 젠더, 세대, 교육과 세 가지 주요 비교 변수(국가, 시위 쟁점, 시위자 유형)가 포함되어 있다. 모델 1은 젠더, 세대, 교육의 효과를 검증한다. 모델 2는 계급을 포함한다. 모델 3에는 계급 일체감이 추가되었다. 모델 4는 경제적 가치를 포함한다. 모델 5는 사회적 가치를 포함한다. 그리고 모델 6은 참여 모델에 자주 포함되는 세 가지 주요 통제변수(정치적 관심, 정치적 효능감, 단체의 성원)를 포함시켜 이러한 변수들이 다른 효과를 설명하는지를 알아본다. 이 표에서는 결과를 로짓 계수logit coefficient보다 더 쉽게 해석할 수 있는 오즈비odds ratio로 제시한다.

모델 1의 오즈비는 남성이 평균적으로 여성보다 시위 참여에 덜 헌신적이었다는 것을 보여준다. 이러한 결과들은 여성의 더 강한 헌신이 대체로 여성에게 더 큰 참여 장벽을 극복할 수 있게 해준다는 것을 보여준다. 1960년대/1970년대 세대보다 나이가 더 많은 제2차 세계대전 이후 세대 시위자들이 더 헌신적인데, 이는 이 나이 많은 세대의 성원들이 거리로 나가기 위해서는 그들에게 더 강한 헌신이 요구된다는 것을 시사한다. 반면에 더 젊은 1990년대와 2000년대 세대의 경우 '저항 세대'에 비해 헌신의 정도가 낮은데, 이는 그들에게는 시위 기회가 더 많기 때문에 그들이 거리로 나가기 위해서 굳이 더 높은 수준의 헌신이 필요하지 않다는 것을 시사한다. 더 많은 교육을 받은 개인들은 가장 적은 교육을 받은 집단에 속한 개인들에 비해 참여하고자 하는 의지가 덜하다. 이는 더 나아가 교육 수준이 낮은 집단들 사이에서는 더 높은 수준의 헌신이 그들로 하여금

(저항에 그렇게 높은 수준의 헌신이 필요하지 않은 보다 자원이 풍부한 개인들에 비해) 더 큰 참여 비용과 참여 장벽을 극복할 수 있게 해준다는 것을 보여 준다.

직업을 포함시킨 모델 2의 결과를 살펴보면, 실업자들이 노동계급에 비해 덜 헌신적이라는 것을 알 수 있다. 이는 노동계급에 소속되어 있다는 것이 적어도 고용되어 있지 않은 사람들에 비해 저항에 대한 헌신을 강화한다는 것을 시사하며, 육체노동자들 사이에서 일어나는 착취의 사회적 성격이 그들의 계급의식과 정치화에 기여한다는 마르크스주의적 사고를 일정 정도 뒷받침하는 것으로 보인다. 직업을 포함시키는 것이 젠더, 코호트, 교육의 효과를 약화시키지는 않는데, 이는 젠더, 코호트, 교육의 효과가 직업과 무관하다는 것을 암시한다.

계급 일체감을 포함시킨 모델 3은 계급 일체감이 참여에 특히 중요하다는 것을 보여주며, 마르크스주의적 사고를 확인시켜 준다. 이를테면 자신을 하층계급이나 비계급과 일체화시키는 개인들이 자신을 상층계급이나 중상계급과 일체화시키는 사람들보다 헌신적일 가능성이 더 크다. 이러한 헌신은 또한 예상되는 것처럼 노동계급 사이에서 특히 두드러진다. 더 나아가 계급 일체감을 포함시킬 경우, 초기의 계급 효과가 제거된다. 이는 계급 일체감이 계급이 헌신에 미치는 효과를 설명한다는 것을 시사한다. 즉, 실업자에 비해 노동계급이 하나의 집단으로서 갖는 더 높은 계급 일체감이 그들로 하여금 대의를 명분으로 한 저항에 더 헌신하게 하는 것일 가능성이 있다. 이러한 경험적 발견은 앞서 제기된 경험적 이의제기에 더하여 프레카리아트가 저항의 새로운 계급적 기반을 형성할 수 있다

표 3-2 | 헌신에 대한 로지스틱 회귀 모델

단위: 오즈비

	모델 1		모델 2		모델 3		모델 4		모델 5		모델 6	
젠더(남성)	0.75***	(0.03)	0.74***	(0.03)	0.73***	(0.03)	0.73***	(0.03)	0.74***	(0.03)	0.67***	(0.03)
코호트												
제2차 세계대전 이후 세대	1.23*	(0.10)	1.24*	(0.11)	1.26**	(0.11)	1.26**	(0.11)	1.27**	(0.11)	1.22*	(0.11)
1960년대/1970년대 세대(ref.)												
1980년대 세대	0.91	(0.06)	0.91	(0.06)	0.90	(0.06)	0.91	(0.06)	0.91	(0.06)	0.93	(0.06)
1990년대 세대	0.65***	(0.04)	0.64***	(0.04)	0.63***	(0.04)	0.64***	(0.04)	0.64***	(0.04)	0.66***	(0.04)
2000년대 세대	0.60***	(0.04)	0.58***	(0.04)	0.58***	(0.04)	0.60***	(0.04)	0.59***	(0.04)	0.60***	(0.04)
교육												
중등학교 또는 그 이하(ref.)												
학사 또는 그와 동등한 학위	0.77***	(0.05)	0.78***	(0.05)	0.82**	(0.05)	0.79***	(0.05)	0.78***	(0.05)	0.76***	(0.05)
석사 또는 그 이상의 학위	0.66***	(0.03)	0.68***	(0.04)	0.73***	(0.04)	0.70***	(0.04)	0.69***	(0.04)	0.64***	(0.04)
직업												
봉급생활자			0.86	(0.07)	0.93	(0.08)	0.91	(0.08)	0.91	(0.08)	0.88	(0.08)
중간 전문직			0.87	(0.08)	0.91	(0.09)	0.90	(0.09)	0.90	(0.09)	0.88	(0.09)
노동계급(ref.)												
실업자			0.79*	(0.09)	0.83	(0.10)	0.82	(0.10)	0.82	(0.10)	0.80	(0.10)
학생			0.91	(0.09)	1.00	(0.11)	0.99	(0.10)	0.97	(0.10)	0.95	(0.10)
계급 일체감												
상층계급/중상계급(ref.)												
중하계급					1.12*	(0.06)	1.09	(0.06)	1.08	(0.06)	1.13*	(0.06)
노동계급					1.43***	(0.10)	1.34***	(0.09)	1.32***	(0.09)	1.38**	(0.09)

	모델 1		모델 2		모델 3		모델 4		모델 5		모델 6	
여타 계급/비계급					1.19*	(0.09)	1.15	(0.09)	1.14	(0.09)	1.21*	(0.10)
경제적 가치(좌파-우파)							1.21***	(0.04)	1.18***	(0.04)	1.08*	(0.03)
사회적 가치(자유주의적)									1.10***	(0.03)	1.05	(0.03)
정치적 관심											1.75***	(0.08)
정치적 효능감											1.17***	(0.05)
단체의 성원											1.14*	(0.08)
활동가	1.87***	(0.09)	1.86***	(0.09)	1.81***	(0.09)	1.71***	(0.09)	1.67***	(0.09)	1.55***	(0.08)
경제적 쟁점	1.37***	(0.07)	1.36***	(0.07)	1.32***	(0.07)	1.32***	(0.07)	1.34***	(0.07)	1.33***	(0.07)
국가												
벨기에	1.19*	(0.10)	1.20*	(0.10)	1.26**	(0.11)	1.36***	(0.12)	1.42***	(0.13)	1.53***	(0.14)
이탈리아	1.02	(0.11)	1.04	(0.11)	1.07	(0.11)	1.10	(0.11)	1.10	(0.11)	1.26*	(0.13)
네덜란드	0.81**	(0.07)	0.81**	(0.07)	0.85	(0.07)	0.90	(0.08)	0.94	(0.08)	1.02	(0.09)
스페인	1.10	(0.10)	1.11	(0.10)	1.06	(0.09)	1.15	(0.10)	1.18	(0.11)	1.39***	(0.13)
스웨덴(ref.)												
스위스	1.12	(0.10)	1.13	(0.10)	1.19*	(0.10)	1.23*	(0.11)	1.26**	(0.11)	1.31**	(0.12)
영국	0.94	(0.07)	0.94	(0.07)	0.93	(0.07)	0.95	(0.08)	0.98	(0.08)	1.00	(0.08)
상수(Constant)	1.44***	(0.13)	1.66***	(0.13)	1.32*	(0.17)	0.61**	(0.11)	0.51***	(0.09)	0.35***	(0.08)
로그 가능도(Log-likelihood)	-6492		-6490		-6475		-6454		-6448		-6358	
전체 데이터 수(N)	10,024		10,024		10,024		10,024		10,024		10,024	

주: 괄호 안 수치는 표준오차이다.
* p ≤ 0.05, ** p ≤ 0.01, *** p ≤ 0.001

는 생각에 더욱 의심을 불러일으킨다. 여기서 우리는 불안정한 직업에 종사하는 개인들이 구조적으로 불평등과 착취의 상황에 처해 있는 것은 사실이지만, 사회변화를 위한 행동주의를 이해하는 데서 특히 적합한 것은 계급 정체성이라는 주관적 요소라는 것을 알 수 있다.

좌파-우파 경제적 가치를 포함시킨 모델 4는 그 변수가 계급 일체감 효과의 일부를 설명하지만 계급 일체감은 그것 자체로 중요하며 또한 노동계급 일체감은 좌파와 우파 가치를 제외했을 때조차 정치적 헌신에 중요한 변수로 남아 있음을 보여준다. 이것은 노동계급과 일체감을 가지는 사람들이 공히 평등주의와 경제적 재분배를 지지하지만 그들이 지닌 하나의 계급으로서의 일체감에는 단지 평등주의에 대한 지지 — 그들로 하여금 저항에 헌신하게 만드는 — 를 공유하는 것 이상의 무엇이 있다는 것을 의미한다. 이것은 집합적 정체성과 활동가들 간의 사회적 유대와 관련해서뿐만 아니라 자본주의에 반대하는 대항문화와 관련해서도 이해될 수 있다.

유사하게 사회적 자유주의 가치를 포함시킨 모델 5는 그 변수 또한 정치적 헌신의 강화와 연계되어 있음을 보여준다. 사회적 자유주의 가치들은 노동계급 일체감의 효과와 좌파적 가치의 효과를 아주 약간 감소시키는데, 이는 노동계급과 일체감을 갖는 사람들이 자유주의적인 경향이 있지만 그들의 헌신은 그러한 가치에 대한 헌신을 통해서만 설명되지 않는다는 것과 좌파들도 어느 정도 자유주의적이지만 이 두 가지 가치 차원은 대체로 그것 나름으로 저항에의 헌신에 독자적으로 기여하는 요인이라는 것을 시사한다.

마지막으로, 참여에 대한 일반적인 예측 변수(정치적 관심, 정치적 효능감, 단체의 성원)를 포함시킨 모델 6은 세 가지 변수 모두의 효과가 유의미하다는 것, 그리고 또한 자유주의의 효과는 더 이상 유의미하지 않지만(이는 자유주의적 가치를 가진 개인들이 정치 조직에 더 많이 참여하고 있으며 자신들의 헌신을 유지하는 더 많은 스킬을 가지고 있다는 것을 시사한다) 좌파-우파 가치와 계급 일체감은 여전히 헌신의 중요한 예측 변수로 남아 있다는 것을 보여준다.

　요약하면, 회귀 모델로부터 나온 결과들은 여성의 더 강한 헌신이 대체로 그들에게 더 큰 참여 장벽을 극복할 수 있게 해준다는 것을 보여준다. 더 나이가 많은 제2차 세계대전 이후 세대의 시위자들이 1960년대/1970년대 세대에 비해 더 헌신적이다. 반면에 더 젊은 1990년대 세대와 2000년대 세대의 경우 '저항 세대'에 비해 헌신의 정도가 낮은데, 이는 그들은 더 많은 시위 기회를 가지고 있어서 그들이 거리로 나가기 위해서 굳이 더 높은 수준의 헌신이 필요하지 않다는 것을 시사한다. 게다가 교육 수준이 낮은 집단들 가운데서의 더 높은 수준의 헌신은 그들로 하여금 더 큰 참여 비용과 참여 장벽을 극복할 수 있게 해준다. 실업자도 노동계급에 비해 덜 헌신적인 것으로 나타났다. 이것은 노동계급에 소속되어 있다는 것이 적어도 고용되어 있지 않은 사람들에 비해 저항에 대한 헌신을 강화한다는 것을 시사하며, 육체노동자들 사이에서 일어나는 착취의 사회적 성격이 그들의 계급의식과 정치화에 기여한다는 마르크스주의적 사고를 일정 정도 뒷받침하는 것으로 보인다. 노동계급이나 중하계급과의 일체감은 특히 헌신과 관련이 있는 것으로 나타났는데, 이는 마르크스주의적 사고를 확인시켜 준다. 더 나아가 계급 일체감을 포함시킬 경우, 초기의 계급 효과가 제거되는데, 이는 계급 일체감이 계급이 헌신에 미치는 효과를 설명한다는 것을 보여준다. 따라서 이러한 발견은 프레카리아트가 저항의 새로운 계급적 기반을 형성할 수 있다는 생각에 의문을 제기하게 한다. 많은 계급이 자신들의 이익을 방어하기 위해 봉기하지 않은 채 역사 내내 착취받아 왔다. 도시 노동계급의 구체적인 조건은 그들로 하여금 (이를테면 봉건시대의 농민들과는 달리) 자신들이 받는 착취가 삶의 불변의 특성이 아니라 시정될 수 있는 정치적 사실이라는 점을 집합적으로 깨닫게 했다. 이처럼 프레카리아트화가 사회변화의 새로운 모멘텀을 형성하기 위해서는 정치적 작업과 집합적 정체성의 구축, 그리고 현재의 경제적 조건과 사회정치적 제도에 대한 이데올로기적 비판이 필요하다. 착취 그 자체가 자동적으로 정체성 형성과 사회변화를 위한 정치적 행동을 낳지는 않는다. 중요한 것은 좌파-우파 경제적 가치가 계급 일체감 효과의 일부를 설명하지만, 계급 일체감은 여전히 그 자체로 정치적 헌신에 중요한 변수로 남아 있다는 점이다. 달리 말해 하나의 계급으로서의 일체감에는 단지 평등주의에 대한 지지를 공유하는 것 이상의 것이 존재한다. 사회적 자유주의 가치는 노동계급 일체감의 효과를 얼마간 감소시키는데, 이는 노동계급의 헌신이 가치 헌신을 통해서만 설명되지 않는다는 것을 시사한다.

결론

이 장에서 우리는 거리 시위 참여의 사회적 기반에 대한 조사를 통해 저항이 상대적으로 힘이 없는 집단의 자원의 하나로 어느 정도나 남아 있는지를 살펴보았다. 조사 결과들은 오늘날 거리 시위는 중간계급을 과대대표하고 노동계급을 과소대표하는 경향이 있음을 보여준다. 하지만 일부 국가 — 즉, 이탈리아, 스웨덴, 스위스 — 에서는 실업자가 과대대표되었는데, 이는 프레카리아트화가 저항의 새로운 기반이 될 수 있음을 시사한다. 우리는 많은 나라에서 남성이 과대대표되는 경향이 있고 자원이 풍부한 고학력 개인들이 더 적극적이라는 문헌상의 주장들을 확인했다. 조사 결과들은 현재의 위기 시기에 사회화된 2000년대 세대 또한 저항에 매우 적극적이었음에도 불구하고 1960년대/1970년대 세대가 여전히 대부분의 나라에서 저항에 가장 적극적이라는 것도 확인시켜 주었다.

우리의 분석은 마르크스주의적 모습의 노동운동 시대 이후에 저항의 사회적 기반이 크게 확대되어 중간계급 전문직 종사자들까지 포함하게 되었다는 관념을 입증한다. 새로운 사회운동을 연구하는 학자들이 지적해 왔듯이, 중간계급과 특히 사회문화적 전문가 부문이 새로운 운동에 특히 적극적이었다(Cotgrove and Duff 1980; Krisi 1989). 하지만 우리는 여기서 후기 신자유주의가 초래한 반복되는 경제 위기로 인해 불만과 사회경제적 박탈이 사회운동의 사회적 기반에서 다시 한번 더 중요한 위치를 차지하게 되었다는 주장에 대해서는 많은 증거를 발견하지 못했다. 자원이 빈약한 집단의 개인들은 과소대표되는 경향이 있었다. 더 나아가 이 장의 중요한 발견 중 하나는 자원이 더 빈약한 집단이 경제적 쟁점을 둘러싼 시위에 참여할 가능성이 더 큰 경향이 있다는 것, 그리고 또한 이 집단의 참여자들은 참여의 더 높은 장벽을 극복하기 위해 특히 더 헌신적이 될 수밖에 없다는 것이다.

좌파 가치와 계급 일체감(특히 노동계급과의 일체감) 역시 일관된 행동주의를 예측하는 데서 중요한 변수인 경향이 있다. 이를테면 객관적 측면에서 볼 때, 노동계급의 개인들은 부유하고 교육받은 중간계급보다 길거리에 모습을 드러낼 가능성은 적지만, 그렇게 하는 사람들은 특히 스스로 그렇게 하기로 선택한 헌신적인 집단이다. 이는 정치적 목소리의 평등이라는 측면에서 중요한 쟁점을 제기한다. 연구들은 오늘날 노동계급 개인들이 어째서 정치적으로 비참여적일 가능성이 가장 큰지를 보여주었다 (Evans and Tilley 2017). 반면에 중간계급 개인들은 정치 참여적일 가능성이 크다. 이것은 중간계급의 요구가 주목받을 가능성이 커지면서 기존의 자원 불평등이 더 심해질 수 있다는 것을 시사한다. 하지만 정치적으로 매우 헌신적인 노동계급 활동가 성원들 및 그들과 일체감을 갖는 사람들이 자신들의 사회계급의 여타 성원들을 정치화하고 정치에 참여하게 하는 방법을 찾아낼 수도 있다.

경제 상황의 악화로 특징지어지는 경제적 맥락이 특히 우리가 가장 심한 타격을 입었다고 알고 있는 가장 가난한 집단들에게 보다 광범한 사회적 불만을 발전시킬 수 있는 비옥한 기반을 제공하는 것으로 인식되기도 한다. 이러한 악화되는 경제적 맥락은 정치화를 위한 공간을 열어주고, 사적인 경제적 문제가 실제로는 자본주의의 위기 경향과 연계된 사회적·

정치경제적 문제라는 사실을 깨닫게 해주며, 이는 다시 결국 노동계급의 보다 광범한 분파와 여타 자원이 빈약한 집단들(이를테면 긴축과 경제 침체에 의해 고통받을 가능성이 가장 큰 실업자)을 행위에 동원할 수 있게 해준다 (Grasso and Giugni 2016a, 2016b). 이러한 정치화는 정당에 참여하는 것뿐만 아니라 제도 정치와 제도 외적 정치에 참여하는 것을 통해서도 이루어질 수 있다. 우리는 다음 장에서 이 측면을 고찰하고자 한다.

제4장

저항 정치와 제도 정치

이 장에서는 저항 정치와 제도 정치 간의 관계를 다룬다. 우리는 저항과 투표 간의 연관성뿐만 아니라 서로 다른 형태의 참여 간의 연계관계도 살펴본다. 일부 학자들은 전문화specialization라는 대체 테제substitution thesis, 다시 말해 개인은 보다 관례적인 참여 양식에서 저항 행동주의로 이동하고 있다는 테제를 제시해 왔다(Inglehart 1990; Inglehart and Catterberg 2002; Norris 2002). 반면 사회운동 연구자들은 저항 정치에 관한 문헌과 선거 행동에 관한 문헌을 연결지을 것을 촉구해 왔다(Císař and Navrátil 2015; della Porta et al. 2017; Heaney 2013; Heaney and Rojas 2014; Hutter et al. 2018; Kriesi 2014; Kriesi et al. 2012; McAdam and Tarrow 2010, 2013; Norris et al. 2015). 정당, 특히 좌파 정당들은 사회운동의 당연한 동맹자로 여겨질 수도 있다. 우리는 이 장에서 이러한 통찰력을 바탕으로 하여, 정당 일체감과 정당에

대한 애착을 제도적 행동주의 및 제도 외적 행동주의(사회운동을 포함하여)
와 연결지어 주는 개인 수준의 동학을 검토한다. 지금까지 선거와 저항
정치를 연계시키는 것을 목적으로 한 대부분의 연구는 운동-정당 상호작
용에 초점을 맞추어왔지만(Císař and Navrátil 2015; della Porta et al. 2017;
Heaney 2013; Heaney and Rojas 2014; Hutter et al. 2018; Kriesi 2014; Kriesi et
al. 2012; McAdam and Tarrow 2010, 2013; Norris et al. 2015), 우리는 개인 수
준의 관점에 초점을 맞추고서, 서로 다른 정당에 충성할 뿐만 아니라 제
도 수준과 제도 외적 수준 모두에 참여하기도 하는 개인들이 얼마나 저항
에 참여하는지를 검토한다. 이 장에서의 우리의 목적은 서유럽에서 나타
나는 다양한 유형의 제도적 형태의 행동주의와 제도 외적 형태의 행동주
의 간의 연계관계와 관련된 문제들을 다룸으로써 사회운동 연구들이 정
당과 저항 간의 연결고리를 분석해야 한다는 요청을 따르는 것이다. 학자
들은 위기가 동원을 확대하고 정당과 저항 간의 상호작용을 증가시키며
사회변화를 이끌 사회적 동원의 잠재력을 키우는 비옥한 조건을 제공할
수 있다고 제시해 왔다(della Porta 2015; della Porta et al. 2017). 따라서 이
장에서는 그러한 과정의 기초가 되는 참여의 동학을 규명하기 위해 시위
자들 사이에서 서로 다른 유형의 제도적 참여와 제도 외적 참여를 이어주
는 연결고리들을 찾아본다. 우리는 이전 장에서 수행했던 작업은 물론 이
후의 장들에서 수행할 작업과도 일관되게 이 장에서도 역시 국가, 쟁점,
시위자의 유형에 따른 차이를 살펴본다.

책임성의 위기, 그리고 제도 정치와 제도 외적 정치

문헌들에서 제도적 참여는 노동조합 및 정당과 같은 전통적 단체의 성원임을 포함하여 전통적인 참여 기관이 중재하는 정치 활동에 참여하는 것으로 이해된다(Dekker et al. 1997; Mair 2006; Morales 2009). 이러한 유형의 활동은 감소하고 있는 것으로 보인다. 일부에 따르면, 우리는 정당 민주주의가 '청중 민주주의audience democracy'로 변화하고 있음을 목도한다(Manin 1997). 다른 사람들이 볼 때, 정치는 한때 "시민에 속하는 것이고 시민이 참여할 수 있고 또 자주 참여했던 것"이었지만, 오늘날에는 오히려 "국민이 밖에서 지켜보는 외부 세계, 즉 시민들의 세계와는 분리된 정치 지도자들의 세계"가 되었다(Mair 2006: 44). 서유럽에서 정치 참여가 감소하는 것과 관련한 많은 분석은 당원의 감소와 투표율의 하락에 초점을 맞추고 있다(Dekker et al. 1997; Morales 2009). 하지만 비관례적인 정치 참여를 연구하는 학자들은 참여가 실제로 증가하고 있다고 주장한다(Inglehart, 1990; Inglehart and Catterberg, 2002; Norris, 2002). 그들은 시위와 여타 형태의 제도 외적 정치 참여의 증대가 원래 1960년대 후반의 새로운 사회운동과 새로운 정치의 부상, 그리고 더 최근에는 소비자 정치의 부상과 연관되어 있었다는 것은 이제 진부한 말이라고 주장한다(Norris 2002, 2004; Van Aelst and Walgrave 2001). 1978년경에 틸리는 저항이 여론을 동원하고 정부의 어젠다에 영향을 미치는 또 다른 방법이 되었다고 주장했다. 돌턴(Dalton 2008)은 더 나아가 교육받은 정치적 소양을 갖춘 중간계급 사이에서 저항은 흔한 일이 되었다고 주장했다. 현대 시위는 더 이상 현상 타도를 목적으로 자연적으로 발생하는 것이 아니라 오히려 정치적 어젠다에 영향을 미치기 위해 사회운동에 의해 의식적으로 조직되는 것으로 인식되었다.

델라 포르타와 다이애니(della Porta and Diani 2006: 1)가 지적하듯이, 1960년대의 정치적 사건들은 단지 역사 교과서의 재료에 그치는 것이 아니라 오늘날 정치 참여 연구에도 중요한 함의를 가진다. 왜냐하면 "1960년대의 흥분과 낙관주의는 오래전에 사라졌을지도 모르지만, …… 사회운동, 저항 행동, 그리고 더 일반적으로는 (주요 정당이나 노동조합과 제휴하지 않은) 정치단체들이 서구 민주주의 국가의 영구적인 구성요소가 되었기" 때문이다. "이제 더 이상 저항 정치, 풀뿌리 참여, 상징적 도전을 '비관례적'이라고 묘사할 수 없다." 다른 몇몇 연구들은 정치 참여가 시간이 지남에 따라 변화해 왔고 오늘날 사람들은 저항 정치와 사회운동 행동주의에 참여할 가능성이 더 크다고 주장했다(Inglehart 1990; Norris 2004; Van Aelst and Walgrave 2001). 잉글하트가 볼 때, 이는 긍정적인 변화이다. "19세기 후반과 20세기에 정치 참여에 동원된 기관들 ─ 노동조합, 교회, 대중정당 ─ 은 소수의 지도자나 정치적 보스들이 일단의 규율된 무리를 이끌었던 위계조직이었다. …… 보다 새로운 엘리트가 지도하는 참여 양식은 종래의 양식보다 훨씬 더 정확하고 훨씬 더 세세하게 개인의 선호를 표현한다"(Inglehart 1990: 339).

선거 정치와 사회운동은 전통적으로 서로 다른 학자 집단들에 의해 별개로 연구되어 왔다. 하지만 투표와 시위 참여 모두는 정치적 의사결정에 영향을 미치는 것을 목적으로 하는 참여 형태들로, 시민들이 정치 문제의 민주적 운영에서 발언권을 가질 수 있게 해준다. 더 나아가 문헌들은 정당과 운동이 정기적으로 서로에게 영향을 끼친다는 것을 분명하게 보여주고 있다. 정당은 운동에 관여하고 운동은 정당에 영향을 미치며, 많은 개인이 정당과 관례적인 정치뿐만 아니라 운동과 비관례적인 정치에도 참여한다. 정부는 대표성의 위기crisis of representation(Giugni and Lorenzini 2018)뿐만 아니라 대응성의 위기crisis of responsiveness(Mair 2006), 또는 델라 포르타(della Porta 2015: 111)의 적절한 표현으로는 책임성의 위기 — 다시 말해 "시민들의 요구에 대응할 수 있는 정부의 역량이 급격히 떨어지는 상황" — 에도 직면한다. 만약 이러한 의미에서 긴축반대 운동이 이러한 '책임성의 위기'에 대한 대응으로 이해된다면, 이는 그 운동의 참여자들이 관례적인 수단을 통해 활동할 가능성이 적으며, 또한 문화적 쟁점을 둘러싼 저항에 참여하는 사람들보다도 덜 그러할 것임을 시사한다. 폴라니(Polanyi 1944: 139)가 오래전에 지적했듯이, 보이지 않는 손에 대한 관념은 항상 환상이었고, "자유방임주의 자체는 국가에 의해 강제된 것이었다." 더 나아가 슈트렉(Streeck 2014)은 신자유주의의 위기 속에서 민주적 자본주의의 두 가지 자원할당 원리 — 사회적 필요 대 한계 생산성 — 가 어떻게 눈에 띄게 충돌하게 되었는지를 지적한다. 동시에 정치적·경제적 결정이 탈정치화되었다는 것은 민주정치의 규범적·숙의적 성격이 부정되고 있음을 의미한다(Hay 2007). 시장세력이 유럽 정부들에게 각국 정부가 취해야 할 정치적·경제적 조치들을 명령하고 있다는 인식은 정부가 시민을 위해 시민의 이름으로 행동할 수 있는 생각을 더욱 약화시킬 수 있다.

다른 한편 새로운 쟁점을 둘러싼 갈등[원문에는 '재분배를 둘러싼 갈등'이라고 되어 있으나, 하버마스를 인용하고 있는 것과 아래에서 전개되는 논의를 놓고 볼 때 저자들이 착각한 것으로 보여 옮긴이가 임의로 수정했다_옮긴이]은 예전처럼 정당과 다른 관례적인 조직들을 통해 제도 정치의 장에서 해결될 수 있는 문제가 아니다. 따라서 그러한 갈등은 의회 외적 저항으로 이동해 왔다. 왜냐하면 "그러한 저항의 근저를 이루는 불리한 위치는 의사소통적으로 구조화된 행위 영역의 물화를 반영하는 것으로, 그것은 돈이나 권력 매체로는 대응할 수 없기" 때문이다(Habermas 1987: 392). 동시에 녹색 정당과 같은 '새로운' 쟁점을 지지하는 일부 정당들이 창당되었지만, 그러한 정당들은 계급 균열과 관련하여 공산주의 정당 및 사회주의 정당이 지닌 구조화 능력을 결코 발휘하지 못했다(della Porta 2015; Diani 1995). 정치 영역에서 주변화된 집단의 정치적 이해관계를 반영하는 경향이 있었던 정치기관들이 약화되고 붕괴되어 온 반면, 탈산업화의 과정 그리고 특히 이민의 과정으로 인해 "시민권과 그 자격에 완전히 접근하지 못하는 사회 집단의 규모가 커져왔고, …… 일반적인 불안정감이 개인적 이동 – 주로 수평적인 – 의 증가에 의해 더욱 강화되었으며, …… 사회경제적 집단 내에서 인종 또는 젠더에 기반한 분열선의 (재)출현으로 인해 구체적인 사회적 범주를 확인하는 것이 더욱 어려워졌다"(della Porta and Diani 2006: 39). 이처럼 현재의 정치적 국면에는 두 가지 대조적인 경향이 존재한다. 즉, 주변화되고 박탈당한 '지구화의 패자들'의 사회적 기반이 증가하고 있는 반면(Kriesi et al. 2012), 동시에 우리는 그들의 이해관계를 대변할 능력을 지닌 정당과 정치기관이 부재한다는 사실을 목도한다. 이는 새로운 '운동 정당'(della Porta et al. 2017)이 정치적 중심 무대에 서지 않는 한 제도 외적 영역이 점점 더 적실해질 것이라는 점을 시사하며, 실제로도 시리자 Syriza, 포데모스Podemos, 오성운동Movimento 5 Stelle과 같은 정당은 모두 최근 몇 년간 선거에서 상당한 성과를 거두었다. 따라서 주류의 중도적 합의에 대해 대안을 제시하는 새로운 정당이나 개혁 정당이 출현하여 제도 정치가 재활성화되거나, 아니면 그간 중도 쪽으로 이동했던 사회민주당이 분열되어 좌파로 재편성되면서 오늘날 사회변화를 외치는 박탈당하고 불안정한 시민들에게 목소리와 희망을 제공하게 될 것으로 보인다.

제도 정치와 제도 외적 정치 연결하기

앞에서 지적했듯이, 최근 사회운동 연구자들은 저항 정치에 관한 문헌들과 선거 행동에 관한 문헌들을 연결하려는 시도를 몇 차례 해왔다(della Porta 2015; Hutter 2014a; Kriesi et al. 2012; McAdam and Tarrow 2010). 정당들, 특히 좌파 정당들은 사회운동의 당연한 동맹자로 인식될 수 있다. 하지만 어떤 맥락에서는, 그리고 어떤 특정한 상황하에서는 그들은 적이 될 수도 있다. 위기의 시대는 노선의 변경이 일어나는 시기이기도 하다. 이 시기에 특히 좌파 정부는 핵심 지지자에게 부응하면서도 또한 예산표의 균형을 맞추고 초국가적인 기관과 금융시장의 기대를 충족시켜야 하는, 서로 상충하는 요구의 압박하에 놓인다. 이에 따라 사회민주주의 정당들이 중간 지대로 이동하여 중도 정책을 지지해 왔고, 이는 포퓰리즘적 우파와 여타 형태의 제도적·제도 외적 도전자들에게 정치적 공간을 열어주었다. 학자들(Hutter 2014a; Krisi et al. 2012)은 다양한 저작에서 포퓰리즘적 우파로의 전환이 통합-구별integration-demarcation 문제를 둘러싼 새로운 분열을 전면에 부각시켰다고 주장해 왔다.

키트셸트(Kitschelt 1988)가 예증했듯이, 좌파-자유주의적 전환은 경쟁의 주요 축을 사회적 쟁점을 포괄하는 쪽으로 이동시켰지만, 이들 이슈를 둘러싼 경쟁은 대체로 주요 계급 균열에 맞게 조정되어 왔다. 따라서 자유주의적인 사회적 가치는 좌파적인 경제적 입장과 결부되어 온 반면, 우파 경제학은 보다 보수적인 사회적 가치와 연계되었다. 보다 최근에는 통합-구별 균열이 점점 더 심해지는 것으로 인식되고 있으며, 위기와 보다 광범위한 지구화 과정이 초래한 취약성이 포퓰리즘적 우파 정당의 지지 기반을 확대해 온 것으로 파악되고 있다. 이런 맥락에서 크리시와 그의 동료들(Kriesi et al. 2012)은 지구화의 승자와 패자 간의 균열에 초점을 맞추어 이러한 새로운 경쟁자들에 대한 지지를 설명한다. 국가적 특성이 통합-구별 균열이 부상되는 정도에 영향을 미치는 것으로 이해되지만, 이 차원은 중도적 입장을 지향하는 사회민주주의 정당들에 의해 계급이라는 경제적 차원이 점점 더 과소평가되는 곳에서 가장 두드러지게 나타나 왔다고 주장할 수 있다.

과거에는 노동계급이 좌파를 집단적으로 지지하는 경향이 있었다. 그러나 최근 사회경제적 불평등을 둘러싼 담론이 감소하고 있는데, 이는 점점 더 불평등해지는 사회에서 육체적 직업에 종사하는 개인들과 사회적으로 박탈당한 여타 집단들에게 좌파는 선거에서 더 이상 확실한 선택지가 아니라는 것을 의미한다. 크리시(Kriesi 1989)는 1960년대 후반에서

1980년대 초반까지 좌파-자유주의적 전환이 이루어진 시기에 중간계급 내의 사회문화적 전문가들이 사회변화를 위해 투쟁할 가능성이 가장 큰 집단이 되었다고 주장했다. 하지만 사회문화적 전문가들은 이제 지구화 추세의 '승자'로 간주될 수 있기 때문에, 이론적으로는 그러한 전문가들 또한 사회변화를 위한 활동가가 될 가능성은 크지 않다. 실제로 우리가 제3장에서 논의했듯이, 델라 포르타(della Porta 2015)에 따르면, 긴축의 증가와 함께 프레카리아트가 부상하는 상황에서 일부 이론가들은 이 새로운 균열이 현대의 '가진 자'와 '갖지 못한 자' 간의 새로운 계급갈등을 낳고 이것이 다시 사회변화에 대한 갱신된 노력을 불러일으킬 수 있다는 점에서 저항에 "자본주의를 되돌려놓을" 가능성도 있다고 인식해 왔다.

게다가 최근에 사회운동과 정당정치의 간의 복잡한 관계를 탐구해 온 학자들은 사회운동이 정당을 "시민과 멀리 떨어져 있고 사회변화에 무관심한 자기 보호적인 위계적 조직"이라고 생각한다고 주장한다(Piccio 2016: 263). 이와는 별개로 많은 사회운동은 역사적으로 공동의 대의에 대해 정당과 협력해 왔다. 더 나아가 많은 주요 정당은 그 기원을 운동에 두고 있거나 운동과 매우 밀접한 관계를 가지고 있었다. 사회운동은 개인, 집단, 조직이 느슨하게 연결된 비공식 네트워크로 이해된다(della Porta and Diani 2006; Diani 1995). 이러한 이질성은 다시 운동이나 운동조직 내의 개인들 스스로가 쟁점에 대해 아주 다양한 입장을 가지고 있을 수 있다는 것을 시사한다. 일부 운동이 정당과 협력하기를 거부할 수도 있지만, 대체로 사회변화를 법제화하는 데서 사회운동의 성공 여부는 운동이 정당에 대해 성공적으로 영향력을 행사하고 정치적 동맹자들 — 체계 내부자들로서 제도적 환경 내에서 운동의 목표를 위해 기꺼이 싸우는 — 의 뒷받침을 받는지와 긴밀하게 연관되어 있다(Kriesi et al. 1995). 이렇듯 사회운동과 정당의 연계관계가 행동주의의 패턴과 사회변화의 궤적을 이해하는 데 중요함에도 불구하고, 사회운동 문헌들은 일반적으로 정당이라는 주제에 대해서는 여전히 침묵을 지켜왔다(Piccio 2016). 아주 최근에는 이를테면 경제 위기에 맞서 싸우는 '운동 정당'에 대한 최근의 연구에서 이 공백을 메우려는 시도들이 있어왔다(della Porta et al. 2017).

연구들은 시위와 선거 정치 간의 관계가 좌파에서는 강화되고 있지만 우파에서는 시위와 선거가 서로를 대체하는 것으로 나타난다는 점을 밝혀내 왔다(Hutter 2014a). 대체로 저항과 정당 간의 관계에 관한 연구는 운동에 초점을 맞추어왔고, 정당이 특정한 담론을 분명하게 표명할 경우 그것이 운동의 정치적 공간을 축소하고 그 쟁점을 위한 동원을 덜 필요하게 만든다고 주장하는 경향이 있어왔다(Tarrow 1996; Tilly 1999). 문헌들은 정치적 공간이 어떻게 행위자들의 동원 패턴을 규정하는지를 지적해 왔다. 극우 정당에 관한 연구들은 기존 우파 정당이나 온건 우파 정당들이 급진적인 어젠다를 분명하게 표명할 경우 지지가 기성 정당으로 이동하는 것과 함께 급진 정당을 위한 공간이 좁아진다는 것을 보여주어 왔다(Giugni et al. 2005; Kobpans 1996; Kobpans and Olzak 2004). 연구들은 더 나아가 정당과 저항 장場의 상호작용을 좌파와 우파 모두와 관련하여 이해할 필요가 있지만 또한 부상하고 있는 이차적 갈등의 축이 갖는 중요성도 고려할 필요가 있다는 것도 보여주었다. 이런 점에서 허터(Hutter 2014a)는 공식적인 정치에서 정치적 우파의 성공은 저항을 감소시키는 반면 정부 내의 좌파는 자신들과 연합한 운동 세력들의 저항을 강화한다는 것을 보여준다. 매캐덤과 태로(McAdam and Tarrow 2013)는 미국에서는 좌파 정부와 우파 정부 모두가 똑같이 자신들의 운동 동맹자들에게 기회를 열어준다는 것을 발견했다. 반면에 동유럽에서는 우파 정부가 저항을 자극하는 반면 좌파 정부는 그렇지 않다는 것을 보여주는 정반대의 증거가 제시되기도 했다(Císař and Navrátil 2015).

정치 과정 이론가들은 역사적으로 사회운동 행동주의를 이해하는 데서 광범위한 동원 맥락을 중요한 요인으로 고려해 왔다. 정치체계의 개방성의 정도, 정치적 제휴의 형태(Krisi et al. 1995; Tarrow 2011), 제도적 동맹자의 존재(Kitschelt 1986; Krisi et al. 1995; Tarrow 2011; Tilly 1978), 또는 유리한 정치적 기회구조(Kupans et al. 2005)와 같은 요인들이 동원을 이해하는데서 중심적인 요인들로 인식되었다. 하지만 이 같은 상황에도 불구하고 정당과 저항이 개인적인 수준에서 서로 관계 맺는 방식은 거의 검토되지 않았다. 이전의 연구들에 기초하여 특히 세 가지 유형의 요인 ─ 이데올로기, 네트워크, 전략 ─ 이 당원들이 어떤 상황에서 사회운동 활동을 지지하거나 참여하게 되는지를 설명하기 위해 검토될 수 있다(Piccio 2016). 첫째, 당원들은 사회운동의 목표를 공유할 수 있다(이데올로기). 이러한 점에서 연구들은 정체성이 일관적이라는 이유에서 개인들은 자신의 정체성과 사회운동 활동이 부합할 때 사회운동 활동에 참여하는 경향이 있을 것이라는 점을 보여주어 왔다. 이를테면 당원들은 사회운동이 자신의 이데올로기적 입장과 더 가까운 입장을 취할수록 그 사회운동에 참여할 가능성이 더 클 것이다(Kriesi et al. 1995). 둘째, 다른 당원들은 사회운동 활동에 이미 참여하고 있을 수도 있다(네트워크). 문헌들은 정당 참여와 사회운동조직 참여는 상호 배타적이고 서로를 대체하기보다는 오히려 누적적일 가능성이 크다고 지적해 왔다(Norris 2002). 이처럼 당원들은 자신들의 더 넓은 네트워크를 통해 정보를 얻고 운동에 충원될 가능성이 크기 때문에 사회운동 활동에 참여할 가능성이 더 크다(Schussman and Soule 2005). 셋째, 당원들은 자신들의 당이 사회운동을 지원함으로써 이익을 얻을 수 있다고 느낄 수도 있다(전략). 이런 점에서 정당이 선거 환경에서 취약할 경우, 정당이 사회운동과의 상호작용에 호의를 보이는 것으로 인식되어 왔다. 왜냐하면 정당들이 운동과의 상호작용을 자신들의 조직에 이로운 전략, 즉 선거에서 지지를 얻기 위한 전략으로 채택할 것으로 보이기 때문이다(Goldstone 1991; Krisi and Wisler 1996). 특히 좌파 진영에서 선거 경쟁은 사회민주주의 정당으로 하여금 새로운 사회운동을 더욱 지지하게 하는 중요한 지렛대인 것으로 밝혀져 왔다(Kriesi et al. 1995). 하지만 이것은 운동의 유형에 따라 다를 수 있다.

시위자들의 제도적 참여와 제도 외적 참여

제2장에서 우리는 우리의 연구가 다루는 7개국에서 시민들이 다양한 정치 참여 형태에 참여하는 방식을 살펴보았다. 우리는 다양한 역사적·제도적 이유로 인해 나라별로 참여 수준이 다르고 일부 정치 활동이 다른 정치 활동보다 더 대중화되어 있기 때문에 형태별로도 참여 수준이 다르

다는 것을 알 수 있었다. 우리는 여기서는 거리 시위에 참여하는 사람들이 서로 다른 참여 형태 — 그 형태가 제도적이든 제도 외적이든 간에 — 를 이용하는 정도를 살펴본다. 시위자들은 서로 다른 참여 형태에 어느 정도 참여하고 있는가? 대체 테제가 제시하듯이, 그들은 대체로 다른 제도 외적 형태들에만 자신들의 참여를 한정하는가, 아니면 제도 정치에도 헌신하는가? 이와 관련하여 시위자들과 일반 주민들 간에는 어떤 차이가 존재하는가? 그리고 시위자들의 참여 유형이 국가, 시위 유형, 시위자 유형에 따라 어떻게 다른가? 우리는 〈표 4-1〉을 살펴봄으로써 이러한 질문에 답할 수 있다. 〈표 4-1〉은 서로 다른 정치 참여 형태에 대한 시위자들의 참여가 국가, 문화적 쟁점과 경제적 쟁점, 그리고 간헐적 시위자와 활동가에 따라 어떻게 다른지를 보여준다. 비록 구체적인 참여 형태들이 항상 정확하게 동일하지는 않지만, 이러한 발견들을 살펴보는 동안 우리는 제2장에서 제시한 일반 주민들 사이에서 나타나는 분포들에 대해서도 계속해서 눈여겨볼 것이다. 우리가 믿고 있는 것처럼, 제도적 참여와 제도 외적 참여 간의 대체에 관한 테제가 지지되지 않는다면, 우리는 시위자들 사이에서 더 높은 수준의 제도적 참여를 관찰할 수 있을 것이다.

제도적 행동주의 척도의 평균에서 나타나는 차이를 살펴보면, 영국의 경우 개인들 대부분이 네 가지 활동 중 약 세 가지 활동을 수행할 정도로 가장 높은 평균값을 보인다. 나머지 국가들에서는 네 가지 제도적 활동 중에서 평균적으로 약 두 가지를 수행했는데, 그 수치는 스웨덴, 스위스, 벨기에, 스페인, 이탈리아, 네덜란드의 순서이다. 우리는 참여의 구체적인 형태를 더 자세히 살펴봄으로써 이것을 더 잘 파악할 수 있다. 시위 참가자 중에서 가장 높은 수준의 투표율을 보고한 나라는 벨기에이다. 이는 벨기에가 의무투표제를 시행해 왔다는 점을 감안하면 놀랄 일이 아니다. 그러나 투표율의 수준은 다소 낮은 스위스를 제외하고는 모든 국가에서 높게 나타난다. 이들 수치를 제2장에 제시된 수치와 비교해 보면, 모든 경우에 시위자들이 일반 주민들보다 더 높은 수준의 투표율을 보이고 있음을 알 수 있다. 따라서 저항이 선거 참여를 대체한다는 생각은 설득력이 없다. 수치는 일반 주민들보다 시위자들이 제도적 참여를 더 많이 한다는 것을 분명하게 보여준다. 만약 저항이 제도적 참여를 대체했다면, 우리는 저항에 참여할 가능성이 가장 큰 사람들 사이에서 더 낮은 제도적 참여 수준을 발견해야만 한다. 이것은 저항과 같은 한 가지 참여 형태에 참여하는 개인은 다른 활동이 제도적 레퍼토리에서 나온 것인지 아니면 제도 외적 레퍼토리에서 나온 것인지와 무관하게 실제로 투표와 같은 다른 양식에 덜 참여하는 것이 아니라 더 참여할 가능성이 크다는 것을 보여주는 증거이며, 이러한 패턴은 모든 국가에서 반복해서 나타난다. 일부 학자들은 개인들이 단지 저항과 같은 여타 제도 외적 형태의 정치로 눈을 돌리고 있을 뿐이기 때문에 선거 정치 참여의 감소가 그렇게 우려할 만한 것은 아니라고 주장했지만(Inglehart 1990; Inglehart and Catterberg 2002; Norris 2002), 우리의 결과는 오히려 그러한 우려를 경고하는 것으로 보인다.

우리는 제2장과 다른 연구(Grasso 2016)를 통해 주어진 기간 동안 저항 활동에 참여한 사람들의 수가 아주 적다는 것을 알고 있다. 이는 저항이 참여의 대안적 수단이 될 가능성은 잠재적으로 제한되어 있으며 일반적으로 사회운동 연구자들이 흔히 생각하는 것보다 지지의 정도가 낮다는

단위: %, 평균

표 4-1 | 국가, 시위 쟁점, 시위자 유형별 시위자의 제도적 참여와 제도 외적 참여

	국가							시위 쟁점		시위자 유형	
	벨기에	이탈리아	네덜란드	스페인	스웨덴	스위스	영국	문화적	경제적	간헐적 시위자	활동가
제도적 참여(%)											
지난 전국 선거에서 투표했다	93.0	88.0	90.7	88.6	91.4	78.8	84.0	87.2	88.4*	87.6	87.9
정치인이나 관계자와 접촉했다	34.2	25.5	23.2	28.9	39.3	28.1	64.3	38.2***	32.2	21.2	40.9***
정치적 사안에 도움 기부했다	39.3	23.6	32.6	32.7	52.5	63.7	57.2	51.1***	35.6	30.8	48.8***
배지를 달거나 스티커를 붙였다	50.4	58.3	27.6	50.6	57.1	55.6	62.6	54.2***	46.4	25.9	59.8***
척도(0~4점 척도의 평균)	2.18	1.96	1.75	2.01	2.41	2.27	2.70	2.32***	2.03	1.65	2.37***
제도 외적 참여(%)											
청원서/공개서한에 서명했다	75.4	80.6	74.1	74.5	78.0	87.3	89.1	83.8***	75.7	69.7	85.2***
특정 제품을 불매했다	43.8	63.6	39.6	44.1	73.9	75.9	67.2	67.1***	46.8	46.2	62.1***
특정 제품을 일부러 구매했다	66.7	66.5	53.4	56.9	84.7	83.2	77.5	79.5***	58.4	64.5	72.5***
파업에 가담했다	34.8	62.6	11.9	50.7	4.9	9.2	12.1	13.1	35.7***	6.2	31.4***
직접 행동에 참여했다	16.7	23.9	8.0	23.5	10.1	15.4	18.3	14.2	17.8***	2.6	21.1***
폭력적 형태의 행위를 이용했다	0.8	1.8	0.8	2.2	1.8	1.9	1.3	1.3	1.6	0.6	1.8***
척도(0~4점 척도의 평균)	2.38	2.99	1.88	2.52	2.53	2.73	2.65	2.59***	2.35	1.90	2.74***
정당(정당군과의 일체감(%)											
공산주의 정당	2.4	36.2	0.1	1.9	0.4	2.6	1.3	4.5	5.2	1.0	6.2***
사회주의/신좌파 정당	12.2	0.8	0.0	0.0	41.2	9.2	7.4	12.7***	5.7	3.7	11.4***
사회민주주의/중도좌파 정당	19.1	23.5	15.3	1.4	26.0	29.0	26.0	19.3	19.5	16.7	20.2***
녹색 정당	30.2	0.9	14.3	0.0	20.7	30.6	29.2	31.2***	5.7	20.0*	18.2

	국가							시위 쟁점		시위자 유형	
	벨기에	이탈리아	네덜란드	스페인	스웨덴	스위스	영국	문화적	경제적	간헐적 시위자	활동가
자유주의 정당	5.8	10.3	4.2	0.0	1.7	3.5	16.0	9.4***	2.5	9.0***	4.9
우파/기독교 민주주의 정당	7.9	1.0	3.0	0.0	1.2	1.0	3.0	2.4	2.5	3.5*	2.1
기타 정당	17.8	0.1	0.5	5.3	5.7	1.2	0.3	4.1	4.3	3.4	4.3*
무응답/없음	4.5	27.2	62.6	91.4	3.1	22.9	17.0	16.3	54.5***	42.9***	32.5
정당에 대한 애착감(%)											
매우 친밀하게 느낀다	17.5	15.2	8.4	16.2	39.5	20.9	21.6	20.5***	17.7	10.3	22.7***
꽤 친밀하게 느낀다	41.4	41.4	35.2	36.6	44.2	50.1	39.7	44.0***	37.0	38.1	41.9***
전혀 친밀하게 느끼지 않는다	29.3	18.7	49.3	19.2	12.5	9.9	23.5	22.3	27.7***	39.5***	20.7
기타	11.8	24.7	7.1	28.0	3.8	19.2	15.3	12.7	17.6***	12.1	14.8***

* p ≤ 0.05, ** p ≤ 0.01, *** p ≤ 0.001

것을 의미한다(Burstein 2014). 그런 만큼 투표를 외면하는 사람들이 대신 저항으로 눈을 돌릴 것으로 보이지는 않는다. 우리는 투표를 하지 않는 사람들이 저항 활동가들의 대열보다는 정치적 활동을 하지 않는 사람들의 대열에 합류할 가능성이 훨씬 더 크다고 예상할 수 있다. 실제로 우리는 여러 연구를 통해 자원을 더 적게 가진 개인들이 전통적으로 정치에 덜 참여해 왔으며 오늘날에도 여전히 정치에 참여할 가능성이 전반적으로 적다는 것을 알고 있다(Grasso 2018; Verba et al. 1995). 여기에 제시된 결과는 저항이 이미 제도적 수단과 제도 외적 수단을 통해 정치 활동에 참여하고 있는 개인들의 도구 상자 속에 추가된 하나의 자원이라는 것을 보여주는 또 다른 증거이다.

우리는 다른 관례적 참여 양식들에서도 중요한 변이를 관찰할 수 있다. 이를테면 우리는 정치인과 접촉하는 것 – 예를 들면 하원의원들에게 편지를 쓰는 것 – 이 영국에서 시위자들 사이에서 특히 대중화되어 있는 활동임을 알 수 있는데, 영국에서는 응답자의 약 4분의 3이 자신들이 정치인과 접촉한다고 응답한 반면, 다른 6개국에서는 훨씬 덜 그렇게 한다. 영국의 의회제도 또는 다수결주의 선거제도가 당선자와 유권자 간의 강한 관계를 장려하는 것은 분명하다. 하지만 우리의 현재 목적에서 가장 중요한 것은 정치인과의 접촉을 제2장에서 제시한 일반 주민이 보고한 결과와 비교해 볼 때(어떠한 나라에서도 20% 이상의 참여가 보고되지 않았다) 시위자들 사이에서 보고된 수준이 훨씬 높다는 것이다. 우리는 다시 한번 대체 테제가 뒷받침되지 않는다는 것을 발견한다. 다시 말해 비관례적인 행위 양식 – 이 경우에는 거리 시위 – 에 참여하는 개인들이 일반 시민들보다 관례적인 참여 양식에도 더 많이 참여한다. 이와 같이 제도 정치와 제도 외적 정치가 교차하고, 활동가들은 이 둘을 결합시켜 자신들의 목적을 달성하려고 한다. 개인들은 특정 쟁점에 관한 시위에 참여할 수도 있고, 또한 같은 주제로 자신의 하원의원에게 글을 쓰는 등 다른 수단을 통해 그들에게 압력을 가함으로써 상황을 변화시키고자 할 수도 있고 변화가 일어나는 것을 막고자 할 수도 있다.

정치적 대의에 돈을 기부하는 것 – 이는 또 다른 광범위한 제도적 참여 형태의 하나이다 – 은 스위스의 시위자들 사이에서 특히 대중화되어 있지만, 영국과 스웨덴에서도 응답자의 절반 이상이 이 형태에 참여한 적이 있다고 말했다. 반면 이탈리아에서는 4분의 1만이 그렇게 말했다. 새로운 사회운동 부문이 아주 강한 경향이 있는 나라들 역시 우리가 가장 높은 수준으로 돈을 기부하고 있음을 발견한 나라들이다. 실제로 서로 다른 유형의 운동조직의 배후에서 작동하는 정치철학들을 고려할 때, 우리는 자선이 새로운 사회운동과 연계된 비정부조직NGO과 가장 관련되어 있음을 알 수 있다. 반면에 좌파 급진 단체, 그리고 심지어는 공산주의 정당과 사회주의 정당들도 자본주의를 더 인간적으로 만드는 작은 패치나 치료제를 통해 상황을 개선하기보다는 불공평한 체계나 경제적·사회적 체계를 사회적으로 변화시키는 데 정치적으로 헌신할 것을 강조하는 경향이 있다.

네덜란드를 제외한 분석 대상 국가들 모두에서 시위자의 절반 이상이 배지를 달거나 스티커를 붙였다고 밝혔다. 이 수준은 영국에서 가장 높았고, 이탈리아, 스웨덴, 스위스, 스페인, 벨기에가 그 뒤를 이었으며, 네덜란드가 가장 낮았다. 다시 한번 더 제2장의 결과와 비교해 보면, 이 수준도 일반 주민들이 보고한 수준보다 상당히 높다.

지금까지 우리는 제도적 형태의 참여를 살펴보았다. 사회운동에 의해 가장 일반적으로 채택되는 제도 외적 정치 활동의 경우는 어떠한가? 제도 외적 참여를 가장 많이 하는 나라는 이탈리아이고, 스위스, 영국, 스웨덴, 스페인이 그 뒤를 따랐다. 이탈리아에서는 개인들이 여섯 가지 활동 중에서 대체로 세 가지 활동에 참여했다. 벨기에와 네덜란드는 여섯 가지 활동 중에서 평균적으로 두 가지 활동에 참여하는 것으로 나타났다. 우리가 아래에서 보다 자세하게 살펴보듯이, 이탈리아와 스페인은 보다 급진적인 경향이 있는 반면, 영국, 스웨덴, 스위스는 소비주의와 저위험 행동주의를 좀 더 지향한다.

우리가 제2장에서 일반 주민과 관련하여 살펴보았듯이, 청원서에 서명하는 것은 가장 대중적인 제도 외적 정치 참여 형태 중 하나이다. 우리가 시위 참가자들과 관련한 수치를 살펴볼 때, 이는 더더욱 사실이다. 왜냐하면 영국과 스위스에서는 시위자 10명 가운데 9명이 청원서에 서명하고 벨기에, 스페인, 네덜란드에서는 4명 가운데 3명이 서명하는 등 청원서에 서명하는 것은 모든 나라에서 매우 높은 비율의 응답자들로부터 지지를 얻고 있기 때문이다. 이러한 비율은 시위자가 일반 주민에 비해 훨씬 높으며, 이는 시위자가 특히 정치적으로 활동적인 집단이라는 것을 다시 한번 더 확인시켜 준다.

일반 주민들 사이에서 관찰된 추세에 비추어 볼 때, 불매운동과 구매운동 역시 시위자라는 보다 좁은 집단 사이에서 매우 널리 퍼져 있다. 실제

로 정치적 소비주의는 최근 몇 년간 정치적 대항의 한 형태로 널리 확산
되어 왔다(Micheletti 2003; Stolle and Micheletti 2013). 이런 종류의 정치적
참여는 스웨덴과 스위스의 시위자들에 의해 가장 많이 이용되지만, 영국
과 이탈리아에서도 널리 이용되는 반면, 다른 세 나라에서는 덜 자주 채
택된다. 다시 한번 더 제2장에서 제시한 일반 주민을 대상으로 한 결과와
비교하면, 이 참여 형태에서도 시위자들 사이에서 보고된 수준이 훨씬 더
높다는 것을 알 수 있다.

파업은 현대 사회운동의 항쟁 레퍼토리 중에서 가장 대표적인 행위 양
식 중 하나이다(Tilli 1986; Tilli et al. 1975). 파업은 특히 노동운동의 레퍼토
리의 중요한 일부였다. 파업과 관련한 조사 결과는 시위자들이 이 활동에
참여하는 정도에서 국가 간에 매우 큰 차이가 있음을 보여준다. 이것은
우리에게 서로 다른 나라들에서 저항이 갖는 성격에 관한 단서들을 제공
해 줄 수 있다. 일부 나라에서는 저항자들 사이에서 파업 참여 수준이 훨
씬 높게 나타났는데, 이는 그들 나라가 역사적으로 강한 노동운동 전통을
가지고 있기 때문에 파업 - 이를테면 총파업 - 이 여전히 정치적 항쟁의
보다 광범위한 레퍼토리의 일부로 남아 있는 것일 수도 있다. 파업 참여
도는 이탈리아가 가장 높으며, 그 뒤를 스페인이 가까이에서, 그리고 벨
기에가 그보다 멀리에서 따르고 있고, 다른 나라들은 훨씬 낮은 수준을
보이고 있다. 이를 설명하기 위해 다양한 역사적·제도적 이유가 거론될
수 있는데, 그러한 것으로는 계속되고 있는 현저한 계급 균열, 노동조합
제도의 구조, 그리고 특히 벨기에의 경우에는 노동조합이 복지국가체계
에 참여하고 있는 것 등을 들 수 있다. 흥미롭게도 정치적 소비주의가 가

장 확산되어 있는 나라들은 또한 파업 참여가 가장 낮은 나라들이기도 하다. 새로운 사회운동 부문이 가장 강력한 국가들 ― 이를테면 스위스, 네덜란드, 스웨덴 ― 에서도 파업 참여가 가장 낮은 것으로 나타난다.

파업은 통상적인 노사관계의 작동을 중단시키는 것을 목적으로 하는 직접 행동의 특별한 형태이다. 다른 형태의 직접 행동을 살펴보면, 우리는 그러한 행동 형태들 또한 다른 나라들에 비해 일부 나라들에서 훨씬 더 높은 참여 수준을 보이는 등 국가 간에 커다란 차이가 있음을 볼 수 있다. 이탈리아와 스페인이 다시 가장 높은 참여 수준을 보이고, 영국, 벨기에, 스위스가 그 뒤를 따르며, 마지막으로 네덜란드와 스웨덴이 가장 낮은 참여 수준을 보인다. 다시 한번 더 정치적 소비주의가 보다 대중화되어 있는 나라들에서 직접 행동의 수준이 낮은 경향이 있다. 이들 나라는 또한 더 강력한 새로운 사회운동 부문을 가지는 경향이 있는 나라들이기도 하다.

우리의 저항 유형 조사 데이터는 저항 쟁점별로 참여자들을 구별할 수 있게 해주고, 그리하여 문화에 초점을 둔 행사에 참여하는 시위자와 경제에 초점을 둔 행사에 참여하는 시위자의 참여 패턴이 어떻게 다른지를 검토할 수 있게 해준다. 〈표 4-1〉에서 볼 수 있듯이, 투표를 제외한 다른 모든 형태의 제도적 활동이 문화적 시위에 참석하는 개인들에 의해 실행될 가능성이 더 큰데, 이는 그들의 레퍼토리가 더욱 다양해졌음을 시사한다. 게다가 제도적 행동주의가 쇠퇴한 것과 제도적 행동주의가 제도 외적 행동주의로 대체된 것을 문화영역에서 새로운 가치 및 새로운 정치가 출현한 것과 연계시키는 문헌들에서 나타나는 주요한 논의들을 감안할 때, 사람들은 오히려 제도적 참여가 경제적 쟁점에 초점을 맞춘 시위와 운동에 참여하는 개인들 — 즉, 재분배와 사회경제적 평등주의에 초점을 맞춘 계급갈등과 좌우 갈등을 축으로 하는 '종래의 정치'와 더 긴밀하게 연계된 사람들 — 사이에서 더 많이 이루어질 것으로 예상했을 수도 있다.

하지만 실제로는 오직 투표만이 이러한 패턴을 따르고 있다. 투표는 보다 광범한 패턴 — 즉, 문화적 시위에 참여하는 사람들이 경제적 시위에 참여하는 사람들에 비해 다양한 제도 정치 활동에서 적극적일 가능성이 더 크다 — 에서 하나의 예외이다. 경제적 시위에 참여하는 개인들은 문화적 시위에 참여하는 개인들보다 투표할 가능성이 더 큰 경향이 있다. 이는 경제적 쟁점과 관련한 제도적 레퍼토리와 제도 외적 레퍼토리들이 더 많이 중첩된다는 것을 시사한다. 1960년대와 1970년대에 등장한 새로운 사회운동이 제도 외적 정치와 더 밀접하게 연관되는 경향이 있는 반면, 노동권과 여타 주요한 경제적 문제들을 둘러싼 투쟁은 전통적으로 제도적 정당정치 영역 내에서도 좌파와 우파 간의 정치투쟁이라는 측면에서 전개되어 왔다. 따라서 시위는 그러한 투쟁을 제도 외적 영역으로 확장한 것일 가능성이 크며, 그러한 주제에 대해 캠페인을 벌이는 활동가들은 이미 제도적 영역에서 정책을 추진하는 정당에 투표하고 있었을 수 있다.

문화적 쟁점에 관한 시위에 참여하는 사람들이 경제적 쟁점에 관한 시위에 참석하는 사람들보다 정치인과 접촉했을 가능성이 더 크다. 우리는 이미 제3장에서 문화적 쟁점 — 1960년대와 1970년대에 새로운 사회운동과 함께 떠오른 — 과 연계된 시위에 참여하는 개인들이 경제적 쟁점에 관한 시위에 참여하는 개인들보다 더 중간계급이고 더 자원이 풍부한 경향이 있다는 것을 살펴보았다. 우리는 또한 더 많은 자원을 가진 개인들이 제도적 영역(그리고 레퍼토리)과 제도 외적 영역(그리고 레퍼토리)을 정치적으로 가로지르며 참여할 가능성이 더 크다는 것을 알고 있다. 이러한 결과는 이 두 가지 요인에 비추어 해석될 수 있다. 다시 말해 자원이 더 풍부한 개인들이 문화적 쟁점을 둘러싼 시위에 참여할 가능성이 더 클 뿐만 아니라 정치인과 접촉하는 것을 포함하여 보다 다양한 정치적 행위에 참여할 가능성 역시 더 크다.

정치적 대의에 돈을 기부하는 것 또한 문화적 시위에 참여하는 사람들 사이에서 더 대중화되어 있는데, 이것은 운동 부문 및 그 운동의 근저를 이루는 철학에 대한 앞에서의 논의와 연관되어 있을 뿐만 아니라 정치인에 대한 접촉 및 자원 — 이는 새로운 사회운동 참여와 보다 광범위한 행동주의 모두와 연관되어 있다 — 과 연계지어 개진한 주장과도 연관되어 있을 수 있다. 게다가 돈을 기부하는 것은 보다 좌파적인 급진 단체나 사회주의 정당보다 새로운 사회운동의 정치와 관련되어 있을 가능성이 더 크다. 좌파 급진 단체, 그리고 심지어는 사회주의 정당조차도 자본주의를 보다 인간적으로 만들기 위해 상황을 개선시키는 작은 패치보다는 사회변화가 필요하다는 점을 강조할 가능성이 더 크다.

우리는 또한 문화적 시위에 참여하는 사람들이 경제적 시위에 참석하는 사람들보다 배지를 달거나 스티커를 붙였을 가능성이 더 크다는 것을 발견한다. 이는 다시 한번 더 문화적 시위에 적극적인 개인들이 경제적 쟁점을 둘러싼 시위에 참석하는 개인들보다 훨씬 더 참여적 다원주의자 participatory pluralist라는 것을 보여준다. 이는 또한 경제적 쟁점에 초점을 맞춘 오늘날의 긴축반대 저항이 이전에는 특별히 정치적으로 활동하지 않았던 거리의 개인들을 더 많이 충원했을 가능성이 크다는 사실을 반영하는 것일 수 있으며, 따라서 다른 제도적 형태의 행위에서는 경제적 시위 출신자들이 대체로 문화적 시위에 참여하는 사람들보다 왜 덜 활동적인지를 설명해 줄 수도 있을 것이다.

우리는 또한 새로운 사회운동을 대표하는 문화적 시위들에 참여하는 사람들은 일반적으로 제도 외적 참여 양식에, 특히 청원이나 정치적 소비주의와 같은 저위험 참여 양식에 더 많이 참여하는 경향이 있다는 것을 발견한다. 시위 쟁점별 차이와 관련하여 우리는 여기서 대체로 청원과 소비주의적 행동주의가 문화적 쟁점과 더 밀접하게 연관되어 있는 반면 파업과 직접 행동 같은 보다 급진적인 형태는 경제 영역의 항쟁과 관련되어 있는 경향이 있다는 것을 알 수 있다.

문헌들은 1960년대와 1970년대 이후 청원과 정치적 소비주의를 포함한 시위가 확대된 것이 새로운 이슈 및 새로운 정치가 출현한 것과 밀접하게 연결되어 있음을 강조한다(Inglehart 1977, 1990). 이런 점을 감안할 때, 우리는 여성의 권리, 환경, LGBTQ+ 권리 등과 같은 '새로운' 쟁점을 둘러싼 문화적 시위에 참여하는 개인들이 경제적 저항자에 비해 그러한 종류의 제도 외적 수단을 통해 참여할 가능성이 크다고 예상할 수 있다. 실제로 우리가 볼 수 있듯이, 청원하기는 문화적 시위와 경제적 시위 모두에서 여전히 높은 참여 수준을 유지하지만, 경제적 쟁점에 관한 시위에 참여하는 사람들에 비해 문화적 쟁점을 둘러싼 시위에 참여하는 사람들 사이에서 더 대중화되어 있다. 이것은 오늘날 청원의 편재성과 너무나도 많이 만들어지고 있는 온라인 플랫폼, 그리고 특히 문화영역으로 분류되는 환경 및 여타 유형의 캠페인에서 청원이 자주 활용되고 있음을 고려할 때 놀랄 만한 일이 아니다. 게다가 그러한 행위를 수행할 때 발생하는 비용이 낮다는 점을 감안하면, 몇몇 나라에서는 투표 참여에 필적하거나 또는 그 이상의 수준으로 많은 시위자가 청원 활동에 참여하고 있으며 또한 제2장에서 살펴보았듯이 일반 주민들 사이에서도 그 수준이 아주 높다는 것은 놀랄 만한 일이 아니다.

불매운동과 구매운동에 참여하는 것도 문화적 대의에 참여하는 사람들 사이에서 더 대중화되어 있다. 이러한 유형의 활동이 환경 운동 및 여타 지속가능한 삶 캠페인에서 수행하는 중심적인 역할을 감안할 때, 이것 역시 놀랄 만한 일은 아니다. 경제를 둘러싼 쟁점의 경우 정부가 법이나 정책변경을 통해 장애인, 은퇴자, 청소년을 포함한 취약계층을 위한 사회 안전망 및 서비스를 대폭 감축하는 것과 같은 조치를 취할 경우에나 사람들이 행동에 나설 가능성이 큰 반면, 문화적 쟁점의 경우에는 개인의 행동 변화가 (특히 많은 사람이 대의 및 그와 관련된 쟁점들에 예민하게 반응할 경우) 운동의 목적을 달성하기 위한 하나의 효과적인 정치적 전술로 인식될 가능성이 크다. 이를테면 공정무역 제품이나 탄소배출을 줄이겠다고 서약한 기업의 제품을 선택하는 것은 환경운동가들에 의해 매일 "변화를 가져오는" 보다 직접적이고 즉각적인 수단으로 자주 장려된다. 더 나아가 이를테면 아이들을 착취공장에 고용하거나 피고용자들로 하여금 끔찍한 노동조건하에서 일을 하게 하는 죄를 범하고 있는 회사들은 운동가들이 벌이는 다양한 캠페인을 통해 강력한 불매운동의 대상이 될 수 있다. 이러한 의미에서 문화적 쟁점들은 더 광범한 경제적 목표에 비해 그러한 소비주의적 활동에 의해 더 잘 해결될 수 있을 것으로 보인다.

파업은 역사적으로 노동자들이 자신들의 요구를 경청하게 만들고자 할 때 선호하는 양식이었다. 노동조건과 협약이 개선될 때까지 일하기를 거부하는 것은 역사적으로, 그리고 심지어는 투표권과 참정권이 재산을 소유한 사람들에게만 제한되어 있을 때조차도 착취받는 도시 노동계급이 마음대로 이용할 수 있던 몇 안 되는 도구 중 하나였다. 예상대로 파업은 경제적 쟁점을 둘러싼 저항 행위와 더 밀접하게 연관되어 있는데, 이 영역에 속하는 시위에 참여한 사람 중 약 3분의 1이 파업에 가담한 반면 문화적 쟁점에 참여한 사람들의 경우에는 10분의 1을 조금 넘는 사람들만이 그러한 활동에 가담했다. 직접 행동은 문화적 쟁점보다는 경제적 쟁점과 더 밀접하게 연계되어 있지만, 전체적으로 볼 때 직접 행동에 참여하는 수준은 상대적으로 낮았고, 쟁점별로도 그 차이는 그리 크지 않았다.

전체적으로 볼 때, 앞에서 이미 살펴본 제도적 참여의 경우에서와 마찬가지로, 비제도적 참여에서도 그 패턴은 경제/재분배 영역과 제도적 행동주의 간의 직접적인 연관성이라는 한편 및 문화/사회적 가치 영역과 제도 외적 행동주의 간의 직접적인 연관성이라는 다른 한편과 관련하여 문헌들이 제시하는 것만큼 뚜렷한 모습을 전혀 보이지 않는다. 사실 문화적 활동가들은 경제적 활동가들보다 투표를 제외한 대부분의 제도적 활동에 참여할 가능성이 더 크고, 경제적 활동가들은 문화적 활동가들보다 보다 급진적인 두 가지 제도 외적 활동, 즉 파업과 직접 행동에 참여할 가능성이 더 크다. 문화적 활동가들은 경제적 활동가들보다 보다 주류적인 양식의 제도 외적 행동주의, 즉 청원과 불매운동/구매운동에 참여할 가능성이 더 크다. 이것은 경제적 활동가들이 보다 극단적임을 보여준다. 즉, 그들은 투표를 하고 파업과 직접 행동에 참여하는데, 투표와 파업/직접 행동은 관례적-비관례적 스펙트럼의 양 끝에 있는 활동이다. 경제적 활동가들은 가장 주류적인 활동과 가장 급진적인 활동(폭력을 제외하고는)을 결합하고 있다. 반면 문화적 활동가들은 두 영역 모두에서 중간 수준의 활동에 참여할 가능성이 더 크다.

지금까지 분명하게 보여주었듯이, 우리의 연구에서 비교의 주요 측면 중 하나는 서로 다른 수준의 저항 행동주의에 참여하는 시위자들의 특성을 조사하는 것이다. 간헐적 저항자와 보다 경험이 많은 저항자들 사이에서 제도 정치와 제도 외적 정치 모두와 관련하여 나타나는 정치적 행동의 차이는 무엇인가? 〈표 4-1〉에서 볼 수 있듯이, 활동가들은 간헐적 시위자들보다 투표(투표에서는 유의미한 차이가 존재하지 않는다)를 제외한 모든 정치 활동에 더 많이 참여했을 가능성이 더 큰데, 이는 행동주의가 참여 영역 전체에 걸쳐 있고 참여 레퍼토리가 하나로 한정되어 있지 않다는 것을 시사하며, 또한 대체 테제를 반증하는 추가 증거이기도 하다.

투표와 관련하여 살펴보면, 우리는 제2장의 일반 주민과 비교해 볼 때 모든 나라에서 시위자들의 투표율 수준이 더 높다는 것을 알 수 있다. 게다가 행동주의 수준별로 투표율에서 차이가 전혀 없으며, 따라서 비규칙적인 시위 참가자들도 활동가 못지않게 투표에 나설 가능성이 크다. 따라서 중요한 문제는 한 번이라도 시위에 참여한 적이 있는지 여부인 것으로 보인다. 이는 단 한 번이라도 시위에 참여했던 사람은 보통 사람들보다 투표에 참여했을 가능성이 훨씬 더 클 것임을 시사한다. 어쨌든 이것은 쉽게 이해될 수 있다. 왜냐하면 시위 참여는 통상적으로 비용이 많이 드는 위험한 활동으로 이해되기 때문이다. 대체로 오늘날에는 평화적인 시위에서조차도 봉쇄나 '케틀링kettling'[경찰이 방어선 등을 이용해 시위대를 일정 구간에 가둠으로써 진압하는 전술 _옮긴이]을 당할 가능성이 있다. 따라서 만약 어떤 사람이 정치적으로 참여한다면, 투표나 다른 보다 주류적인 활동들이 아마도 시위 참여보다 우선할 것이다. 우리는 이러한 결과를 일부 개인들이 다른 개인들보다 정치적 활동을 할 가능성이 더 크다는 것을 시사하는 것으로 해석할 수 있다. 그러한 개인들은 투표할 가능성이 더 크고, 시위를 포함한 다른 양식의 정치적 행위에 참여할 가능성도 더 크다.

이 장의 결과는, 시위자들은 정치적으로 적극적인 개인들로서 주류 주민들보다는 정치적 행동주의에 참여하는 다른 개인들과 더 많은 것을 공유하고 있음을 시사하는 좋은 증거이다. 우리는 또한 활동가들이 간헐적 시위자들보다 정치인과 접촉했을 가능성이 더 크다는 것을 알 수 있다. 이것은 시위 참여 빈도를 통해 정치적으로 보다 적극적이라고 측정된 개인들이 정치인과 접촉하는 것과 같은 제도적 영역의 행위 양식을 포함하여 여타 행위 양식을 통해서도 정치에 보다 적극적으로 참여하는 경향을 보인다는 것을 다시 한번 시사한다. 정치인을 접촉하는 데서 간헐적 시위자와 활동가 간의 차이는 상당히 큰데, 이는 한 가지 이상의 행위에 참여하는 것이 더 많은 행위에 참여하는 데 따르는 장벽을 현저히 낮추어준다는 것을 시사한다. 이것은 우리가 살펴본 바와 같이 투표와는 대조적이다. 투표 행위에서는 오히려 덜 경험 있는 저항자와 더 경험 있는 저항자 간에 그러한 행위를 했을 가능성에서 뚜렷한 차이가 없었다. 아마도 이 정치 활동이 주민들 사이에 편재하는 것이라는 점과 일부 국가들에서는 투표가 의무적이라는 사실을 고려할 때, 투표가 비용이 적게 들기 때문일 것이다.

정치적 대의에 돈을 기부하는 것과 관련하여 간헐적 시위자와 활동가 간의 차이를 살펴보면, 우리는 정치인과 접촉하는 것과 마찬가지로 두 집단 사이에 현저한 차이가 있음을 볼 수 있다. 활동가의 거의 절반이 돈을 기부한 반면, 간헐적 저항자들 가운데서는 이 비율이 3분의 1 아래로 떨어진다. 차이가 크고 상당하지만, 우리는 또한 간헐적 저항자들조차 이 활동에서 현저하게 높은 수준의 행동주의를 보이고 있음을 발견할 수 있으며, 이는 서로 다른 유형의 행위가 서로 분리된 대안적인 영역에서 발생하기보다는 전체 영역에서 서로를 지원한다는 이전의 주장들을 확인시켜 준다. 게다가 활동가들은 캠페인 배지를 달거나 스티커를 붙였을 가능성이 간헐적 시위자들보다 두 배 이상 많았다. 이것은 경험이 더 많은 저항자라는 것이 특정한 대의를 드러내놓고 지지하게 하는 데 더 도움이 된다는 것을 시사한다.

제도 외적 행동주의의 측면을 살펴보면, 저항에 더 자주 참여하는 개인들이 또한 간헐적 시위자들보다 여타 제도 외적 행위에 참여할 가능성이 더 큰 것으로 보인다. 우리는 활동가들이 간헐적 시위자들보다 더 많은 수의 제도 외적 활동에 참여했을 가능성이 크다는 것을 발견한다. 그들은 또한 각각의 활동에 참여했을 가능성도 더 큰데, 이는 서로 다른 양식의 정치적 활동이 상호 배타적이기보다는 상호 연결되어 있는 경향이 있음을 시사한다. 여기서도 폭력은 간헐적 저항자들에 비해 보다 빈번하게 저항에 참여하는 사람들 가운데서 더 많이 행사되었다. 폭력에 따르는 큰 비용을 고려할 때 예상되다시피, 폭력적 행위는 매우 제한되어 있다. 폭력 행위는 정치적으로 가장 적극적인 시위자들 사이에서도 모든 나라에서 2% 미만으로 보고되고 있다. 하지만 활동가들은 간헐적 시위자들보다 그런 형태의 참여에 관여했을 가능성이 더 크다. 이러한 패턴은 다른 경우에서도 나타난다. 청원서에 서명하는 것과 같은 가장 쉽고 비용이 적게 드는 활동에서는 활동가와 간헐적 참여자 모두가 더 높은 수준으로 참여하지만, 그 비율을 살펴보면 보다 힘든 활동으로 갈수록 활동가와 간헐적 시위자 간의 격차가 크게 벌어지는 것을 볼 수 있다.[1]

당파심

정치 참여는 비록 중요한 측면이지만 저항 정치와 제도 정치 간의 관계에 대한 보다 광범위한 질문의 한 측면에 불과하다. 당파심, 즉 정당에 대한 충성 또는 지지의 정도는 그러한 관계의 또 다른 측면이다. 시위 참가자들은 특정 정당이나 정당군party families과 얼마나 일체감을 느끼는가? 그들은 정당이나 정당군에 얼마나 애착을 느끼는가? 그리고 그러한 일체감과 애착은 국가, 쟁점, 시위자 유형에 따라 어떻게 다른가? 〈표 4-1〉은 시위자와 제도 정치 간 관계의 이러한 측면들을 보여준다.

먼저 정당 일체감을 살펴보면, 우리는 이탈리아에서는 매우 높은 비율의 시위자들(3분의 1 이상)이 공산주의 정당과 일체감을 느끼고 있음을 볼 수 있다. 물론 이탈리아 공산당Partito Comunista Italiano: PCI에서 탄생한 정당 중 일부는 오늘날 더 이상 공산주의 정당으로 인식되지 않지만, 이탈리아의 그렇게도 많은 시위자가 여전히 그 나라의 진보정치에 이처럼 역사적으로 근원적 일체감을 강하게 느끼고 있다는 것은 흥미롭다. 게다가 이 발견은 아마도 또한 많은 시위 조직에서 강경좌파 정당들이 매우 중요하다는 사실을 반영하는 것으로, 특히 일부 국가에서 제도적 부문과 제도 외적 운동 부문이 얼마나 연계되어 있는지를 보여주는 증거이기도 할 것이다. 다른 모든 나라에서는 기껏해야 시위자의 2~3%만이 공산당과 일체감을 느끼고 있으며, 네덜란드와 스웨덴에서는 공산주의 정당과 일체감을 느끼는 비율이 아주 낮다.

반면 스웨덴에서는 시위자의 높은 비율이 사회주의 정당이나 신좌파 정당과 일체감을 가진다. 벨기에에서도 그러한 유형의 정당과 일체감을 느끼는 비율이 상당하지만 스웨덴보다는 훨씬 낮다. 스위스와 영국이 그 뒤를 따르고 있다. 대부분의 나라에서 이들 정당은 사회운동 부문에서 중심적인 위치를 차지하고 있다. 이탈리아와 같은 일부 나라에서는 '구'좌파가 여전히 사회운동에서 매우 압도적인 역할을 하지만, 다른 나라들에서는 신좌파 정당들 — 다양한 소수집단에 대한 더 많은 관용과 개방성을 포함하여 자유주의적인 사회적 가치를 강조하고, 환경적 우려뿐만 아니라 여성의 권리, LGBTQ+ 권리 등을 위한 투쟁과 관련된 새로운 쟁점도 옹호하는 — 이 그러한 역할을 거의 전적으로 떠맡아 왔다.

게다가 우리는 스페인을 제외한 대부분의 국가에서 상당한 비율의 시위자들이 사회민주주의 또는 중도좌파 정당과 일체감을 느끼고 있다는 것을 발견한다. 그 비율은 스위스에서의 29%에서부터 네덜란드에서의 15%에 이르기까지 다양하다. 이는 중도적인 주류 사회민주주의 정당들조차 저항 부문과 연계되어 있으며 그 정당과 일체감을 느끼는 사람들이 시위에 참여한다는 것을 보여준다. 이것은 동맹자 또는 적의 집권이 사회운동에서 어떤 역할을 하는지에 대한 논의와도 연결된다. 왜냐하면 대부분의 나라에서 실제로 정부에 들어가거나 정부를 구성할 기회를 가지는 것은 사회민주주의/중도좌파 정당들뿐이기 때문이다. 중도좌파 정당이 신자유주의의 교의를 받아들이는 것에 대해 유럽의 일부 시민들이 배신감을 느낄 수 있다는 사실에도 불구하고 그렇게 많은 시위자가 여전히 중도좌파 정당과 그렇게 가깝다고 느끼는 것은 흥미롭다. 이는 운동의 많은 성원이 중도좌파 정당과 일체감을 느끼는 경우 그 정당이 정부 안에 있을 때 운동이 일시 중단될 수도 있음을 시사한다. 이를테면 우리는 이탈리아에서 긴축반대 운동이 베를루스코니Berlusconi 정부와 몬티Monti 정부 시기에 전략을 수정하고 목소리를 덜 냈고, 그다음에 렌지Renzi 정부와 젠티로니Gentiloni 정부 동안에는 그 톤을 더 줄이는 것을 목격한 바 있다.

녹색 정당에 대해 살펴보면, 벨기에, 영국, 스위스에서 시위자들이 가장 일체감을 느끼는 정당은 녹색 정당이며, 스위스에서는 31%의 시위자가, 그리고 네덜란드에서는 14%의 시위자가 녹색 정당과 일체감을 느끼고 있다. 시위자들이 녹색 정당과 그리 일체감을 느끼지 않는 나라는 이탈리아와 스페인뿐이다. 신좌파 정당과 마찬가지로, 녹색 정당들은 많은 나라에서 급성장하고 있는 새로운 사회운동 부문의 배후에 자리하고 있는 주요 행위자로 인식될 수 있다. 녹색 정당의 인기 정도와 영향력은 국가별로 큰 차이가 있지만, 환경 문제는 유럽 전역의 좌파 정치에서 점점 더 중요해져 왔다. 이탈리아와 같은 일부 나라에서는 여타 급진 좌파 정당들이 자신들의 강령 내에 생태학적 우려를 포함시켜 왔고 상대적으로 높은 수준의 지지를 얻고 있는 반면, 단일 쟁점 정당인 녹색 정당은 훨씬 적은 지지를 받고 있다. 이처럼 이탈리아에서는 개인들이 공산주의 정당과의 일체감을 드러낼 때, 그들은 강령 속에는 물론 (PCI의 사회적·정치적 투쟁과 그것의 더 넓은 정치적 전통에서 비롯된) 보다 광범한 좌파적인 진보적 담론 내에도 중요한 생태학적 측면을 포함하고 있는 정당 또는 정당들에 대해 일체감을 표현하고 있는 것이다.

정치적 스펙트럼의 우파 쪽으로 눈을 돌려보면, 예상대로 시위자들 가운데서 자유주의 정당과 일체감을 느끼는 사람들의 비율은 모든 나라에서 낮다(그러나 영국과 이탈리아의 경우는 조금 더 높다). 그리고 우파 또는 기독교 민주주의 정당과 일체감을 느끼는 사람들의 비율은 아주 낮다. 게다가 특히 스페인에서는, 그리고 또한 네덜란드에서도 특정 정당에 대한 애착감을 언급하고 싶어 하지 않거나 애착을 느끼는 정당이 없는 사람들의 비율이 매우 높다. 스페인의 경우 포데모스가 창당되기 이전이라는 점이 중요하며, 그 비율이 높은 것은 인민당Partido Popular: PP뿐만 아니라 중도 정당인 사회주의노동자당Partido Socialista Obrero Español: PSOE을 포함한 모든 정당과 정치 엘리트들에 대해서도 시위자들이 환멸을 느끼고 있음을 반영한다. 그리고 네덜란드에서는 특히 최근 몇 년간 중도좌파 정당이 중도 정당으로 바뀌었다.

다시 한번 우리의 데이터는 우리가 서로 다른 유형의 저항, 즉 문화적 쟁점과 경제적 쟁점을 둘러싼 저항에 참여하는 활동가들을 나누어서 살펴볼 수 있게 해준다. 공산주의 정당과 일체감을 느끼는 사람들은 참여 정도에서 두 쟁점 간에 차이가 없는데, 이는 앞에서 시사했듯이 많은 옛 공산주의 정당들이 자신들의 강령 내에 이민 지원과 여성에 대한 동등한 기회와 같은 다양한 진보적인 경제적·사회적 쟁점을 포함시켜 왔고, 이것이 적극적으로 저항하는 사람들로 하여금 시위 쟁점과 무관하게 두 저항 부문 모두에 참여하게 했다는 것을 시사한다. 게다가 우리는 사회주의 정당이나 신좌파 정당 및 녹색 정당과 일체감을 느끼는 사람들이 문화적 시위에 참석할 가능성이 더 크다는 것을 볼 수 있다. 이것은 이러한 유형의 정당들이 새로운 사회운동 부문에서 NGO 및 사회운동조직SMO들과 함께 주요한 행위자들이라는 사실과 아주 부합한다. 게다가 우리는 자유주의자들이 경제적 시위보다 문화적 시위에 참석할 가능성이 크다는 것도 볼 수 있는데, 이는 그러한 개인들이 진보적인 사회적 가치를 지닐 수는 있지만 평등주의적 경제 원리를 지지할 가능성은 적다는 사실을 반영한다. 이러한 패턴들은 전반적으로 공산주의 정당들이 왜 새로운 사회운동 부문이 더 발전한 나라의 시위자들 사이에서 덜 두드러지는지를 설명해 준다. 스페인은 이탈리아와 마찬가지로 이 패턴과 부합해야 하지만, 우리가 볼 수 있듯이, 정당 일체감을 보이지 않은 사람들의 비율이 높다. 이들은 좌파일 가능성이 크지만 어떤 정당도 자신을 대표한다고 느끼지 않는 사람들로, 2014년에 포데모스가 창당되었을 때 그 정당을 지지하는 쪽으로 돌아섰을 가능성이 크다.

　비교의 또 다른 핵심 차원 ─ 간헐적 시위자와 활동가 간의 비교 ─ 을 살펴 보면, 공산주의 정당과 일체감을 가지는 사람들은 간헐적 시위자이기보다 활동가일 가능성이 더 크다. 이 발견은 우리가 제3장에서 활동가들이 이데올로기적으로 더욱 헌신한다는 것을 발견한 것과 부합한다. 공산주의 정당이나 급진 좌파 정당이 가장 진보적인 정당이고 그 당원들에게 자주 중요한 정치적 헌신이 요구된다는 사실을 고려할 때, 이는 공산주의 정당 및 강경 좌파 정당과의 일체감이 운동에 지속적으로 참여하게 하는 보다 심원한 이데올로기적 기반이 되고 있음을 시사한다. 우리는 또한 두 가지 유형의 좌파 정당(사회주의 정당과 신좌파 정당들)과 중도적인 사회민주주의 정당들 사이에서도 (그들이 최근 주류화하고 있고 또 많은 신자유주의 교의를 수용하고 있음에도 불구하고) 그 같은 경향을 발견한다. 실제로 여기서 활동가와 간헐적 시위자 간에 나타나는 비율 차이는 보다 강경한 진보적인 공산주의 정당 및 사회주의/신좌파 정당과 일체감을 가지는 사람들 사이에서 드러나는 격차보다는 작다. 반면에 우리는 녹색 정당 및 자유주의 정당과 일체감을 가지는 사람과 보다 우파적인 정당과 일체감을 가지는 사람들 사이에서는 간헐적 시위자들이 더 많다는 것을 발견한다. 이는 이들 정당과 일체감을 가지는 사람들은 시위에 한 번쯤은 참석할 가능성은 크지만, (확실하지는 않지만) 반드시 그러한 종류의 참여에 헌신하거나 경험 있는 시위자가 되지는 않는다는 것을 시사한다.

　중요한 것은 이러한 결과는 제도적 영역과 제도 외적 영역이 밀접하게 서로 연결되어 있다는 것, 그리고 정당과 일체감을 가지는 개인들은 또한 적어도 급진적이고 좌파적인 진보적 정치조직과 관련된 저항에 참여할 가능성이 더 크다는 것을 보여준다는 점이다. 활동가들은 또한 간헐적 시위자들과 비교해 보면 그러한 정당과 일체감을 가지는 사람들 사이에서 더 많았다. 게다가 활동가들은 좌파 정당과 일체감을 가지는 사람들 사이에 몰려 있는 반면, 간헐적 시위자들은 녹색 정당, 자유주의 정당, 그리고 더 우파적인 정당과 일체감을 가지는 사람들 가운데서 많은 경향이 있다. 흥미롭게도 정당과 제휴하지 않은 집단은 경제적 쟁점에 관한 시위에서 과대대표되고 또 간헐적 시위자인 경향이 있는데, 이는 긴축반대 시위에 처음으로 참여한 많은 사람이 정치적 경기장의 모든 정당과 일정한 거리감을 느끼고 있음을 시사한다. 이들 개인은 포데모스, 시리자, 오성운동과 같은 정당의 지지자가 될 가능성이 크다.

마지막으로, 개인들이 선호하는 정당에 대해 애착을 느끼는 정도에서도 국가 간에는 차이가 있다. 우리는 스웨덴 ─ 대부분의 시위자가 사회주의 정당 및 신좌파 정당과 가장 가까운 일체감을 느낀다고 밝힌 나라인 ─ 이 많은 시위자가 특정 정당에 매우 또는 꽤 친밀한 애착을 느끼고 있는 나라임을 볼 수 있다. 이는 그러한 종류의 정당이 시위자들이 친밀하게 느끼는 쟁점들을 제도 영역 내로 끌어들이고, 그리하여 시위자들 사이에서 자신들의 정당에 친밀한 애착이 생기게 한다는 것을 시사한다. 실제로 최근 몇 년 동안 포데모스, 시리자, 오성운동과 같은 '운동 정당'(della Porta et al. 2017)들은 주변으로 밀려난 것으로 보였던 쟁점들에 대해 제도적 목소리를 내어 시민들로 하여금 자신들의 제도가 처한 대응성의 위기를 인식하게 하는 것을 목적으로 창당되었다. 정당에 대해 전혀 애착을 느끼지 않는다고 말한 시위자의 비율이 가장 높은 네덜란드를 제외하면, 다른 나라들에서는 대부분의 시위자가 정당에 꽤 친밀한 애착을 느낀다고 말한다. 하지만 대부분의 나라에서는 정당에 대해 전혀 애착을 느끼지 않는다고 말하는 사람들의 비율이 상당히 높다. 특히 우리가 살펴본 것처럼, 네덜란드에서는 물론, 벨기에, 영국, 이탈리아, 스페인에서도 그렇다. 마지막의 두 나라 모두에서는 그 시기에 이 불만의 간극을 메울 '운동 정당'이 출현했다. 하지만 시위자들이 전반적으로 정당에 꽤 친밀한 애착을 느낀다는 사실은 저항과 정당은 별개라는 생각이 문헌들에서 과도하게 강조되어 왔음을 시사한다. 만약 저항이 정당에 대한 거부에서 촉발되었다면, 우리는 시위자들 사이에 그렇게 높은 수준의 정당 애착감을 찾아볼 수 없어야 한다.

더 나아가 우리의 또 다른 핵심적인 비교 차원을 분석해 보면, 우리는 문화적 쟁점을 둘러싼 시위에 참여하는 사람들 사이에서는 정당에 대한 가장 친밀한 애착감을 발견하는 반면, 경제적 저항에서는 정당에 대해 가장 낮은 수준의 애착감을 보이고 있음을 발견한다. 이것은 일반적으로 정부를 표적으로 하는 긴축반대 시위가 보다 대립적인 성격을 지니고 있음을 반영하는 것일 수 있다. 따라서 그러한 유형의 시위자들은 정당에 대해 불만족하고 정당에 불만을 가질 가능성이 더 클 것이고, 그리하여 정치 엘리트 ─ 즉, 시위자들이 그러한 사건에서 자주 대결하게 될 사람들 ─ 에 대해 높은 수준의 애착을 드러낼 가능성은 더 적을 것이다. 게다가 우리는 또한 활동가들이 정당에 더 친밀한 애착을 느낄 가능이 크다는 것을 발견하는데, 이것은 또한 정치적 대의에 대한 이데올로기적 헌신이 어째서 간헐적 시위자와 활동가 간에 나타나는 차이의 근저를 이루는 중요한 요소인지와 관련하여 앞에서 발견한 내용을 더욱 뒷받침해 준다.

정치 참여, 당파성, 그리고 헌신

앞 절에서 우리는 시위자들의 제도 정치 참여와 제도 외적 정치 참여 간의 관계를 분석했다. 우리는 이러한 패턴이 국가, 시위 쟁점, 행동주의 수준에 따라 얼마나 다른지를 검토했다. 이 마지막 절에서 우리는 제도적 행위와 제도 외적 행위의 다양한 지표가 정치적 헌신 또는 정치적 대의를 옹호하기 위해 거리로 나가기로 결정하는 데에 미치는 영향에 대해 살펴본다. 이는 우리로 하여금 다양한 요인이 표본의 사회인구학적 특성 및 구성적 특성에 의해 어떻게 상호 연계되고 영향을 받는지에 대해 보다 일반적인 평가를 할 수 있게 해줄 뿐만 아니라, 다양한 유형의 제도적 및 제도 외적 참여와 정당 충성도가 헌신에 미치는 영향 역시 보다 직접적으로 검증할 수 있게 해준다. 그렇게 하기 위해 우리는 다시 한번 더 로지스틱 회귀분석을 이용한다.

〈표 4-2〉는 그러한 회귀분석의 결과를 보여주는데, 이 분석에서 우리는 단계적 회귀분석의 논리를 따라 서로 다른 변수들을 후속 모델에 포함시킨 다음에 각 변수들의 독자적 효과를 검증하는 결합 모델을 통해 결론을 도출한다. 여섯 개의 모델 각각에는 젠더, 세대, 교육, 직업은 물론 세

표 4-21 헌신에 대한 로지스틱 회귀 모델

단위: 오즈비

	모델 1		모델 2		모델 3		모델 4		모델 5		모델 6	
젠더(남성)	0.74***	(0.03)	0.77***	(0.03)	0.74***	(0.03)	0.72***	(0.03)	0.73***	(0.03)	0.69***	(0.03)
코호트												
제2차 세계대전 이후 세대	1.22*	(0.11)	1.31**	(0.11)	1.26**	(0.11)	1.21*	(0.11)	1.25*	(0.11)	1.23*	(0.11)
1960년대/1970년대 세대(ref.)												
1980년대 세대	0.93	(0.06)	0.90	(0.06)	0.92	(0.06)	0.92	(0.06)	0.91	(0.06)	0.93	(0.06)
1990년대 세대	0.67***	(0.05)	0.61***	(0.04)	0.64***	(0.04)	0.64***	(0.04)	0.65***	(0.04)	0.66***	(0.05)
2000년대 세대	0.62***	(0.04)	0.57***	(0.04)	0.58***	(0.04)	0.59***	(0.04)	0.59***	(0.04)	0.59***	(0.04)
교육												
중등학교 또는 그 이하(ref.)												
학사 또는 그와 동등한 하위	0.74***	(0.05)	0.75***	(0.05)	0.78***	(0.05)	0.78***	(0.05)	0.72***	(0.05)	0.70***	(0.04)
석사 또는 그 이상의 학위	0.65***	(0.04)	0.66***	(0.04)	0.68***	(0.04)	0.69***	(0.04)	0.63***	(0.03)	0.60***	(0.03)
직업												
봉급생활자	0.83*	(0.07)	0.85	(0.07)	0.86	(0.07)	0.86	(0.07)	0.84*	(0.07)	0.82*	(0.07)
중간 전문직	0.86	(0.08)	0.88	(0.08)	0.88	(0.08)	0.89	(0.09)	0.87	(0.08)	0.86	(0.08)
노동계급(ref.)												
실업자	0.77*	(0.09)	0.78*	(0.09)	0.78*	(0.09)	0.76*	(0.09)	0.76*	(0.09)	0.74*	(0.09)
학생	0.94	(0.10)	0.89	(0.09)	0.91	(0.10)	0.92	(0.10)	0.92	(0.10)	0.89	(0.10)
경제적 가치(좌파-우파)									1.09*	(0.04)	1.05	(0.03)
사회적 가치(자유주의적)									1.05	(0.03)	1.03	(0.03)
정치적 관심											1.51***	(0.08)
정치적 효능감											1.08	(0.05)

구분	모델 1		모델 2		모델 3		모델 4		모델 5		모델 6	
단체의 성원											0.99	(0.07)
제도적 행동주의	1.29***	(0.03)							1.17***	(0.03)	1.13***	(0.03)
제도 외적 행동주의			1.21***	(0.02)					1.14***	(0.02)	1.13***	(0.02)
정당(정당균과의 일체감)												
공산주의 정당(ref.)												
사회주의/신좌파 정당					0.86	(0.14)			0.86	(0.14)	0.87	(0.14)
사회민주주의/중도좌파 정당					0.64**	(0.09)			0.74**	(0.11)	0.76	(0.11)
녹색 정당					0.69*	(0.10)			0.72*	(0.11)	0.77	(0.11)
자유주의 정당					0.60**	(0.10)			0.79	(0.13)	0.81	(0.14)
우파/기독교 민주주의 정당					0.74	(0.14)			1.16	(0.23)	1.20	(0.24)
기타					0.66*	(0.12)			0.82	(0.15)	0.86	(0.16)
무응답/없음					0.64**	(0.09)			0.87	(0.13)	0.91	(0.14)
정당 애착감												
매우 친밀하게 느낀다							1.11	(0.08)	1.09	(0.09)	1.08	(0.09)
꽤 친밀하게 느낀다							2.16***	(0.15)	1.84***	(0.13)	1.62***	(0.12)
전혀 친밀하게 느끼지 않는다(ref.)												
기타							1.24***	(0.07)	1.18**	(0.07)	1.15*	(0.06)
활동가	1.56***	(0.08)	1.62***	(0.09)	1.80***	(0.09)	1.72***	(0.09)	1.38***	(0.08)	1.36***	(0.08)
경제적 쟁점	1.42***	(0.07)	1.42***	(0.07)	1.39***	(0.08)	1.39***	(0.07)	1.42***	(0.08)	1.41***	(0.08)
국가												
벨기에	1.24*	(0.11)	1.19*	(0.10)	1.25*	(0.11)	1.39***	(0.12)	1.49***	(0.14)	1.51***	(0.14)

	모델 1		모델 2		모델 3		모델 4		모델 5		모델 6	
이탈리아	1.17	(0.12)	0.93	(0.10)	0.99	(0.12)	1.22	(0.13)	1.11	(0.14)	1.17	(0.15)
네덜란드	0.88	(0.07)	0.84*	(0.07)	0.89	(0.08)	0.99	(0.08)	1.08	(0.11)	1.07	(0.11)
스페인	1.21*	(0.11)	1.08	(0.10)	1.24*	(0.13)	1.29**	(0.12)	1.29*	(0.14)	1.35**	(0.15)
스웨덴(ref.)												
스위스	1.20*	(0.11)	1.11	(0.10)	1.26*	(0.12)	1.29**	(0.11)	1.30**	(0.12)	1.30**	(0.12)
영국	0.88	(0.07)	0.92	(0.07)	1.04	(0.09)	1.06	(0.09)	1.02	(0.09)	1.02	(0.09)
상수	1.03	(0.13)	1.15	(0.14)	2.26***	(0.42)	1.19	(0.15)	0.57*	(0.14)	0.53*	(0.15)
로그 가능도	-6298		-6321		-6355		-6297		-6218		-6181	
전체 데이터 수	9,832		9,832		9,832		9,832		9,832		9,832	

주: 괄호 안 수치는 표준오차이다.
* p ≤ .05, ** p ≤ .01, *** p ≤ .001

가지 핵심 비교 변수(국가, 시위 쟁점, 시위자 유형)도 포함되어 있다. 모델 1
은 제도적 행동주의의 효과를 검증한다. 모델 2에는 제도 외적 행동주의
가 포함된다. 모델 3에는 정당 일체감이 포함된다. 모델 4에는 정당 애착
감이 포함된다. 모델 5에는 경제적 가치와 사회적 가치뿐만 아니라 위의
모든 변수가 포함된다. 모델 6에는 이러한 변수들 모두뿐만 아니라 참여
모델에 포함된 주요 통제변수(정치적 관심, 정치적 효능감, 단체의 성원)가 포
함되는데, 이는 이들 변수가 다른 효과를 설명하는지를 확인하기 위한 것
이다. 우리가 수행하는 이러한 종류의 다른 모든 분석에서와 마찬가지로,
표는 그 결과를 오즈비로 제시한다.

먼저 모델 1에서 우리는 제도적 행동주의에서의 더 높은 수준의 참여
는 사회인구학적 통제변수들을 제외하면 높아진 정치적 헌신과 강하게
연관되어 있음을 볼 수 있다. 이는 우리가 앞에서 제시한 보다 서술적인
결과와 관련하여 이미 논의한 것, 즉 제도적 영역과 저항 영역 간에 강력
한 교차 영역이 존재한다는 것을 확인시켜 준다. 즉, 제도적 행동주의에
서 보다 적극적인 개인들은 또한 자신의 대의에 더욱 전념하고, 그 대의
를 위해 거리로 나가는 데 필요한 시간과 자원을 소비한다. 이것은 대체
테제를 반증하는 또 다른 증거이다. 즉, 저항은 제도적 행동주의를 대체
하는 것이 아니라 오히려 증가시키며, 헌신적인 저항 활동가들이 또한 헌
신적인 제도적 참여자가 될 가능성이 크다. 모델 2에서 볼 수 있듯이, 예
상대로 서로 다른 유형의 다양한 제도 외적 행동주의에 대한 적극적인 참
여와 헌신 간에는 강한 연계관계가 존재한다.

정당 일체감을 포함시킨 모델 3은 이데올로기적 신념이 정치적 헌신

에, 그리고 대의를 위해 거리로 나서기로 하는 결정에 근본적인 요소라는 것을 확인시켜 준다. 실제로 우리는 공산주의 정당과 일체감을 가지는 사람들에 비해 다른 모든 정당과 일체감을 가지는 사람들이 덜 헌신적임을 볼 수 있다. 정당 애착감을 포함시킨 모델 4는 꽤 친밀한 애착을 느끼는 것이 참여에 대한 더 강한 헌신과 연계되어 있다는 것을 보여준다. 이것은 또한 이데올로기적 신념에 대한 이론화와도 부합한다. 왜냐하면 정당에 더 강하게 애착을 느끼는 개인들은 그 정당의 정책과 더 넓은 세계관이 자신들과 부합한다고 느낄 가능성이 더 크고, 따라서 그러한 애착이 그들에게 정치적 대의에 더욱 헌신하고 그 대의를 위해 그들이 거리로 나가게 할 가능성을 더 증대시키기 때문이다.

모델 5는 이러한 효과가 대체로 서로 독립되어 있다는 것, 그리고 사회적 가치를 통제할 때 사회민주주의 정당 및 녹색 정당과의 정당 일체감이 헌신에 미치는 효과가 증가한다는 것을 보여주는데, 이는 사회적 자유주의에 대한 믿음이 그러한 정당과 일체감을 가지는 사람들이 자신들의 대의를 지키기 위해 기꺼이 거리로 나가는 이유를 상당 부분 설명해 준다는 것을 의미한다. 또한 이 모델에 제도적 행동주의와 제도 외적 행동주의 모두를 함께 포함시킬 경우, 우리는 이 둘의 상대적 효과가 감소하는 것을 볼 수 있는데, 이는 이 장 전체에 걸쳐 주장되고 상세하게 증명된 바와 같이 제도적 행동주의와 제도 외적 행동주의가 상호관계에 있음을 보여주는 것이다.

마지막으로, 문헌들로부터 끌어낸 참여의 핵심적 예측 변수들(정치적 관심, 정치적 효능감, 단체의 성원)을 포함시킨 모델 6은 우리 모델의 다른 모든 변수를 고려할 때 그러한 변수 중에서 첫 번째 예측 변수만이 중요하다는 것을 보여준다. 게다가 이러한 변수들을 계산에 포함시키면 헌신에서 나타나는 정당 일체감의 차이는 줄어드는데, 이는 정당 일체감과 헌신의 관계가 주로 당원임이 발전시키는 단체의 성원 의식과 시민적 스킬에서 기인한다는 것을 암시한다. 우리가 살펴보았듯이, 이러한 측면들은 참여 일반에서 매우 중요하며, 대의에 대한 서로 다른 수준의 정치적 헌신을 이해하는 데서도 역시 중요한 것으로 보인다.

요약하면, 회귀분석은 제도적 행동주의에서의 더 높은 수준의 참여는 고조된 정치적 헌신과 강하게 연계되어 있으며, 따라서 제도적 영역과 저항 영역 간에는 서로 강하게 교차하는 영역이 존재한다는 것을 보여준다. 이것은 대체 테제를 반증하는 증거이다. 게다가 서로 다른 유형의 다양한 제도 외적 행동주의에서의 높은 수준의 참여와 헌신 간에도 강한 연계관계가 존재한다. 우리는 정당 일체감을 통해 이데올로기적 신념이 정치적 헌신에, 그리고 대의를 위해 거리로 나가기로 하는 결정에 얼마나 근본적인 요소인지를 알 수 있다. 공산주의 정당과 일체감을 가지는 사람들이 가장 헌신적이다. 정당과 꽤 친밀한 애착을 느끼는 것은 더 강한 헌신과 관련되어 있다. 사회민주주의 정당 및 녹색 정당과의 제휴가 헌신에 미치는 효과는 주로 사회적 자유주의에 대한 강한 믿음을 통해 설명된다. 마지막으로, 정당 일체감과 헌신의 관계는 시위자가 단체의 성원이라는 사실에서 주로 기인한다.

결론

우리는 이 장에서 저항 정치와 제도 정치 간의 관계를 살펴보았다. 우리는 그러한 정치 과정의 근저를 이루는 참여 동학을 규명하기 위해 서로 다른 제도적 참여 형태와 제도 외적 참여 형태 간의 연계관계를 검토하는 것을 목적으로 했다. 우리가 살펴본 바와 같이, 일부 학자들은 전문화라는 대체 테제, 즉 개인들이 더 관례적인 참여 양식에서 저항 행동주의로 이동하고 있다는 테제를 제시해 왔다(Inglehart 1977, 1990; Norris 2002). 더 나아가 사회운동 학자들은 저항 정치에 관한 문헌들과 선거 행동에 관한 문헌들을 연결시킬 것을 촉구해 왔다(Císař and Navrátil 2015; della Porta et al. 2017; Heaney 2013; Heaney and Rojas 2014; Hutter et al. 2018; Kriesi 2014; Kriesi et al. 2012; McAdam and Tarrow 2010, 2013; Norris et al. 2015). 이 두 문헌들의 통찰력을 결합시킴으로써 우리는 국가, 쟁점, 행동주의 수준별로 시위자들의 제도적 정치 참여와 제도 외적 정치 참여를 분석할 수 있었고, 또한 그러한 변수들이 시위자들의 정치적 헌신의 정도 — 대의를 위해 시위에 참여하고 그 대의를 지지하고 믿는다는 것을 자신들의 돈과 행동으로 보여주는 정도 — 에 미치는 영향을 검증할 수 있었다. 이러한 식으로 우리는 이 장에서 이전의 이론들이 지닌 통찰력에 근거하여 개인 수준의 동학을 검토함으로써 당파심과 제도적 및 제도 외적 정치 활동 참여를 연결시킬 수 있었다.

지금까지 선거 정치와 저항 정치를 연결시키는 것을 목표로 하는 대부분의 연구는 운동-정당 상호작용에 초점을 맞추어 왔지만(McAdam and

Tarrow 2010; 2013), 우리는 개인 수준의 관점에 초점을 맞추어서 서로 다른 정당 충성심을 가진 개인과 서로 다른 수준에서 제도적 및 제도 외적으로 참여하는 개인들이 저항(보다 구체적으로는 거리 시위)에 참여하는 정도를 검토했다. 우리는 영역을 가로지르는 참여가 대체에 의해 특징지어지기보다는 오히려 시위에 참여하는 활동가들이 제도적인 참여 양식에도 참여할 가능성이 더 크다는 점과 밀접하게 연관되어 있음을 보여주었다. 따라서 투표를 하지 않는 사람들이 투표 대신 저항하는 쪽으로 돌아서고 있는 것으로 보이지는 않는다. 저항에 참여하는 사람들이 비저항자들보다 더 많이 투표한다. 이는 투표율 감소와 여타 제도적 양식에 대한 참여의 감소가 여전히 우려스러운 것임을 시사한다. 왜냐하면 제도 외적 참여 양식에 참여하는 것이 그러한 간극을 메울 것 같지 않기 때문이다. 우리의 분석은 저항자와 제도 외적 활동가들도 역시 제도적 활동가이며, 따라서 제도적 행동주의를 외면하는 사람들이 저항자들보다 훨씬 비활동적일 가능성이 더 크다는 것을 보여준다. 이것은 청원서에 서명하거나 불매운동과 구매운동을 하는 것과 같은 아마도 가장 쉽고 가장 편재적인 행위를 제외한 대부분의 저항 행위가 실제로는 정치인과 접촉하는 것과 같은 제도적 참여보다 더 많은 비용이 들고 더 큰 희생을 요구하기 때문이다. 파업과 파괴적인 형태의 직접 행동이 투표와 다른 관례적인 수단들을 외면하는 대다수의 사람을 정치 활동에 끌어들일 수 있을 것 같지는 않다. 왜냐하면 직접 행동에는 훨씬 높은 진입 장벽이 놓여 있고 많은 비용이 들기 때문이다. 그러므로 우리는 여전히 일반 주민들 사이에서 참여가 감소하는 것에 대해 걱정해야 하며, 단순히 개인이 다른 방식으로 참여하고 있다고 가정해서는 안 된다.

정치적 목소리와 정치적 행위의 불평등 문제는 이 점에서 특히 중요하며, 따라서 우리는 서로 다른 수준의 자원을 가진 서로 다른 집단을 구별하여 분석을 더욱 진척시켜야 할 것이다. 우리의 분석은 저항이 이미 제도적 수단과 제도 외적 수단을 통해 정치적으로 참여하고 있는 개인들의 도구 상자에 추가된 하나의 자원이라는 것을 보여주는 또 다른 증거이다. 게다가 제도적 참여 양식과 비용이 덜 드는 제도 외적 참여 양식 — 청원이나 소비자 정치와 같은 — 은 문화적 쟁점에 대한 저항과 더 긴밀하게 연계되어 있지만, 파업과 직접 행동 같은 보다 급진적인 행위 양식은 경제적 목적과 더 긴밀하게 연계되어 있다. 이탈리아와 스페인 같은 일부 나라들은 과격한 파업과 관련된 노동 쟁의에 더 능숙한 반면, 영국, 스웨덴, 스위스 같은 나라들은 정치적 소비주의와 새로운 쟁점 정치에 더 적극적이다.

마지막으로, 모든 행위 양식은 간헐적 시위자보다는 활동가에 의해 더 많이 실행되는데, 이는 활동가들이 자신들의 목표를 달성하기 위해 서로 다른 기법들을 혼합하고 결합시킨다는 견해와, 좌파 정당과 일체감을 가지는 사람들이 자유주의 정당이나 녹색 정당 또는 우파 정당과 일체감을 가지는 사람들 — 간헐적 시위자인 경향이 있는 — 보다 더 적극적이라는 견해를 다시 한번 지지한다. 새로 출현한 새로운 '운동 정당'(della Porta et al. 2017)은 새로운 진보정치를 더욱 발전시킴으로써 좌파의 공백을 메울 것이고, 신자유주의 모델과 우파의 외국인 혐오적이고 배타적인 포퓰리즘을 넘어서는 대안을 제시할 수 있을 것이다. 그리고 이는 정치적 행동주의의 미래를 더욱 밝게 하고 사회변화를 위한 문을 열 수 있을 것이다. 실제로 이 장에서 발견한 중요한 사실은 일반적으로 시위자들 사이에서의 정당 일체감이 대의명분에 대한 헌신과 긴밀하게 연결되어 있다는 것이다. 이러한 발견들은 다시 단체의 성원임과 네트워크가 현대 시위의 행동주의를 이해하는 데서 어떠한 역할을 하는지를 묻게 한다. 우리는 다음 장에서는 이 문제를 다룰 것이다.

제5장

그들은 시위에 밀어 넣어졌는가 아니면 뛰어들었는가?

우리는 이 장에서 시위자의 동원 구조에 대해 다룬다. 동원 구조는 **"사람들을 집합행위에 동원하고 참여시키는 공식적·비공식적인 집합적 수단"**을 일컫는다(McAdam et al. 1996: 3; 강조는 원저자). 우리는 특히 시위 참여의 채널에 초점을 맞춘다. 이 점에서 우리는 직접적 채널과 간접적 채널을 대략적으로 구별할 수 있을 것이다. 전자는 사회적 네트워크와 대인 네트워크로 구성되는 반면, 후자는 온라인 매체와 오프라인 매체를 가리킨다. 여기서 우리는 어떤 종류의 동원 구조가 시위 참여를 지원하는지를 확인하기 위해 이 두 종류의 채널이 시위자들 사이에서 어떤 역할을 하는지를 살펴본다. 더 나아가 우리는 동원 구조가 국가, 쟁점, 시위자의 유형에 따라 어떻게 다른지를 검토한다. 우리는 서로 다른 종류의 시위에 지속적으로 참여하게 하는 동원 구조가 보다 광범위한 국가적 맥락에 따라서는 물론 시위자들이 제기하는 쟁점 자체에 따라 달라질 뿐만 아니라 우리가 간헐적 시위자를 다루는지 아니면 활동가를 다루는지에 따라서도 달라진다고 믿는다. 이 장은 세 가지 주요 측면을 고찰한다. 결사체 참여라는 측면에서 살펴본 시위자의 사회적 뿌리내림, 저항에 참여하게 하는 직접적 충원 채널(네트워크)과 간접적 충원 채널(매체), 그리고 직접적 채널을 통해 참여를 요청받는 것이 갖는 중요성이 바로 그것들이다. 특히 후자의 측면과 관련하여 우리는 시위자들이 상이한 유형의 네트워크들을 통해 참여를 요청받았는지의 여부를 검토한다. 이 점에서 우리는 사회운동의 충원에 관한 두 가지 경쟁하는 견해, 즉 시위자가 자신의 동기에 기초하여 참여를 독자적으로 선택한다고 가정하는 견해 및 주로 다른 행위자들을 통해 저항에 참여하게 된다고 주장하는 견해와 마주친다. 달리 말해 교육에서 개인의 의사결정이 이루어지는 메커니즘에 관한 책의 제목(Gambetta 1987)을 알기 쉽게 바꾸어 표현하면, 우리는 사람들이 행동주의에 '밀어 넣어'지는지, 아니면 스스로 행동주의에 '뛰어드는'지에 관해 물을 것이다.

저항 참여 이해하기: 구조적·사회심리학적·합리적 선택 접근방법

사람들이 도대체 왜 저항에 참여하는가 하는 것은 아마도 사회운동 및 저항 행동주의와 관련한 가장 근본적인 질문일 것이다. 학자들은 자주 다른 질문들 ─ 이를테면 저항이 어떤 형태를 취하는가, 저항이 시간과 공간에 따라 어떻게 다른가, 그리고 저항은 어떤 영향을 미칠 수 있는가와 같은 ─ 도 다루어왔지만, 왜 사람들이 저항 활동에 참여하는지를 설명하는 것은 이 분야의 연구에서 결정적인 질문이다. 미시 수준의 관점에서 이 문제는 두 가지 주요한 연구 전통, 즉 정치 참여 전통과 사회운동 전통에 의해 다루어져 왔다.

정치 참여 연구 전통에서 저항하기는 사람들이 정치에 참여하는 다양한 가능한 방법들 ─ 가장 제도화된 형태(그중에서도 특히 투표)에서부터 가장 항쟁적인 형태에 이르기까지 ─ 가운데 하나일 뿐으로 간주된다. 저항은 분명 항쟁적인 형태에 속한다. 이 연구 전통의 목적은 사람들이 왜 저항에 참여하는지를 구체적으로 설명하는 것이 아니라 왜 그들이 서로 다른 모든 형태의 정치에 참여하는지를 보다 일반적으로 이해하는 것이다. 이런 점에서 학자들은 흔히 정치 참여를 결정하는 세 가지 주요 요소, 즉 자원, 동기, 충원을 구별한다. 이 세 가지 요소는 자발적 시민참여 모델civic voluntarism model로 잘 알려진 버바와 그의 동료들(Brady et al. 1995; Verba et al. 1995)의 접근방식에서 도출되었다. 그들은 널리 알려졌듯이 이 질문을 완전히 거꾸로 뒤집어서 사람들이 정치에 참여하지 않는 세 가지 이유를 강조했는데, 그 이유는 그들이 정치에 참여할 수 없기 때문이거나, 그들이 원하지 않기 때문이거나, 아무도 요구하지 않았기 때문이다(Brady et al. 1995: 271). 달리 말해 사람들은 시간, 돈, 그리고 무엇보다도 시민적 스킬과 같은 필요한 자원이 결여되어 있을 때(그들이 참여할 수 없을 때), 정치와 심리적으로 교감이 없을 때(그들이 원하지 않을 때), 그리고 사람들이 정치에 동원되는 충원 네트워크로부터 고립되어 있을 때(아무도 요구하지 않았을 때) 참여를 중단한다. 비록 그들의 주요 초점이 자원의 역할, 그리고 좀 더 구체적으로는 시민적 스킬 — 즉, "실제적인 참여를 용이하게 해주는 커뮤니케이션과 조직 스킬" — 에 맞추어져 있지만, 그들은 세 가지 요소 모두 정치 참여를 설명하는 데 도움이 된다고 주장한다. 이 장은 시위자들 사이에서의 충원 네트워크에 초점을 맞춘다.

사회운동 연구 전통에서의 저작들 역시 거의 동일한 요인들을 강조해 왔지만, 다른 요인들도 지적했다. 물론 큰 차이점은 사회운동 연구자들은 비록 전적으로 그러하지는 않지만 대부분 저항 활동에 참여하는 것을 설명하는 데 관심이 있다는 점이다. 대략적으로 말하면, 우리는 사회운동 연구 관점에서 개인의 사회운동과 저항 활동 참여를 설명하는 방식을 세 가지 주요 접근방식, 즉 구조적 접근방식, 사회심리학적 접근방식, 합리적 선택 접근방식으로 구분할 수 있다. 자원 동원 이론에서 크게 의지하는 구조적 접근방식은 문헌의 상당 부분을 지배해 왔다. 그것은 사람들을 사회운동에 끌어들이는 요인으로 기존의 네트워크 유대의 역할을 강조한다(Lim 2008; McAdam 1986, 1988; McAdam and Paulsen 1993; Passy 2003; Snow et al. 1980; 이에 대한 논평으로는 Tindall 2015를 보라). 그러한 '동원 구조'(McAdam et al. 1996, 2001) 또는 '미시 동원 맥락'(McAdam et al. 1988)은 일상적 삶 속에서 개인들에게 영향을 미치는 대규모의 사회적·문화적 변화들을 집합적으로 해석하는 프레임 — 이것은 해석을 구체적인 행위로 전환하는 데 필요한 조직의 기초 원리가 되고 연대적 참여를 유인한다 — 을 제공한다(McAdam et al. 1988). 따라서 기존의 네트워크 유대는 사회운동 행동주의가 발생할 가능성을 증대시킨다.

　구조적 접근방식은 "요구받음"의 문제를 크게 강조한다. 마이어(Meyer 2007: 47)가 주장하듯이, "어떤 사람이 왜 특정한 정치적 행동을 하는지를 예측하는 가장 좋은 변수는 그 사람이 그렇게 하도록 요구받았는지의 여부이다." 달리 말해 충원은 사람들이 저항 행동을 하게 하는 핵심 메커니즘이다. 이런 맥락에서 슈스만과 술레(Schussman and Soule 2005)는 무엇보다도 저항을 요구받는 것이 시위 참여의 가장 강력한 예측 변수임을 보여준다. 그들은 동시에 조직 유대를 포함한 많은 다른 요인들이 저항을 요구받는 것을 예측하는 중요한 변수라는 것을 발견했다. 파시와 지우니(Passy and Giugni 2001)는 조직 네트워크에 뿌리를 두고 있다는 것이 사회운동에 대한 서로 다른 헌신을 보여주는 가장 강력한 예측 변수 중 하나라는 것을 발견했을 때 유사한 결론에 도달한다. 특히 그들은 활동가들이 사회운동에 깊이 참여할 사람들을 충원하는 데서, 그리고 사람들로 하여금 자신들의 참여가 낳을 수 있는 잠재적 기여 효과를 인식하게 하는데서 중요한 구조적 연결고리 역할을 한다는 것을 보여준다. 게다가 이러한 종류의 설명은 또한 '전기적 가용성'의 역할을 강조한다(Beyerlein and Bergstrand 2013; McAdam 1986). 이 용어에서 분명히 알 수 있듯, 전기적 가용성은 "풀타임 고용, 결혼, 가족 책임과 같은 운동 참여의 비용과 위험을 증가시킬 수 있는 개인적 제약 조건이 부재하는 것"을 가리킨다(McAdam 1986: 70). 간략하게 말하면, 구조적 가용성과 전기적 가용성이 이 접근방식의 핵심에 자리하고 있다.

　사회운동 연구의 학문적 전통에서 또 다른 주요한 접근방식은 저항의 사회심리를 강조한다(Gamson 1992a, 1992b; Gamson et al. 1982; Klandermans 1997; van Stekelenburg and Klandermans 2013; van Zomeren and Iver 2009; van Zomeren et al. 2008, 2012). 구조적 설명이 기존의 네트워크 유대가 어떻게 사람들로 하여금 집합행위를 하게 하는지를 강조한다면, 사회심리학적 관점은 개인들로 하여금 집합행위에 참여하게 하는 사고, 감정, 성향을 더 강조한다. 다시 말해 전자가 '당기는pull' 요인을 강조하는 반면, 후자는 '미는push' 요인을 중심에 위치시킨다. 판 스테켈렌뷔르흐와 클란더만스(van Stekelenburg and Klandermans 2013)는 저항의 사회심리학에 대한 논평에서 다섯 가지 주요한 일단의 요인 — 서로 다른 유형의 불만(도덕적 분노, 갑자기 부과된 불만, 상대적 박탈감, 부정의감, 부당한 불평등의 경험 등), 효능감(즉, 저항을 통해 상태 또는 정책을 변경시킬 수 있다는 개인의 기대), 집단 정체성(보다 구체적으로는 집단 일체감), 특정 집단에 기초한 화와 같은 감정, 그리고 사회적 뿌리내림 — 을 강조한다.[1] 사고와 감정에 대한 강조를 고려할 때, 이 관점은 또한 이른바 프레임 이론 — 사람들이 왜 집합행위에 참여하는지를 이해하는 열쇠로 쟁점을 프레임짓는 방법을 강조하는 — 에 가깝다(이에 대한 논평으로는 Snow 2004를 보라).

마지막으로, 합리적 선택 접근방식은 사회운동 연구자들 사이에서, 특히 사회학에서는 이 접근방식의 보다 협소한 버전과 좀 더 개방적인 버전 모두 그리 인기가 없다(Opp 2013). 하지만 일부 정치학자와 사회학자는 투표에서뿐만 아니라 저항 행동에서도 비용/이득 계산이 수행하는 핵심적인 역할을 강조해 왔다(Opp 1989, 2009; Muller and Opp 1986). 시위가 "또 다른 수단을 통한 정치"의 합리적 표현이며 하나의 정치적 자원으로 간주되어야 한다는 생각(Lipsky 1968)이 적어도 1960년대 후반부터 사회운동 연구에 침투해 왔지만, 합리적 선택 접근방식은 사람들이 왜 사회운동과 저항 활동에 참여하기를 좋아하는지를 설명하기 위해 사람들의 현실 인식과 관련된 특정한 요인들을 강조해 왔다. 비용/이득 비율을 특히 강조하는 이러한 종류의 설명에서는 행위 — 개인적 행위와 집합적 행위 모두 — 의 인지된 효과성이 개인들이 왜 참여를 선택할 수 있는지에서 중요한 역할을 한다(Opp 2009). 브래디와 그의 동료들(Brady et al. 1995)에 따르면, 행위의 인지된 효과성, 그리고 보다 일반적으로는 주체적 행위 능력agency의 역할 역시 집합행위에 대한 보다 사회학적인 이론에서 중요한 것으로 간주된다(Gamson 1992a; Jasper 2004; Piven and Cloward 1979). 더 나아가 합리적 선택 이론의 중심 교의 중 하나를 반영하여, 이 접근방식은 서로 다른 종류의 유인을 중심에 위치시킨다(Hirsch 1990; Oliver 2013; Passy 2013). 하지만 그러한 유인들은 순수한 합리적 선택 설명들에서처럼 엄밀하게 정의된 선택적 유인들에 국한되지 않고(Oliver 2013), 도덕적·사회적·연대적 유인 및 여타 유인들을 포함시키는 쪽으로 확대되어 왔다(Passy 2013). 우리는 시위에 참여하는 동기에 대해 다루는 제7장에서 이에 대해 좀 더 논의할 것이다. 더 나아가 합리적 선택 이론가들 — 특히 거시-미시 연결고리가 인간 행동을 이해하는 열쇠라고 믿는 사람들 — 은 불만과 같은 사회심리학적 설명이 강조하는 여타 측면들이 수행하는 역할, 그리고 역시 정치적 기회구조의 개방성과 네트워크의 성원임 같은 맥락적이고 보다 구조적인 요소들이 수행하는 역할도 전혀 무시하지 않는다는 점을 강조할 필요가 있다(Opp 2009).

요약하면, 구조적 설명, 사회심리학적 설명, 합리적 선택 설명은 서로 다른 유형의 설명 요인을 강조하지만, 그것들 모두는 기존의 네트워크 유대를 저항 활동(좀 더 구체적으로는 시위) 참여를 예측하는 중요한 변수의 하나로 간주한다. 물론 이것은 구조적인 접근방식에서 특히 그러하지만, 다른 두 가지 접근방식 역시 조직 유형 및 기타 유형의 네트워크를 통한 사회적 뿌리내림, 충원, 동원이 저항에서 수행하는 중심적인 역할을 인정한다. 다음 절에서는 이 장의 주요 초점, 즉 시위에서 동원 구조가 수행하는 역할에 대해 좀 더 논의한다.

거리 시위에서 동원 구조가 수행하는 역할

사회운동과 항쟁 정치의 연구자들은 대부분 조사 데이터를 통해 동원 구조, 사회적 뿌리내림, 그리고 기존의 네트워크 유대가 수행하는 역할을 검토해 왔다(Passy and Giugni 2001; Schussman and Soule 2005). 제1장에서 언급했듯이, 그러한 데이터들은 장점도 있지만, 여러 단점도 있다. 이를 테면 시위자들의 비율이 매우 낮기 때문에 세분화된 분석이 비록 불가능하지는 않더라도 어렵고, 실제 관찰된 행동보다는 진술에 의존하며, 구체적인 내용에 초점을 맞출 수 없고, 간헐적 저항자와 보다 정기적으로 참여하는 저항자를 구별하는 수단도 없으며, 그리고 일반적으로 시위의 특성과 그러한 특성에 관한 활동가들의 인식 및 의견과 직접 관련된 질문들도 포함되어 있지 않다. 이 책에서 우리는 이러한 문제들 모두를 극복할 수 있게 해주는 저항 조사 데이터를 사용하며, 이 장에서는 동원 구조가 저항 행동주의에서 수행하는 역할에 초점을 맞춘다. 나아가 우리는 그러한 역할이 국가, 쟁점, 시위자의 유형에 따라 어떻게 다른지를 검토한다.

앞에서 언급했듯이, 저항 참여에 대한 구조적 설명은 사회운동과 저항에서 충원을 이끄는 핵심 요인으로서 기존의 네트워크 유대가 수행하는 역할, 그리고 보다 구체적으로는 참여를 요구받고 있다는 사실이 수행하는 역할을 강조한다. 달리 말해 사회적 네트워크는 동원 채널의 역할을 한다. 정치 참여 연구 전통과 사회운동 연구 전통 양쪽 모두에 속하는 연구들은 전형적으로 조직 네트워크의 역할을 강조해 왔다(이에 관한 정치학에서의 논평으로는 Campbell 2013을, 그리고 사회학적 관점으로는 Diani 2004를 보라). 이를테면 브래디와 그의 동료들(Brady et al. 1995)은 시민적 스킬을 습득할 수 있는 비제도적 정치 환경으로서 일터, 단체, 교회가 수행하는 역할을 강조한다. 이 추론 노선은 또한 번성하고 있지만 자주 논란이 되기도 하는 사회적 자본에 관한 문헌들에서도 강조되고 있다. 많은 연구자가 퍼트넘(Putnam 1993, 2000)을 따라 개인들이 자발적 결사체 일반에(Maloney and Rossteuscher 2007; Maloney and van Deth 2010; Maloney et al. 2008), 그리고 좀 더 구체적으로는 이주자(Eggert and Giugni 2010; Jacobs and Tillie 2004; Morales and Giugni 2011), 무슬림(Giugni et al. 2014), 또는 실업자(Giugni and Lorenzini 2017; Lorenzini and Giugni 2012)와 같은 특정 집단에 뿌리를 두는 것으로부터 제도적 참여와 제도 외적 참여가 어떻게 생겨나는지를 보여주려고 노력해 왔다. 많은 연구가 결사체 참여와 정치 참여 사이에서 일정한 관계 — 상호적 인과관계reciprocal causation를 배제할 수 없는 —

를 발견해 왔지만, 그러한 연구의 방법론적 근거와 관련하여 많은 의문이 제기되어 왔다(Bekkers 2012). 하지만 학자들은 자발적 결사체가 정치 참여에 중요한 역할을 한다는 것 — 사회적·정치적 신뢰의 생성을 통해서 그러하든, 시민적 스킬과 다른 정치적 자원을 통해서 그러하든, 또는 집단의식과 정체성의 형성을 통해서 그러하든, 아니면 보다 단순하게 동원 행위의 주체agent로 행위하는 조직을 통해서 그러하든 간에 — 에는 동의하는 경향이 있다(Giugni and Graso 2012).

하지만 사회운동과 항쟁 정치에 관한 연구들은 자주 대인 네트워크의 영향을 강조해 왔다(Lim 2008; McAdam 1986, 1988; McAdam and Paulsen 1993; Passy 2003; Snow et al. 1980). 이와 관련해서는 이미 사회운동에 참여하고 있는 다른 사람들과 연결되어 있다는 것이 가장 중요하다. 이를테면 스노와 그의 동료들(Snow et al. 1980: 787)은 "구조적 근접성, 가용성, 그리고 운동 성원과의 정서적 상호작용이 충원에서 커다란 차이를 만들어낸다"는 것을 발견했다. 유사하게 굴드(Gould 2003: 236)가 주장했듯이, "이미 동원된 사람들과의 사회적 관계가 새로운 사람들을 저항 운동, 종교운동, 정체성 운동으로 끌어들인다고 말하는 것은 이제 진부하다." 특히 앞에서 지적했듯이, 학자들은 아는 사람들로부터 요구받는 것이 참여의 핵심적인 결정요인이라는 사실을 반복적으로 지적해 왔다(Meyer 2007; Schussman and Soule 2005).[2] 여기서는 네트워크 유대의 유형뿐만 아니라 누가 요구하고 있는지도 큰 역할을 할 수 있다(Lim 2008; McAdam and Paulsen 1993; Passy 2003). 매우 헌신적인 활동가에게 요구받는 것은 보다 주변적으로 참여하는 사람에 의해 충원되는 것보다 더 큰 효과를 가져올 수 있다(Passy and Giugni 2001). 더 나아가 관계의 강도 자체도 중요할 수 있다. 하지만 이와 관련하여 임(Lim 2008: 961)은 "문헌상의 일반적인 통설과는 대조적으로 활동가를 충원하는 데서 강한 유대가 약한 유대보다 더 효과적이라는 것을 보여주는 증거는 거의 존재하지 않는다"라고 주장한다. 아래에서 우리는 동원 채널 분석에 덧붙여 시위자가 친구, 지인 및 여타 잠재적 충원자들보다 파트너나 가족 성원으로부터 참여를 요구받았을 가능성이 큰지를 살펴볼 것이다.

　게다가 사회운동에 충원하는 일이 간접 채널이나 매개적 채널을 통해서도 이루어질 수 있다는 점 역시 고려해야 한다. 이는 사람들이 조직 네트워크나 대인 네트워크를 통해서(즉, 누군가로부터 참여를 요구받음으로써)라기보다는 매체를 통해서 특정한 운동, 저항 또는 시위에 대해 알게 될 수도 있다는 것을 의미한다. 달리 말해 매체 역시 사회적 네트워크에 더하여, 또는 사회적 네트워크와 동시에 시위에 참여하게 하는 효과적인 동원 채널일 수 있다. 이러한 맥락에서 매캐덤과 그의 동료들(McAdam et al. 2001)은 비록 다른 쟁점과 관련해서이기는 하지만, 규모 전환scale shift의 과정 — 항쟁의 동학에 대한 자신들의 영향력 있는 저서에서 확인한 세 가지 강력한 프로세스 중 하나인 — 이 중개brokerage와 확산diffusion — 사람들이 유사성을 가진다고 생각하게 하는 데 기여하고, 그리하여 궁극적으로는 항쟁 정치의 규모를 전환시키는 데 기여하는 두 가지 서로 다른 경로 또는 메커니즘인 — 을 통해 일어난다고 묘사한다. 중개는 현장들을 가로지르는 직접 접촉을 지칭하는 반면, 확산은 매체가 수행하는 간접적인 역할을 말한다. 이런 맥락에서 온라인 매체는 오늘날 그 중요성이 증가하고 있음을 감안할 때 사회운동 행동주의와 저항 참여에서도 하나의 의미 있는 역할을 수행할 것이 틀림 없다(Bennett and Segerberg 2013; Earl and Kimport 2014; Gerbaudo 2012; Trottier and Fuchs 2015). 베넷과 세거버그(Bennett and Segerberg 2013)가 묘사한 바와 같이, (다양한 개인들이 공통의 문제를 다루는) 개인화된 디지털 네트워크 정치의 부상은 직접적인 접촉과 유대로 이루어진 보다 전통적인 네트워크 환경을 대체하게 될 것이다.

우리는 아래에서 우리의 저항 조사 데이터를 분석하면서 지금까지 논의해 온 시위자의 동원 구조와 관련된 세 가지 주요 측면을 다룬다. 첫째, 시위자의 이전의 사회적 뿌리내림을 포착하기 위해 자발적 결사체에서 시위자가 소극적 성원인지 적극적 성원인지를 검토한다. 둘째, 시위에의 충원에서 직접적 채널(네트워크)과 간접적 채널(매체)이 수행하는 역할을 평가한다. 셋째, 사회적 네트워크에 초점을 맞추어서 다른 사람들로부터 시위 참여를 요구받는 것이 갖는 중요성에 대해 살펴본다. 더 나아가 이 모든 것이 시위가 발생하는 나라에 따라, 시위가 주로 문화적 쟁점을 다루는지 아니면 경제적 쟁점을 다루는지에 따라, 그리고 우리가 다루는 사람들이 간헐적 시위자인지 아니면 활동가인지에 따라 어떻게 달라질 수 있는지를 고찰한다.

시위자들의 사회적 뿌리내림

제2장에서 우리는 유럽인들이 정치단체와 비정치 단체에 참여하는 정도

가 국가별로 어떻게 다른지를 묘사했다. 더 나아가 우리는 정당의 성원이 다른 종류의 결사체의 성원보다 훨씬 적다는 것을 살펴보았다. 시위 참여자들은 이와 관련하여 어떤 모습을 보이는가? 정치 참여에서 결사체 참여가 수행하는 역할을 강조하는 이론에 근거할 경우 우리가 예상할 수 있는 것처럼, 그들은 결사체에 더 깊이 참여하고 있는가? 선거 참여와 비선거 참여가 서로를 강화한다고 생각하는 사람들(Grasso 2016; Norris 2002; Schussman and Soule 2005)의 예측대로, 시위자 가운데에는 당원이 더 많은가? 아니면 두 가지 형태의 정치적 행동이 서로를 대체한다고 믿는 사람들이 주장하듯이(Inglehart 1990; Inglehart and Catterberg 2002; Norris 2002), 반대로 시위자 가운데에는 당원이 훨씬 더 적은가? 그리고 이 모든 것이 국가, 시위 쟁점, 시위자 유형에 따라 어떻게 다른가? 〈표 5-1〉은 이러한 질문에 대한 답변을 일부 제공하며, 보다 일반적으로는 시위자가 자발적 결사체, 노동조합, 정당과 같은 서로 다른 종류의 단체에 이미 참여해 왔다는 점과 관련하여 파악된 그들의 사회적 뿌리내림의 정도를 보여준다. 우리는 이 단일 범주들에 더하여 두 가지 전체 지표, 즉 모든 유형의 단체를 포함하는 지표와 정당과 노동조합을 제외한 지표를 만들었다. 〈표 5-1〉은 세 부분으로 구성되어 있다. 하나는 소극적 성원(재정적으로 단체를 지원하는)과 관련된 것이고, 다른 하나는 적극적 성원(단체에 관여하고 그 단체의 활동에 참여하는)과 관련된 것이며, 또 다른 하나는 두 형태를 결합한 것이다. 우리는 또한 국가, 시위 쟁점, 시위자 유형에 따라 결사체 참여가 어떻게 다른지를 보여준다.

국가별 분포는 시위 참가자는 모든 나라에서 강하게 결사체에 참여하고 있음을 보여준다. 이탈리아를 제외한 7개국 모두에서 응답자의 절반 이상 — 스웨덴에서는 4분의 3까지 — 이 자신이 모종의 단체의 적극적 성원 이라고 밝혔다. 이와 유사하게 적극적 성원은 스페인에서의 55% 초반에 서 벨기에와 영국에서의 69% 후반에 이르기까지 다양하다. 게다가 소극 적 성원과 적극적 성원 둘 다 고려할 경우 모든 나라에서 모종의 단체에 소속되어 있는 시위자가 5명 중 자그마치 4명일 정도로 시위자들은 사회 적으로 깊이 뿌리내리고 있는 모습을 보인다. 노동조합과 전문직 협회는 물론 정당까지 제외할 경우 그 비율은 더 낮아지지만(따라서 우리가 제4장 에서 보여준 것처럼 제도적 참여와 제도 외적 참여는 실제로는 서로를 대체하기보 다는 강화한다는 것을 다시 한번 더 보여준다), 전반적으로 꽤 높은 수준을 유 지하고 있다.

이 조사 결과는 중요한 국가별 변이를 보여준다. 그렇지만 그러한 차이 의 정도는 우리가 살펴보는 것이 소극적 성원인지 아니면 적극적 성원인 지(또는 둘 다인지), 그리고 정당, 노동조합, 전문직 협회를 포함시키는지 아니면 제외시키는지에 따라 달라진다. 가장 두드러진 차이는 소극적 성 원과 모든 유형의 단체를 포함시킬 경우에 나타난다. 이 경우에 스웨덴 시위자들이 분명히 가장 사회적으로 깊이 뿌리내리고 있고, 네덜란드와 스위스 시위자들이 좀 떨어져서 뒤따르고 있으며, 그다음에는 영국 시위 자가, 그다음에는 벨기에와 스페인 시위자가 그 뒤를 따르고 있고, 가장 덜 강하게 뿌리를 두고 있는 이탈리아 시위자가 마지막을 차지하고 있다. 하지만 적극적 성원을 살펴보면, 벨기에와 영국의 시위자들이 가장 깊이 뿌리내리고 있는 반면, 가장 덜 뿌리내리고 있는 것은 스페인 시위자들이

표 5-1 | 국가, 시위 쟁점, 시위자 유형별 시위자의 결사체 관여

단위: %

	국가							시위 쟁점		시위자 유형	
	벨기에	이탈리아	네덜란드	스페인	스웨덴	스위스	영국	문화적	경제적	간헐적 시위자	활동가
소극적 성원											
교회 또는 종교 단체	4.9	6.4	9.5	5.3	11.4	8.5	5.1	7.5	7.1	9.5***	6.8
노동조합 또는 전문직 협회	21.2	17.7	26.5	20.7	38.5	18.0	19.3	21.9	24.5***	24.2	23.5
정당	11.7	7.8	14.9	9.2	17.4	11.4	12.9	13.1*	11.8	12.1	12.7
여성단체	3.0	4.8	3.0	4.0	4.7	5.8	4.5	4.5	3.9	2.6	4.8***
스포츠 단체 또는 문화단체	7.2	9.9	7.1	11.3	11.4	6.2	5.5	7.1	9.2***	7.9	8.4
환경단체	17.8	16.4	23.2	17.0	16.2	16.0	11.2	24.5***	14.0	22.5***	18.6
레즈비언 또는 게이 권리 단체	1.9	7.0	3.1	3.6	3.0	6.9	6.5	5.9***	3.1	3.3	4.9***
지역사회 단체 또는 근린 단체	3.6	2.7	5.6	8.8	6.0	6.1	6.0	5.1	6.3**	4.9	6.2**
자선단체 또는 복지단체	13.5	7.5	16.1	14.2	31.4	29.9	19.5	22.5***	15.4	19.4	19.3
제3세계단체, 글로벌 정의 단체 또는 평화단체	13.3	8.6	19.0	14.8	19.6	26.4	15.8	20.1***	14.3	15.7	18.1***
인종차별반대 단체 또는 이주자단체	4.9	5.9	5.2	5.0	6.4	10.8	7.8	7.8***	5.2	4.3	7.3***
인권 단체 또는 민권 단체	10.0	9.2	15.0	9.9	14.6	16.5	17.0	16.2***	10.8	12.0	14.5***
기타 단체	2.0	2.3	4.1	2.4	7.1	2.8	2.3	3.5	3.1	3.7	3.2
전체	54.7	46.4	64.6	52.6	75.6	66.3	60.0	64.5***	56.6	62.4	61.4
전체(정당, 노동조합, 전문직 협회 제외)	42.1	35.7	51.3	41.5	61.2	60.7	50.6	56.3***	42.8	50.9	50.5
적극적 성원											
교회 또는 종교 단체	4.6	7.8	7.5	3.9	4.9	5.2	10.7	7.8***	5.2	7.8***	6.0
노동조합 또는 전문직 협회	32.9	14.4	17.8	24.8	17.5	14.3	16.3	10.1	29.2***	8.9	23.7***

	국가							시위 정점		시위자 유형	
	벨기에	이탈리아	네덜란드	스페인	스웨덴	스위스	영국	문화적	경제적	간헐적 시위자	활동가
정당	17.4	12.2	10.8	11.8	25.9	15.1	18.1	15.9	15.4	6.6	19.2***
여성단체	3.8	4.8	1.9	3.4	6.5	5.4	6.6	5.4***	3.5	1.7	5.4***
스포츠 단체 또는 문화단체	17.8	16.4	23.2	17.1	16.2	16.0	11.2	15.8	18.3***	19.9***	16.8
환경단체	17.2	9.0	25.9	9.0	19.7	33.0	16.5	13.5***	4.6	6.1	10.1***
레즈비언 또는 게이 권리 단체	1.0	4.6	1.5	0.7	2.6	4.3	6.4	4.6***	1.3	1.2	3.6***
지역사회 단체 또는 근린 단체	9.6	4.8	5.9	8.6	4.9	6.9	12.3	8.2	7.4	4.7	9.1***
자선단체 또는 복지단체	6.8	10.1	5.9	5.2	6.3	6.5	13.9	9.1***	6.5	5.9	8.5***
제3세계단체, 글로벌 정의 단체 또는 평화단체	7.7	9.0	4.2	6.8	8.9	6.9	11.1	9.2***	6.0	3.6	9.2***
인종차별반대 단체 또는 이주자단체	3.9	5.5	2.1	2.4	3.7	4.7	8.4	5.0***	3.7	0.7	5.6***
인권 단체 또는 민권 단체	3.2	7.0	3.5	4.5	3.8	5.5	7.8	5.7***	4.3	2.1	6.0***
기타 단체	6.6	9.4	7.4	5.8	10.4	6.3	6.0	7.3	7.2	5.4	8.0***
전체	69.2	62.3	60.1	55.0	61.6	58.9	69.2	62.0	62.5	48.7	68.4***
전체(정당, 노동조합, 전문직 협회 제외)	46.5	50.0	47.1	40.5	46.1	46.9	58.9	53.2***	43.2	41.2	51.7***
소극적 또는 적극적 성원											
교회 또는 종교 단체	9.6	14.2	17.0	9.2	16.2	13.8	15.8	15.4***	12.3	17.3***	12.8
노동조합 또는 전문직 협회	54.1	32.1	44.3	45.5	56.0	32.3	35.6	32.0	53.6***	33.2	47.2***
정당	29.2	20.0	25.7	21.0	43.3	26.5	31.0	30.0*	27.1	18.7	32.0***
여성단체	6.8	9.6	4.9	7.4	11.2	11.2	11.1	9.9***	7.4	4.3	10.2***
스포츠 단체 또는 문화단체	24.9	26.3	30.3	28.3	27.6	22.1	16.7	22.9	27.5***	27.9**	25.3
환경단체	26.2	16.4	32.9	13.3	28.7	41.9	33.0	38.0***	18.5	28.6	28.7

	국가							시위 쟁점		시위자 유형	
	벨기에	이탈리아	네덜란드	스페인	스웨덴	스위스	영국	문화적	경제적	간헐적 시위자	활동가
레즈비언 또는 게이 권리 단체	2.9	11.6	4.6	4.4	5.6	11.2	12.8	10.5***	4.3	4.4	8.5***
지역사회 단체 또는 근린 단체	13.1	7.5	11.5	17.5	10.9	13.0	18.3	13.3	13.7	9.5	15.3***
자선단체 또는 복지단체	20.3	17.5	21.9	19.4	37.7	36.4	33.4	31.6***	21.9	25.3	27.8**
제3세계단체, 글로벌 정의 단체 또는 평화단체	20.9	17.6	23.2	21.6	28.6	33.4	26.9	29.3***	20.3	19.4	27.3***
인종차별반대 단체 또는 이주자단체	8.7	11.4	7.3	7.3	10.1	15.5	16.2	12.8***	8.9	5.1	12.9***
인권 단체 또는 민권 단체	13.2	16.2	18.6	14.4	18.4	21.9	24.8	21.9***	15.2	14.0	20.5***
기타 단체	8.6	11.7	11.5	8.2	17.4	9.2	8.3	10.7	10.4	9.1	11.3***
전체	87.9	82.8	88.0	80.6	92.2	86.5	88.0	87.2	86.2	81.6	90.2***
전체(정당, 노동조합, 전문직 협회 제외)	68.0	68.5	74.3	65.8	79.8	79.2	78.7	80.0***	67.5	71.2	76.3***

* p ≤ 0.05, ** p ≤ 0.01, *** p ≤ 0.001

다. 다른 모든 나라는 이 두 극단 사이의 어딘가에 위치한다. 전체적으로 볼 때, 즉 소극적 성원과 적극적 성원 모두를 고찰하면, 스웨덴 시위자들이 여전히 결사체에 가장 강하게 뿌리를 두고 있는 반면, 이탈리아와 스페인 시위자들은 가장 덜 강하게 결사체에 관여하고 있다. 나머지 4개국은 그 사이 어딘가에 거의 같은 수준으로 놓여 있다. 게다가 여기서 국가 간의 차이는 더 작다. 다시 한번 노동조합과 전문직 협회는 물론 정당까지 제외하면, 백분율은 더 낮아지고, 어떤 경우에는 국가 순서도 달라진다. 특히 소극적 성원과 적극적 성원 모두를 함께 살펴보면, 스웨덴 시위자가 여전히 가장 강하게 뿌리를 두고 있지만, 영국과 스위스 시위자들이 스웨덴 시위자들에 매우 근접해서 위치해 있다. 더 나아가 이탈리아와 스페인 시위자는 여전히 더 낮은 쪽 끝에 있고, 이 두 나라에 벨기에가 합류한다.

정당, 노동조합, 전문직 협회를 포함시키는 경우와 제외하는 경우의 수치를 비교해 보면, 가장 큰 차이는 특정 국가에서 이들 단체가 갖는 중요성의 차이에서 기인한다. 시위 참여자들이 이들 매개 조직 모두에 강하게 뿌리를 두고 있지만, 스웨덴에서는 특히 당원이 중요하고, 노동조합과 전문직 협회의 성원은 벨기에(특히 적극적 성원)와 스웨덴(특히 소극적 성원)에서 현저하게 많다. 이는 이 두 나라의 실업급여를 관리하는 겐트제도에서 노동조합이 수행하는 특별한 역할을 반영한다.

이처럼 사회운동과 저항 활동 참여를 촉진하는 데서 기존의 네트워크 유대가 동원 구조로서 수행하는 역할을 강조하는 설명들(Lim 2008; McAdam 1986, 1988; McAdam and Paulsen 1993; Passy 2003; Snow et al. 1980)과 부합하게, 이러한 수치들은 시위자들이 서로 다른 유형의 단체 — 정당, 노동조합과 전문직 협회, 그리고 다양한 자발적 결사체 — 에 깊이 뿌리내리고 있음을 보여준다. 동시에 우리는 또한 중요한 국가별 차이도 관찰할 수 있는데, 특히 정당은 물론 노동조합 및 전문직 협회의 성원과 관련해서뿐만 아니라 다른 단체들과 관련해서도 그러하다. 불행하게도 제2장에서 살펴본 일반 주민들에게서 나타나는 비율과 이를 직접 비교하는 작업은 우리가 자유롭게 사용할 수 있는 동일한 지표를 가지고 있지 않기 때문에 제한적으로만 가능하다. 특히 우리는 우리 표본의 시위 참가자와 일반 주민 각각이 결사체에 참여하는 정도를 전반적으로 비교할 수 없다. 하지만 당원과 관련한 수치와 노동조합원과 관련한 수치는 비교할 수 있다. 하나의 예외 — 스웨덴의 노동조합원 — 를 제외하고는 정당과 노동조합이라는 결사체에 참여하는 수준은 시위 참가자들 사이에서 훨씬 더 높다. 이렇듯 증거는 제도적 단체에 참여하는 것과 저항 활동(특히 거리 시위)에 참여하는 것 간에 강한 연관성이 있음을 확인시켜 준다. 즉, 그러한 단체의 성원인 사람들이 시위에 참석할 가능성이 더 크며, 그 역 또한 성립한다. 이는 저항 행동주의가 정당 및 여타 제도적 수단에 대한 참여를 대체한다는 주장(Inglehart 1977, 1990)과 사람들이 '충성의 정치'에서 '선택의 정치'로 이동하고 있다는 주장(Norris 2002)의 기반을 약화시킨다. 여기서 제시된 증거들은 오히려 충성심이 저항하기로 하는 선택을 지원한다고 시사한다.

결사체 참여와 시위 참여 간의 관계는 시위의 쟁점뿐만 아니라 시위자의 유형에 따라서도 다른가? 〈표 5-1〉의 마지막 네 개 열은 이 질문에 대한 답을 할 수 있게 해준다. 강한 결사체 참여는 문화적 쟁점을 다루는 시위에 참여하는 사람들과 경제적 쟁점을 다루는 시위에 참석하는 사람들 모두에게 적용된다. 소극적 성원과 적극적 성원 모두를 고려하고 모든 유형의 단체를 포함시킬 때, 통계적으로 유의미한 차이는 관찰할 수 없으며, 이는 적극적 성원만을 고려할 때에도 마찬가지이다.[3] 하지만 문화적 쟁점의 경우, 소극적 성원이 유의미하게 더 강하게 뿌리를 두고 있다. 이는 특히 환경단체, 제3세계 단체, 글로벌 정의 단체, 평화단체, 인권 및 민권 단체와 같은 새로운 사회운동조직에 시위자들이 더 강하게 뿌리를 두고 있기 때문이지만, 자선단체와 복지단체에서도 그러하다. 게다가 문화적 쟁점을 다루는 시위는 정당뿐만 아니라 노동조합과 전문직 협회까지를 제외하고 나면 시위자들이 더 강하게 결사체에 참여하고 있음을 보여준다. 이는 경제적 시위에 참여하는 사람들이 노동조합과 전문직 협회에 더 강하게 뿌리를 두고 있기 때문이다. 하지만 이러한 현상은 특히 적극적 성원의 경우에 발생하고 소극적 성원의 경우에는 훨씬 덜 발생한다는 점에 유의해야 한다. 달리 말해 경제적 시위에 참여하는 사람들은 노동조합과 전문직 협회에 깊이 참여하고 있으며, 그들의 참여는 단순한 재정적 지원보다는 적극적 성원의 형태를 취하고 있다. 마지막으로, 우리는 두 쟁점 모두에서 당원의 비율이 유사하다는 것에 주목해야 한다.

게다가 두 유형의 시위자 — 간헐적 시위자와 활동가 — 는 우리가 정당은 물론 노동조합과 전문직 협회까지를 포함시키거나 제외시키는 경우 모두에서 사회적 뿌리내림의 정도가 서로 다른데, 포함시키는 경우에 특히 더 그러하다. 하지만 이 사회적 뿌리내림의 차이는 전적으로 적극적인 성원에서 기인하는 반면, 소극적인 성원은 통계적으로 유의미한 차이를 보이지 않는다. 표의 중간 부분에서 볼 수 있듯이, 활동가들은 정당에 훨씬 더 깊이 참여하고 있지만, 간헐적 시위자에 비해 노동조합과 전문직 협회에도 더 깊이 참여하고 있다. 이는 또한 다른 유형의 단체에도 적용되지만, 두 집단 간의 차이의 정도는 보다 제도적인 조직과 매개 조직의 경우에 특히 크다. 이처럼 더 깊은 사회적 뿌리내림은 그러한 사람들의 참여를 더욱 강화할 수 있다. 왜냐하면 그러한 사람들은 네트워크 유대 등을 통해 저항을 요구받거나 다른 저항 사건에 대해 알 기회가 더 많을 것이기 때문이다.[4]

시위 충원의 직접적 채널과 간접적 채널

사회운동 참여와 저항 활동에 대한 구조적 접근방식들은 충원의 문제를 설명에서 중심에 위치시킨다. 기존의 네트워크들은 어쨌든 사람들이 사회운동과 항쟁 정치에 충원되는 방식에 대해 우리에게 아무것도 말해주지 않는다. 이를 알아보기 위해서는 시위자가 단체의 성원인지의 여부에서 파악하는 그들의 사회적 뿌리내림을 넘어 동원 채널을 좀 더 자세하게 살펴볼 필요가 있다. 사람들은 어떤 채널을 통해 저항(보다 구체적으로는 거리 시위)에 동원되는가? 직접적 채널(대인 네트워크와 조직 네트워크)과 간접적 채널(매체)이 똑같이 중요한가? 현대 세계에서 점점 중요해지고 있는 온라인 소셜 네트워크는 어떠한가? 충원에서 서로 다른 사회집단과 대인 유대의 유형(이를테면 강한 가족 유대와 약한 일터 유대)은 어떠한 역할을 하는가? 그리고 이 모든 것이 국가, 시위 쟁점, 시위자 유형에 따라 어떻게 다른가?

여기서 우리는 직접적 동원 채널과 간접적 동원 채널 모두를 고찰한다. 좀 더 정확하게 말하면, 우리는 주요 동원 채널을 네 가지로 구분한다. 매체(라디오 또는 텔레비전, 인쇄 및 온라인 신문, 대안 온라인 매체, 광고, 전단 그리고/또는 포스터), 대인 네트워크(파트너 그리고/또는 가족, 친구 그리고/또는 지인, 학교 또는 직장의 사람들, 단체 또는 협회의 성원), 조직 네트워크(단체의 잡지, 모임, 웹사이트, 메일링 리스트 등), 온라인 소셜 네트워크(페이스북, 트위터 등)가 그것들이다. 〈표 5-2〉는 이들 채널 중 하나 이상을 통해 자신이 참석한 시위에 대해 알았다고 말한 시위자들의 비율과 그들이 어떤 채널이 가장 중요하다고 생각하는지를 국가, 시위 쟁점, 시위자 유형별로 나누어 제시한 것이다.

다양한 동원 채널이 갖는 중요성은 일반적으로도 그리고 가장 중요한 채널에 초점을 맞추었을 때에도 7개국에서 상당히 다른 것으로 나타난다. 모든 국가에서 직접적 채널(온라인 소셜 네트워크를 포함하여)이 간접적 채널보다 더 중요해 보인다. 이는 다른 채널에 비해 가장 중요한 채널인 매체가 중요성 면에서 직접적 채널보다 더 낮은 비율을 보이고 있음에서 알 수 있다. 스페인은 부분적으로 예외적인데, 이 나라의 시위자들은 다른 모든 국가보다 더 자주 매체 ― 전통적 매체와 대안적 매체 둘 다 ― 에 의존해 왔다. 이와 관련하여 안두이자와 그의 동료들(Anduiza et al. 2014)은 인디그나도스 운동의 동원에서 온라인 소셜 네트워크가 갖는 중요성을 보여주어 왔다. 직접적 채널 중에서는 대인 네트워크가 대체로 가장 중요

표 5-2 | 국가, 시위 쟁점, 시위자 유형별 동원 채널

단위: %

	국가							시위 쟁점		시위자 유형	
	벨기에	이탈리아	네덜란드	스페인	스웨덴	스위스	영국	문화적	경제적	간헐적 시위자	활동가
모든 채널											
라디오 또는 텔레비전	26.4	14.0	16.5	30.3	11.2	8.8	7.9	11.6	21.4***	21.7***	14.6
신문인쇄 또는 온라인	25.4	26.0	21.4	34.9	29.7	32.4	14.8	23.0	28.5***	26.4	25.7
대안 온라인 매체	19.3	27.7	18.8	28.6	16.2	23.9	26.0	24.3***	21.4	18.9	24.9***
광고, 전단 그리고/또는 포스터	14.3	18.8	23.3	29.5	26.0	31.1	20.2	20.5	26.4***	19.7	25.2***
전체 매체	54.0	57.7	51.4	71.7	54.4	62.7	48.4	54.7	58.8***	57.3	57.2
파트너 그리고/또는 가족	11.8	13.2	9.8	18.5	18.9	18.6	9.0	14.7*	13.0	15.2*	13.6
친구 그리고/또는 지인	20.5	37.0	20.7	28.1	37.5	35.7	31.5	34.0***	24.6	28.1	30.2*
학교 또는 일터의 사람	13.9	14.1	21.2	18.2	10.5	7.4	11.4	7.2	21.3***	16.6***	13.8
단체 또는 협회의 성원	42.4	41.9	32.0	29.0	30.3	29.7	30.3	27.0	39.0***	20.9	37.3***
전체 대인 네트워크	66.3	74.7	62.1	65.5	65.2	66.4	60.1	61.8	67.3***	61.3	66.4***
조직 네트워크	39.0	22.2	44.4	28.9	30.8	35.2	40.4	35.7	35.5	31.1	37.8***
온라인 소셜 네트워크	18.8	26.6	18.0	21.2	32.8	15.7	28.4	26.1***	19.4	20.0	24.4***
가장 중요한 채널											
라디오 또는 텔레비전	8.0	4.2	3.4	12.6	2.2	2.0	2.1	3.4	6.6***	7.4***	3.9
신문인쇄 또는 온라인	6.0	8.8	6.1	11.9	11.2	11.0	3.8	7.8	8.6	9.9**	7.4
대안 온라인 매체	5.1	9.3	6.7	11.5	3.7	8.1	9.2	8.5**	7.0	7.2	8.0
광고, 전단 그리고/또는 포스터	2.4	4.1	4.6	6.6	7.8	8.3	5.2	5.4	5.7	5.4	5.6
전체 매체	21.5	26.4	20.7	42.6	25.0	29.4	20.2	25.0	27.9***	27.4***	22.7

	국가							시위 쟁점		시위자 유형	
	벨기에	이탈리아	네덜란드	스페인	스웨덴	스위스	영국	문화적	경제적	간헐적 시위자	활동가
파트너 그리고/또는 가족	4.7	6.6	5.0	4.6	8.4	10.4	4.1	7.6***	4.6	8.1***	5.4
친구 그리고/또는 지인	5.9	16.1	8.9	5.9	15.0	17.0	13.9	15.4***	7.4	12.3	11.1
학교 또는 일터의 사람	5.9	5.0	9.7	4.1	1.8	2.1	4.1	2.3	7.6***	8.0***	3.9
단체 또는 협회의 성원	27.0	26.0	17.6	14.3	13.8	14.9	16.0	13.3	22.8***	11.0	20.2***
전체 대인 네트워크	43.5	53.8	41.2	28.9	39.0	44.3	38.2	38.5	42.4***	36.0	36.9
조직 네트워크	25.0	9.3	30.0	18.0	17.4	20.0	26.4	22.4	21.5	19.8	22.9***
온라인 소셜 네트워크	10.0	10.6	8.0	10.6	18.6	6.3	15.2	14.1***	8.2	11.0	11.5

* p ≤ 0.05, ** p ≤ 0.01, *** p ≤ 0.001

한 채널이었고, 따라서 사회운동으로의 충원에 대한 구조적 설명을 확인시켜 준다. 대인 유대는 이탈리아에서 특히 중요하며, 다른 나라들에서는 훨씬 덜 중요한데, 특히 스페인에서는 더욱 그러하다. 이와 대조적으로 이탈리아 시위자들은 다른 나라의 시위자들보다 조직 네트워크에 훨씬 낮은 정도로 의존한다. 하지만 대인 네트워크 중에서는 단체나 협회의 성원이라는 것이 가장 중요한 채널이며, 그다음이 친구나 지인이다. 마지막으로, 온라인 소셜 네트워크는 영국과 스웨덴에서 더 중요한 반면, 네덜란드와 스위스에서는 훨씬 덜 중요하다.

이처럼 시위 참여를 뒷받침하는 동원 구조는 일정한 공통점을 보이면서도 맥락에 의존한다. 각 나라에서 매체가 갖는 지위·신뢰도·정당성, 대인관계가 갖는 중요성, 조직화된 시민사회가 수행하는 역할, 그리고 온라인 소셜 네트워크가 차지하는 지위는 서로 다르며, 그러한 차이가 시위에 사람들을 동원하는 데서 서로 다른 채널이 작동하게 한다. 그렇다면 시위 쟁점과 시위자 유형별로 동원 채널이 서로 다른가? 시위 쟁점과 관련하여 우리는 경제적 쟁점에 관한 시위에서는 매체뿐만 아니라 대인 네트워크가 약간 더 중요한 역할을 하는 반면, 문화적 쟁점에 관한 시위에서는 온라인 소셜 네트워크가 더 큰 역할을 하며, 조직 네트워크의 경우는 유의미한 차이가 존재하지 않는 것을 볼 수 있다. 하지만 더 큰 차이는 더 구체적인 범주들에 존재한다. 이를테면 라디오, 텔레비전, 신문과 같은 전통적인 매체는 경제적 시위에서 더 빈번한 동원 채널이다. 또한 구체적인 대인 네트워크들은 시위 쟁점별로 서로 다른 역할을 한다. 즉, 친구와 지인은 문화적 쟁점에 관한 시위에서 더 중요한 반면, 학교나 일터의 사람들과 단체나 협회의 성원들은 경제적 쟁점에 관한 시위에서 더 중요하다. 동료 노동조합원들은 이 점에서 핵심적인 역할을 했을 것이다.

시위자의 유형과 관련해서는 우리는 네 가지 주요한 채널 간의 차이가 예상했던 것보다 적다는 것을 알 수 있다. 세 가지 네트워크 변수(대인 네트워크, 조직 네트워크, 온라인 소셜 네트워크) 모두는 통계적으로 유의미한 차이를 보이지만, 매체 변수의 경우는 유의미한 차이를 보이지 않는다. 대인 네트워크, 조직 네트워크, 온라인 소셜 네트워크는 활동가 전반(표의 위쪽 부분)에서 더 큰 역할을 하는 것처럼 보이지만, 우리가 가장 중요한 채널(표의 아래쪽 부분)을 살펴볼 때에는 그리 큰 역할을 하지 않는다. 하지만 매체는 활동가보다는 간헐적 시위자들에 의해 가장 중요한 채널로 보다 자주 언급되는데, 이는 매체가 간헐적 시위자들을 충원하는 데서 특히 대중화된 채널임을 시사한다. 그렇지만 가장 중요한 차이점은 구체적인 일부 범주들에서 나타난다. 두 가지 측면이 이 점과 관련하여 특히 의미 있다. 첫째, 라디오와 텔레비전은 간헐적 시위자들 사이에서 더 중요한 동원 채널인데, 이는 라디오와 텔레비전이 이러한 유형의 참가자들을 충원하는 데 유용하다는 것을 다시 한번 시사한다. 둘째, 단체의 성원들은 활동가들에게 훨씬 더 중요한데, 이는 하나 이상의 시위에 참석한 개인들이 서로 다른 유형의 사회적 대의를 지지하는 단체에 참여하고 그것이 그들로 하여금 반복적으로 계속해서 시위에 참여하게 하기 때문이다. 이처럼 간헐적 시위자들과 활동가들은 부분적으로 서로 다른 동원 채널에 의존하는 것으로 보인다. 즉, 간헐적 시위자들은 더 자주 (전통적인) 매체에 의존하는 반면, 활동가들은 단체를 통해, 특히 단체나 협회의 성원을 통해 시위에 더 자주 충원된다.

사회운동 연구자와 정치 참여 연구 전통의 학자들이 공히 대인 네트워크에 부여한 핵심적인 역할을 감안할 때, 대인 네트워크를 보다 면밀하게 살펴볼 필요가 있다. 〈표 5-3〉에는 저항자들을 거리로 끌어낸 구체적인 대인 네트워크들이 열거되어 있으며, 국가, 시위 쟁점, 시위자 유형에 따라 자료를 다시 한번 세분화해 놓았다. 〈표 5-2〉가 시위자가 자신이 참석한 시위에 대해 알게 된 채널(정보 채널)을 나타내는 것이었다면, 이 표는 응답자들에게 그 시위에 참여하도록 구체적으로 요구한 사람들(충원 채널)을 살펴보는 것이다.

〈표 5-3〉의 윗부분을 살펴보면, 비록 다소 랜덤한 방식이기는 하지만, 다양한 관계 집단이 충원에서 수행하는 역할이 나라마다 다르다는 것을 알 수 있다. 시위자의 높은 비율이 누군가에게서 참여를 요구받아 왔다. 하지만 일부 국가에서는 아무에게서도 요구받지 않은 사람들의 비율이 더 높다. 이는 스페인의 경우에서 가장 두드러진다. 다시 한번 이것은 인디그나도스 운동의 중요성 및 (그 운동에서, 그리고 공식적인 성원이 적은 그 운동단체들에서) 온라인 소셜 네트워크가 동원 채널로서 수행한 역할과 관련되어 있을 수 있다(Anduiza et al. 2014). 누군가로부터 요구를 받은 사람 가운데서는 친구뿐만 아니라 응답자가 회원으로 있는 단체의 동료 회원도 가장 빈번한 충원자인 것으로 나타난다. 물론 단체의 동료 회원들도 친구일 수 있으며, 따라서 두 범주는 특히 활동가들 사이에서 일정 정도 중첩될 수 있다. 하지만 그들이 수행하는 역할의 정도는 7개국에서 다르다. 친구는 이탈리아와 스웨덴에서 특히 중요한 반면, 특히 벨기에와 스

표 5-3 | 국가, 시위 쟁점, 시위자 유형별 대인관계 총원

단위: %

	국가							시위 쟁점		시위자 유형	
	벨기에	이탈리아	네덜란드	스페인	스웨덴	스위스	영국	문화적	경제적	간헐적 시위자	활동가
요구받았다											
어느 누구에게도 요구받지 않았다	25.5	21.1	27.7	46.1	21.7	34.1	31.3	28.7	31.8***	33.4***	29.5
파트너 또는 가족	11.3	15.1	8.8	13.5	20.0	15.7	9.1	15.1***	10.6	14.3*	12.4
친척	3.2	3.2	3.9	4.0	4.9	4.2	2.1	3.8	3.5	4.1	3.6
친구	13.1	31.2	15.8	16.0	35.0	21.2	21.6	25.4***	16.8	19.2	22.3***
지인	4.7	9.9	4.3	4.7	12.1	8.0	6.5	8.2***	5.4	4.6	7.7***
직장 또는 학교 동료	13.1	13.5	24.0	8.0	10.3	5.1	10.0	7.1	17.9***	15.8***	11.8
내가 회원인 단체의 동료 회원	36.3	25.0	28.0	19.2	23.8	20.4	30.3	23.0	29.6***	17.1	29.9***
요구했다											
어느 누구에게도 요구하지 않았다	10.3	11.4	12.4	22.4	9.9	11.7	13.8	11.6	15.0***	15.6***	12.8
파트너 또는 가족	24.8	27.0	20.0	31.8	36.2	34.0	24.5	32.1***	23.4	26.1	28.8**
친척	12.0	8.3	10.9	14.5	12.5	11.8	10.6	12.7***	10.6	10.7	12.2*
친구	30.0	52.8	30.7	37.6	49.6	41.3	42.4	45.4***	33.7	33.3	42.8***
지인	16.7	21.4	14.2	17.1	20.2	23.9	15.6	20.0***	16.0	12.4	20.4***
직장 또는 학교 동료	24.8	26.1	32.9	21.1	20.1	13.8	20.1	15.9	30.2***	21.7	24.3**
내가 회원인 단체의 동료 회원	20.6	16.2	14.5	10.9	15.4	9.5	18.4	13.4	16.6***	7.3	17.9***

* p ≤ 0.05, ** p ≤ 0.01, *** p ≤ 0.001

페인에서는 더 작은 역할을 한다. 동료 회원은 벨기에서 더 중요하고, 스페인과 스위스에서는 훨씬 덜 중요하다. 게다가 우리는 다른 모든 나라에 비해 네덜란드의 경우에 직장이나 학교 동료들이 충원자로 특히 높은 비율을 차지하고 있음을 알 수 있다. 이는 일부 국가에서는 단체가 다른 국가들 — 참여가 다른 유형의 대인 유대로 인해 자극을 받을 가능성이 크거나 아니면 전혀 자극받지 않는(이 경우는 참여와 연계된 직접적인 대인 충원 시도가 전혀 존재하지 않았다는 것을 시사한다) — 에서보다 충원에서 훨씬 더 두드러진 역할을 한다는 것을 시사한다.

대인 충원 역시 시위 쟁점에 따라 다르다. 이 측면에서는 구체적인 관계 집단이 더 중요하다. 문화적 쟁점을 다루는 시위에 참여하는 사람들 사이에서는 파트너, 가족, 친구가 보다 중요한 충원자들이다. 경제적 쟁점을 다루는 시위에 참석하는 사람들에서는 직장 또는 학교 동료와 함께 응답자가 회원인 단체의 동료 회원들이 더 큰 역할을 한다. 이는 경제적 쟁점을 다루는 시위에 참석하는 사람들의 경우 단체나 협회의 성원들에 의해 충원된 사람들이 많다는 것을 말해준다.

시위자의 유형별 차이는 그리 크지 않다. 아무에게서도 요구받지 않아온 시위자의 비율은 두 집단에서 거의 같으며, 단지 간헐적 시위자들 사이에서 조금 더 높을 뿐이다. 이 두 집단 간의 가장 큰 차이는 응답자가 회원인 단체의 동료 회원이 보다 빈번히 참여하는 활동가인 경우에서 나타나는데, 이는 앞에서 살펴보았듯이 조직 네트워크가 활동가들 사이에서 더 큰 역할을 한다는 것을 입증해 준다. 다른 차이들은 그냥 무시해도 되는데, 아마도 예외가 있다면 간헐적 시위자들 가운데서도 직장이나 학교의 동료들로부터 요구받았다고 말한 사람들의 비율이 더 높았다는 것 정도이다.

〈표 5-3〉의 아래 부분은 질문을 뒤집어서 응답자들이 누구에게 시위에 참가하라고 요구했는지를 살펴본 것으로, 충원의 또 다른 척도를 제공한다. 이와 관련하여 발흐라버와 바우터스(Walgrave and Wouters 2014)는 우리가 여기서 사용하고 있는 것과 동일한 저항 조사 데이터의 더 작은 표본을 기초해서 충원자와 피충원자의 관계를 뒤집어 살펴보는 흥미롭고 드문 시도에서 어떤 시위 참여자가 다른 사람에게 참여를 요구할 가능성이 가장 큰지, 그리고 누구에게 참여를 요구하는지를 연구했다. 그들은 시위의 대의에 헌신하고 참여 친화적인 네트워크에 속해 있는 활동가들이 가장 적극적인 충원자이고, 참여자들은 자신들을 충원한 사람과 비슷한 사람들을 충원하는 경향이 있으며, 강한 유대를 통해 충원된 참여자들이 스스로는 덜 적극적인 충원자임을 발견한다.

여기서 한 가지 흥미로운 점은 누구에게도 참여하라고 요구하지 않은 시위자의 비율이 참여를 요구받은 시위자의 비율보다 낮다는 것이다. 달리 표현하면, 참여를 요구받은 시위자들의 수보다 더 많은 수의 시위자들이 누군가에게 참여를 요구했다는 것이다. 이는 시위 참여자들이 피충원자 역할보다는 충원자 역할을 더 많이 한다는 것을 시사한다. 이것은 다시 한번 더 국가, 시위 쟁점, 시위자 유형별로 다르다. 단순하게 각각의 기준마다 하나씩 세 가지 점을 강조해 보자. 첫째, 스페인 시위자들은 다른 나라의 시위자들보다 덜 적극적인 충원자이다. 둘째, 문화적 쟁점에 관한 시위에서는 경제적 쟁점에 관한 시위에서보다 충원자의 수가 적은데, 특히 직장 동료나 학교 동료의 경우에 그러하다. 하지만 그들은 파트너나 가족 성원, 그리고 친구는 더 많이 충원한다. 셋째, 활동가들이 간헐적 시위자들보다 더 자주 충원한다. 특히 친구, 지인, 그리고 자신이 회원인 단체의 동료 회원들에게 더욱 참여를 요구한다.

시위하러 가기:
그들은 시위에 밀어 넣어졌는가 아니면 뛰어들었는가?

지금까지 우리는 시위자의 동원 구조와 동원 채널이 국가적 맥락, 시위 쟁점, 시위자 유형에 따라 어떻게 다른지를 살펴봐 왔다. 우리가 앞의 두 장에서 했던 것과 다음 두 장에서 하는 것과 유사하게, 이 마지막 부분에서 우리는 좀 더 설명적인 접근방식을 취하는데, 이는 결사체 참여, 동원 채널(참여를 요구하는 것을 포함하여), 그리고 (대의를 내걸고 거리 시위를 하는 사람들의) 헌신 간의 관계를 검토하기 위한 것이다. 이를 위해 우리는 여러 로지스틱 회귀 모델을 통해서 분석한다. 술레와 슈스만(Soule and Schussman 2005)의 접근방식에서 영감을 받아 우리는 두 단계로 진행한다. 첫 번째 단계에서는 앞에서 논의한 네 가지 동원 채널에다가 '요구받았는가'라는 질문을 더하여 다양한 공변성을 살펴본다. 두 번째 단계에서는 "그들은 시위에 밀어 넣어졌는가 아니면 뛰어들었는가?"라는 우리의 초기 질문에 대한 답을 구하기 위해 다양한 변수들이 시위자의 헌신 ― 시위자의 시위 참여 결심 ― 에 미치는 영향을 살펴본다.

첫 번째 단계의 결과는 〈표 5-4〉에 보고되어 있는데, 이것은 시위자들이 네 개의 동원 채널 ─ 매체, 온라인 소셜 네트워크, 조직 네트워크, 대인 네트워크 ─ 뿐만 아니라 누군가에 의해 참여를 요구받았다는 사실 중에서 어느 것에 의해 충원되는지를 예측하는 5개의 개별 로지스틱 회귀 모델을 보여준다. 앞의 장들에서와 마찬가지로 표에 제시된 결과는 오즈비이다.

우리는 다섯 가지 모델 중 두 가지 모델, 즉 온라인 소셜 네트워크에 관한 모델과 대인 네트워크에 관한 모델에서는 시위 쟁점에서 유의미한 효과를 관찰한다. 하지만 경제적 쟁점을 다루는 시위에 참가한 사람들은 페이스북이나 트위터, 또는 기타 온라인 소셜 네트워크를 통해 충원되었을 가능성이 큰 반면, 대인 네트워크를 통해 충원되었을 가능성도 크다. 이와 대조적으로 다른 동원 채널들은 물론 참여 요구를 받은 사실도 시위 쟁점과는 유의미한 관계가 없는 것으로 보인다.

하지만 우리의 주된 초점은 시위자의 개인 수준의 특성, 특히 간헐적 시위자와 활동가들의 차이에 맞추어져 있다. 이 변수가 다섯 개 모델 모두에서 통계적으로 유의미하기 때문에, 이 분석에서 동원 채널에 대한 이러한 구분이 수행하는 역할은 분명하다. 매체 채널과 관련하여 우리가 발견하는 주요한 차이들은 앞에서의 기술적 분석을 반영하고 대체로 확인시켜 준다. 활동가들은 간헐적 시위자들보다 매체를 통해 충원되었을 가능성이 훨씬 적고, 다른 동원 채널을 통해 충원되거나 참여 요청을 받았을 가능성이 더 크다. 활동가들이 동원 구조에 더 깊이 뿌리내리고 있다는 것은 그들이 온라인 소셜 네트워크를 포함하여 다른 종류의 기존 네트워크를 통해 충원되는 데 유리하다. 이와 대조적으로 간헐적 시위자들은

단위: 오즈비

표 5-4 | 동원 채널과 참여 요구받음에 대한 로지스틱 회귀 모델

	매체		온라인 소셜 네트워크		조직 네트워크		메인 네트워크		요구받음	
젠더(남성)	1.08	(0.05)	1.02	(0.05)	1.10*	(0.05)	0.77***	(0.03)	0.80***	(0.04)
세대										
제2차 세계대전 이후 세대	1.06	(0.09)	0.62***	(0.08)	0.89	(0.07)	0.91	(0.07)	0.84*	(0.07)
1960년대/1970년대 세대(ref.)										
1980년대 세대	0.94	(0.06)	1.27**	(0.11)	1.01	(0.06)	1.19**	(0.07)	1.14*	(0.07)
1990년대 세대	0.92	(0.06)	2.43***	(0.20)	0.89	(0.06)	1.36***	(0.09)	1.30***	(0.09)
2000년대 세대	0.91	(0.06)	4.48***	(0.37)	0.72***	(0.05)	1.81***	(0.13)	1.83***	(0.14)
교육										
중등학교 또는 그 이하(ref.)										
학사 또는 그와 동등한 학위	1.30***	(0.08)	1.15	(0.09)	1.03	(0.06)	0.91	(0.06)	0.86*	(0.05)
석사 또는 그 이상의 학위	1.25***	(0.06)	1.17*	(0.08)	0.96	(0.05)	0.97	(0.05)	0.92	(0.05)
직업										
봉급생활자	1.27**	(0.10)	0.93	(0.10)	1.22*	(0.10)	0.96	(0.08)	0.99	(0.09)
중간 전문직	1.15	(0.10)	1.06	(0.12)	1.07	(0.10)	0.93	(0.09)	1.06	(0.10)
노동계급(ref.)										
실업자	1.26*	(0.14)	1.19	(0.17)	1.14	(0.13)	0.74**	(0.08)	0.90	(0.11)
학생	1.38**	(0.14)	1.33*	(0.15)	1.14	(0.12)	1.27*	(0.14)	1.08	(0.12)
정치적 관심	1.16***	(0.05)	1.39***	(0.08)	1.26***	(0.06)	0.85***	(0.04)	0.91***	(0.04)
정치적 효능감	0.98	(0.04)	1.10	(0.06)	1.21***	(0.05)	0.95	(0.04)	1.05	(0.05)
경제적 가치(좌파-우파)	1.05	(0.03)	0.83***	(0.03)	1.10*	(0.04)	0.96	(0.03)	0.96	(0.03)
사회적 가치(자유주의적)	1.13***	(0.03)	1.14***	(0.04)	0.98	(0.03)	1.03	(0.03)	0.95	(0.03)

	매체		온라인 소셜 네트워크		조직 네트워크		메인 네트워크		요구받음	
단체의 소극적 성원	1.14**	(0.05)	1.09	(0.06)	1.38***	(0.06)	1.00	(0.05)	0.88**	(0.04)
단체의 적극적 성원	0.82***	(0.04)	1.03	(0.06)	1.93***	(0.09)	1.45***	(0.07)	1.29***	(0.06)
활동가	0.88*	(0.05)	1.20**	(0.08)	1.41***	(0.08)	1.19***	(0.06)	1.33***	(0.07)
경제적 쟁점	1.08	(0.05)	0.66***	(0.04)	0.98	(0.05)	1.73***	(0.09)	1.08	(0.06)
국가										
벨기에	1.31**	(0.11)	0.82	(0.08)	1.59***	(0.14)	1.11	(0.10)	0.82*	(0.08)
이탈리아	1.27*	(0.13)	0.70**	(0.08)	0.74*	(0.09)	1.46***	(0.16)	1.07	(0.13)
네덜란드	0.99	(0.08)	0.79*	(0.08)	2.39***	(0.21)	0.85	(0.07)	0.82*	(0.08)
스페인	2.38***	(0.21)	0.97	(0.10)	1.06	(0.10)	0.70***	(0.06)	0.31***	(0.03)
스웨덴(ref.)										
스위스	1.57***	(0.13)	0.43***	(0.05)	1.31**	(0.12)	1.38***	(0.12)	0.62***	(0.06)
영국	0.81**	(0.06)	0.97	(0.09)	1.65***	(0.14)	0.84*	(0.07)	0.62***	(0.06)
상수	0.77	(0.17)	0.06***	(0.02)	0.07***	(0.02)	1.88***	(0.43)	1.82*	(0.43)
로그 가능도	-6825.82		-4955.12		-6425.94		-6469.56		-6108.24	
전체 데이터 수	10,342		10,342		10,342		10,342		10,342	

주: 괄호 안 수치는 표준오차이다.
* p ≤ 0.05, ** p ≤ 0.01, *** p ≤ 0.001

사회적 뿌리내림이 약하기 때문에 그들이 특정 시위에 대해 아는 데서 매체가 보다 중요한 역할을 한다.

직접적 동원 채널(네트워크)과 간접적 동원 채널(매체)의 이러한 차등적 영향은 응답자의 결사체 참여와는 무관하다. 동시에 소셜 네트워크를 통한 충원은 당연히 단체의 성원임의 정도에 달려 있다. 즉, 개인이 기존의 네트워크에 더 뿌리를 두고 있을수록 그가 네트워크를 통해 시위에 대해 알게 되었을 가능성이 더 크다. 이는 적극적 성원에게 특히 더 적용된다. 즉, 단체의 적극적인 성원인 시위자들은 매체를 통해서보다 조직 네트워크나 대인 네트워크를 통해 충원되었을 가능성이 더 크고, 참여 요청을 받았을 가능성도 더 크다.

다른 개인 수준의 변수들도 통계적으로 유의미한 효과를 보여준다. 젠더는 전통적인 동원 구조에서만 중요하다. 즉, 남성은 여성보다 조직 네트워크를 통해 충원되었을 가능성이 크지만, 대인 네트워크에서는 그 가능성이 덜하다. 남성은 또한 참여 요구를 덜 받을 가능성이 크다. 세대는 매체를 제외한 모든 채널에서 역할을 한다. 가장 젊은 시위자들은 더 나이 많은 시위자들보다 온라인 소셜 네트워크를 통해 충원되었을 가능성이 크지만, 또한 대인 네트워크를 통해 충원되었을 가능성 역시 크며, 참여 요구를 받았을 가능성도 크다. 반면 조직 네트워크는 나이 든 세대들에게서 더 큰 역할을 하는 것으로 보인다.

이와 대조적으로 교육은 매체 채널과 온라인 소셜 네트워크의 경우에서 무엇보다도 중요하다. 즉, 보다 교육받은 시위자가 그런 채널을 통해 충원되었을 확률이 높다. 직업은 매체, 온라인 소셜 네트워크, 대인 네트워크의 경우에서 통계적으로 유의미한 효과를 보여준다. 특히 학생들이 그러한 채널을 통해 충원되었을 가능성이 노동계급 시위자들이 그러했을 가능성보다 더 크다. 마지막으로, 우리는 또한 우리가 모델에 포함시킨 여러 가지 태도 변수의 유의미한 효과를 관찰할 수 있다. 즉, 정치적 관심은 매체와 온라인 소셜 네트워크, 그리고 조직 네트워크를 통한 충원과 정正의 관계에 있고, 대인 네트워크와 참여 요구받음과는 부夼의 관계에 있다. 정치적 효능감은 조직 네트워크를 통한 충원에만 긍정적인 영향을 미친다. 좌파 시위자들은 조직 네트워크를 통해 충원되었을 가능성이 더 크고, 온라인 소셜 네트워크를 통해 충원되었을 가능성은 더 적다. 반면 자유주의적 시위자들은 매체와 온라인 소셜 네트워크 모두를 통해 충원되었을 가능성이 크다.

〈표 5-5〉는 우리 분석의 두 번째 단계의 결과를 보여준다. 여기서 우리의 목적은 두 가지이다. 한편에서 우리는 동원 구조가 시위 참가자들에게 미치는 영향을 확인하는 것을 목적으로 한다. 다른 한편에서는 시위 참여가 구조적 접근방식이 주장하는 대로 충원의 문제인지(그들이 밀어 넣어졌는가?), 아니면 심리학적 설명과 합리적 선택 설명이 주장하는 대로 개인의 의지의 문제인지(그들이 뛰어들었는가?), 아니면 어쩌면 둘 다의 문제인지에 답하고자 한다. 우리 이전에 다른 사람들도 이와 유사한 시도를 해왔다. 세 가지 사례를 언급해 보자. 슈스만과 술레(Schussman and Soule 2005)는 개인의 저항 참여에 대한 세 가지 주요 설명 — 전기적 가용성, 정치 참여, 구조적 가용성 — 을 검증해 왔다. 파시와 지우니(Passy and Giugni 2001)는 사회운동의 참여 차이에서 소셜 네트워크와 개인의 인식이 수행하는 역할을

조사해 왔다. 손더스와 그의 동료들(Saunders et al. 2012)은 우리가 이 책에서 분석한 바로 그 데이터를 사용하여 시위에서 차등적 참여를 결정하는 요인을 탐구하고자 하는 유사한 노력 속에서 기존의 문헌들에서 끌어낸 세 가지 모델 ― 전기적 가용성과 구조적 가용성을 지칭하는 구조 모델structural model, 정치적 참여와 심리적 참여를 지칭하는 행위 주체 모델agential model, 그리고 구조적 요소와 행위자 요소를 결합한 모델 ― 을 검증했다. 여기서 우리는 '미는' 요인과 '당기는' 요인의 상대적 비중도 살펴보지만, (우리 데이터의 성격을 감안할 때 불가능한) 단순한 참여 사실이나 참여의 차이보다는 시위자의 헌신에 초점을 맞춘다. 이를 위해 우리는 단계적 접근방식에 따라 여섯 개의 별개의 모델을 실행한다. 모델 1에는 어떠한 동원 채널 변수도 포함되어 있지 않다. 후속 모델들에는 네 가지 동원 채널 가운데서 각각 하나씩 추가된다. 즉, 모델 2에는 매체가, 모델 3에는 온라인 소셜 네트워크가, 모델 4에는 조직 네트워크가, 모델 5에는 대인 네트워크가 추가된다. 최종 모델에는 '요구받음' 변수가 추가된다. 각 모델은 이전 분석에 포함된 변수 모두를 포함하고 있다. 〈표 5-5〉에 제시된 결과는 오즈비이다.

다양한 예측 변수를 이전과 같은 순서로 살펴보자. 모델별로는 효과에서 거의 차이가 없기 때문에, 우리는 모든 변수를 포함하는 모델 6에 초점을 맞춘다. 결사체 참여 정도를 나타내는 두 가지 척도는 모든 모델에 걸쳐 하나의 명확한 결과를 보여준다. 즉, 단체의 적극적 성원임은 시위에 참여하고자 하는 더 강한 동기와 관련되어 있는 반면, 소극적 성원임은 헌신에서 중요해 보이지 않는다. 이는 기존 네트워크의 역할을 강조해 온, 사회운동과 시위 활동에 대한 구조적 설명과 부합한다(Lim 2008; McAdam

1986, 1988; McAdam and Paulsen 1993; Passy 2003; Snow et al. 1980). 동시에 이는 적어도 헌신의 경우에 실제로 중요한 것은 단순히 재정적으로 기여하는 것이 아니라 자발적 결사체에 적극적으로 참여하는 것임을 시사한다. 이는 대의에 적극적으로 참여하기보다는 대의에 재정적으로 기여하는 것에 기초하는 '수표책 행동주의checkbook activism'(Jordan and Maloney 1997)는 깊이 헌신하는 활동가들을 특징짓는 특성이 아님을 시사한다.

다른 개인적 특성들의 경우에 사회인구학적 변수와 태도 변수 모두는 헌신과 유의미하게 연관되어 있다. 사회인구학적 특성과 관련하여 살펴볼 때, 남성은 여성보다 덜 강하게 헌신하고, 젊은 세대는 베이비부머 세대보다, 그리고 제2차 세계대전 이후 세대보다도 덜 헌신적이며, 더 많은 교육을 받은 시위자는 중등교육 또는 그 이하로만 교육받은 사람들보다 덜 헌신적이고, 모든 직업적 지위는 노동계급에 속하는 사람들보다 덜 헌신적이다. 간략히 말하면, 그렇게 젊지 않고 그렇게 많은 교육을 받지 못한 노동계급 여성이 다른 사회계층에 속하는 젊고 고학력인 남성보다 시위 참여에 더 헌신하는 경향이 있다. 정치적 태도와 관련해서는 좌파 가치와 자유주의적 가치가 더 강한 헌신과 연계된 것과 마찬가지로 정치적 관심과 정치적 효능감도 더 강한 헌신과 연계되어 있다. 간략하게 말하면, 정치에 관심이 있고 정치적 효능감이 강한 좌파 자유주의자들이 시위 참여에 더 헌신적이다.

헌신은 동원 채널 및 참여 요구받음과 어떻게 관련되어 있는가? 〈표 5-5〉에는 네 가지 동원 채널과 함께 '요구받음' 변수가 포함되어 있어 이 질문에 답할 수 있게 해준다. 이들 요인 모두가 포함된 모델 6을 살펴볼

표 5-5 | 헌신에 대한 로지스틱 회귀 모델

단위: 오즈비

	모델 1	모델 2	모델 3	모델 4	모델 5	모델 6
젠더(남성)	0.67*** (0.03)	0.67*** (0.03)	0.67*** (0.03)	0.67*** (0.03)	0.66*** (0.03)	0.66*** (0.03)
코호트						
제2차 세계대전 이후 세대	1.20* (0.10)	1.20* (0.10)	1.20* (0.11)	1.21* (0.11)	1.21* (0.11)	1.20* (0.11)
1960년대/1970년대 세대(ref.)						
1980년대 세대	0.94 (0.06)	0.94 (0.06)	0.93 (0.06)	0.93 (0.06)	0.94 (0.06)	0.94 (0.06)
1990년대 세대	0.68*** (0.05)	0.68*** (0.05)	0.67*** (0.05)	0.67*** (0.05)	0.67*** (0.05)	0.68*** (0.05)
2000년대 세대	0.60*** (0.04)	0.60*** (0.04)	0.58*** (0.04)	0.59*** (0.04)	0.60*** (0.04)	0.61*** (0.04)
교육						
중등학교 또는 그 이하(ref.)						
학사 또는 그와 동등한 학위	0.73*** (0.05)	0.73*** (0.05)	0.72*** (0.05)	0.72*** (0.05)	0.72*** (0.05)	0.72*** (0.04)
석사 또는 그 이상의 학위	0.60*** (0.03)	0.60*** (0.03)	0.59*** (0.03)	0.59*** (0.03)	0.59*** (0.03)	0.59*** (0.03)
직업						
봉급생활자	0.83* (0.07)	0.83* (0.07)	0.83* (0.07)	0.81* (0.07)	0.81* (0.07)	0.82* (0.07)
중간 전문직	0.84 (0.08)	0.84 (0.08)	0.84 (0.08)	0.84 (0.08)	0.84 (0.08)	0.84 (0.08)
노동계급(ref.)						
실업자	0.76* (0.09)	0.76* (0.09)	0.76* (0.09)	0.75* (0.09)	0.75* (0.09)	0.75* (0.09)
학생	0.87 (0.09)	0.87 (0.09)	0.86 (0.09)	0.85 (0.09)	0.86 (0.09)	0.86 (0.09)
정치적 관심	1.71*** (0.08)	1.71*** (0.08)	1.70*** (0.08)	1.68*** (0.08)	1.67*** (0.08)	1.67*** (0.08)
정치적 효능감	1.15** (0.05)	1.15** (0.05)	1.14** (0.05)	1.13** (0.05)	1.13** (0.05)	1.13** (0.05)
경제적 가치(좌파-우파)	1.10** (0.03)	1.10** (0.03)	1.11** (0.04)	1.10** (0.03)	1.10** (0.03)	1.10** (0.03)
사회적 가치(자유주의적)	1.06* (0.03)	1.06* (0.03)	1.06* (0.03)	1.06* (0.03)	1.06* (0.03)	1.06* (0.03)
단체의 소득적 성원	0.94 (0.04)	0.94 (0.04)	0.93 (0.04)	0.91* (0.04)	0.91 (0.04)	0.91* (0.04)

	모델 1		모델 2		모델 3		모델 4		모델 5		모델 6	
단체의 적극적 성원	1.27***	(0.06)	1.27***	(0.06)	1.27***	(0.06)	1.22***	(0.06)	1.23***	(0.06)	1.24***	(0.06)
동원 채널												
매처			1.01	(0.04)	1.01	(0.04)	1.03	(0.05)	1.02	(0.05)	1.00	(0.04)
온라인 소셜 네트워크					1.12*	(0.06)	1.12*	(0.06)	1.12*	(0.06)	0.94	(0.05)
조직 네트워크							1.36***	(0.06)	1.34***	(0.06)	1.35***	(0.06)
대인 네트워크									0.89*	(0.04)	1.13*	(0.06)
요구받음											0.80***	(0.04)
활동가	1.53***	(0.08)	1.53***	(0.08)	1.52***	(0.08)	1.49***	(0.08)	1.50***	(0.08)	1.52***	(0.08)
경제적 정점	1.36***	(0.07)	1.36***	(0.07)	1.37***	(0.07)	1.37***	(0.07)	1.39***	(0.07)	1.39***	(0.07)
국가												
벨기에	1.41***	(0.13)	1.41***	(0.13)	1.41***	(0.13)	1.37***	(0.12)	1.38***	(0.12)	1.37***	(0.12)
이틀리아	1.18	(0.13)	1.18	(0.13)	1.19	(0.13)	1.21	(0.13)	1.22	(0.13)	1.22	(0.13)
네덜란드	0.95	(0.08)	0.95	(0.08)	0.95	(0.08)	0.90	(0.08)	0.89	(0.08)	0.89	(0.08)
스페인	1.41***	(0.13)	1.41***	(0.13)	1.41***	(0.13)	1.40***	(0.13)	1.39***	(0.13)	1.32**	(0.12)
스웨덴(ref.)												
스위스	1.24*	(0.11)	1.23*	(0.11)	1.25*	(0.11)	1.23*	(0.11)	1.24*	(0.11)	1.22*	(0.11)
영국	0.98	(0.08)	0.98	(0.08)	0.98	(0.08)	0.94	(0.08)	0.94	(0.08)	0.92	(0.08)
상수	0.57*	(0.13)	0.56*	(0.13)	0.56*	(0.13)	0.57*	(0.13)	0.62*	(0.14)	0.69	(0.16)
로그 가능도	-6356.02		-6355.97		-6353.72		-6330.82		-6327.69		-6317.68	
전체 데이터 수	10,024		10,024		10,024		10,024		10,024		10,024	

주: 괄호 안 수치는 표준오차이다.
* p ≤ 0.05, ** p ≤ 0.01, *** p ≤ 0.001

때, 이들 변수 중 세 가지 — 조직 네트워크, 대인 네트워크, 그리고 요구받음 — 가 통계적으로 유의미한 효과를 보여준다. 앞의 두 변수의 효과는 헌신과 정正의 관계에 있는 반면, 후자의 효과는 부負의 관계에 있다. 따라서 정치적 태도와 가치는 물론 그러한 사회적 특성까지 제외하면, 조직 네트워크나 대인 네트워크를 통해 충원된 시위자가 더 강하게 헌신할 가능성이 크다. 사회적 네트워크는 사람들이 거리 시위에 참여하도록 하는 동기를 부여하는 데서 '당기는' 요소로 강력하게 작용하는 것으로 보인다. 이는 잠재적인 충원자들과 시위 쟁점을 놓고 나누는 대화가 예비 참가자들로 하여금 더 강하게 헌신하게 만드는 모종의 '설득' 효과로 작동했기 때문일 수 있다. 하지만 요구를 받는 것은 헌신과 부의 관계에 있는데, 이는 누군가로부터 참여를 요구받은 시위자들이 누구로부터도 요구받지 않았다고 말한 시위자들보다 덜 헌신적이라는 것을 시사한다. 만약 어떤 사람이 덜 헌신적이라면, 그는 누군가로부터도 참여 요구를 받았을 가능성이 크다. 다시 말해 만약 당신이 매우 헌신적이라면, 당신은 저항에 스스로 '뛰어들었을' 것이고 따라서 요구받을 필요가 없을 것이다. 이와 대조적으로 만약 당신이 특별히 헌신적이지 않다면, 당신은 누군가가 당신을 저항에 '밀어 넣는' 것이 필요하다.

대인관계 채널, 요구받음, 동기부여 간의 복잡한 관계는 모델 5와 6을 비교함으로써 알 수 있다. 여기서 우리는 '요구받음' 변수를 모델에 포함시킬 경우 대인 네트워크의 효과가 변하는 것을 볼 수 있다. 모델 5에서 관찰된 부의 효과가 모델 6에서는 정의 효과로 바뀐다. 이는 사람들이 보통 다양한 관계 집단 중 하나에 속한 사람에 의해 참여를 요구받을 때 요구받음을 통한 충원과 대인 네트워크를 통한 충원이 중첩되기 때문이다. 게다가 '요구받음' 변수를 추가한 모델 6에서는 모델 5에서 나타나는 온라인 소셜 네트워크의 유의미한 정의 효과가 사라지는데, 이는 온라인 소셜 네트워크가 헌신에 미치는 효과가 참여를 요구받은 사실에 의해 포착되고 있음을 시사한다. 달리 말해 온라인 소셜 네트워크는 사람들이 그러한 채널을 통해 참여를 요청하고 또 직접 참여를 호소한다는 사실로 인해 사람들을 더욱 헌신적으로 만든다. 마지막으로, 매체 채널은 어떤 모델에서도 유의미하지 않기 때문에 다른 효과들을 제외하면 그 어떤 역할도 하지 않는 것으로 보인다.

요약하면, 우리가 제기한 처음의 질문 ― "그들은 밀어 넣어졌는가 아니면 뛰어들었는가?" ― 과 관련하여, 우리는 '미는' 요인과 '당기는' 요인 모두가 일정한 역할을 하며, 심리학적 설명과 합리적 선택 설명뿐만 아니라 구조적 설명까지 모두를 뒷받침한다고 결론 내릴 수 있다. 우리의 분석은 시위자들의 헌신은 그들의 젠더, 연령, 교육, 직업과 같은 특정한 사회인구학적 특성에 달려 있지만, 그들은 또한 그들의 정치적 가치뿐만 아니라 정치적 관심과 효능감의 정도 같은 특정한 태도적 특질에 의해서도, 그리고 다양한 동원 채널(특히 조직 네트워크와 대인 네트워크가 제공하는 직접적 채널)의 충원 행위뿐만 아니라 그들이 기존의 네트워크에 뿌리를 두고 있다는 점에 의해서도 참여에 헌신하게 된다는 것을 보여준다. 동시에 우리가 동원 채널 변수를 모델에 포함시킬 때, 정치적 관심과 단체의 적극적 성원임 같은 일부를 제외하고는 다른 변수의 효과는 거의 변하지 않는다. 이는 개인의 특성(결사체 참여를 포함하여)이 헌신에 미치는 영향이 동원 채널과 다양한 종류의 소셜 네트워크의 충원 활동에 의해 매개되는 것이 아니라 하나의 독자적인 효과라는 것을 의미한다.

결론

사회운동 연구자들은 시위 참여에서 기존의 네트워크와 유대가 수행하는 역할뿐만 아니라 사회적 뿌리내림이 수행하는 역할도 자주 강조해 왔다(Lim 2008; McAdam 1986, 1988; McAdam and Paulsen 1993; Passy 2003; Snow et al. 1980). 마찬가지로 정치 참여 연구 전통에 속하는 학자들도 조직이 사람들로 하여금 정치 일반에, 보다 구체적으로는 저항 정치에 참여하게 하는 핵심적 현장으로서 수행하는 역할을 강조해 왔다(Brady et al. 1995; Verba et al. 1995). 동시에 두 학문적 전통은 또한 개인의 특징, 태도, 인식이 저항 활동에 참여하는 사람들의 성향에 미치는 영향을 지적해 왔다. 이는 사회운동 충원에 관한 두 가지 서로 대립되는 견해, 즉 시위자들이 다른 행위자들에 의해 저항 활동에 참여하게 된다고 주장하는 견해(그들은 밀어 넣어졌는가?)와 시위자들이 자신들의 특정한 특성에 따라 독자적인 선택을 한다고 가정하는 견해(그들은 뛰어들었는가?)를 낳았다. 구조적인 설명은 소셜 네트워크와 동원 채널의 역할을 강조하는 반면, 심리학적 설명과 합리적 선택 설명은 이데올로기, 정체성, 효능감 및 기타 개인적 수준의 요소들의 중요성을 강조한다.

우리의 분석은 동원 구조가 시위 참여자들에게 수행하는 역할을 이해하는 데서 두 가지 중요한 결과를 산출했다. 첫째, 시위자들은 서로 다른 종류의 조직 - 정당, 노동조합, 전문직 단체는 물론 다양한 자발적 결사체 - 에 적극적 성원과 소극적 성원 모두로 깊이 뿌리내리고 있다. 둘째, 특정 유형의 시위자들은 다른 시위자들보다 사회적으로 더 뿌리를 내리고 있다. 좀 더 일반적으로 말하면, 우리의 분석은 시위자들의 동원 구조가 복잡한 모습을 하고 있음을 보여준다. 동원 구조는 국가, 시위 쟁점(사회적 쟁점 대 경제적 쟁점)에 따라, 그리고 가장 중요하게는 시위자 유형에 따라 다르다. 후자의 측면과 관련하여 우리는 특히 더 자주 시위하는 사람들이 정당과 노동조합에 더 강하게 참여한다는 것을 보여주었다. 그렇지만 간헐적 시위자들도 조직에 상당히 뿌리내리고 있는데, 이는 항쟁 정치라는 한편과 제도 정치와 이익정치라는 다른 한편 간의 긴밀한 연관성을 보여준다.

우리는 동원 채널과 관련해서는 다양한 채널 - 직접적 채널과 간접적 채널 모두 - 의 서로 다른 영향을 살펴보았다. 보다 구체적으로 말하면, 시위자들은 매체, 온라인 소셜 네트워크, 조직 네트워크 또는 대인 네트워크를 통해 충원되는 정도에서 서로 달랐으며, 대인 네트워크에서는 시위자들이 누군가로부터 참여 요구를 받은 정도에서 차이가 있다. 우리는 다시 한번 국가, 시위 쟁점, 시위자 유형에 따라 중요한 변이를 관찰한다. 우리의 분석은 (간접적인) 매체 채널이나 온라인 소셜 네트워크에 비해 보다 전통적인 (직접적인) 조직 및 대인 유대가 무엇보다 중요하다는 것, 특히 가장 적극적인 참여자들에게서 그러하다는 것을 보여주었다. 또한 가장 적극적인 참여자들의 경우에는 자신들이 회원인 단체의 동료 회원들로부터 요구받는 것이 시위 참여에서 보다 중요한 채널이었다면, 간헐적 시위자들은 매체에 더욱 의존했다. 마지막으로, 우리는 동원 구조와 헌신 간의 복잡한 관계를 탐구해 왔다. 이와 관련하여 우리의 분석은 사회운동과 저항 활동 참여에 대한 구조적 설명뿐만 아니라 심리학적 설명과 합리적 선택 설명까지 모두를 뒷받침한다. 이 장에서는 우리가 구조적 관점을 취해 왔지만, 다음 장에서는 심리적 참여psychological engagement를 중심에 위치시키고 인지적 성향과 정서적 성향의 역할에 초점을 맞출 것이다.

제6장

시위자들 사이에서의 인지와 정서

이 장에서 우리는 시위자들 사이에서 인지와 정서가 수행하는 역할을 고찰한다. 우리는 시위자의 정치적 태도에 대한 논의에서 시작한다. 우리는 특히 시위 참여와 연관되어 있는 네 가지 주요 태도 — 정치적 관심, 민주주의의 작동방식에 대한 만족(체계 지지), 정치적 신뢰(특정 정치 행위자와 정치기관에 대한 지지), 정치적 효능감 — 에 초점을 맞춘다. 이에 더하여 우리는 시위의 인지된 효과성에 대한 느낌을 살펴본다. 우리는 특히 시위자들이 정치에 관심을 가지는 정도, 민주주의에 만족하는 정도, 정치기관을 신뢰하는 정도, 그들이 자신들의 참여를 통해 사태를 변화시킬 수 있다고 느끼는 정도를 검토한다. 우리는 또한 정치적 관심, 만족, 신뢰, 효능감이 국가에 따라, 시위가 문화적 쟁점을 다루는지 아니면 경제적 쟁점을 다루는지에 따라, 그리고 또한 활동가와 간헐적 시위자에 따라 어떻게 다른지 살펴본다. 이는 시위자들이 제도 정치에 얼마나 불만을 가지고 있는지, 만약에 불만이 있다면 그 불만이 국가, 시위 쟁점, 시위자 유형에 따라 어떻게 다른지를 평가하기 위한 것이다. 낮은 수준의 정치적 관심, 만족, 신뢰, 효능감 모두가 사람들의 정치에 대한 불만과 정치적 소외에 기여한다. 우리는 제2장에서 ESS 데이터의 분석을 통해 비록 국가 간 변이가 크기는 하지만(이 점에서는 특히 이탈리아와 스페인이 특히 두드러졌다) 유럽인들이 정치적으로 상당히 소외되어 있음을 발견했다. 여기서 우리는 일반 주민과 비교하여 이것이 시위 참여자들에게도 얼마나 적용되는지, 그리고 시위 참여자들이 그들의 정치적 태도에서 뚜렷한 패턴을 드러내는지를 검토한다. 더 나아가 우리는 시위자의 정치적 태도와 그들의 감정의 관계를 살펴본다. 우리는 특히 네 가지 주요 감정 ― 화, 걱정, 공포, 좌절 ― 에 초점을 맞추는데, 우리는 그러한 감정들이 정치적 태도와 결합하여 대의를 이름으로 거리로 나서는 개인들에게 서로 다른 방식으로 영향을 미칠 것으로 예상한다. 정치적 태도 및 감정과 관련하여, 우리는 시위자들 사이에서 나타나는 헌신을 설명하는 두 가지 방식, 즉 정치적 태도에 기초하는 인지적 설명과 감정의 역할을 강조하는 정서적 설명을 평가하고, 헌신을 설명하기 위해 이 두 가지 요소가 어떻게 결합되는지를 검토한다.

정치적 태도와 정치 참여

정치적 태도는 전통적으로 정치 참여를 설명하는 데서 핵심적인 역할을 해왔다. 이것은 특히 투표 이론에서 그러하다. 두 가지 지배적인 이론 ─ 컬럼비아 모델과 미시간 모델 ─ 이 태도에 중요한 역할을 부여한다. 컬럼비아 학파(Lazarsfeld et al. 1948)에서는 태도를 [특히 투표를 예측하는 사회학적 변수들을 측정하는 것을 목적으로 하는 정치 성향 지수Index of Political Predisposition에서 포착했기 때문에] 성향이라고 불렀다. 여기서 성향이란 본래 정치에 대한 개인의 태도에 영향을 미치는 개인의 사회적 특성을 지칭한다. 이 투표 이론이 사회경제적 지위, 종교, 거주 장소 등과 관련한 사회적 지위와 같은 구조적 측면을 우선시했지만, 이 관점에서도 정치적 성향은 투표 선택을 이해하는 데서 중요하다. 하지만 투표 선택을 설명하면서 정치적 태도를 중심에 위치시킨 것은 미시간 학파였다(Campbell et al. 1960). 잘 알려져 있듯이, 이 관점은 투표 선택을 정당 일체감 개념뿐만 아니라 집단의 성원임, 그리고 특정 정당을 선호하게 만드는 일차적 사회화 과정까지를 축으로 하여 설명한다. 정당 일체감이나 애착은 특별한 종류의 정치적 태도, 즉 특정 정당에 대한 정치적 태도로 인식될 수 있다. 이것은 다시 다른 정치적 태도, 즉 후보, 정책, 집단의 혜택 등에 대한 태도에 영향을 미치는 것으로 인식된다(Harrop and Miller 1987).

정치적 태도는 또한 앨먼드와 버바(Almond and Verba 1963)의 영향력 있는 연구에서 비롯된, 이른바 정치문화 패러다임에서도 핵심적인 역할을 한다(이에 대한 논평으로는 Fuchs 2007을 보라). 실제로 "정치문화 연구는 정치적 태도에 관한 엄청나게 다양한 연구에 의해 특징지어진다"(Fuchs 2007: 162). 이 접근방식에서는 사회화 과정을 통해 내면화된 미시 수준에서의 시민들의 태도를 거시 수순에서 총합한 것이 한 나라의 정치문화를 형성한다. 결국 체제의 구조regime structure에 부합하는 정치문화가 민주적 체제의 지속에 결정적인 것으로 인식된다.

우리의 주제와 더 밀접한 관계에 있는 정치 참여에 관한 연구들 - 이들 연구는 사람들이 왜 특정한 정치 활동과 특정한 참여 형태에 참여하는지에 초점을 맞춘다 - 에서도 정치적 태도와 성향은 중심적인 위치를 차지하고 있다. 이를테면 이른바 자발적 시민참여 모델(Brady et al. 1995; Verba et al. 1995)은 자원의 역할, 그리고 특히 시민적 스킬 - 즉, 실제적인 참여를 용이하게 해 주는 커뮤니케이션과 조직 스킬 - 을 강조하면서도, 심리적 참여가 사람들의 정치 참여를 촉진하는 데서 수행하는 역할에 충분한 공간을 제공한다. 이 모델은 정치적 관심, 공적 쟁점에 대한 우려, 정치적 효능감, 그리고 정치적 이해관계를 공유하는 집단에 속해 있다는 의식에 대해, 한마디로 표현하면 정치적 태도들에 대해 보다 구체적으로 언급한다(Brady et al. 1995).

우리의 현재의 목적에서 가장 중요한 것은 정치적 태도가 사회운동과 저항 활동 참여에 관한 이론들에서 핵심적 위치를 차지하고 있다는 것이다. 정치적 태도와 저항 참여의 관계에 관한 논의는 이론적 근거와 경험적 근거 모두를 가지고 있다. 이론적으로 볼 때, 연구자들은 정치에 대한 심리적 참여가 저항 참여에 미치는 영향을 오랫동안 강조해 왔다(Gamson 1968; Klandermans 1997; Piven and Cloward 1979; Schussman and Soule 2005). 우리가 아래에서 좀 더 상세하게 논의하듯이, 그러한 심리적 참여에 대한 논의들은 정치적 관심, 신뢰, 효능감 등과 같은 태도에 대해 자주 언급한다. 경험적으로 볼 때, 저항 참여의 결정요인에 관한 많은 연구는 조사 데이터 - 그 조사가 기존의 일반적 조사(Grasso 2016; Quaranta 2015, 2016;

Schussman and Soule 2005; Barnes and Kaase 1979)이든, 또는 저항 조사(della Porta 2009; della Porta et al. 2006; Fillieule et al. 2004; Giugni and Grasso 2015; Walgrave and Rucht 2010)를 포함한 맞춤형 조사(Barnes and Kaase 1979)이든, 또는 둘을 겸한 조사(Norris et al. 2005; Van Aelst and Walgrave 2001)이든 간에 — 에 기초한다. 오늘날에는 사람들을 조사함으로써 얻을 수 있는 수많은 정보가 사람들이 정치 행위자, 제도, 체제와 같은 구체적인 대상에 대해, 그리고 보다 일반적으로는 정치에 대해 가지고 있는 태도와 성향을 말해 준다.

핵심적인 네 가지 정치적 태도

정치 참여, 좀 더 구체적으로는 저항 참여를 설명할 때, 어떤 정치적 태도가 가장 중요한가? 기존의 문헌들은 중요한 역할을 하는 다양한 태도를 지적한다. 여기서 우리는 네 가지 — 정치적 관심, 민주주의의 작동방식에 대한 만족도, 정치적 신뢰, 그리고 정치적 효능감 — 에 초점을 맞춘다. 종합해 볼 때, 이 네 가지 태도는 구체적인 정치적 대상뿐만 아니라 보다 일반적으로는 정치에 대해 사람들이 갖는 성향까지를 지칭한다. 가장 중요한 것은 이 네 가지 요소가 많은 사람이 정치로부터 점점 더 소외되고 시민들이 정치로부터 이탈하는 것을 묘사하는 지표로 이용될 수 있다는 것이다 (Dalton and Wattenberg 2002; Graso 2016; Hay 2007; Mair 2006). 우리는 일반 주민에 대한 ESS 데이터를 살펴봄으로써 이미 이 문제를 다루었다. 거기서 우리는 유럽 시민들이 정치에 무관심해진 정도, 민주주의에 불만을 느끼는 정도, 정치제도를 불신하는 정도, 정치적으로 무력해진 정도를 평가했다. 이 장에서는 시위에 참여하는 사람들이 이 네 가지 핵심적인 정치적 태도와 관련하여 어떤 점수를 주는지를 살펴본다.

정치적 관심은 저항 참여를 포함하여 정치 참여와 가장 분명하게 연관되어 있는 변수이다. 그것은 심리적 참여의 표준 척도이다. 여기서의 예측은 간단하다. 즉, 개인이 정치에 관심이 더 많을수록, 그 또는 그녀는 저항에 참여할 가능성이 더 크다는 것이다. 이것은 모든 형태의 참여 — 제도적이든 비제도적이든 간에 — 에 적용된다. 하지만 정치적 관심은 활동 자체와 너무나 긴밀한 관계에 있는데, 그것은 아마도 적어도 부분적으로는 정치적 관심이 정치 활동과 함께 발전하기 때문일 것이다. 따라서 정치적 관심은 참여에 대한 다소 평범한 예측자가 된다(Brady et al. 1995).[1] 이런 점에서 볼 때는 다른 정치적 태도들이 보다 유력한 예측 변수라고 할 수 있다.

한 나라에서 민주주의가 작동하는 방식에 대하여 느끼는 만족은, 우리가 앞에서 언급했듯이 앨먼드와 버바(Almond and Verba 1963)의 연구에서, 그리고 보다 일반적으로는 정치문화 패러다임에서 핵심을 이루는 측면의 하나이다. 이 관점에서 만족은 민주적 체제에 대한 지지를 나타내며, 이는 민주적 체제가 지속되기 위한 필수조건이다. 이는 또한 시민문화 논쟁에 대해 퍼트넘(Putnam 1993)이 취하는 입장에서 중요한 역할을 하는 측면이기도 하다(하지만 거기서 퍼트넘은 더 이상 민주주의의 지속이 아니라 민주주의의 작용과 더불어 정부와 기관의 대응성 및 효과성에 초점을 맞추고 있다). 정치 참여에 관한 한, 민주주의에 대한 구체적인 태도가 참여에 미치는 영향은 더욱 양면적이다. 한편에서 연구들은 민주주의에 대한 만족도와 전국 수준에서의 투표율 간에 정의 상관관계가 있음을 보여준다. 즉, 시민들이 민주주의에 대해 더 높은 만족도를 표명한 나라들은 전국 선거에서도 더 높은 수준의 투표율을 보이는 경향이 있다(Franklin 2004; Hobolt 2012; Norris 2002; 이와 다른 견해를 취하는 논의로는 Ezrow and Xezonakis 2016을 보라). 개인적 수준으로 전환하면, 이것은 자국의 민주주의 작동방식에 만족하는 사람들이 투표할 가능성 역시 더 크다는 생각을 뒷받침하는 것으로 볼 수 있다. 하지만 다른 한편에서는 민주주의에 대한 만족도와 투표율 간에는 부의 상관관계가 있음을 보여주는 연구들도 있다. 즉, 민주주의에 대한 시민들의 만족도가 지나치게 증가할 경우 전국 선거의 투표율이 현저하게 감소한다는 것이다(Ezrow and Xezonakis 2016). 더 나아가 현 정세에 대한 불만 — 민주주의의 작동방식에 대한 불만을 포함하여 — 은 도덕적 분노, 갑자기 부여된 불만, 상대적 박탈감, 부정의감, 부당한 불평등의 경험 등(van Stekelenburg and Klandermans 2013)과 함께 사람들을 저항 활동에 참여하게 하는 하나의 구체적인 불만으로 인식되기도 한다(Thomassen 1989). 이처럼 민주주의의 작동방식에 대한 불만은 정부가 특정 쟁점을 다루는 방식에 대한 불만을 반영하는 것일 수도 있고, 시민 측에서의 권위의 탈정당화와 관련된 보다 광범위한 근원적인 차원을 보여주는 것일 수도 있다. 사회운동 연구자들이 주장해 왔듯이, 시민들이 권위에 부여하는 정당성이 낮을수록 동원의 기회는 더 커진다(McAdam 1999; Melucci 1989; Piven and Cloward 1979).

정부에 대한 시민들의 승인과 비승인, 그리고 시민들이 실권자에게 부여하는 정당성의 정도 역시 정치제도에 대한 시민들의 신뢰 수준을 표현한다. 정치적 신뢰가 정치제도와 정치체계에 대해 정당성을 부여하는 데서(Almond and Verba 1963; Schumpeter 1942)뿐만 아니라 민주화 과정(Tily 2007)에서도 근본적이라고 보는 오랜 연구 전통이 있다. 신뢰는 또한 사회적 자본 이론 및 그와 관련된 연구들에서도 중심적인 역할을 한다(이에 대한 논평으로는 Stolle 2007을 보라). 사회적 자본의 생성과 결사체적 삶의 풍부함 및 밀도를 연결시키는 퍼트넘(Putnam 1993, 2000)의 연구에서 영감을 받은 연구들은 정치적 신뢰가 참여에 대해 갖는 중요성을 밝혀내 왔다(Hooghe and Marien 2013). 이 관점에서 볼 때, 사람들이 사회적 네트워크에 더 강력하게 통합되어 있음에서 기인하는 높은 수준의 신뢰는 더 높은 수준의 정치 참여를 낳는다. 하지만 저항에 관한 한, 신뢰보다는 불신이 참여를 자극할 수 있다(Gamson 1968). 특히 정부와 의회에 관한 한, 낮은 수준의 정치적 신뢰는 정부와 의회에 대한 비판적인 입장을 나타내는 것일 수 있으며, 따라서 사람들로 하여금 비관례적인 참여 형태에 더욱 강하게 참여하게 할 수 있다(Dalton 2004; Norris 1999). 정치적 신뢰와 정치 참여의 관계는 두 가지 서로 다른 방식으로 평가되는데, 일부 사람들은 신뢰가 모든 형태의 참여가 일어나는 데서 필수조건이라고 주장하는 반면, 다른 사람들은 불신을 비제도적 참여 형태에 참여하게 하는 것으로 바라본다(Hooghe and Marien 2013).

사회운동 연구자들도 정치적 효능감의 역할을 강조해 왔다. 이것은 선거 행동과 비선거 행동 모두의 연구에서 사용되는 정치학의 핵심 개념으로(Campbell et al. 1954), 사람들이 정치에 참여하도록 동기를 부여하는 데서 정치적 관심과 함께 중요한 요인으로 인식된다(Almond and Verba 1963; Barnes and Kaase 1979; Kaase and Marsh 1979; Verba and Nie 1972; Verba et al. 1978). 이런 점에서 정치학자들은 보통 두 가지 유형의 정치적 효능감을 구별하는데, 내적 효능감은 자신이 정치에 영향을 미칠 수 있다고 믿고 그 결과 정치에 참여하는 것을 일컫는 반면, 외적 효능감은 정부가 자신의 요구에 응할 것이라고 믿는 것을 일컫는다(Balch 1974). 달리 말하면, 전자는 정치의 효과성 요소를 포함하는 반면, 후자는 체계의 대응성 요소를 포함한다(Craig and Maggiotto 1982). 외적 효능감의 부족은 때때로 정치적 냉소주의로 지칭되기도 하지만(Agger et al. 1961), 후자는 신뢰를 포함하여 서로 다른 차원을 지니고 있고 또 다양한 대상과 관련하여 고려할 수 있는 더 복잡한 개념이다(de Vreese 2008). 여기서 가장 중요한 것은 내적 효능감과 외적 효능감 모두를 결여할 경우 그것은 정치에 대한 낮은 동기부여와 낮은 심리적 참여의 신호로, 그리하여 저항 활동을 포함하여 정치적 참여를 막는 것으로 인식된다는 것이다.

서로 다른 조류의 사회운동 문헌들에서 저항이 중요할 수 있다는 인식은 동원을 유발하는 데서 중요한 요인으로 인식된다. 이를테면 크리시와 그의 동료들(Kriesi et al. 1995)은 그들이 '구체적인 기회'라고 부르는 것 속에 개혁/위협, 촉진, 억압과 함께 (인지된) 성공의 기회를 포함시킨다. 이 것들은 사람들로 하여금 집합행위에 참여하도록 고무하거나 참여하지 않게 하는 정치적 기회구조의 동기적 파생물로 인식된다. 정치적 효능감은 합리적 선택 설명을 따르더라도 사람들이 저항에 참여하게 만드는 중요한 요소이며(Marwell and Oliver 1993; Opp 1989, 2009, 2013), 사회심리학적 연구 전통에서도 역시 강조된다(Gamson 1992a, 1992b; Gamson et al. 1982; Klandermans 1997; van Stekelenburg and Klandermans 2013; van Zomeren and Iyer 2009; van Zomeren et al. 2008, 2012).

사회운동 연구자들은 개인적 효능감(또는 효과성)과 집합적 효능감(또는 효과성)을 구별하는 경우가 많다(Opp 2013). 이 구별은 내적 효능감과 외적 효능감의 구별과 부분적으로 중첩되기는 하지만, 또 다른 중요한 차원을 가리키는 것이다. 그리고 개인적 효능감과 집합적 효능감의 구별은 내적 효능감을 두 가지 형태 — 개인적 효능감이 자신의 기여가 중요하다는 느낌을 가리킨다면, 집합적 효능감은 보다 일반적으로 조직화된 시민의 역할을 더욱 강조한다 — 로 더욱 구분하는 것으로 인식할 수도 있다. 사회심리학자들은 집합적 또는 집단적 효능감을 강조하는 경향이 있지만(Klandermans 2013; van Zomeren et al. 2004, 2010, 2013), 연구들은 개인적 효과성이 집합적 효과성과 (비록 보다 더 중요하지는 않지만) 똑같이 중요할 수 있으며, 집합적 효과성은 사회운동에 대한 차별적 참여를 예측하는 객관적인 가용성과 상호작용한다고 시사한다(Passy and Giugni 2001).[2] 아래 분석에서는 내적·외적 효능감에 더하여 시위 참여자들이 자신들의 행위가 갖는 개별적 효과성과 집합적 효과성 둘 다를 느끼는 정도 — 사람들이 참여하는 시위가 목표 달성에 중요한 역할을 한다는 느낌을 포함하여 — 에 대해서도 살펴본다.

마지막으로, 우리는 다양한 정치적 태도가 서로 연결되어 있다는 것에 주목할 것이다. 이 점에서 정치적 신뢰와 정치적 효능감의 결합은 저항 정치에 관한 한 자주 결정적인 것으로 인식된다(Andretta et al. 2015; Gamson 1968; Hooghe and Marien 2013; Seligson 1980; Watts 1973). 더 정확히 말하면, 낮은 수준의 신뢰가 높은 수준의 집합적인 정치적 효능감과 결합할 때, 이것은 동원에 비옥한 기반을 제공한다(Gamson 1968; 이와 다른 견해로는 Sigelman and Feldman 1983을 보라). 이것은 정치적 소외에 대한 논의와 연결된다. 비제도적인 형태의 정치에 참여하는, 불신하는 시민들은 정치적으로 소외되기보다는 실권자와 제도 정치에 더 비판적인 입장을 가지고 있을 수도 있다(Bannes and Kaase 1979; Dalton 2004; Inglehart 1997; Norris 1999). 불신은 오랫동안 정치에 대한 불만을 알리는 신호로 여겨져 왔지만(Schumpeter 1942; Aldmond and Verba 1963), 불신이 정치적 효능감 (즉, 주체적 행위 능력의 힘)과 결합될 경우 투표 이외의 정치에도 참여하는 보다 비판적인 시민을 낳을 수 있다(Norris 1999). 이런 까닭에 안드레타와 그의 동료들(Andretta et al. 2015)은 신뢰와 효능감을 연결하는 오랜 연구 전통에 따라 의회에 대한 신뢰와 집단 효능감을 구체적으로 결합하여 네 가지 유형의 저항자를 구별할 것을 제안해 왔고, 최근에는 우리가 이 책에서 사용하는 것과 동일한 저항 조사 데이터의 더 작은 표본을 이용하여 시위에 참여하는 사람들 대부분이 '비판적 시민'(신뢰 수준은 낮지만 효능감이 높은)의 범주에 속한다는 것을 발견했다. 그들은 또한 유의미한 비율의 '비관적 유형'(신뢰 수준과 효능감이 모두 낮은)과 '낙관적 유형'(신뢰 수준과 효능감 모두 높은)을 발견했지만, '공손한 유형'(신뢰 수준이 높고 효능감은 낮은)에 속하는 비율은 미미했다.

요약하면, 시위에 참여하는 사람들, 특히 보다 적극적으로 참여하는 사람들은 정치에 관심에 많고, 자국에서 민주주의가 작동하는 방식에 불만을 가지고 있으며, 기성 정치기관과 정치체계를 불신하고, 개인적 참여자로서의 자신의 효능감, 그리고 보다 넓게는 집합행위의 효능감 모두를 강하게 느낄 것으로 예상할 수 있다. 달리 말하면, 시위자의 전형적인 프로필은 당연히 '비판적 시민'의 프로필 − 기성 정치기관과 관례적인 정치를 불신하고 민주주의의 작동방식에 불만을 가지고 있으며 집합행위가 중요하다는 의식을 강하게 가지고 있지만 정치에 대한 관심은 높다는 의미에서 − 일 것이다. 동시에 시위에 참여하는 사람들의 태도 프로필은 맥락(특히 국가적 맥락)뿐만 아니라 쟁점 유형과 시위자의 유형에 따라서도 다를 것이다.

운동에서의 감정

사회운동에 관한 학술적 연구들은 오랫동안 자원 동원 이론과 정치 과정 이론에 의해 지배되어 왔으며, 이들 이론은 심리적 참여와 정치적 태도를 포함하여 저항하기의 합리성과 인지적 동기를 강조해 왔다. 하지만 최근에 연구들은 사회운동 참여에서 감정이 수행하는 역할과 정서적 결정요인에 점점 더 관심을 기울여왔다(이에 대한 논평으로는 Jasper 2011을 보라). 이 장에서 우리는 정치적 태도, 감정, 그리고 대의를 이름으로 하는 저항에 대한 헌신 간의 연관성을 살펴본다. 하지만 이에 앞서 우리는 사회운동 문헌에서 감정이 수행하는 역할에 대해 논의한다.

항쟁 정치의 연구자들은 감정과 사랑/증오의 관계를 지녀왔다. 사회운동과 저항 행동에 관한 연구에서 감정은 유행 타기를 되풀이해 왔다 (Goodwin et al. 2000). 1960년대까지 감정은 집합행동에 대한 학문적 설명에서 중심을 차지했었다. 이는 군중 분석의 전통에서 가장 뚜렷하게 나타나는데, 특히 구스타브 르봉(Gustave Le Bon 1895)과 가브리엘 타르드(Gabriel Tarde 1901)의 저술들에서 가장 두드러진다. 이 전통에서 군중 행동은 암시와 전염의 과정 — 평소에는 이성적이던 개인들이 과장된 감정을 드러내고 그리하여 그들로 하여금 비이성적이고 잠재적으로 폭력적인 행동을 하게 만드는 — 에 의해 지배되는 (비록 병리적인 것은 아닐지라도) 비이성적인 것으로 인식되었다.

유사한 추론 노선이 집합행동 전통과 집합행위의 붕괴 이론에 속하는 저작들 대부분에서 근저를 이루고 있다. 이러한 저작 중 많은 것이 이른바 좌절-공격 가설frustration-aggression hypothesis에 근거한다. 이 가설에 따르면, 집합행동은 자신의 상황을 다른 사람의 상황과 비교하거나 이전 시점에서의 자신의 상황과 비교했을 때 기대가 충족되지 않는 개인들이 느끼는 좌절감 — 즉, 감정 — 에서 비롯된다(Davies 1962; Geschwender 1968; Gurr 1970).[3] 이러한 좌절된 기대의 결과, 사람들은 자신들의 화 — 또 다른 감정 — 를 집합적으로 표현하기 위해 모인다. 또한 비이성적인 분위기와 함께 좌절과 화 같은 부정적인 감정은 호퍼(Hoffer 1951)의 '진정한 신봉자들'에 대한 분석, 콘하우저(Kornhauser 1959)의 '대중사회 이론', 터너와 킬리안(Turner and Killian 1957)의 '규범 생성emergent norm' 이론에 대한 분석뿐만 아니라 사회운동과 저항 행동에 대한 다른 초기의 분석에서도 군중과 집합행동에 대한 설명에서 핵심적인 위치를 차지했다(Goodwin et al.

2000을 보라).

집합행동에서 감정이 수행하는 역할을 연구하려는 이러한 시도의 근저에는 후속 연구들에 의해 도전받은 두 가지 가정이 자리하고 있다. 첫째, 이 연구 전통에서 감정과 합리성은 두 개의 분리된 실체이다. 후자는 제도화된 영역 내에서의 개인의 정치적 행동을 특징짓는 반면, 전자는 정상적인 제도 밖에서 일어나는 집합행동의 영역에 속한다. 그러므로 감정은 사람들로 하여금 군중 행동과 같이 비이성적이고 불법적이며 자주 사회적으로 위험한 방식으로 행동하게 하는 것으로 인식되었다. 둘째, 집합행동에서 감정에 대한 고전적인 접근방식들은 오로지 공포와 좌절 같은 부정적인 감정에 초점을 맞춘다. 이러한 부정적인 감정이 집합행동의 주요한 추동력으로 인식된다. 그 결과 "이와 같은 학문적 전통에서 저항은 실수, 행동화acting out의 한 형태이거나 미숙함의 표시였다"(Goodwin et al. 2000: 68).

사회운동에서 감정과 감정이 수행하는 역할에 대한 이러한 환원주의적 견해에 반발하여 자신들의 설명에서 감정을 철수시키는 새로운 이론적 관점이 1960년대부터 이 분야를 지배하기 시작했다. 그리하여 군중 이론과 집합행동 이론 전통에 의해 감정적으로 좌절된 것으로 묘사되던 개인이 정치적 목적을 가지고 의도적으로 행위하는 이성적인 시위자들로 대체되었다. 사회운동과 저항 행동에 참여하는 사람들을 결함 있는 사람으로 묘사하는 것에 불편해하던 한 세대의 연구자들에게서는 처음에는 자원과 조직이, 그리고 이후에는 정치적 기회가 주요한 설명 도구가 되었다. 그 후 자원 동원 이론과 정치 과정 이론은 자원의 양, 조직화의 정도, 내적 연대, 정치적 기회와 제약 같은 요소들을 분석의 주안점으로 강조해 왔다. 하지만 이로 인해 감정의 역할은 무시되거나, 일부 학자들이 사회운동 이론의 구조적 편향이라고 지적한 것(Goodwin and Jasper 2004)에 의해 가려졌다.

처음에는 새로운 사회운동 이론에 의해, 그리고 나중에는 프레이밍 이론에 의해 이루어진 '문화적 전환cultural turn'도 사회운동 연구에 감정을 되돌려놓는 데에는 그리 도움이 되지 않았다. 특히 프레이밍 관점에서는 문화의 인지적 차원이 문화의 정서적 차원을 크게 가려버렸다. 스노와 그의 동료들(Snow et al. 1986)의 독창적인 논문 이후, 집합행위의 프레임은 운동 지도자와 조직이 수행한 전략적 행위의 결과로 개념화되어 왔다. 이 협소한 관점은 나중에 얼마간 확대되었지만(Benford and Snow 2000; Snow 2004), 프레이밍 과정은 여전히 주로 인지적 작업의 문제로 남아 있으며, 정서보다는 관념으로서의 문화의 이미지를 전달한다. 마찬가지로 새로운 사회운동 이론은 사회운동 참여와 관련하여 감정보다는 정체성 형성 및 정체성과 보다 광범위한 사회적·문화적 변화 과정의 관계를 강조한다 (Johnston et al. 1994; Melucci 1996; Touraine 1978).

감정은 1990년대에, 그리고 보다 지속적으로는 2000년대 초반에 다시 수면 위로 떠올랐는데, 이번에는 사회운동 분석의 전성기와는 전혀 다른 관점 속에서 그 모습을 드러냈다. 굿윈과 그의 동료들(Goodwin et al. 2001)의 『열정적 정치Passionate Politics』는 이런 점에서 전환점을 상징했다. 이 저자들은 사회운동과 항쟁 정치 연구에 감정과 정서를 끌어들이기 위한 보다 체계적인 시도를 해왔다. 이 연구 집단은 초기 연구와는 구별되는 많은 기본적인 특징들을 공유한다. 첫째, 이제 감정은 더 이상 합리성과 구별되지 않는다. 정반대로 사람들은 강한 감정을 드러내면서도 이성적으로 행위할 수 있고, 역으로 완전히 이성적이면서도 감정적으로 행위할 수도 있다. 둘째, 사회운동에서 감정을 보다 '중립적'으로 바라보는 견해가 부정적인 감정에 좁게 초점을 맞추던 입장 및 그로 인한 감정에 대한 규범적 편견 ― 그러한 감정들을 일탈 행동을 낳는 '나쁜' 것으로 간주하는 ― 을 대체해 왔다. 오늘날 학술적 연구들은 부정적인 감정(이를테면 화, 공포)의 역할뿐만 아니라 긍정적인 감정(이를테면 열의, 기쁨)의 역할도 검토한다. 셋째, 감정을 좌절과 여타 부정적 감정의 단기적 폭발로 바라보는 제한적인 견해에 반대하여, 최근의 학술적 연구들은 단기적인 성찰적 감정(이를테면 혐오, 놀람)과 장기적인 기분과 정서적 성향(이를테면 좌절, 사랑) 모두를 포함하는 보다 폭넓은 시각을 제시해 왔다.

그렇지만 한편에서는 굿윈과 그의 동료들(Goodwin et al. 2000: 77)이 지적해 왔듯이, "사회운동에서 감정에 관한 연구는 대부분 여전히 단일한 종류의 환경에서 발생하는 하나의 감정을 다루는, 여전히 산발적으로 이루어지는 특별한 연구들로 남아 있으며", "아직도 동원과 운동을 연구하는 일반적인 틀에 통합되어 있다." 다른 한편 "감정사회학에서는 일반 이론을 발전시키기 위해 체계적인 노력을 기울여 왔지만, 아직 아무도 그러한 이론들을 사회운동에 적용할 수 있는 방법을 생각해 내지는 못했다." 이 진술은 사회운동과 항쟁 정치에서 감정 연구를 체계화하려는 가치 있는 시도들이 이루어지고 있음(Goodwin et al. 2004; Jasper 2011)에도 불구하고 여전히 유효하다.

시위에서의 정치적 태도와 감정

감정은 저항 행동에 대한 사회심리학적 설명에도 역시 포함되어 있었다 (이에 대한 논평으로는 Stekelenburg and Klandermans 2013을 보라). 사회운동 연구자들이 광범위한 일련의 감정을 고찰해 왔지만, 이 연구 전통에서 이루어진 많은 최근 연구는 개인이 집합행위에 참여하도록 동기를 부여하는 데서 화에 중요한 역할을 부여한다(Klandermans et al. 2008; Leach et al. 2007; Mummendey et al. 1999). 실제로 화는 자주 전형적인 저항 감정으로 인식된다(van Stekelenburg and Klandermans 2007).

우리의 현재의 목적에서 가장 중요한 것은 사회심리학자들이 감정이 저항 참여나 저항에서의 철수를 설명하는 태도와 어떻게 결합되는지를 고찰해 왔다는 것이다. 특히 연구들은 집합행위 참여를 설명하기 위해 집단에 기초한 화가 효능감과 관련되어 있다는 것을 보여준다. 즉, "내집단을 강한 집단으로 인식하는 사람들은 화를 경험하면 행동에 나서기를 원할 가능성이 크다. 내집단을 약한 집단으로 인식하는 사람들은 외집단으로부터 두려움을 느끼면 그 외집단에서 벗어나고자 할 가능성이 크다"(van Stekelenburg and Klandermans 2013). 이를테면 판 조메런과 그의 동료들(van Zomeren et al. 2004, 2012)은 집합행위를 두 가지 서로 다른 과정의 결과로 보는 '역동적인 이중 경로 모델dynamic dual pathway model' ─ 집단에 기초한 화의 경험을 중심축으로 하여 감정에 초점을 맞추는 접근방식과 집단의 효능감에 대한 믿음을 중심축으로 하여 문제에 초점을 맞추는 접근방식 ─ 을 제시해 왔다.

저항 정치에 관한 연구는 최근에서야 감정의 역할을 고려하고 무엇보다도 인지적 설명과 정서적 설명을 통합시키기 시작했지만, 정치심리학자들은 오랫동안 정치적 선택에 대한 자신들의 설명에 감정을 포함시켰고, 감정이 정치적 태도와 행동(Brader 2005, 2006; Marcus and MacKuen 1993; Marcus et al. 2000; Neuman et al. 2007; Valentino et al. 2008, 2011; Weber 2013) ― 특히 정치적 효능감과의 관계를 포함하여(Rudolph et al. 2000; Valentino et al. 2009) ― 에 어떻게 영향을 미칠 수 있는지를 보여주어 왔다. 이 집단의 연구들은 특히 인지와 정서 간의 관계 및 인지와 정서가 정치적 평가, 결정, 행위에 미치는 영향을 탐구했다(Redlawsk 2006; Way and Masters 1996). 이러한 연구들은 특히 불안의 역할과 화의 독특한 효과를 강조해 왔다(Best and Krueger 2011; Huddy et al. 2007). 마커스와 매쿠엔(Marcus and MacKuen 2000)은 정서가 정치적 소양에 미치는 영향을 보여줌으로써 그러한 관계의 한 측면을 다루었다(또한 Miller 2011도 보라). 좀 더 일반적으로는 이들 연구자는 정치에 대한 일반화된 불안이 사람들로 하여금 정보를 수집하고 처리하는 데 더 많은 노력을 기울이게 하고, 그리하여 더욱 동기를 부여받은 시민들이 체험이나 손쉬운 방법보다는 정보에 기초하여 더 나은 정치적 선택을 하게 한다고 주장한다.

시위에서 감정이 수행하는 역할에 관해 연구할 때 겪는 어려움 중 하나는 감정을 정치적 태도와 명확하게 구별하는 것을 포함하여 감정들을 정의하기가 어렵다는 것이다. 신뢰를 예로 들어보자. 신뢰는 아주 자주 정치적 태도로 인식되지만, 어떤 사람들은 신뢰를 일종의 감정으로 취급한다(Goodwin et al. 2004). 보다 일반적으로 문헌들 속에는 다양한 정의와 접근방식이 존재한다. 감정emotion, 정서affect, 느낌feeling, 감상sentiment, 기분mood, 정념passion 등과 같은 용어들이 채택되고, 때로는 이 용어들을 서로 바꾸어 쓰기도 한다. 이렇듯 용어들이 일관성 없이 사용된다.

감정은 아주 자주 생리학적 각성과 관련하여 정의되고, 자주 모종의 인지적 라벨과 결합된다(Mutz 2007). 게다가 감정은 태도와 차이가 있는데, 이는 감정이 상대적으로 단명하고 매우 집중적이기 때문이다(Mutz 2007). 이 점에서 유용한 구분 중의 하나가 정서적 성향(또는 감상)과 감정을 구분하는 것이다. 전자는 특정한 상황, 쟁점, 또는 사물에 대한 감정적 평가를 가리키고 개별적 평가가 정서적으로 담지되는 정도와 관련된다면, 후자는 특정한 외부 자극에 대한 감정적 반응을 가리킨다(Deonna and Teroni 2009). 달리 말하면, 감정이 지속기간이 제한되어 있다면, 감상은 평생 지속될 수 있다(Frijda 2008). 항쟁 정치 분야에서 재스퍼(Jasper 1998)는 오래 지속되는 정서와 더 짧은 시간 동안 반응하는 감정을 구별한다. 유사하게 굿윈과 그의 동료들(Goodwin et al. 2004)은 의식적인 인지적 처리 없이 갑자기 그리고 우발적으로 발생하는 반사적 감정reflex emotion － 공포, 놀람, 화, 혐오, 기쁨, 슬픔 － 과 일반적으로 더 긴 시간 동안 지속되는 긍정적·부정적 헌신 또는 투자인 정서적 감정affective emotion － 사랑, 증오, 존경, 신뢰 － 을 구별한다.[4]

여기서 우리는 화, 걱정, 공포, 좌절이라는 네 가지 주요 감정에 초점을 맞춘다. 이 감정들은 시위자들이 특정한 정치적 쟁점, 즉 그들이 참여하는 시위가 다루고 있는 쟁점들에 대해 갖는 정서적 또는 감정적 성향으로 인식될 수 있다. 이 네 가지 감정은 모두 부정적 감정이라는 특징을 지니고 있는데, 이는 이를테면 열의, 희망, 자부심, 기쁨, 또는 안도감 같은 긍정적 감정과 대비된다. 이것은 화와 좌절 같은 느낌이 동원을 자극하고 저항 활동에 대한 개인의 참여 동기를 강화한다는 생각 — 집합행위에 대한 사회심리학적 설명에서뿐만 아니라 불만 이론에서도 가장 강조되는 — 을 반영한다. 하지만 이 네 가지 기본적인 감정도 어떤 점에서는 다르다. 구체적으로는 화와 좌절은 '접근approach' 감정으로 인식되는 반면, 걱정과 공포는 '회피avoidance' 감정으로 인식된다(Frijda 2007). 이 구분은 정치심리학에서 평가 이론appraisal theory 및 신경 과정 이론neural process theory과 함께 감정에 대한 세 가지 주요 이론적 접근방법 중 하나인 회피-접근 이론 avoidance-approach theory에서 비롯된 것이다(이에 대한 논평으로는 Brader and Marcus 2013을 보라). 접근-회피 이론은 보상 자극과 처벌 자극에 반응하여 일어나는 행동에 동기를 부여하는 시스템들을 묘사하고, 그러한 행동에서 일관적으로 드러나는 개인적 패턴의 차이를 설명한다(Corr 2013). 다시 말해 이 관점에서 정서는 환경이나 자극을 보상 또는 처벌을 야기하는 것으로 보게 하는 유의성 평가valence assessment의 하나로 인식되고, 그리하여 개인이 자극을 보상을 받게 될 것으로 식별하여 접근하거나 처벌을 받게 될 것으로 식별하여 회피하는 데 도움을 준다(Brader and Marcus 2013). 접근 감정은 동기를 강화하여 참여를 낳는 반면, 회피 감정은 동기를 약화시켜 참여를 가로막을 것으로 예상된다.

아래의 분석에서 우리는 정치적 태도와 감정 모두가 시위에의 헌신에 미치는 영향을 고찰할 것이다. 따라서 우리는 앞에서 논의한 네 가지 주요 태도(정치적 관심, 민주주의에 대한 만족, 정치적 신뢰, 정치적 효능감)뿐만 아니라 여기에서 다룬 네 가지 기본적인 감정(화, 걱정, 공포, 좌절)도 모델에 포함시킬 것이다. 비록 이것이 다소 극히 단순화된 관점일 수 있지만, 우리는 각 요인군을 헌신에 대한 인지적 접근방식과 정서적 접근방식이 가진 설명력을 검증해 주는 것으로 간주한다. 저항 행동에 대한 사회심리학적 이론에서 수행된 기존 연구와 정치심리학에서 이루어진 연구 모두를 반영하여, 우리는 또한 정치적 태도와 감정이 어떻게 결합되는지도 살펴볼 것이다. 하지만 그에 앞서 우리는 시위자의 정치적 관심, 만족, 신뢰, 효능감의 정도를 기술적으로 평가한다.

시위자들은 정치적으로 소외되어 있는가?

시민들이 정치적으로 소외되어 있을 뿐만 아니라 정치로부터 점점 더 분리되고 이탈하고 있다는 것은 오늘날 학술 문헌들에서 흔히 제시되는 견해이다(Dalton and Wattenberg 2002; Grasso 2016; Hay 2007; Mair 2006). 선거에서 투표율 감소와 마주할 때, 이 견해는 자주 저항 정치를 그러한 소외를 보여주는 지표로 인식한다. 다시 말해 사람들은 정치에 환멸을 느끼기 때문에 저항에 의지하고 거리로 나간다는 것이다. 이 견해에 반대하여 다른 사람들은 저항이 정치적 소외보다는 정치에 대한 헌신을 보여주는 것이라고 지적한다. 제2장에서 우리는 시민들이 일반적으로 정치적으로 더 소외되어 왔다는 생각의 전제 자체에 대해 얼마간 의구심을 제기하게 하는 상황을 제시했다. 실제로 대부분의 사람들은 가장 기본적인 제도적 참여 형태인 투표를 제외하고는 정치에 참여하지 않고, 자주 아주 낮은 수준의 정치적 관심, 신뢰, 효능감을 보여주며, 때로는 자국에서 민주주의가 작동하는 방식에 불만을 느낀다. 적어도 지난 10년 동안 시민들 사이에서 정치적 소외가 증가하는 조짐이 나타나고 있으며, 이는 다른 나라들보다는 일부 국가에서 더 사실일 수 있으며, 또한 그러한 국가에서 포퓰리즘 정당이 부상한 것에 이러한 사실이 반영되어 있을 수도 있다(Kriesi and Pappas 2015). 하지만 이를 일반화할 수는 없다. 정치적 신뢰와 자국 민주주의의 작동방식에 대한 만족도와 관련하여 살펴볼 때, 일부 국가에서는 최근 몇 년 동안 사람들이 제도 정치로부터 점점 더 소외되어 온 것처럼 보인다. 하지만 다른 나라의 시민들은 다른 추세를, 때로는 반대되는 추세를 보이고 있다. 더 나아가 정치 참여 ─ 선거와 비선거 모두 ─ 는 시간이 경과하며 국가별로 다양한 상향 추세와 하향 추세를 보인다.

시간의 흐름에 따른 추세를 간략하게 살펴볼 때, 정치적 소외 테제는 2008년 이후 유럽을 강타한 최근의 심각한 경제 위기 이전의 몇 년 동안과 관련해서도 논쟁의 여지가 있지만(Grasso 2016), 가장 최근의 시기를 놓고 보면 적어도 정치적 태도 및 참여와 관련해서는 훨씬 더 의구심이 든다. 이 관찰은 일반 주민을 대상으로 한 것이다. 거리 시위에 참여하는 좀 더 구체적인 집단의 경우에는 어떠한가? 그들은 정치적 관심, 민주주의의 작동방식에 대한 만족, 정치적 신뢰, 정치적 효능감의 측면에서 정치적으로 소외되어 있는가? 보다 일반적으로 말하면, 시위자들은 이 네 가지 주요 정치적 태도에 대해 어떤 점수를 주고 있으며, 그 점수를 일반 주민들과 비교하면 어떠한가? 〈표 6-1〉은 우리에게 이러한 질문에 대해 답할 수 있게 해준다. 〈표 6-1〉은 정치적 관심, 민주주의에 대한 만족, 다섯 가지 핵심 정치기관과 행위자(각국 정부, 국회, 사법제도, 정당, 노동조합)에 대한 정치적 신뢰, 외적 및 내적 정치적 효능감(개인적 효과성과 집합적 효과성을 포함하여) 모두의 수준뿐만 아니라 그것들이 국가, 시위 쟁점, 시위자 유형에 따라 어떻게 다른지를 보여준다.

시위자들은 높은 수준의 정치적 관심을 가지고 있음이 분명하다. 7개국 모두에서 10명 중 4명 이상의 응답자가 정치에 아주 관심이 있거나 매우 관심이 많다. 이는 또한 친구나 친척, 직장 동료들과 함께 모이면 꽤 또는 매우 자주 정치에 대해 토론한다고 말한 사람들의 비율 ― 이는 정치적 관심을 보여주는 간접적인 지표이다 ― 에서도 알 수 있다. 정치적 토론에 자주 참여한다고 답한 응답자의 비율도 높다. 제2장에서 제시한 일반 주민들에서 나타나는 분포를 두 가지 지표 중 첫 번째 지표와 비교해 보면, 우리는 시위자들이 더 높은 수준의 정치적 관심을 보인다는 것을 알 수 있다. 다시 말해 시위에 참여하는 사람들은 일반 주민보다 정치에 훨씬 더 많은 관심을 가지고 있다.[5]

일반 주민들 내에서와 마찬가지로 우리는 시위자들 사이에서도 정치적 관심에서 국가 간 차이가 있음을 볼 수 있다. 하지만 국가 간 변이는 시위자들 사이에서 더 작다. 왜냐하면 시위자들 대부분이 정치에 관심을 가지고 있기 때문이다(그러나 아주 관심이 많다고 말한 사람들에게만 초점을 맞추면 그 차이는 더 커진다). 직접적인 척도에 의거할 때, 영국과 스웨덴의 시위자들은 다른 나라들, 특히 스페인의 시위자들보다 정치에 약간 더 많은 관심을 가지고 있는 반면, 이탈리아와 다시 스웨덴 저항자들은 특히 벨기

표 6-1| 국가, 시위 쟁점, 시위자 유형별 시위자의 정치적 태도

	국가							시위 쟁점		시위자 유형	
	벨기에	이탈리아	네덜란드	스페인	스웨덴	스위스	영국	문화적	경제적	간헐적 시위자	활동가
정치적 관심(예 또는 매우)(%)	84.8	85.5	85.5	80.8	95.0	88.3	91.3	88.0**	86.5	79.5	90.2***
정치에 대해 토의하기(자주 또는 매우 자주)(%)	55.6	74.2	48.6	66.5	72.5	60.6	67.3	61.7	63.1	44.7	68.8***
민주주의에 대한 만족(0~10점 척도의 평균)	4.89	2.75	5.94	3.53	5.89	5.88	3.78	4.97***	4.53	5.56***	4.49
정치적 신뢰(예 또는 매우 많이)(%)											
각국 정부	22.2	4.1	17.0	10.6	15.9	37.8	12.2	22.4**	12.3	24.1***	15.1
각국 의회	25.0	6.6	25.9	10.9	37.8	29.0	15.8	25.8***	17.9	28.8***	19.6
사법제도	35.4	47.5	58.8	12.7	55.0	53.4	41.3	49.3***	37.9	52.7***	40.7
정당	12.5	5.5	19.2	7.00	33.8	20.5	7.4	15.8*	14.5	15.8	15.0
노동조합	55.3	23.7	45.3	22.1	52.6	60.6	34.5	39.1	45.0***	35.1	44.5***
정치적 신뢰 척도(1~5점 척도의 평균)	2.87	2.34	3.04	2.24	3.10	3.20	2.65	2.90***	2.69	2.94***	2.75
정치적 효능감(동의 또는 강하게 동의)(%)											
대부분의 정치인은 많은 약속을 하지만 실제로는 아무것도 하지 않는다	50.9	85.4	49.7	69.4	29.5	48.4	61.2	51.3	59.7***	51.1	56.6***
나는 투표의 이익을 보지 못하지만 정당들은 어쨌거나 자신들이 원하는 것을 무엇이든 한다	24.9	24.8	10.2	21.4	5.5	6.6	17.3	12.5	18.2***	14.9	15.0
외적 정치적 효능감(1~5점 척도의 평균)	3.10	2.63	3.37	2.93	3.70	3.46	3.11	3.30**	3.11	3.27***	3.20
나의 참여가 이 나라의 공공정책에 영향을 미칠 수 있다(개인적 효과성)	71.1	68.9	75.0	70.3	72.9	86.3	75.5	77.3***	71.9	70.5	76.4***
조직화된 시민 집단이 이 나라의 공공정책에 많은 영향을 미칠 수 있다(집합적 효과성)	86.0	79.5	77.4	85.5	81.0	90.4	84.2	84.4***	82.0	77.9	85.4***

	국가							시위 쟁점		시위자 유형	
	벨기에	이탈리아	네덜란드	스페인	스웨덴	스위스	영국	문화적	경제적	간헐적 시위자	활동가
서로 다른 나라의 시민들이 힘을 합치면 국제 정치에 많은 영향을 미칠 수 있다(집합적 효과성)	84.2	83.7	71.7	88.4	68.0	77.1	82.4	78.7	79.5	71.9	81.6***
내적 정치적 효능감 척도(1~5점 척도의 평균)	3.94	3.97	3.78	4.01	4.00	4.07	3.97	3.98***	3.92	3.80	4.01***
정치적 효능감 척도(1-5점 척도의 평균)	3.66	3.53	3.63	3.58	3.81	3.83	3.67	3.73***	3.62	3.62	3.70***
시위의 효과성(아주 또는 매우 많다)(%)											
시위는 첫 번째 목적을 달성하는 데 효과적이다	38.3	50.7	33.9	41.8	43.3	34.2	43.1	39.7	40.3	34.0	41.3***
시위는 두 번째 목적을 달성하는 데 효과적이다	33.9	50.4	35.1	32.4	42.4	36.8	33.5	36.1	37.7*	33.6	37.1***
시위 효과성 척도(1~5점 척도의 평균)	3.18	3.50	3.15	3.11	3.38	3.26	3.22	3.26*	3.21	3.13	3.25***

* p ≤ 0.05, ** p ≤ 0.01, *** p ≤ 0.001

에, 네덜란드, 그리고 부분적으로는 또한 스위스 저항자들에 비해 정치에 대해 더 자주 토론한다. 하지만 시위에 참여하는 사람들은 모두 적어도 정치에 꽤 많은 관심을 가지고 있다. 이것은 적어도 일반적으로 정치로부터 분리되어 있다는 의미에서는 정치적 소외를 나타내는 표시로 인식될 수 없다. 마찬가지로 문화적 쟁점에 대한 시위와 경제적 쟁점에 대한 시위 간에도 실제적인 차이가 관찰되지 않는다. 정치적 관심에 대한 두 가지 지표에 의거할 때, 참가자들은 두 가지 유형의 시위 모두에서 꽤 균일하게 분포되어 있다. 정치적 관심에서의 차이는 통계적으로 유의미하지만, 그 차이는 매우 작다. 그러나 두 유형의 시위자들 사이에는 훨씬 더 큰 차이가 존재한다. 다시 말해 활동가들은 스스로 표명한 관심도의 측면에서 보면, 그리고 정치에 대해 적극적으로 토론하는 측면에서 보더라도 간헐적 시위자들보다 정치에 더 관심을 가지고 있다. 우리가 아래에서 살펴보듯이, 두 가지 유형의 시위자를 구별짓는 이 같은 특징은 이 책에서 검토한 네 가지 정치적 태도 모두에서 하나의 체계적인 패턴으로 나타나는데, 이는 시위자들 사이에 분할이 존재함을 시사한다.

자국의 민주주의에 대한 만족도는 나라마다 더 이질적인 그림을 보여준다. 우리는 이러한 결과를 다시 한번 제2장에서 제시한 일반 주민의 경우와 비교할 수 있다. 시위자들은 모든 나라에서 자국의 민주주의 작동방식에 대해 일반 주민보다 덜 만족하지만(그러므로 정치체계를 덜 지지하지만), 그 차이는 일부 나라들, 그중에서도 특히 영국, 이탈리아, 스페인에서 더 크다. 달리 말해 영국, 이탈리아, 스페인 시위자는 민주주의의 작동방식에 대해 다른 나라의 시위자보다 절댓값에서 덜 만족하며, 일반 주민과 비교해서도 덜 만족한다. 다른 모든 나라에서는 시위자와 일반 주민 간의 차이가 이들 나라보다 더 작다.

여기서 우리는 시위의 유형에 따라서도 차이가 있음을 관찰한다. 즉, 문화적 쟁점에 관한 행사에 참석한 참가자가 경제적 쟁점에 관한 행사에 참석한 참가자들보다 자국의 민주주의에 더 만족하는데, 이는 후자가 더 비판적이라는 것을 증명해 준다. 우리가 조사했던 동안의 위기와 긴축조치 반대의 상황을 감안할 때, 이러한 불공평하고 불평등한 제도에 저항하는 개인들이 문화적 쟁점에 더 초점을 맞추는 개인들보다 훨씬 더 불만을 느낀다는 것은 놀랄 만한 일이 아니다. 가장 중요한 것은 간헐적 시위자들이 활동가들보다 더 만족한다는 것이다. 활동가들은 더 비판적이고 그러한 태도가 그들에게 반복적인 참여를 자극할 수 있다.

정치적 신뢰를 살펴보더라도 지지 수준 — 여기서는 구체적인 정치 행위자와 기관에 대한 지지 — 에 차이가 있음을 알 수 있다. 불행하게도 ESS는 10점 척도를 사용하고 CCC 조사는 5점 척도를 사용하고 있기 때문에, 우리가 두 조사의 결과를 직접 비교할 수는 없다. 하지만 우리는 특정 항목별로 국가 순위를 비교해 볼 수 있다. 이를테면 각국 의회에 대한 신뢰와 관련한 수치를 비교할 경우 우리는 매우 유사한 두 가지 분포를 발견한다. 즉, 스웨덴과 스위스 시위자가 정치 행위자와 기관을 가장 신뢰하고 있으며, 다음에 벨기에와 네덜란드, 그다음에 영국의 시위자들이 뒤를 따르고, 마지막에 이탈리아와 스페인 시위자들이 위치한다. 이 순위는 제2장에서 살펴본 일반 주민의 수치를 대체로 반영한다. 동일한 패턴이 정당에 대한 신뢰에도 적용되며, 일부 예외가 있지만, 이는 다시 일반 주민에게서 관찰되는 것을 대체로 반영한다. 이탈리아와 스페인에서는 정당뿐만 아니라 의회를 신뢰하는 사람들 − 시위자들 사이에서, 그렇지만 일반 주민들 사이에서도 역시 − 의 비율도 특히 매우 낮다. 두 나라 모두에서 발생한 수많은 부패와 여타 스캔들들이 이를 설명하는 데 도움이 되지만, 남유럽에서는 신뢰 수준이 일반적으로 낮다. 이것은 또한 권위주의와 광범위한 후견주의의 유산과도 관련되어 있다(van der Meer 2017).

사법제도와 노동조합에 대한 신뢰의 경우에도 유사한 국가 간 변이가 존재한다. 이는 5개 항목 모두를 묶어 정치적 신뢰 전반을 측정한 것에서도 나타나는데, 이는 또한 모든 나라에서 일반적으로 신뢰 수준이 낮다는 것을 말해준다.[6] 다시 한번 이탈리아와 스페인 시위자들이 확실히 정치 전반에 대해 덜 신뢰하고 있으며, 스웨덴, 스위스, 그리고 부분적으로 네덜란드 시위자들이 가장 지지하고 있다. 우리는 또한 문화적 쟁점을 다루는 시위에 참여하는 사람들과 경제적 쟁점에 관한 시위에 참여하는 사람들 사이에서 서로 다른 정치적 신뢰의 수준을 발견한다. 즉, 전자가 후자보다 전반적으로 정치 전반에 대해 더 신뢰하는데, 각국 정부, 각국 의회, 사법제도에 대한 신뢰와 관련하여 특히 더 그러하다. 이와 대조적으로 그들은 노동조합에 대해서는 덜 신뢰하는데, 이는 시위의 초점을 이루는 테마를 고려하면 쉽게 이해된다. 그렇지만 다시 한번 우리의 관점에서 가장 중요한 차이는 간헐적 시위자와 활동가들을 구별지어 주는 차이이다. 여기서의 차이는 정치적 관심과 민주주의에 대한 만족에서 그리 크지 않지만, 간헐적 시위자들은 활동가들보다 유의미하게 더 신뢰한다. 따라서 다시 한번 후자는 전자보다 비판적인 입장을 취하고 있다. 이런 비판적 입장은 체계 수준에서도 그대로 드러난다. 즉, 활동가들은 특히 세 가지 핵심적인 정치기관(각국 정부, 각국 의회, 사법제도)에 대해 비판적인 입장이지만 간헐적 시위자들보다 노동조합에 대해 더 신뢰하는 반면, 두 집단 모두에서 신뢰의 수준이 매우 낮은 것에서 알 수 있듯이 정당과 관련해서는 정치적으로 거의 차이가 없다.

정치적 효능감으로 넘어가서는 먼저 결합 척도에 초점을 맞추어보자.[7] 전반적으로 시위자들은 7개국 모두에서 상당히 높은 수준의 정치적 효능감을 보여준다. 이는 특히 내적 정치적 효능감(즉, 개별적으로든 집합적으로든 참여가 중요하다는 느낌)에 적용된다. 반면 외적 정치적 효능감(즉, 체계의 대응성에 대한 인식)의 수준은 모든 나라에서 다소 낮은데, 이탈리아와 스페인에서 특히 그렇다. 더 나아가 국가 간 변이는 다소 제한적이다. 스웨덴과 스위스 시위자들은 전반적으로 효능감이 가장 높으며, 이탈리아와 스페인 시위자들은 정반대 편에 위치하는데, 나머지 세 나라도 이 점에서는 이 두 나라로부터 멀리 떨어져 있지 않다. 앞에서 지적했듯이, 외적 정치적 효능감은 특히 이탈리아와 스페인에서 낮고, 스웨덴에서 가장 높으며, 네덜란드와 스위스도 높은 점수를 받고 있다. 이것은 또한 정치적 냉소주의의 측면에서 해석될 수도 있다. 특히 스웨덴과 스위스의 시위자들과 비교했을 때, 이탈리아와 스페인의 시위자들은 낮은 수준의 외적 정치적 효능감(따라서 높은 수준의 정치적 냉소주의)에 의해 특징지어진다. 이와 대조적으로 내적 정치적 효능감은 네덜란드에서 가장 낮고 스위스에서 가장 높지만, 국가 간에는 제한적인 정도에서만 차이가 있다.[8]

정치적 효능감에 대한 분석은 내적 효능감과 외적 효능감을 비교할 때

흥미로운 패턴을 보여준다. 스웨덴과 스위스 같은 일부 나라에서는 두 종류의 효능감 모두가 상당히 높다. 하지만 일부 나라들, 특히 이탈리아와 스페인에서는 역의 관계가 발견된다. 즉, 외적 효능감은 낮지만, 내적 효능감은 높다. 달리 말해 이탈리아와 스페인의 시위자는 기성 제도와 정치에 대해 냉소적이지만, 자신들이 시민으로서 중요하며 특히 집합적으로 행위할 때 영향을 미칠 수 있다고 믿는다.

앞에서의 논의에서 우리는 내적 효능감과 외적 효능감의 구분 외에도 사회운동 연구자들이 강조한 또 다른 구분, 즉 개인적 효능감과 집합적 효능감(또는 개인적 효과성과 집합적 효과성)의 구분을 넌지시 비추었다. 우리는 후자의 구분을 내적 효능감의 하위 유형으로 생각해 왔다. 따라서 우리는 그것을 포착하기 위해 동일한 지표를 사용할 수 있다. 내적 효능감을 포착하기 위한 세 가지 항목 중에서 첫 번째 항목("나의 참여가 이 나라의 공공정책에 영향을 미칠 수 있다")은 개인적 효과성을 측정하는 척도로 볼 수 있고, 나머지 두 가지 항목("조직화된 시민 집단이 이 나라의 공공정책에 많은 영향을 미칠 수 있다"와 "서로 다른 나라의 시민들이 힘을 합치면 국제 정치에 많은 영향을 미칠 수 있다")은 어떤 점에서는 집합적 효과성의 관념을 포착해 주는 것으로 볼 수 있다. 마지막 항목은 집합적 효과성에 초국적 차원을 더한다. 게다가 우리는 참여하는 시위가 그 시위의 목적을 달성하는 데서 중요한 역할을 한다는 인식으로 구성된 또 다른 지표도 가지고 있다.

우리는 전체적으로는 개인적 효과성과 집합적 효과성 수준이 모두 높고 국가 간 변이도 거의 존재하지 않는다는 것, 그리고 각국에서 집합적 효과성이 개인적 효과성보다 일관되게 높은데, 일부 국가들, 즉 더 '집합주의적인' 국가들에서는 상당히 높고 다른 국가들, 즉 더 '개인주의적인' 국가들에서는 제한적인 범위에서만 더 높다는 것을 발견한다. 이처럼 힘을 합치는 것은 공공정책에 영향을 미치는 더 나은 방법으로 인식된다. 그렇지만 시위자들은 자신들이 참여한 시위의 효과성에 대해서는 훨씬 더 회의적이다. 하지만 국가에 따라 10명 중 3~5명은 시위가 목표를 달성하는 데 효과적이라고 믿고 있다. 이탈리아, 그리고 스웨덴의 일부 시위자들은 이 점에서 다소 더 긍정적이지만, 시위 효과성 척도의 평균은 각 나라에서 아주 비슷하다.

정치적 효능감은 시위 유형별로는 단지 제한된 정도로만 다르다. 문화적 쟁점에 초점을 맞춘 행사의 참여자들은 경제적 쟁점을 다루는 시위에 참여한 사람들에 비해 내적 효능감과 외적 효능감은 물론 전체 효능감에서도, 그리고 자신들이 참여한 시위에 대해서도 약간 더 높은 효능감을 느끼고 있는 것으로 보인다. 차이는 네 가지 척도 모두에서 통계적으로 유의미하지만, 아마도 외적 효능감을 제외하면 그 차이의 크기는 다소 제한적이다. 따라서 문화적 쟁점에 대한 시위는 보다 신뢰하는 사람들, 그렇지만 또한 정치적으로 덜 냉소적이고 정치에 (특히 매우 개인적으로) 영향을 미칠 수 있다는 의식을 강하게 가진 사람들을 끌어들이는 것으로 보인다.

마지막으로, 정치적 효능감은 시위자의 유형별로도 다르다. 다시 한번 그 차이는 특별히 크지는 않지만, 모두 통계적으로 유의미하다. 우리가 볼 수 있듯이, 활동가들은 간헐적 시위자들보다 더 냉소적이지만(그들은 낮은 외적 정치적 효능감을 가지고 있다), 간헐적 시위자들보다 정치에 영향을 미칠 수 있다는 의식을 더 강하게 가지고 있다(그들은 후자보다 더 높은 내적 정치적 효능감을 가지고 있다). 이러한 더 높은 효과성 의식은 개인적 요소와 집합적 요소(국제적으로 힘을 합치는 것을 포함하여) 모두를 가지고 있다. 활동가들은 또한 간헐적 시위자들보다 자신들이 참여한 시위가 그 시위의 목표를 달성하는 데 효과적이라고 믿는 정도가 더 크다. 이처럼 시위에 더 자주 참여하는 사람들은 정치에 대해 관심이 많지만 체계에 대해서는 그리 지지하지 않으며, 기성 정치 행위자와 기관을 거의 신뢰하지 않는, 즉 기성 정치에 대해 냉소적이며 동시에 개인적 행위와 집합적 행위 모두가 상황을 변화시키는 데 도움을 줄 수 있다고 확신하는 비판적 시민의 이미지를 더욱 반영하는 것으로 보인다. 개인적 행위와 집합적 행위의 효과성에 대한 이러한 믿음은 그들로 하여금 지속적으로 시위에 참여하게 하는 핵심적인 동기 중 하나일 수 있다.

요약하면, 시위자들의 정치적 태도를 기술적으로 분석한 결과, 시위에 참여하는 사람들이 일반 주민보다 정치에 전반적으로 더 관심이 많고 기성 정치에 대해 상당히 회의적이지만 동시에 그들 자신의 정치 참여 — 개인적 참여와 집합적 참여 모두 — 가 갖는 잠재적인 영향에 대해서도 꽤 확신하고 있다는 것을 알 수 있다. 우리의 분석은 또한 이러한 일반적인 패턴을 넘어서 국가 간에는 큰 차이가 있다는 것을 보여준다. 이를테면 이탈리아와 스페인의 시위자들은 자주 유사한 방식으로, 특히 스웨덴과 스위스의 시위자들과 대조되는 방식으로 행동한다. 그리고 시위 유형 간에는, 그리고 가장 중요하게는 시위자 유형 간에는 보다 제한된 정도의 차이가 존재한다. 특히 간헐적인 시위자들보다는 활동가들이 문헌들에서 묘사한 비판적 시민에 부합하는 것으로 보인다(Dalton 2004; Norris 1999). 이 모든 것은 시위자가 느끼는 감정과 어떻게 관련되어 있는가? 우리는 이어서 이 문제를 다룬다.

정치적 태도, 감정, 그리고 헌신

앞에서 논의한 바와 같이, 정치학자들은 정치적 태도와 감정이 어떻게 결합하여 정치 참여를 설명하는지 검토해 왔다(Marcus and MacKuen 2000; Miller 2011; Redlawsk 2006; Way and Masters 1996). 마찬가지로 사회심리학자들은 저항 행동에서 인지와 정서가 수행하는 역할을 검토해 왔다(van Zomeren et al. 2004, 2012). 여기서는 시위에서 감정이 수행하는 역할을 살펴보고, 무엇보다도 감정이 시위자의 헌신과 관련하여 정치적 태도와 어떻게 결합되는지를 살펴본다. 다시 한번 우리는 회귀분석을 통해 그렇게 한다. 우리는 회귀분석을 통해 거리 시위에의 헌신을 예측하는 인지적 변수(태도)와 정서적 변수(감정)를 대비시켜 보고, 나아가 그 변수들이 어떻게 결합하는지를 살펴본다. 하지만 그에 앞서 우리의 조사에 포함된 네 가지 기본적인 감정 — 화, 걱정, 공포, 좌절 — 이 어떻게 응답자들 사이에 분포되어 있는지, 그리고 그러한 감정들이 국가, 시위 쟁점, 시위자 유형에 따라 어떻게 다른지를 살펴볼 필요가 있다. 〈표 6-2〉는 접근 감정과 회피 감정을 구별하여 그것들을 살펴본 것이다. 이 표는 시위가 다루는 쟁

표 6-2 | 국가, 시위 쟁점, 시위자 유형별 시위자가 느끼는 감정

단위: %

	국가							시위 쟁점		시위자 유형	
	벨기에	이탈리아	네덜란드	스페인	스웨덴	스위스	영국	문화적	경제적	간헐적 시위자	활동가
접근 감정(예 또는 매우 많이)											
화	79.1	89.2	68.6	86.8	81.1	78.3	81.4	76.6	82.8***	68.7	82.9***
희망	68.8	64.6	60.5	69.4	84.4	66.1	86.9	72.6	70.6*	66.9	73.0***
회피 감정(예 또는 매우 많이)											
걱정	81.7	91.5	79.0	86.1	72.8	85.3	69.8	78.3	82.1***	77.0	80.9***
공포	38.7	37.2	23.7	39.0	37.0	37.1	47.4	38.3	35.1***	29.9	38.3***

* p < 0.05, ** p < 0.01, *** p < 0.001

점을 생각하는 것이 그들로 하여금 꽤 또는 아주 많이 화가 나게 하거나, 걱정되게 하거나, 두려워지게 하거나, 좌절하게 한다고 말한 응답자들의 비율들을 보여준다.

　개괄적으로 말하면, 시위자들은 공포를 제외한 네 가지 감정 모두를 다소 강하게 느끼고 있는데, 이는 두려움을 느낀다고 말한 사람들의 비율이 훨씬 낮기 때문이다. 그러나 국가 간에는 차이가 존재한다. 그럼에도 불구하고 이와 관련하여 몇 가지 결과는 강조할 만한 가치가 있다. 우리는 특히 이탈리아와 스페인 시위자들 사이에서는 더 높은 수준의 화를, 네덜란드 시위자들 사이에서는 유의미하게 더 낮은 수준의 화를 발견한다. 동시에 이탈리아와 스페인 시위자들은 좌절과 관련하여 낮은 순위를 차지하고 있다. 영국과 스웨덴 시위자들이 가장 좌절한 것으로 보인다. 이탈리아와 스페인 저항자들도 스위스 저항자들과 함께 가장 많이 걱정하는 반면, 영국과 스웨덴 저항자들은 가장 적게 걱정한다. 따라서 이탈리아와 스페인 모두에서 시위 참가자들은 특히 화가 나 있지만, 동시에 특히 걱정하고 있다. 달리 말해 이탈리아와 스페인 저항자들은 사람들로 하여금 정치에 참여하게 하는 것으로 가정되는 접근 감정과 정치적 무관심을 낳는 것으로 인식되는 회피 감정 모두를 강하게 느끼고 있다(Klandermans et al. 2008). 마지막으로, 앞에서 말했듯이, 공포는 7개국 모두에서 훨씬 덜 널리 퍼져 있는데, 특히 네덜란드에서 더욱 그러하며, 영국에서는 다른 나라들보다 약간 더 널리 퍼져 있다.

　우리는 시위 쟁점과 시위자 유형별로도 통계적으로 유의미한 차이가 있음을 관찰한다. 경제적 쟁점에 관한 시위에 참여하는 사람들은 문화적 쟁점에 관한 시위에 참여하는 사람들보다 더 화가 나 있고 더 많이 걱정하는 반면, 약간 덜 좌절하고 덜 두려워한다. 그러나 이러한 차이의 크기는 아주 작다. 하지만 그 차이는 걱정을 제외하면 시위자의 유형 사이에서 더 크게 나타난다. 활동가들은 간헐적 시위자들보다 네 가지 감정 모두를 더 강하게 느낀다. 즉, 그들은 더 화가 나 있고, 더 좌절을 느끼고, 더 걱정하고, 또한 더 두려움을 느낀다. 저항 행사에 빈번하게 참석하는 것은 더 큰 감정적 부담과 분명하게 관련되어 있다. 하지만 우리는 전자가 후자를 설명하는지, 아니면 그 반대인지를 말할 수는 없다.

〈표 6-3〉은 헌신의 공변성을 확인하는 것을 목적으로 하여 실시한 회귀분석의 결과를 보여준다. 〈표 6-3〉은 여섯 가지 모델을 보여준다. 모델 1은 앞에서 논의한 네 가지 정치적 태도가 헌신에 미치는 효과를 검증한다. 내적 효능감과 외적 효능감의 구분과 개인적 효과성과 집합적 효과성의 구분이 강하게 상관되어 있기 때문에, 개인적 효과성과 집합적 효과성과 함께 내적 효능감과 외적 효능감을 나란히 포함시킬 수 없다. 따라서 첫 번째 모델은 전자만을 포함한다. 모델 2와 그다음 모델들은 내적 정치적 효능감과 외적 정치적 효능감을 포함하는 대신 개인적 효과성과 집합적 효과성이 제외된다. 모델 3부터 모델 6까지는 네 가지 감정을 차례로 하나씩 더한다. 따라서 최종 모델은 정치적 태도와 감정, 그리고 통제변수와 세 가지 주요 비교 변수 ─ 다른 모델들에도 역시 포함된 ─ 를 모두 포함한다. 이 표에 제시된 결과는 오즈비이다.[9]

앞의 두 모델에 초점을 맞출 때, 우리는 정치적 관심이 헌신과 분명하게 정$_正$적으로 강하게 연관되어 있음을 알 수 있다. 즉, 더 헌신적인 시위자들이 정치에 더 많은 관심을 가지고 있다. 이와는 대조적으로 민주주의의 작동방식에 대한 만족과 정치적 신뢰 ─ 체계 지지의 척도, 즉 특정 정치 행위자와 기관 각각에 대한 지지의 척도 ─ 는 비록 약하긴 하지만 헌신과 부정적으로 상관되어 있다. 즉, 불만을 느끼고 불신하는 시위자들은 보다 체계를 지지하는 시위자들보다 강하게 헌신할 가능성이 약간 더 적다.[10] 하지만 내적 효능감과 외적 효능감을 포함하는 모델에서는 정치적 신뢰의 효과가 유의미하지 않다는 점에 유의해야 한다.

우리가 앞에서 말했듯이, 연구들은 정치적 효능감 ─ 개인적 차원과 집합적 차원 모두에서 ─ 이 사회운동과 저항 활동에 참여하는 데서 핵심적인 결정요인이라는 것을 보여주어 왔다(Gamson 1992a, 1992b; Gamson et al. 1982; Klandermans 1997; Kriesi et al. 1995; Koopmans 1995; Marwell and Oliver 1993; Opp 1989, 2009, 2013; van Stekelenburg and Klandermans 2013; van Zomeren et al. 2004, 2008, 2012). 정치적 효능감이 대의를 위해 헌신적으로 거리로 나서게 하는 데에도 중요한가? 그 답은 제한적으로 '그렇다'이다. 우리가 모델 1에서 볼 수 있듯이, 국가, 시위 쟁점, 시위자 유형뿐만 아니라 모델들에 포함된 다양한 통제변수까지 제외시키면, 개인적 효과성과 집합적 효과성 모두는 헌신과 정적으로 유의미하게 연관되어 있다.[11] 더 나아가 이전 연구들과 일관되게 집합적 효과성이 이와 관련하여 더 중요해 보인다. 이 결과는 시위의 인지된 효과성이 미치는 훨씬 더 강력한 영향에 의해 강화된다. 사람들이 시위에 참여하도록 진정으로 동기를 부여하는 것은, 특히 곧 시위의 목적을 달성할 수 있을 것이라는 느낌을 포함하여 "함께하는 것이 중요할 수 있다"라는 느낌이다.

표 6-3 | 한신에 대한 로지스틱 회귀 모델

단위: 오즈비

	모델 1	모델 2	모델 3	모델 4	모델 5	모델 6
젠더(남성)	0.67*** (0.03)	0.66*** (0.03)	0.70*** (0.03)	0.74*** (0.04)	0.74*** (0.04)	0.76*** (0.04)
코호트						
제2차 세계대전 이후 세대	1.22* (0.11)	1.21 (0.13)	1.17 (0.12)	1.16 (0.13)	1.16 (0.13)	1.16 (0.13)
1960년대/1970년대 세대(ref.)						
1980년대 세대	0.97 (0.06)	0.95 (0.07)	0.93 (0.07)	0.91 (0.07)	0.91 (0.07)	0.91 (0.07)
1990년대 세대	0.75*** (0.05)	0.71*** (0.05)	0.71*** (0.05)	0.72*** (0.05)	0.72*** (0.05)	0.71*** (0.05)
2000년대 세대	0.64*** (0.05)	0.64*** (0.05)	0.66*** (0.05)	0.68*** (0.05)	0.68*** (0.05)	0.66*** (0.05)
교육						
중등학교 또는 그 이하(ref.)						
하사 또는 그와 동등한 하위	0.77*** (0.05)	0.79*** (0.05)	0.79*** (0.06)	0.79*** (0.06)	0.79*** (0.06)	0.79*** (0.06)
석사 또는 그 이상의 하위	0.68*** (0.04)	0.68*** (0.04)	0.68*** (0.04)	0.68*** (0.04)	0.68*** (0.04)	0.68*** (0.04)
직업						
봉급생활자	0.87 (0.08)	0.93 (0.09)	0.93 (0.09)	0.92 (0.09)	0.92 (0.09)	0.93 (0.09)
중간 전문직	0.90 (0.09)	0.93 (0.10)	0.94 (0.10)	0.93 (0.10)	0.93 (0.10)	0.94 (0.10)
노동계급(ref.)						
실업자	0.77* (0.10)	0.79 (0.11)	0.80 (0.11)	0.80 (0.11)	0.79 (0.11)	0.80 (0.11)
학생	0.93 (0.10)	0.97 (0.11)	0.98 (0.11)	0.96 (0.11)	0.96 (0.11)	0.97 (0.11)
정치적 관심	1.72*** (0.09)	1.71*** (0.09)	1.55*** (0.08)	1.53*** (0.08)	1.53*** (0.08)	1.52*** (0.08)
민주주의에 대한 만족	0.95*** (0.01)	0.96*** (0.01)	0.97* (0.01)	0.98 (0.01)	0.98 (0.01)	0.98 (0.01)
정치적 신뢰	0.89** (0.04)	0.92 (0.04)	1.00 (0.05)	1.00 (0.05)	1.00 (0.05)	1.00 (0.05)
외적 정치적 효능감		0.92* (0.03)	0.94 (0.03)	0.96 (0.03)	0.96 (0.03)	0.97 (0.03)
내적 정치적 효능감		1.28*** (0.05)	1.25*** (0.05)	1.23*** (0.05)	1.23*** (0.05)	1.23*** (0.05)
개인적 효능감	1.08* (0.03)					

	모델 1	모델 2	모델 3	모델 4	모델 5	모델 6
집합적 효능감	1.13*** (0.04)					
시위의 효과성	1.41*** (0.03)	1.40*** (0.04)	1.36*** (0.03)	1.35*** (0.04)	1.35*** (0.04)	1.36*** (0.04)
경제적 가치	1.10** (0.04)	1.09* (0.04)	1.02 (0.04)	0.99 (0.04)	0.99 (0.04)	0.99 (0.04)
(좌파-우파) 사회적 가치	1.04 (0.03)	1.04 (0.03)	1.04 (0.03)	1.04 (0.03)	1.05 (0.03)	1.05 (0.03)
(자유주의적) 단체의 성원	1.15* (0.08)	1.18* (0.09)	1.24** (0.09)	1.23* (0.09)	1.23* (0.09)	1.23** (0.09)
화			2.36*** (0.12)	2.14*** (0.11)	2.12*** (0.11)	1.97*** (0.10)
격정				1.79*** (0.09)	1.73*** (0.09)	1.69*** (0.09)
공포					1.11 (0.09)	1.04 (0.08)
좌절						1.37*** (0.07)
활동가	1.53*** (0.08)	1.52*** (0.09)	1.49*** (0.09)	1.49*** (0.09)	1.49*** (0.09)	1.49*** (0.09)
경제적 쟁점	1.37*** (0.07)	1.39*** (0.08)	1.30*** (0.07)	1.34*** (0.08)	1.34*** (0.08)	1.35*** (0.08)
국가						
벨기에	1.56*** (0.15)	1.48*** (0.15)	1.65*** (0.17)	1.62*** (0.16)	1.63*** (0.16)	1.75*** (0.18)
이탈리아	1.02 (0.12)	0.92 (0.11)	0.97 (0.12)	0.84 (0.11)	0.85 (0.11)	0.93 (0.12)
네덜란드	1.10 (0.10)	1.05 (0.10)	1.17 (0.11)	1.09 (0.10)	1.10 (0.10)	1.17 (0.11)
스페인	1.28* (0.13)	1.29* (0.14)	1.40** (0.15)	1.31* (0.15)	1.32* (0.15)	1.41** (0.16)
스웨덴(ref.)						
스위스	1.37*** (0.12)	1.30** (0.12)	1.31** (0.13)	1.19 (0.12)	1.20 (0.12)	1.30* (0.13)
영국	0.93 (0.08)	0.90 (0.08)	0.95 (0.09)	0.98 (0.09)	0.98 (0.09)	0.97 (0.09)
상수	0.18*** (0.05)	0.18*** (0.05)	0.12*** (0.03)	0.11*** (0.03)	0.11*** (0.03)	0.09*** (0.03)
로그 가능도	-5950.08	-5390.75	-5240.09	-5171.45	-5170.48	-5152.97
전체 데이터 수	9,580	8,635	8,635	8,635	8,635	8,635

주: 괄호 안 수치는 표준오차이다.
* $p \le 0.05$, ** $p \le 0.01$, *** $p \le 0.001$

모델 2에서 볼 수 있듯이, 내적 정치적 효능감 또한 통계적으로 유의미한 효과를 보인다. 이 효과는 네 가지 감정을 통제한 후에도 유지된다. 개인적으로든 집합적으로든 정치에 영향을 미칠 수 있다는 의식이 강한 시위자는 보다 헌신적으로 참여한다. 이는 사회운동 문헌들의 주장과도 일치한다. 이와 대조적으로 외적인 정치적 효능감의 효과는 보다 제한적이다. 우리는 모델 2에서 통계적으로 유의미한 부의 영향을 관찰하지만, 이 효과는 모델 3에서 화를 시작으로 하여 후속 모델에서 다른 감정들을 도입하면 사라진다. 달리 말해 정치적 냉소주의가 시위자들을 더 헌신적으로 만드는 것 같지는 않다. 즉, 보다 헌신적인 시위자들이 덜 헌신적인 시위자들보다 반드시 더 냉소적이지는 않다.

그다음의 네 개의 모델에서는 각 모델에 네 가지 감정을 하나씩 더한다. 그 감정들을 모두 포함하는 모델 6에서 볼 수 있듯이, 네 가지 감정 중 세 가지는 헌신과 유의미하게 연관되어 있다. 다른 조건이 같다면, 화, 걱정, 좌절 모두는 시위자의 참여 동기와 강하게 관련되어 있다. 게다가 이 상관관계는 정의 관계이다. 즉, 더 화가 나 있고, 더 걱정하고 있고, 더 좌절한 참가자들이 역시 더 강하게 헌신한다. 기존의 문헌에 따를 때, 사람들로 하여금 저항에 참여하게 하는 감정인 두 가지 접근 감정(화와 좌절)과 관련해서는 이것은 예상되는 바였지만, 두 가지 회피 감정 중 하나(걱정)도 이러한 효과를 가지고 있다는 것은 더욱 놀라운 일이다. 이것은 구체적인 유형의 감정보다 주어진 쟁점에 대한 강한 감정적 입장이 존재하는지가 중요하다는 것을 암시하는 것일 수 있다. 그러나 공포는 헌신과 관련이 없다.

우리는 단계적 접근방식을 이용하는 마지막의 네 개 모델에서 정치적 태도와 감정 간의 관계 또한 살펴볼 수 있다. 우리는 모델 3에서 화를 도입할 경우 정치적 관심의 효과가 제한적으로 침식되는 것을 볼 수 있다. 이는 정치적 관심이 헌신에 미치는 효과가 시위자가 느끼는 더 높은 수준의 화에 의해 부분적으로 함락된다는 것을 시사한다. 다시 말해 관심이 많을수록 화도 더 많이 나고, 이것이 차례로 헌신에 영향을 미친다는 것이다. 화 역시 내적 정치적 효능감 및 시위의 효과성과 얼마간 제한적인 정도로 결합되지만, 이 경우 그 효과의 침식은 무시해도 될 정도이다. 이러한 화와 정치적 관심 간의 관계와 화와 정치적 효능감 간의 관계는 시위 참여에서 집단에 기초한 화의 역할(Klandermans et al. 2008; Leach et al. 2007; Mummendey et al. 1999; van Stekelenburg and Klandermans 2007) 및 그러한 화가 특정한 정치적 태도들과 결합하는 방식(van Zomeren et al. 2004, 2012)을 강조해 온 사회심리학자들의 연구와 부합한다. 정치적 태도와 감정이 어떻게 결합하는지를 보여주는 유일한 다른 뚜렷한 징후는 우리가 모델 4에서 걱정을 포함시킬 경우 민주주의에 대한 만족의 효과가 사라지는 것에서 찾아볼 수 있다. 이는 만족의 효과가 시위자가 느끼는 더 높은 수준의 걱정에 의해 함락된다는 것을 의미한다. 달리 말해 불만족할수록 걱정도 커진다. 우리가 네 가지 감정을 후속 모델에 포함시킬 경우에도 정치적 태도의 다른 모든 효과는 변하지 않고 그대로이다.

요약하면, 우리의 회귀분석은 시위자들에 관한 연구, 더 구체적으로는 시위자들의 저항에의 헌신에 관한 연구에 많은 교훈을 준다. 첫째, 문헌상의 다양한 조류와 일관되게, 정치적 태도들은 사람들로 하여금 시위에 참여하게 하는 동기에 영향을 미친다. 하지만 정치적 태도들 모두가 동일한 효과를 가지지는 않는다. 정치적 관심, 내적 정치적 효능감, 개인적 효능감(또는 효과성)과 집합적 효능감(또는 효과성), 그리고 자신이 참여하는 시위에 대한 인지된 효과성 모두가 유의미한 정의 효과를 가지는 반면, 민주주의의 작동방식에 대한 만족, 정치적 신뢰, 외적 정치적 효능감 또는 냉소주의는 중요하지 않은 것으로 나타난다. 둘째, 시위자들이 시위가 다루는 쟁점에 대해 느끼는 감정은 헌신과 강하게 연관되어 있다. 구체적으로는 화, 걱정, 좌절 모두는 헌신과 유의미한 정의 효과를 가지는 반면, 공포는 중요하지 않다. 셋째, 특정한 정치적 태도와 특정한 감정 — 특히 정치적 관심과 화 — 은 서로 결합하여 저항에 대한 헌신을 설명해 준다. 이처럼 화는 정치적 관심의 일부 효과를 함락시키고, 걱정은 민주주의에 대한 만족의 효과를 함락시킨다.

결론

정치적 태도는 투표 선택 이론에서부터 정치문화 패러다임까지, 그리고 정치 참여 연구에서부터 저항 행동에 초점을 맞춘 연구까지 정치학의 다양한 조류에서 중심적인 위치를 차지하고 있다. 이처럼 정치적 태도는 거리 시위에 참여하는 것을 포함하여 저항에 참여하는 것을 이해하는 데 결정적이다. 정치 행동 문헌들에서는 네 가지 유형의 태도 — 정치적 관심, 민주주의의 작동방식에 대한 만족, 정치적 신뢰, 정치적 효능감 — 가 자주 탐구된다. 사회운동과 저항 행동의 연구자들은 정치적 효능감뿐만 아니라 정치적 효능감과 정치적 신뢰의 결합에도 특별한 관심을 기울여 왔다. 이 관점에서 강한 집단 효능감을 동반하는 불신은 동원으로 이어지는 이상적인 조건으로 인식되고(Gamson 1968), 그러한 불신은 소외된 시민보다는 비판적 시민의 특징으로 간주된다(Dalton 2004; Norris 1999).

우리의 분석은 시위에 참여하는 사람들이 특히 정치에 대한 높은 관심, 정치기관뿐만 아니라 관례적인 정치과 자국의 민주주의 작동방식에 대한 비판적 입장, 그리고 정치적 효능감(내적 효능감과 외적 효능감뿐만 아니라 개인적 효능감과 집단적 효능감 모두)에 대한 높은 인식을 특징으로 한다는 것을 보여주었다. 하지만 동시에 우리는 시위자들 사이에서 중요한 차이를 볼 수 있다. 즉, 정기적으로 시위에 참여하는 사람들은 이따금 참여하는 사람들보다 더 비판적이며, 따라서 그들은 문헌에서 묘사된 비판적 시민에 더 잘 부응한다(Dalton 2004; Norris 1999). 게다가 우리는 국가별로뿐만 아니라 문화적 쟁점을 다루는 시위와 경제적 쟁점을 다루는 시위 간에도 차이를 발견한다.

활동가들은 또한 간헐적 시위자들보다 감정적으로 더 고조되어 있다. 즉, 그들은 더 화나 있고, 더 좌절하고, 더 걱정하고, 더 두려워한다. 이는 문화적 쟁점에 관한 시위에 참여하는 사람들에 비해 경제적 쟁점에 관한 시위에 참여하는 사람들에게, 그리고 다른 나라들에 비해 일부 나라들에게도 동일하게 적용된다. 가장 중요한 것은 시위자들의 참여에의 헌신이 정치적 태도(특히 정치적 관심과 정치적 효능감, 그리고 자신들이 참여한 시위에 대한 인지된 효과성)와 감정(특히 화, 걱정, 좌절) 모두와 관련되어 있다는 것이다. 더 나아가 정치적 태도와 감정은 정치적 관심과 화의 연결고리를 통해 일정한 방식으로 결합되는 것으로 보인다. 그러므로 인지와 정서 모두는 대의를 이름으로 거리로 헌신적으로 나서게 하는 데 기여한다. 다음 장에서 우리는 거리 시위 참여의 근저를 이루는 서로 다른 유형의 동기들을 보다 심층적으로 탐구한다.

제7장

사람들은 왜 시위를 하려 하는가?

사람들은 왜 시위에 참여하는가? 사람들이 특정한 저항이나 시위에 참석하는 이유는 무엇인가? 특히 사회심리학적 연구에서 학자들은 저항 참여의 근저를 이루는 동기에 점점 더 관심을 기울여 왔다(이에 대한 논평으로는 Klandermans 2015를 보라). 버바와 그의 동료들(Verba et al. 1995)이 지적했듯이, 사람들은 자신들이 참여를 원하거나, 참여할 수 있거나, 요구받기 때문에 참여한다. 이 장은 첫 번째 이유를 조목조목 검토하고 분석한다. 그렇다면 사람들은 왜 시위에 참여하기를 원하는가? 개인들로 하여금 참여에 따르는 비용과 장벽을 극복하고 거리로 나가게 하는 동기는 무엇인가? 특정 개인이 왜 다른 사람들보다 정치에 더 헌신적인지를 이해하는데서 어떤 동기가 가장 중요한가? 동기는 "어떤 사람의 내부에서 그 또는 그녀를 행동으로 옮기게 하거나 옮길 수밖에 없게 하는 것"으로 정의된다

(Barner-Barry and Rosenwein 1985: 12).[1] 외게마와 클란더만스(Oegema and Klandermans 1994)가 볼 때, 동기는 그 개인에게서 비용–이익 비율이 양(+) 임에 기초하는 것으로, 구체적인 행동을 준비하게 한다. 이 장은 이 질문 들을 보다 심층적으로 탐구하기 위해 시위자들의 동기에 초점을 맞추고 있다. 우리는 무엇이 사람들로 하여금 거리로 나가게 동기짓는지를 살펴 본다. 우리는 도구적 차원 대 표출적 차원의 측면에서뿐만 아니라 개인적 차원 대 집합적 차원의 측면에서도 동기를 구별할 수 있다(Klandermans 2015). 여기서 우리는 이익 지키기, 자신의 견해 표현하기, 정치인에게 상 황을 변화시키도록 압박하기, 공중의 의식 고취하기, 연대 표현하기, 도 덕적 책무 느끼기와 같은 보다 도구적인instrumental 유형과 보다 표출적인 expressive 유형의 동기들을 포함하여 서로 다른 종류의 동기들을 구별한 다. 참여에서 얻는 이득은 친구나 동료와의 교제에서부터 자신의 생계에 영향을 미치는 정책에서의 중요한 변화에 이르기까지 다양할 수 있다 (Walgrave et al. 2013). 우리는 이러한 동기가 국가, 시위 쟁점, 시위자 유형 에 따라 얼마나 다른지를 조사한다. 이와 관련하여 우리는 또한 시위 참여 자들이 시위에 참석한 다른 사람들과는 물론 행사를 주관하는 단체들과 도 얼마나 일체감을 느끼는지를 살펴본다. 실제로 다른 저항자들 및 시위 를 주관하는 단체들과의 일체감은 사람들이 거리로 나가는 주요한 이유 중 하나이다. 우리는 또한 시위자들이 언제 시위에 참여하기로 확고하게 결정을 내리는지를 분석한다. 왜냐하면 참여에의 더 큰 헌신이 참여를 결 정한 시점과 관련되어 있을 것이기 때문이다.

행위 동기

사람들이 시위를 하거나 운동에 참여하는 데에는 다음과 같은 세 가지 주요한 이유가 있다. (1) 도구성, 즉 사회·정치적 환경에 영향을 주어 자신 또는 자신의 집단의 상황을 변화시키고자 하는 욕구, (2) 정체성, 즉 자신보다 더 큰 무언가의 일부가 되고자 하는 욕구와 자신이 그러하다는 것을 드러내고자 하는 욕구, (3) 이데올로기, 즉 의미를 찾고 자신의 세계관을 표현하고자 하는 욕구가 그것들이다(Klandermans 2004). 사회운동 참여는 상대적 비용과 이익에 대한 평가에 의해 영향을 받으며(Klandermans 1984), 집합적 이익 또한 운동 참여를 예측하는 하나의 변수라는 것을 보여주는 증거들도 존재한다(Sturmer and Simon 2004).

더 나아가서 클란더만스(Klandermans 2015)는 동기를 도구적 동기와 표출적 동기로 구분한다. 발흐라버와 그의 동료들(Walgrave et al. 2013)이 지적하듯이, 이러한 구분은 막스 베버(Max Weber 1922)의 잘 알려진 사회적 행위의 유형학(Weber 1922)에서의 '도구합리적zweckrational' 행위와 '가치합리적wertrational' 행위 간의 구분 — 또한 탤콧 파슨스(Talcott Parsons 1937)의 저작에 의해 사회학에서 대중화된 — 과 다시 연결되어 있다. 두 가지 유형 모두 목표 지향적이고 의식적이기 때문에 합리적이다. 그러나 전자의 목표는 외적인 반면, 후자의 목표는 행위 그 자체이다(Walgrave et al. 2013). 따라서 외부 변화와 다시 연결되는 저항 동기는 도구적인 반면(이를테면 이익 지키기, 정치인에게 상황을 변화시키도록 압박하기, 공중의 의식 고취하기), 내적 감정과 연결되는 저항 동기는 표출적이다(이를테면 자신의 의견 표현하기, 연대 표현하기, 도덕적 책무 느끼기)(Walgrave et al. 2013). 대부분의 개인은 저항을 포함하여 대부분의 행위에서 도구적 동기와 표출적 동기를 동시에 가지고 있다. "이들 방식 중 하나 또는 다른 하나만 지향하는 …… 사회적 행위의 구체적인 사례를 찾기란 매우 힘들 것이다"(Weber 1922: 26). 실제로 클란더만스와 외게마(Klandermans and Oegema 1987)는 1980년대에 네덜란드에서 얼마나 많은 평화 저항자들이 시위가 어떠한 영향도 미치지 못할 것이라고 생각했는지에 주목했다. 그들은 기득권층의 가치와는 다른 자신들의 가치를 표현하기 위해 저항하고 있었고, 따라서 자신들의 견해를 표현하는 데서 자신들의 대항 이데올로기가 중심을 차지하고 있었다. 달리 말해 그 저항은 주로 표출적 동기에 기반한 것이었다. 물론 그 시위자들은 저항의 도덕적 책무를 느꼈을 수도 있고, 아니면 그와 동시에 자신들이 베트남과의 연대감 속에서 행진한다고 느끼거나 인류의 일부로서 자신들의 이익을 지키고 있다고 느꼈을 수도 있다. 이는 더 나아가 동기들의 상호 보완적 성격을 예증하는 것이기도 하다. 실제로 판 조메런과 그의 동료들(van Zomeren et al. 2004)에 따르면, 도구적 동기와 '집단에 기초한 화'라는 감정은 사회운동 참여의 두 가지 주요 동기이며, 후자는 비록 보다 구체적이지만 표출적 유형의 동기이다. 판 스테켈렌뷔르흐(Van Stekelenburg 2006)는 또한 저항의 동기로 도구적 목적, 정체성, 집단에 기초한 화, 이데올로기를 강조한다. 이처럼 이러한 이상형의 동기들은 아마도 상호 배타적이지 않고 오히려 상호 보완적일 것이다. 동기는 상호 배타적이지 않기 때문에, 우리는 서로 다른 유형의 동기들을 나란히 연구해야 한다.

앞에서 우리가 시사한 또 다른 구분이 개인적 동기와 집합적 동기의 구분이다(Walgrave et al. 2013). 사람들은 주로 개인적 이유에서 또는 집단을 위해 시위에 참여할 수 있다. 개인적 동기는 자신의 이익 지키기처럼 도구적-개인적 동기이거나 자신의 견해 표현하기 또는 도덕적 책무 느끼기 같은 표출적-개인적 동기일 수 있다. 동일한 것이 집합적 동기에도 그대로 적용될 수 있다. 사태를 변화시키기 위해 정치인에게 압력을 가하고 공중의 인식을 고취하는 것과 같은 것은 더 도구적-집합적 동기인 반면, 연대를 표현하는 것은 집단을 위하는 것이고 따라서 표출적-집합적 동기이다. 실제로 사람들은 자신들의 삶의 조건을 개선하기 위해서 거리에 나설 수도 있지만, 이주민과 같은 주변화된 집단을 대신하여 그들의 삶의 조건을 향상시키기 위해서 거리로 나설 수도 있다.

마르크스주의적인 인상을 풍기는 계급의식 개념은 문제를 집합적인 것으로 인식하는 것이 지속적인 동원과 실제적인 사회변화를 이루는 데서 중요한 전제 조건임을 시사한다. 오늘날 이 관념은 집합적 정체성 연구와 집합행위 프레임에 관한 연구(Gamson 1992a)에서 채택되고 있는데, 갬슨의 연구는 부정의 프레임injustice frame, 주체적 행위능력 프레임agency frame, 정체성 프레임identity frame을 구별하면서, 정체성은 부정의나 불만에 의해 영향을 받을 때 집합적이 된다는 것을 보여준다. 이것은 다시 피해를 입은 다른 사람과의 공통성 및 연대감을 강하게 느끼게 할 뿐만 아니라 부정의나 불만에 책임이 있는 사람들에 대하여 강한 저항 의식 또한 가지게 하기 때문에 중요하다. 갬슨과 그의 동료들(Gamson et al. 1990, 1992a, 1992b; Gamson and Modigliani 1989)에게서 집합적 정체성과 집합행위 프레임들은 행위의 전제 조건이며, 따라서 저항 동기와 사회운동 행동주의에 참여하는 동기를 이해하는 데서 중요하다. 하지만 월스트룀(Wahlstrom 2016)이 지적하듯이, 집합적 정체성 및 그와 유사한 집합적 동기는 다른 쟁점들보다는 특정한 쟁점을 둘러싼 시위와 더 적절할 수 있다. 이를테면 집합적 정체성은 적어도 이론적으로는 집단 전체에 영향을 미치는 사회경제적 쟁점에 관한 시위에서 더 중요할 것이다.

사회운동에 관한 문헌들은 어떤 요소들이 집합적으로 공유되는 정체성의 강도 및 내용과 연관되어 있는지, 그리고 어떤 요소들이 서로 다른 맥락에서 동원을 촉진하는지를 오랫동안 분석해 왔다. 마르크스 이후 계급의식 개념은 정치화된 집합적 정체성이 사회변화를 일으키는 데서 얼마나 중요한지를 강조했다. 집합적 일체감은 자신의 운명이 물질적 조건과 연결되어 있다는 것을 인식하는 데서 기초가 되는 것으로 이해된다(Snow and Lessor 2013). 하지만 일체감은 물질적 이익과 연결될 뿐만 아니라 기본적으로 도덕적일 수도 있고 종교적 신념이나 다른 유형의 이데올로기와 충성에 기초할 수도 있다(Jasper and Poulsen 1995). 특히 부정의 프레임은 사람들로 하여금 집합행위에 참여하게 하는 도덕적 충격의 생산과 관련되어 있는 것으로 이해된다(Gamson and Sifry 2013). 물론 이러한 유형의 동기들은 상호 배타적이지 않다. 어떤 사람은 하나의 시민으로서의 자신의 이익을 지키기 위해, 따라서 도덕적인 이유에서 같은 상황에 있는 다른 인간 존재들과의 연대를 표현하기 위해 저항할 수도 있다. 그들은 자신들의 정치적 견해를 표현하기 위해서뿐만 아니라 그러한 문제에 대한 공중의 의식을 고취시키기 위해서 저항할 수도 있고, 그렇게 함

으로써 하나의 단일한 구체적인 동원을 통해 사태를 한꺼번에 변화시키

도록 정치인들에게 압력을 가할 수도 있다.

부정의감은 노동자들의 운동에서 매우 중요했다(Tilly 1986). 게다가 개

인과 집단 수준 모두에서의 '이중 박탈double deprivation'은 정체성 구축을

촉진하는 것으로 이해된다. 왜냐하면 그러한 박탈 과정이 자신의 상태가

다른 사람들과 공유되어 있다는 것을 깨닫게 해주고, 그리하여 동원을 뒷

받침하는 부정의감을 느끼는 데 기여하기 때문이다(Klandermans 2015).

게다가 책임의 할당 또한 중요한 것으로 인식된다. 왜냐하면 책임의 할당

은 부정의감이 "가슴에 열정을 불어넣고 영혼에 강한 의지를 불러일으키

는 의로운 화"에 집중할 수 있게 하기 때문이다(Gamson 1992a: 32). 연구들

은 더 큰 손실에 직면하여 위험이 더욱 견딜 수 없게 될 때 혼란이 억압받

는 집단으로 하여금 행위에 나서게 할 수 있다는 것을 보여주어 왔다

(Snow 2004, Snow and Lessor 2013; Snow et al. 1998, 2005). 그러나 혼란이나

불만이 행동으로 옮겨지기 위해서는 정체성 − "상상의 행위로 정의되는, 다

시 말해 동료와의 연대감을 불러일으키고 다른 범주들과 대립하는 도덕적 경계를

설정함으로써 사람들을 행동으로 나아가게 하는 수사어구"로 정의되는(Jasper

and McGarry 2014: 3) − 이 여전히 중요하다.

사회운동은 경계 만들기를 조장한다는 점에서 정체성의 장場으로도 인

식되어 왔다(Benford and Snow 2000). 이처럼 사회운동은 유동적이고 끊

임없이 발전하는 집합적 정체성 − 성원들의 공통된 이익과 연대에서 나오는

하나의 집단에 대한 공유된 정의(Taylor 2013) − 을 공유한다. 이러한 방식으

로 집단 일체감은 책임의 귀속을 통해, 그리고 공통의 문제와 경험에 대

한 이해를 통해 개인적인 사회적 일체감 및 집합적 정체성과 그것들의 정치화 사이에서 연결고리의 역할을 한다(van Stekelenburg et al. 2013). 이러한 과정은 개인의 삶의 경험이라는 한편과 사회세계에 대한 주관적 필터링과 사회를 변화시키기 위한 집합적 동원이라는 다른 한편 간의 관계를 분명하게 보여준다. 이러한 과정은 극히 강력한 힘을 발휘하기도 하는데, 이 과정이 사람들로 하여금 정의와 평등의 이름으로 전체 사회를 급진적으로 재조직화할 것을 요구하고 나서게 할 수도 있기 때문이다.

지구화 시대에서의 동기와 일체감

연구들은 도구성만으로는 사람들이 왜 저항에 참여했는지를 충분히 이해할 수 없으며, 따라서 정체성과 일체감을 그 과정에 포함시켜야만 한다고 강조했다(이에 대한 논평으로는 van Stekelenburg and Klandermans 2013을 보라). 많은 연구들은 사람들이 특정 집단과 일체감을 더 많이 가질수록 그 집단을 위해서 더 많이 저항하는 경향이 있다는 것을 보여주어 왔다(Klandermans et al. 2002; Simon and Klandermans 2001; van Zomeren et al. 2008). 정체성은 타인들과 대비하여 우리가 누구인지에 대한 인식으로 정의될 뿐만 아니라 타인들이 자기 자신에 대해 갖는 인식으로도 정의된다(Jenkins 2008). 정체성은 어떤 사람이 사회에서 차지하는 위치로 은유적으로 묘사된다(Simon et al. 1998). 정체성은 사회계급, 젠더, 세대 등에 의해 주어지는 서로 경쟁하는 여러 잠재적 정체성과 연계되어 있을 수도 있다. 이런 의미에서 개인은 다양한 정체성을 가질 수 있으며, 그러한 정체성 모두는 그러한 사회집단의 성원의식에 기초하여 행해지는 행위의 이유와 연결될 수 있다(Tajfel and Turner 1979). 다중 정체성multiple identity에 관한 연구들은 사람들이 어떻게 서로 다른 많은 정체성을 동시에 가질 수 있는지를 보여준다. 그 결과 다중 정체성은 이를테면 파업 여부를 결정해야 하는 노동조합원들의 경우처럼 갈등에 빠지게 하기도 하고, 사람들로 하여금 교차압력을 받게 하기도 한다(Oegema and Klandermans 1994). 파업 노동자들과 운동 활동가들은 자주 자신들의 회사와 국가에 대해 충성하지 않는다고 비난받는다. 곤살레스와 브라운(González and Brown 2003)은 이를 '이중 정체성dual identity'이라고 부르며, 하위 실체와의 일체감(이를테면 민족적 정체성)이 반드시 상위 실체와의 일체감(이를테면 국가 정체성)을 배제하는 것은 아니라고 주장한다. 오히려 이중 정체성은 바람직하다. 왜냐하면 이중 정체성은 개인이 자신의 집단과의 일체감을 통해 얼마간 기본적인 안도감을 느끼는 동시에 모든 것에 우선하는 일체감 덕분에 배제되지 않는다는 것을 의미하기 때문이다(Huo et al. 1996). 실제로도 증거들에 따르면, 이중 정체성을 드러내는 이민자들이 자신들의 집단을 위해 거리로 더 많이 나가는 경향을 보여왔다. 또한 클란더만스와 그의 동료들(Klandermans et al. 2008)은 이중 일체감을 드러내는 이민자들이 어째서 [그러한 정체감을 드러내지 않는 이민자들보다(이 부분은 저자들이 인용 과정에서 빠뜨린 것이기에 문맥을 이어가기 위해 옮긴이가 추가했다 _옮긴이)] 자신들의 상황에 더 만족하는지를 보여주었다. 하지만 만족하지 못하는 사람들은 저항자가 될 가능성이 크다.

그렇다면 특정한 집합적 집단과의 일체감이 저항을 하게 하는 강력한 이유 중 하나인 까닭은 무엇인가? 판 스테켈렌뷔르흐와 클란더만스(Van Stekelenburg and Klandermans 2013)는 일체감이 어떻게 공유된 운과 공통의 운명을 포함하여 집단과의 공통점과 유사성을 인식하는 것과 연관되어 있는지를 지적한다. 정체성의 강도는 정서적인 측면에서 비롯된다(Ellemers 1993). 그러니까 "집단이 내 안에" 있을수록 "나는 우리를 더 많이 느끼며"(Yzerbyt et al. 2003), 따라서 그 집단을 위해 참여하려는 더 강한 동기가 발전한다. 집합적 일체감, 특히 정치화된 형태의 일체감은 효능감을 강화시키는 것으로 밝혀져 왔다(Simon et al. 1998; van Zomeren et al. 2008). 공유된 운명, 감정, 효능감과 함께 일체감 역시 집단의 '좋은' 성원이어야 한다는 책무를 발생시킨다(Sturmer and Simon 2004). 달리 말해 개인들이 사회적·집합적 행위에 참여하게 하기 위해서는 집합적 정체성이 정치화되어야만 한다. 이는 계급의 예에서 분명하게 나타나며, 객관적 또는 구조적인 즉자적 사회계급과 주관적 자의식을 지닌 정치화·조직화된 대자적 계급의 구분과 관련하여 제3장에서 이미 논의한 마르크스의 고전적 논점과 다시 연결된다. 판 스테켈렌뷔르흐와 클란더만스(Van Stekelenburg and Klandermans 2013)는 정체성의 정치화가 공유된 불만의 인식과 함께 어떻게 시작되는지, 그리고 그다음에 그러한 정치화가 집단의 문제나 착취에 대한 책임을 외부의 적에 돌리는 것과 어떻게 관련되어 있는지를 지적한다. 정체성의 정치화는 근본적인 권력투쟁과 함께 연속적으로 전개되는 것으로 이해된다(van Stekelenburg and Klandermans 2013). 이는 계급의식이 발전하는 과정과 유사하다. 그러한 과정에서 최근의 긴축위기와 여타 자본주의 위기 같은 사건들은 피해를 입은 사람들을 급진화하는 역할을 할 수 있다.

실제로 대침체기를 특징지어 온 긴축반대 저항의 물결은 널리 퍼져 있는 정당성의 위기(Habermas 1975) 및 엘리트 측의 대응성 부족에서 비롯되는 화와 함께 위기에 의해 가장 큰 피해를 입은 사회 부문들 사이에서 정치화된 정체성의 발전을 자극해 왔다. 이러한 요소들은 저항 동기에 중요한 영향을 미칠 수 있다. 경제적·정치적 위기에 직면한 유럽의 엘리트들은 점점 더 비효율적이거나 불충분하거나 매우 무력한 해결책을 쓰고 있는 것으로 인식되어 왔다(della Porta 2015). 그들은 사회의 가장 취약한 부문을 돕기보다는 오히려 취약한 사람들을 더욱 궁핍하게 하고 주변화하는 데 기여하는 긴축정책과 공공 서비스 감축을 법제화하는 데 공모하는 것으로 인식되어 왔다(della Porta 2015). 이러한 과정과 그들이 선진 산업 민주주의 국가에서 초래해 온 궁핍은 이미 약한 지지를 받고 있는 엘리트와 정부를 탈정당화하는 작용을 해왔다. 이런 맥락에서 델라 포르타(della Porta 2015: 6)는 우리가 후기 신자유주의가 초래한 '책임성의 위기'를 목격하고 있으며, 현 사태의 진전을 이해하기 위해서는 다시 자본주의와 저항을 연계시켜 분석할 필요가 있다고 주장해 왔다. 그녀는 슈트렉(Streeck 2014: 53)의 자본주의의 개념화를 따라 자본주의를 "개인의 효용, 번영, 이익의 극대화의 부산물로 생기는 무한한 집합적 진보 — 화폐 경제의 규모로 측정되는 — 의 약속에 기반을 둔 사회질서"로 규정한다. 그다음에 그녀는 자본주의가 마르크스가 정의한 대로 자본가 계급에 의한 프롤레타리아 계급의 착취에 기초하여 정의되는 생산양식임을 감안하여, 그리고 그다음에는 바커(Barker 2013)를 따라서 "자본주의의 진화 과정에서 착취가 이루어지는 구체적인 형태가 생산자의 동원에 영향을 미칠 것은 당연하다"라고 주장한다(della Porta 2015: 7).

항쟁 레퍼토리가 지역적이고 온정주의적인 레퍼토리에서 전국화되고 전문화되고 모듈적인 레퍼토리로 변화된 것에 관한 틸리(Tilly 1986)의 논점으로 돌아가면서(이에 대해서는 이미 제3장에서 논의했다), 델라 포르타(della Porta 2015)는 틸리가 자본주의가 박탈당한 집단들 사이에서 특정한 이해관계와 집합적 정체성을 발전시킴으로써 저항의 성격을 어떻게 변화시키는지를 이미 검토한 바 있다고 지적한다. 자원 동원 이론이 역사적 맥락, 역사, 생산양식에 대해 대체로 불가지론적이라고 비판받았지만, 사실 자본주의가 정체성 형성과 자본주의의 '무덤 파는 사람들'을 창출하는 데서 수행하는 역할은 사회운동 문헌들의 일부 다른 '예외적 문헌들'에서 이미 검토되어 왔다. 하지만 "초점이 자본주의의 진화나 자본주의의 성장과 위기 사이의 부침보다는 거대한 역사적 전환에 맞추어졌기" 때문에 그 역할은 제한되었다(della Porta 2015: 7).

저항을 불러일으킬 수도 있는 현 상황을 산출한 자본주의의 전환과 더 광범위한 사회경제적 과정들이 반드시 개인의 경제적 이익 지키기와만 관련지어질 필요는 없으며, 실제로 앞에서 논의한 다양한 유형의 동기에도 영향을 미칠 수 있다. 현 시기의 저항과 사람들의 저항 동기를 이해하기 위해서는 네 가지 차원(도구적-개인적 차원, 표출적-개인적 차원, 표출적-집합적 차원, 도구적-집합적 차원) 모두가 중요한 것으로 보인다. 현재의 사회경제적 맥락에서는 보다 이익에 기초하고 있는 동기와 보다 광범한 집합적 동기 모두가 저항에 중요할 것으로 보인다. 개인의 경험을 보다 일 반화된 위기의식과 부정의감으로 일반화하는 것 ― 즉, 개인의 문제와 박탈 을 정치적 해결을 필요로 하는 보다 광범위한 사회문제로 인식하는 것 ― 은 사회 를 변화시키기 위한 정치적 행동에서 하나의 전제 조건이다.

델라 포르타(della Porta 2015)는 긴축시대의 사회운동을 분석하면서, 사 회운동 연구에서 자본주의의 작동방식과 구조가 어떻게 사람들로 하여 금 저항에 참여하게 하는 동기가 되었는지를 이해할 수 있게 해주는 데서 중요한 이정표가 된 연구가 바로 새로운 사회운동에 관한 연구, 그중에서 도 특히 저항의 새로운 기반으로서의 신중간계급(또는 그것의 한 분파)을 출현시킨 요소들에 초점을 맞춘 연구였다고 지적한다(Eder 1993; Kriesi 1989). 좀 더 구체적으로 말하면, 자율성과 자유주의적인 사회적 가치를 우선시하는, 그리고 자원 배분에서 더 많은 평등주의를 강조하는 이른바 사회문화적 전문가들이 점점 증가하는 저항 부분에서 핵심 담지자들이 되었다(Kriesi 1998). 이러한 연구들의 기저에는 포드주의적 틀이 계급 균 열을 완화시켰고 그리하여 환경 쟁점, 젠더 쟁점 등과 관련된 보다 광범 위한 도덕적 주장에 기반한 탈물질주의적 투쟁 ― 재분배와 사회경제적 불 만을 중심으로 하는 마르크스주의적 인상을 풍기는 초기의 운동과는 구별되는 ― 이 출현할 수 있는 공간이 열렸다는 주장이 깔려 있었다(Melucci 1989; Touraine 1981). 델라 포르타(Della Porta 2015)는 또한 행위의 동기를 유발 하는 데서 자본주의가 수행하는 역할에도 주목하는데, 이는 크리시와 그 의 동료들(Kriesi et al. 2012)의 연구에서도 검토된 바 있다. 그들의 연구는 "지구화의 승자와 패자" 사이에서 출현하는 균열에 관한 것이었고, 또한 좌파에서의 또 다른 '패자'들 — 좌파들은 여전히 문화적으로 포용적인 가치를 지지하지만, 경제적 측면에서는 점점 더 고통을 받고 있다 — 을 고찰하기보다는 이민 반대 담론과 민족주의의 배타적인 문화적 보호주의에 초점을 맞추었다(della Porta 2015).

자본주의의 경제 구조와 그것의 위기 경향은 자본주의로 인해 가장 심하게 고통을 받은 집단이 일체감을 느낄 수 있는 조건을 창출한다. 하지만 행위의 동기를 발전시키고 개인들이 그러한 동기에 의거하여 행위하고 부당한 사회제도에 맞서 저항에 참여하는 데에는 그러한 정체성의 정치화가 필요하다. 실제로 개인에게서 저항 동기를 발전시킬 수 있는 자본주의의 맥락적 조건에 대해 논의하고 그럼으로써 구조와 행위 간의 연결고리를 이해하기 위해서는, 집단이 경제적 또는 정치적 불만을 경험할 수 있지만 그러한 불만들이 그 자체로 자동적으로 정치적 행위로 이어지는 것이 아니며 보다 광범한 사회적 수준에서 불만이 정치화될 필요가 있다는 점을 강조해야만 한다. 이런 의미에서 정치적·거시경제적 위기가 시민의 경험에 미치는 영향은 보다 광범한 사회적·정치적 문제 — 해결을 위해서는 집합적인 정치적 행위가 요구되는 — 로 이해될 필요가 있다(Grasso and Giugni 2016a). 이처럼 보다 광범한 사회적·정치적 문제를 변화시킬 수 있는 것으로 인식하는 것이 새로운 불만의 현존(그리고 경험)에서 행위로 나아가게 하는 첫 번째 단계이다. 특히 선진 민주주의 국가에서 신자유주의적 관념이 만연해 있다는 것은, 이데올로기적으로 정치적 저항과 동원에 관여하는 사람들은 또한 신자유주의 이데올로기의 지배나 헤게모니와 경쟁할 수 있는 새로운 관념의 틀을 창출하고 그리하여 사회민주주의 정당과 온건한 보수 정당 모두가 그 틀을 수용하게 하는 데 뛰어들 필요가 있다는 것을 의미한다(English et al. 2016; Grasso et al. 2017; Temple et al. 2016). 긴축반대 저항의 배후에 있는 '문화적으로 포용적인 패자들'은 우파 포퓰리스트들이 현 제도에 대한 비판을 독점할 수 있는 공간을 그냥 열어두기보다는 (민족주의, 과거, 또는 복지국가의 배타적 방어로 후퇴하지 않고 오히려 개방성과 관용을 수용하는 진정으로 진보적인 경제적 대안을 포함하는) 새로운 시대를 위한 새로운 진보정치 프로그램을 개발할 수 있을 것이다.

동기가 생겨나고 그 동기가 저항 행위를 자극하는 방식을 이해하는 퍼즐의 또 다른 중요한 조각은 좌파 정당과 사회운동 단체 같은 조직이 수행하는 역할과 관련되어 있다. 역사적으로 노동계급과 자원을 더 많이 박탈당한 집단의 이익을 대변해 온 이들 비판적 조직은 최근 들어 약화되어 왔다. 그러한 조직들의 부재와 함께 집합적 이익의 서사를 개발하고 그 서사를 정치적 프로그램 속에 분명하게 표현하는 것 또한 어려워졌다. 집합적 이익과 실천적 정치 행위에 대한 레닌주의적 이론화에서 정당이 수행하는 역할에 관해 제3장에서 논의했던 것으로 돌아가면, 우리는 사회변화와 동원에 대한 과거의 정치적 담론에서 정당이 수행하는 역할이 중심을 차지하고 있었음을 알 수 있다. 하지만 예시적 정치prefigurative politics[예시적 정치란 현재 존재하지 않는 대안적인 세계를 예상하고 예기하는 실천을 의미한다 _옮긴이]가 강조되고 진정한 민주적 조직과 사회변화는 위계적 조직으로부터는 출현할 수 없다는 비판이 제기되면서, 마르크스주의 및 트로츠키식 형태의 정당에서의 민주적 중앙집권주의와 여타의 리더십 양식은 좌파에 기반한 다른 혁신자들에 의해 점점 더 비난받게 되었다(Tarrow 1989).

게다가 경제 영역에서는 변화하는 노동 조건 — 고용의 비정규직화, 일자리 불안전성의 증가, 노동법에 의한 제약의 축소, 비숙련 노동자의 보호 지위에서의 배제, 그로 인한 임금 소득 계급의 분절화, 그리고 증대하는 노동의 강화 — 이 노동조합 측의 사회 비판을 약화시켰다(della Porta 2015). 노동조합은 고용감축에 참여했고, 일반적으로 외부자에 대항하여 조합원에게 배타적 혜택을 제공했으며, 그리하여 진보적 호소를 통해 가장 취약한 사회적 지위에 있는 사람들 — 고용 내부에 있든 고용 외부에 있든 간에 — 을 통합시킬 수 없게 됨에 따라 탈정당화되었다(della Porta 2015). 노동조합이 이런 방식으로 피고용자들과 결합함에 따라 여타 주변화된 외부자들은 노동조합의 지원을 받지 못하게 되었다. 이 문제는 실업자, 불안정 노동자, 이주민을 포함한 주변화된 부문 전반에 걸쳐 지지를 얻을 수 있는 설득력 있는 대안을 제시하는 진보적인 좌파 정당이 부재하는 상황에서 노동조합이 어째서 사회변화 및 대안과 관련한 보다 광범위한 정치적 프로그램을 유지할 수 없었는지를 예증한다. 게다가 많은 좌파 사회민주주의 정당들이 신자유주의적 합의에 참여함에 따라 급진적인 사회 비판을 할 수 있는 다른 집합적인 사회적 행위자들이 사실상 존재하지 않게 되었다.

이러한 맥락에서 1990년대 후반과 2000년대 초반의 글로벌 정의 운동의 등장(과 2000년대 후반과 2010년대 초반의 긴축반대 저항과 운동의 물결(이 부분은 아래의 인용구를 확인한 결과 저자들이 누락한 것으로 보여 옮긴이가 문맥의 연결을 위해 추가했다 _옮긴이))은 "비록 두 운동이 서로 다른 특성을 가지지만 다양성을 긍정적으로 강조"함으로써, 즉 다양성을 "글로벌 정의 운동에서는 다양한 경험을 연결시키는 하나의 관대한 정체성으로 바라보고 긴축반대 저항에서는 신자유주의의 위기로 고통받는 모든 사람이나 시민에 대한 하나의 호소로" 바라봄으로써 파편화에 대처하기 위한 것이었다(della Porta 2015: 81). 글로벌 정의 운동이 보다 광범하게 도덕적·인도주의적으로 호소했다면, 긴축반대 저항은 글로벌 신자유주의가 초래한 경제적 불평등에 (그것도 국가 간 차이라는 측면에서) 초점을 맞춤으로써 국가 영역에 대한 관심을 다시 불러일으켰다(della Porta 2015: 81). 하지만 글로벌 정의 운동이 이처럼 광범위한 집단을 아우르기 때문에 공동의 집합체 의식을 발전시키는 데 성공했을 수도 있지만, 전통적으로 성공적인 사회운동에서 동원의 기반을 형성해 온 공동의 집합적 이익 의식을 발전시킬 수 있는 방법을 찾기가 훨씬 더 어렵다. 실제로 글로벌 정의 운동이 지니는 다원성도 그 운동의 약점으로 인식될 수 있으며, 앞으로의 방향과 관련한 너무나도 많은 결정을 유보한 채 모든 사람을 아우르고자 하는 그 운동의 열망은 그 운동에서는 모종의 급진적인 개혁을 요구하거나 진전시킬 수 있는 프로그램에 대해 완전한 합의가 결코 존재할 수 없다는 것을 의미했다(Sotirakopoulos 2016). 이런 의미에서 특히 최근의 긴축반대 동원과 비교했을 때 글로벌 정의 운동은 도구적인 집합적 이익의 옹호자라기보다는 표출적 집합체에 가깝다고 볼 수 있다. 이는 앞에서의 문화적 저항의 목적(그리고 쟁점)과 경제적 저항의 목적(그리고 쟁점) 간의 구분과 관련된다.

연대와 도덕적 유인

집합행위에서 연대가 수행하는 역할을 논의할 때에는, 파시(Passy 2013)가 그랬던 것처럼, 두 가지 서로 다른 유형의 참여 유인, 즉 사회적 유인과 연대적 유인을 구별하는 것이 중요해 보인다. 맨서 올슨(Mancur Olson 1965)은 자신의 영향력 있는 저작 『집합행위의 논리The Logic of Collective Action』에서 무임승차의 문제를 고려하면 합리적으로 자기 이익을 추구하는 개인은 집합적 추구에 가담하지 않을 것이라고 지적했다. 이 경우에는 선택적 유인 ― 즉, 참가자에게만 발생하는 이득 ― 만이 개인이 행위를 하도록 자극할 수 있다. 이러한 생각은 중요한 불만에도 불구하고 한 집단이 어째서 자신들의 이익을 지키기 위해 집합행위에 참여하지 않을 수 있는지를 부각시켰다. 하지만 파시(Passy 2013)도 지적하듯이, 도구적 유인은 왜 개인이 저항에 참여하는지를 파악하는 매우 제한적인 방법으로, 실제로도 그 이유를 잘 설명하지 못한다(Whiteley and Seyd 1996, 2002). 클라크와 윌슨(Clark and Wilson 1961)은 같은 생각을 가진 개인과 접촉하는 것과 정당들이 자신의 정책과 이데올로기적 목적을 실현할 수 있게 하는 것 같은 사회적 유인과 목적의식적 유인을 추가하여 자신들의 설명을 발전시켰다. 많은 다른 연구들이 이를 따라 다른 유형의 유인들을 추가했고, 파시(Passy 2013)가 지적하듯이, 이것은 "인간의 동기들이 담긴 판도라의 상자를 여는 것"이었다. 그러한 동기들로는 목적의식적 유인(정치적 목표), 집합적 유인(기대되는 공익의 가치), 사회적 유인(타인의 기대되는 반응), 연대 유인(같은 생각을 가진 일단의 사람들 찾기), 정체성 유인(공통의 특징을 가진 사람들 찾기), 또는 규범적 유인(공정성과 공평성의 가치)을 들 수 있는데, 이것들 모두는 오프(Opp 1985)가 '부드러운 유인soft incentive'이라고 불렀던 것이다.

이런 맥락에서 파시(Passy 2013)는 어떻게 해서 거기서 두 개의 주요 학파가 생겨났는지를 지적한다. 하나는 공리주의적인 합리적 선택 관점에서 선택적 유인의 목록을 채택하는 학자들로 이루어진 학파이고, 다른 하나는 그러한 틀 밖에서 작업하는 학자들로 이루어진 학파이다. 첫 번째 학파에 속하는 오프(Opp 1988)는 개인적인 유인들이 다른 사람들로 하여금 참여하게 만드는 사회적 통제를 강조했다. 반면 두 번째 집단에서는 동원이 집단 일체감, 공익의 가치, 성공에 대한 기대, 개인적 규범을 통해 이루어지는 것으로 인식되었다. 게다가 일부 사람들은 집합적 유인과 관련된 사회적 메커니즘(Klandermans 1997; Klandermans and Oegema 1987) — 즉, 사적 이익이 아닌 집합적 이익, 또는 분할할 수 없는 이익의 본질적 가치 — 을 강조하는 반면, 다른 사람들은 행위가 규범지향적이 되는 방식을 강조했다(Marwell and Ames 1979). 후자에서 사람들로 하여금 행위하게 만드는 것은 바로 공정성, 연대, 공평성과 같은 신념이다.

벤포드(Benford 2013a)가 지적하듯이, 연대는 집합적 정체성 개념과 밀접하게 연관되어 있는 것으로 이해될 수 있다(Melucci 1989). 하지만 집합적 정체성은 보다 광범위한 공동체가 인지적·도덕적·감정적 관계를 계속해서 사회적으로 구축하는 것에 좀 더 분명하게 초점을 맞추는 반면(Polletta and Jasper 2001), 연대는 좀 더 구체적으로 특정 집단의 공유된 감정을 지칭하는 데 사용된다. 학자들은 다시 연대를 두 가지 차원으로,

즉 자신이 성원인 특정 집단에 초점을 맞추는 내적 연대와 자신이 속하지 않은 집단과의 일체감을 가리키는 외적 연대로 구분해 왔다(Hunt and Benford 2004). 사회운동 조직은 연대감을 촉진하는 것으로 이해되며, 이는 어떤 개별 성원에 대한 위협을 모든 성원이나 집단에 대한 위협으로 이해할 수 있게 해주어, 지지자들로 하여금 공동의 운명 의식과 공통의 대의를 느끼게 해준다(Hunt and Benford 2004).

도덕적 유인은 사회운동 행동주의에도 중요하다(Snow and Lessor 2013). 참여에 대한 요구는 자주 도덕적인 용어로 프레임지어지고, 특정한 사건들은 너무나도 부당해서 모든 사람이 참여를 통해 도덕적으로 반대할 필요가 있다고 느낄 수도 있다. 이를테면 영국에서 있었던 '전쟁을 멈춰라 Stop the War'라는 저항에서 "내 이름으로는 하지 마라Not in My Name"라는 슬로건은 개탄스러운 침략 행위에 대한 이러한 도덕적 반감을 분명하게 드러내는 것이었다. 이런 방식으로 이 운동은 2003년 3월 15일에 100만 명 이상의 시위자들이 런던을 행진하면서 역사상 가장 큰 규모의 영국 행진 중 하나에 충분한 지지자들을 동원하는 데 성공했다.

그러나 도덕적 요소들이 사람들을 거리에 동원하는 강력한 수단이 될 수도 있지만, 많은 경우에 단순히 혐오감과 지지 철회를 표현하는 것을 넘어 운동을 지속시키고 운동에 실력자들과의 협상을 진전시키기 위한 충분한 내용을 제공하여 실제로 사회변화를 일으키기 위해서는 공동의 목표와 이데올로기적 서사의 민주적 발전이 필요한 것으로 보인다(Snow and Lessor 2013). 도덕적 호소의 힘은 또한 '도덕적 충격'의 관념과도 분명하게 연결되어 있다(Jasper and Poulsen 1995). 동물 실험과 같은 특정한 사건이 일어나는 것을 막기 위해 긴급하게 관여할 필요가 있음을 강조하는 운동들이 특히 이러한 도덕적 충격을 활용할 수 있다(Snow and Lessor 2013). 도덕적 확신은 많은 사회운동 활동 참여에서 핵심적인 자리를 차지하고 있으며, 이데올로기 ― 이를테면 평등과 정의의 이상뿐만 아니라 억압받는 집단과의 연대감과 관련해서도 ― 와 밀접하게 연관되어 있다는 것은 분명하다. 그러나 도덕적 확신은 일반적으로 세상 속에서 발생하는 부정의나 불평등과 관련한 특정한 신념과 결부되어 있지만, 그러한 신념들은 세상이 어떠해야 하는가에 대한 더 넓은 이데올로기적 서사에 의해 뒷받침되는 경향이 있다. 이런 식으로 이데올로기적 믿음과 도덕적 확신은 활동가들 대부분의 마음속에서 뒤얽혀 있으며, 이 두 가지 측면이 일치할 때 사회운동은 커다란 위험이 닥치거나 초기에 중대한 좌절을 겪더라도 특히 탄력적이 되어 그 효력을 발휘할 수 있다.

스노와 레서(Snow and Lessor 2013)가 지적한 것처럼, 무어(Moore 1978: 89~91)는 사회운동이 외견상 극복할 수 없는 장애에 직면했을 때조차 도덕적 확신이 어떻게 많은 사회운동의 강도와 결의의 근저를 이루는 '영혼 속의 강한 의지'가 되는지를 묘사해 왔다. 실제로 역사는 근본적인 사회변화를 가져온 대부분의 사회운동이 처음에는, 그리고 목표를 달성하는 오르막 투쟁에서 주요한 좌절을 겪었지만, 그럼에도 불구하고 활동가와 피해받은 사람들의 끈기와 신념을 통해 결국에는 그러한 장애를 극복했다는 것을 보여준다. 이와 관련된 것이 바로 '양심수prisoners of conscience' ― 즉, 신념과 도덕적 확신 때문에 심지어 투옥까지도 받아들인 사람들 ― 라는 관념이다(Snow and Lessor 2013). 이 개념은 활동가들이 역사적으로 자신들의 사상과 원칙에 대한 믿음을 지킬 준비가 어디까지 되어 있는지를 예증한다. 양심수들은 명령이나 비합리적인 법률보다는 양심에 따랐다는 단순한 죄로 몇 년 동안 감금이나 투옥을 받아들이는 것은 물론, 사상과 신념의 이름으로 자유뿐만 아니라 그들의 삶까지 포기해 왔다. 특별한 양심수의 사례로는 대니얼 베리건Daniel Berrigan과 필립 베리건Phillip Berrigan을 들 수 있다. 흔히 베리건 형제로 알려진 두 가톨릭 사제는 베트남 전쟁 동안 미국의 반전운동 과정에서 1968년 5월에 메릴랜드 징병위원회의 기록을 불태운 혐의로 그들의 지도부를 위해 투옥되었다(Snow and Lessor 2013).

마지막으로는, 스노와 레서(Snow and Lessor 2013)도 역시 지적했지만, '양심적 지지자conscience constituents'라는 개념(McCarthy and Zald 1977)은 다른 사람들을 위해 오직 연대감만으로 행동하는 개인들을 강조한다. 그들은 재정 지원, 경험, 조직 등과 같은 자원을 제공한다. 이러한 유형의 참여를 하는 주된 이유는 미국 민권운동 참여자들처럼 도덕적 제휴이다(Snow and Lessor 2013). 하지만 이를테면 만약 누군가가 정의와 평등, 그리고 보다 공정한 사회를 믿고 그 사람이 그러한 방식으로 다른 사람들을 위해 행위할 때 그는 항상 자기 자신의 이익을 위해 행위하는 것이기도 하다고 주장될 수 있다. 왜냐하면 그 사람은 자신과 자신의 자녀, 그리고 사랑하는 사람들을 포함한 모두를 위해 더 좋고 더 공정하고 더 평등한 사회를 동시에 만들고 있기 때문이다. 이처럼 사회변화라는 집합적 목적은 모두 — 부자이든 가난한 사람이든, 그리고 젠더, 인종, 민족성 등과 관계없이 — 의 이익을 위해 사회를 변화시키는 것을 궁극적인 목적으로 하기 때문에 항상 집합적인 도구적 동기를 분명하게 드러내는 것으로 인식될 수 있다.

무엇이 사람들로 하여금 시위에 참여하게 하는가?

사람들을 저항하게 하는 동기는 보다 도구적이고 개인적인 것에서부터 보다 표출적이고 집합적인 것에 이르기까지 다양하다. 이제 우리는 우리의 시위자의 표본에서 동기를 조사하는 것으로 나아간다. 무엇이 사람들로 하여금 거리 시위에 참여하도록 동기짓는가? 도구적, 도덕적, 또는 연대적 유인이 똑같이 중요한가? 아니면 하나 또는 다른 것이 더 우세한가? 더 나아가 시위자들은 저항에서 다른 사람들과 또는 시위를 주관하는 단체와 어느 정도까지 일체감을 가지는가? 그리고 그들은 어느 정도까지 참여하기로 결심했고, 언제 그렇게 하기로 확고하게 결정을 내렸는가? 마지막으로, 동기, 일체감, 결의는 국가, 시위 쟁점, 시위자 유형에 따라 다른가, 그리고 만약 그렇다면 얼마나 다른가? 〈표 7-1〉은 우리에게 몇 가지 답을 할 수 있게 해준다. 우리는 먼저 저항의 도구적-개인적 동기 − "나의 이익 지키기" − 를 검토한다. 그다음에는 표출적-개인적 동기 − "나의 견해 표현하기" 또는 "도덕적 책무 느끼기" − 를 고찰하는 것으로 나아간다. 다음으로는 도구적-집합적 동기 − "정치인에게 변화 압박하기"와 "공중의 의식 고취하기" − 를 살펴본다. 마지막으로는, 표출적-집합적 동기 − "나의 연대 표현하기" − 를 검토한다.

먼저 "나의 이익 지키기"를 살펴보면, 우리는 이 개인적-도구적 유형의 저항 동기는 스페인 시위자들에게서 특히 대중화되어 있고, 그다음으로 스위스, 그다음에는 벨기에, 영국, 네덜란드, 이탈리아의 시위자들이 뒤를 잇고 있으며, 마지막에 스웨덴 시위자들이 위치하는 것을 볼 수 있다.

표 7-11 국가, 시위 쟁점, 시위자 유형별 시위자의 동기

단위: %, 평균

	국가							시위 쟁점		시위자 유형	
	벨기에	이탈리아	네덜란드	스페인	스웨덴	스위스	영국	문화적	경제적	간헐적 시위자	활동가
동기(1-5점 척도의 평균)											
나의 이익을 지킨다	3.62	3.29	3.57	4.40	3.22	4.06	3.62	3.45	3.96***	3.55	3.76***
나의 견해를 표현한다	4.48	4.36	4.20	4.56	4.46	4.26	4.48	4.36	4.43***	4.20	4.46***
정치인에게 변화를 압박한다	4.60	4.22	4.22	4.50	4.02	4.39	4.38	4.33	4.35	4.23	4.37***
공중의 이식을 고취시킨다	4.37	4.66	3.90	4.28	4.29	4.54	4.58	4.43***	4.26	4.09	4.42***
나의 연대를 표현한다	4.59	4.48	4.46	4.29	4.56	4.61	4.53	4.51	4.49	4.36	4.54***
그렇게 함으로써 도덕적 책무를 느낀다	3.68	3.56	3.74	4.07	3.90	3.55	3.91	3.72	3.86***	3.62	3.83***
일체감의 정도(1-5점 척도의 평균)											
저항하는 사람들과의 일체감	4.04	3.95	3.82	4.19	3.95	4.04	4.19	4.00	4.09***	3.81	4.09***
주관 단체와의 일체감	3.84	3.69	3.70	3.81	3.67	3.87	3.92	3.74	3.84***	3.47	3.89***
저항을 확고하게 결심한 때(%)											
저항 당일	5.7	6.4	10.3	6.9	14.2	7.9	9.7	9.8***	7.9	13.0***	7.5
저항 며칠 전	33.8	25.7	34.7	31.5	21.8	26.2	31.3	29.9	29.9	40.4***	26.5
저항 몇 주 전	31.6	27.0	36.1	30.0	18.1	21.7	19.4	25.6	27.9**	27.7	26.6
저항 한 달 이상 전	28.9	41.0	18.8	31.6	46.0	44.2	39.6	34.7	34.2	18.2	39.4***

* p ≤ 0,05, ** p ≤ 0,01, *** p ≤ 0,001

우리는 물론 스페인이 최근의 경제 위기로 인해 특히 큰 타격을 받았다는 것을 알고 있으며, 이것이 그 나라에서 그렇게도 많은 시위자가 자신들이 시위를 하는 주요 이유 중 하나가 자신들의 이익 지키기라는 것에 강력하게 동의하는 데 한몫했을 수도 있다. 하지만 자신들의 이익을 지키기 위해 저항하고 있다는 데 역시 많은 시민이 강력하게 동의한 스위스는 위기로 인해 그렇게 심한 타격을 입지 않았다. 흥미롭게도 좌파적 가치, 그리고 특히 재분배에 대한 지지 점수가 가장 높은 나라인 이탈리아와 스웨덴은 자신들의 이익을 지키기 위해 저항한다는 관념과 관련해서는 다른 나라들에 비해 낮은 점수를 받았다. 아마도 이러한 나라들에서 보다 광범하게 받아들여지는 좌파적 관념이 시민들로 하여금 저항을 사회 전체를 더 나은 방향으로 변화시키는 수단으로, 그리고 또한 기본적으로 나 자신의 이익보다는 사회에서 가장 가난한 집단의 이익을 지키기 위한 수단으로 보다 집합주의적으로 바라보게 할 것이다. 게다가 시위를 통한 이익 지키기의 문제는 또한 이익을 인식하는 방식과 연관되어 있으며, 그 이익을 모든 시위 쟁점에 동기로 똑같이 적용할 수 있는지의 여부와도 연관되어 있다. 이를테면 시위가 여성에 대한 폭력에 반대하는 것이고 참여자가 남성일 때, 저항의 동기가 자신의 이익 지키기의 측면에서 이해될 가능성은 적다. 이것이 우리 모두가 더 나은 사회에서 살아가는 데 이익이 된다는 의미에서 자신의 이익을 옹호하는 것으로 인식될 수도 있지만, 여기서 말하는 이익은 엄격하게 정의된 의미에서의 개인의 이익은 아니다. 물론 누군가는 사람들이 자신의 이익만을 지키기 위해 저항할 수도 있다는 관념 그 자체에 의문을 제기할 수 있고, 실제로 저항을 하는 것은 그 자체로 언제나 적어도 얼마간의 집합적 동기를 동반한다고 주장할 수도 있다.

하지만 집합적 동기에서 나타나는 국가 간 차이를 살펴보기에 앞서, 우리는 먼저 "나의 견해 표현하기"라는 진술에 동의하는 것에 의해 상징되는 개인적-표출적 동기에서 나타나는 패턴을 분석한다. 이 유형의 동기는 스페인 시위자들에게 가장 대중화되어 있고, 그다음으로 벨기에와 영국, 그다음에 스웨덴, 그다음에는 이탈리아, 스위스, 그리고 마지막으로 네덜란드의 시위자들이 그 뒤를 잇고 있다. 자신의 견해를 표현한다는 관념은 목소리를 내지 못하는 사람, 착취당하는 사람, 억압받는 사람들을 대신하여 저항 행위가 목소리를 내는 능력을 반영한다. 이런 의미에서 저항은 개인이 마침내 더 이상은 참을 수 없다고 공개적으로 말하면서 사회에서 일어나는 부정의를 공표하고 그것을 시정해 줄 것을 요구하는 행위로 수행된다. 2011년 5월 스페인 광장에서 시작된 인디그나도스 운동은 분명 목소리를 내지 않고 느끼기만 했던 많은 스페인 시민에게 마침내 그들이 주변에서 목격했던 부정의와 효과적인 경제적 정부와 진정한 민주주의 모두의 부재에 대한 자신들의 견해를 표현할 수 있는 수단을 제공했다. 실제로 2014년에는 새로운 좌파 정당 포데모스가 등장하여, 경제 위기와 정부의 긴축 조치에 대한 대응으로 15M 운동이 제기했던 많은 쟁점을 떠맡았다. 벨기에와 영국에서도 이 시기에 긴축에 반대하는 시위가 많이 일어났는데, 이는 특히 노동조합이 증가하는 지출 삭감과 긴축정책에 맞서 조직화되어 사회의 가장 약한 부문이 자신들이 산출하지 않는 위기에 대해 가장 높은 통행료를 지불하고 있다는 사실에 저항했기 때문이다. 다른 시위 쟁점들도 그러한 동기들을 유발할 수 있었다. 이를테면 폭력에 대항하는 행진에서 여성들은 여성에 대한 어떠한 형태의 폭력도 용납될 수 없다는 것을 세상에 알리기 위해 거리로·나서고 싶다고 느꼈을 것이고, 이런 의미에서 거리에 나섬으로써 많은 여성이 빼앗겼던 '목소리'를 되찾는 것과 자신들의 강화된 권력을 보여주는 것은 그 시위의 배후에 자리하고 있는 정치적 의도의 주요한 부분이었을 것이다. 실제로 거리에서 가시화된 여성들은 공포와 위협을 통해 여성들을 사적 비가시성의 세계에 몰아넣고자 하는 남성 폭력에 직접적으로 도전하는 것이었다.

다른 개인적-표출적 동기 – "그렇게 함으로써 도덕적 책무 느끼기" – 로 눈을 돌려보면, 우리는 그 동기가 스페인에서 가장 대중화되어 있고, 그다음에 영국, 그다음에는 네덜란드, 벨기에, 이탈리아, 스위스가 그 뒤를 잇고 있음을 알 수 있다. 인디그나도스 운동에서는 모든 시민의 존엄성을 지켜야 한다는 요구가 특히 강력했다. 이는 어떤 의미에서는 사회 전반에서 부정의를 목격할 때 행동에 나서야 한다는 도덕적 책무를 느끼는 것이 개인적 차원에서 하나의 욕구로 출현될 수 있다는 것을 의미한다. 이는 다시 억압과 착취를 비난하고 그것들에 도전하는 데서 힘을 합쳐야 한다는 도덕적 책무감을 불러일으킬 뿐만 아니라 위기의 비용이 사회의 젊은 이들과 다른 주변화된 집단의 어깨에 집중적으로 지워진다는 사실에도 주목하게 한다. 15M 운동에 참여한 '미래가 없는 청년들Juventud Sin Futuro' 이라는 집단은 위기가 젊은 세대들의 미래를 빼앗음으로써 젊은 세대에게 가혹한 타격을 가하고 있음을 강조했다. 이처럼 스페인에서는 정치적·경제적으로 참혹한 상황으로부터 저항에 대한 도덕적 책무감이 출현했고, 그리하여 분노가 표출되고 항의가 발생했다. 다른 나라들에서도 위기와 공공 서비스의 감축은 사람들로 하여금 자신들이 행동에 나서야 할, 다시 말해 공공 서비스의 파괴와 사회의 가장 약한 부분의 고통을 멈추게 하기 위해 뭔가 말해야 할 도덕적 책무가 있다고 느끼게 한 것으로 볼 수 있다. 물론 기후변화와 같은 다른 시위 쟁점도 이를테면 미래 세대나 자연과 환경 지키기를 명분으로 저항에 나서야 할 도덕적 책무를 느끼게 할 수 있다.

집합적 측면으로 눈을 돌려서는, 먼저 "정치인에게 변화를 압박하기" 위해서나 "공중의 의식을 고취하기" 위해 시위하는 것과 같은 집합적-도구적 동기에 대해 살펴보자. 우선 "정치인에게 변화 압박하기"의 동기는 벨기에에서 가장 대중화되어 있었고, 스페인, 스위스, 영국, 이탈리아, 네덜란드, 스웨덴이 그 뒤를 이었다. 분명 시위의 가장 중요한 목적 중 하나는 어떻게든 변화가 일어나게 하는 것이다. 어쨌거나 우리는 어떤 일이 일어나게 하거나 어떤 일이 일어나는 것을 막기 위해 개인이 시위하는 것을 사회적·정치적 행위에 참여하는 주요한 동기 중 하나로 가정하는 경향이 있다. 사회적·정치적 변화를 압박하는 것은 대체로 정치적 행위의 전형적인 동기처럼 보일 것이다. 즉, 개인들은 사회가 더 나은 방향으로 변화하기를 원하기 때문에, 다시 말해 사회가 더 공정하게 조직되게 하기 위해, 사회가 소수자와 취약한 집단을 보호하는 새로운 법을 마련하게 하기 위해, 그리고 정부가 복지국가를 해체하고 더 나아가 사회 안전망을 축소함으로써 더 이상 사회의 가장 취약한 부문조차 보호하지 못하게 되는 것을 막기 위해 아주 자주 시위에 참여한다. 제도권 영역에서 정치인에게 압박을 가함으로써 사회변화를 이루고자 하는 이러한 열망은 강력한 노동조합을 갖추고 있는 체계인 벨기에에서 특히 강하며, 스페인 시위자들 사이에서도 매우 대중화되어 있다. 시위자들은 경제 위기와 지출 삭감 이후 위기의 최악의 결과를 막기 위해 또는 최소한 가장 취약한 사회 부문을 위기의 가장 치명적인 결과로부터 보호하기 위해 정부로 하여금 무언가를 하도록 압박하고 싶은 마음에서 거리로 뛰쳐나왔을 것이라는 점은 분명하다.

두 번째 집합적-도구적 동기 - "공중의 의식 고취하기" - 는 이탈리아에서 가장 대중화되어 있고, 그다음으로는 영국, 스위스, 벨기에, 스웨덴, 스페인이 뒤를 따르고 있고, 마지막에 네덜란드가 위치해 있다. 이전의 동기가 정치 엘리트들을 사회변화의 매개체로 설정했다면, 이러한 유형의 집합적-도구적 동기는 그 대신에 사회 전반에서 개인들의 마음을 바꾸는 것을 목표로 한다. 이는 실제적인 해결책을 마련하고 법을 제정하기 위해 사회의 방대한 부문들의 의식과 동원이 요구되는 정치적 쟁점들의 경우에 특히 중요하다. 사회운동이 사회변화에 영향을 미치고자 할 경우, 개인들에게 그 운동의 대의와 목적을 확신시키는 것이 그 운동의 정치적 목적을 달성하는 데서 하나의 주요하고 중요한 단계라는 것은 확실하다. 기후변화와 같은 몇몇 쟁점에서는, 이를테면 환경운동이 미시 수준에서 행동의 변화를 끌어내고자 하는 경우에서처럼 의식을 고취하는 것이 운동의 근본적인 목표 중 하나로 인식될 수 있다.

마지막으로, 집합적-표출적 동기 - "나의 연대 표현하기" - 를 살펴보자. 여기서 우리는 스위스에서 가장 높은 수준의 동의를 보이고 있고, 그 다음은 벨기에, 스웨덴, 영국, 이탈리아, 네덜란드의 순서이며, 마지막에 스페인이 위치한다는 것을 볼 수 있다. 연대 표현하기는 사람들은 외부 집단에 대한 지지와 공감을 표시하기 위해 저항한다는 생각을 반영한다. 이는 앞서 소개한 '양심적 지지자' 개념(McCarthy and Zald 1977) ─ 당면한 쟁점에 의해 직접 피해를 입지는 않았지만 피해 입은 사람들을 지지하는 데 참여할 필요가 있다고 느끼는 개인 ─ 과 연결되어 있을 수 있다. 아마도 직접적인 피해를 입고 있다고 느끼는 사람들은 자신들이 연대해서 저항하고 있다고 말할 가능성이 적을 것이다. 왜냐하면 그들은 자신들의 행동주의가 외부 집단을 위한다기보다는 앞에서 논의된 다른 동기들에 의해 더 자극을 받았다고 볼 것이 확실하기 때문이다. 따라서 스페인에서 경제 위기가 얼마나 심각하고 파괴적이었는지를 감안하면, 그곳 시위자들이 자신들의 저항 동기로 연대의 동기를 가장 적게 고백한 것은 놀랄 만한 일이 아니다. 왜냐하면 그들은 그 사건들로 인해 직접적인 영향을 받았다고 느낄 가능성이 훨씬 더 크기 때문이다.

우리가 살펴보았듯이, 다른 개인과의 일체감은 사람들이 시위를 하는 매우 중요한 이유 중 하나이다. 집합적 정체성과 더 큰 어떤 것 ─ 어떤 대의를 위해 분투하는 더 큰 집단 ─ 의 일부라는 인식은 많은 활동가가 거리로 나서는 데서 필수적인 동력이다. 〈표 7-1〉은 이러한 일체감이 영국과 스페인 시위자들 사이에서 특히 강했고, 그 뒤를 벨기에와 스위스, 이탈리아, 스웨덴, 그리고 마지막으로 네덜란드 시위자가 따르고 있음을 보여준다. 영국과 스페인에서는 격렬한 삭감 반대 저항이 있었고, 그것이 시위자들 사이에 공동의 정체성을 더욱 강하게 느끼게 했을 것이다. 저항에서 다른 개인들과 일체감을 느끼는 것은 행위의 중요한 자극제가 될 수 있지만, 전통적으로 자신이 속한 단체와의 일체감이나 자신의 목적과 밀접한 관계에 있는 단체와의 일체감은 공동의 정체성 의식을 발전시키고 공통의 이익을 정치화하게 하는 데서 매우 중요했다. 전통적으로 좌파 정당들은 사회운동 단체들과 함께 운동의 집단 정체성을 발전시키는 데서 중심지의 역할을 해왔다. 우리의 분석은 저항을 주관한 단체와의 일체감의 경우 영국에 가장 널리 퍼져 있고, 스위스, 벨기에, 스페인, 네덜란드, 이탈리아, 스웨덴이 그 뒤를 잇고 있음을 보여준다. 이는 일부 나라에서는 단체와 그 단체에 대한 개인의 애착이 사람들이 특정 시위에 참석하고 동원되는 이유의 더 큰 부분을 차지하고 있음을 시사한다. 실제로 제5장에서 우리는 이 점에서 국가 간에 중요한 차이가 있다는 것을 살펴보았다.

우리는 또한 언제 특정 시위에 참석하기로 결정했는지도 살펴본다. 왜냐하면 더 큰 참여 동기는 참여를 결정한 시기와도 연관되어 있을 것이기 때문이다. 영국, 이탈리아, 스페인, 스웨덴, 스위스에서는 대부분의 사람이 시위가 발생하기 한 달 이상 전에 그 시위에 참석하기로 결정했다. 하지만 벨기에와 네덜란드에서는 대부분 행사 며칠 전에서 몇 주 전에 결정했다. 이는 벨기에와 네덜란드의 시위자에 비해 영국, 이탈리아, 스페인, 스웨덴, 스위스의 시위자가 이미 저항 행위에 참여하고 헌신하고자 하는 동기를 더 강하게 가지고 있었을 가능성이 크다는 것을 시사한다. 우리가 살펴본 것처럼, 개인들은 집단의 성원의식을 더 깊이 느낄수록 집단의 '좋은' 성원으로 행동하고 그 대의를 지지하라는 압력을 더 많이 받았으며, 이러한 요소들이 그러한 국가 간 차이를 얼마간 설명해 줄 수도 있다.

〈표 7-1〉은 또한 우리에게 문화적 시위와 경제적 시위에 참여하는 저

항자들 사이에 동기가 어떻게 다른지를 탐구할 수 있게 해준다. 앞에서의 우리의 논의에 비추어 볼 때, 사람들은 도구적-개인적 저항 동기("나의 이익 지키기")와 도구적-집합적 저항 동기("정치인에게 변화 압박하기"와 "공중의 의식 고취하기") 같은 보다 도구적인 동기가 일반적으로 경제적 쟁점에 초점을 맞춘 시위에서 더 널리 퍼져 있을 것이라고 예상할 수 있다. 왜냐하면 그러한 시위들은 무엇보다도 문제의 해결을 위해 외부 상황을 변화시킬 것이 요구되는 문제를 다루는 경향이 있기 때문이다. 반면에 표출적-개인적 동기("나의 견해 표현하기"나 "도덕적 책무 느끼기")뿐만 아니라 표출적-집합적 동기("나의 연대 표현하기")도 문화적 쟁점에 관한 시위와 보다 관련되어 있을 것으로 예상되는데, 왜냐하면 그러한 시위에서는 의식 고양과 도덕적 측면이 더 우위에 있을 것이기 때문이다.

우리가 볼 수 있듯이, "나의 이익 지키기"는 예상대로 문화적 시위에 비해 경제적 시위에서 더 널리 퍼져 있는 동기였지만, 도구적-집합적 동기인 "정치인들에게 변화 압박하기"의 경우에는 쟁점 유형 간에 전혀 차이가 없다. 게다가 도구적-집합적 동기인 "공중의 의식 고취하기"는 실제로 문화적 쟁점의 행사 ─ 경제적 쟁점의 행사와는 대비되는 것으로서의 ─ 에서 더 널리 퍼져 있는 것으로 나타난다. 따라서 도구적 동기와 표출적 동기 간의 구분은 경제적 쟁점과 문화적 쟁점의 구분과 깔끔하게 부합하지 않는다. 실제로 우리는 오히려 표출적-개인적 동기인 "나의 견해 표현하기"와 "도덕적 책무 느끼기" 모두가 경제적 쟁점을 둘러싼 시위에서 더 대중적임을 볼 수 있다. 표출적-집합적 동기인 "나의 연대 표현하기"도 똑같이 널리 퍼져 있었다. 이는 두 가지 유형의 시위 모두에 참여한 개인들이 서로 다른 유형의 도구적-표출적 동기와 개인적-집합적 동기를 가지고 있으며, 동기의 측면에서는 시위 쟁점별로 나눈 두 영역 간에 명확한 경계선이 존재하지 않는다는 것을 보여주는 또 다른 증거이다.

우리가 살펴본 바와 같이, 일체감은 사람들이 왜 특정 집단이나 대의를 위해 거리에 나서는지를 보여주는 강력한 동기 중의 하나이다. 조사 결과는 경제적 저항에 참여하는 개인들이 문화적 행사에 참여하는 개인들보다 저항에서 다른 사람들과 일체감을 느낄 가능성이 더 크다는 것을 보여준다. 경제적 저항에 참여한 개인들은 또한 문화적 행사에 참여한 개인들보다 단체와 일체감을 느낄 가능성도 컸지만, 전반적으로 단체와의 일체감 수준은 저항에 참여한 다른 사람들과의 일체감 수준보다는 낮았다. 이는 문화적 시위가 경제적 시위보다 개인주의적이라는 것, 그리고 개인들은 소속감이나 자신들이 속한 집단의 다른 성원들과의 공동 운명 의식보다는 다른 이유에서 시위에 참석할 가능성이 크다는 것을 시사한다. 게다가 집합적 정체성을 발전시키는 단체들이 약화되고 있다는 것은 두 종류의 시위 모두에서 개인들이 단체 자체보다는 참석한 다른 개인들과 더 많은 친화성을 느꼈다는 사실에 의해서도 증명될 수 있다. 이는 오늘날 많은 사람이 자신을 집합적 조직의 성원이나 지지자로 보는 것을 거부하고 대신에 보다 유동적인 정체성을 선호한다는 것을 보여주는 신호로 인식될 수 있다.

개인이 시위에 참석하기로 확고하게 결정을 내린 시점을 단체의 성원임을 보여주는 표시이자 (보다 조직화된 개인은 미리 계획을 세울 가능성이 크기 때문에) 대의에 대한 헌신을 보여주는 표시로 살펴보면, 우리는 경제적 저항이 문화적 저항에 비해 약간 더 조직 성원들을 끌어들인다는 것을 알수 있다. 왜냐하면 경제적 저항은 행사 몇 주 전에 참여를 결정한 사람들의 비율이 더 높은 반면, 문화적 저항의 경우에는 당일에 참여를 결정하는 사람들의 비율이 더 높기 때문이다. 하지만 한 달 이상 전과 며칠 전에결정한 사람들의 비율은 비슷하다. 이는 경제적 쟁점에 대한 시위가 조직화된 참여자들을 아주 조금 더 끌어들이고 있다는 것을 시사하는데, 이것은 아마도 경제적 시위의 배후에는 노동조합과 정당 같은 공식 단체들이더 많이 자리하고 있고, 문화적 시위의 배후에는 사회운동 조직과 온라인단체들로 구성된 더 느슨하게 연결된 네트워크들이 더 많이 자리하고 있다는 사실과 관련되어 있을 것이다. 실제로 차이가 그리 크지 않다는 것은 놀라운 일인데, 이는 오늘날에는 이러한 더 느슨한 유형의 수평적 양식의 조직들이 시민들로 하여금 행동에 나서게 하는 데서, 그리고 저항당일에 그들을 거리에 나오게 하는 데서 전통적인 구조만큼이나 효과적일 수 있다는 것을 암시한다.

이 책의 다른 부분과 마찬가지로 우리의 분석에서 주요 비교 차원은 간헐적 시위자들과 활동가들 간의 비교이다. 〈표 7-1〉은 활동가들이 간헐적 시위자들보다 모든 유형의 참여 동기를 더 강하게 느낀다는 것을 보여준다. 이데올로기적 헌신과 자신의 저항 행위의 효과성 ─ 도구적 측면과표출적 측면 모두에서의 ─ 에 대한 확신은 왜 일부 개인들이 반복적으로 정치적 행동주의에 참여하는 반면 다른 개인들은 여전히 단지 간헐적 참여자로 남아 있는지를 설명해 주는 중요한 요인들이다. 게다가 친구들과 동행하거나 직장 동료들로부터 참석을 요청받는 것처럼 사람들이 저항에 참석하는 데에는 또 다른 더 특별한 이유들이 존재하기도 하는데, 이러한 이유들은 간헐적 시위자들에게서 더 많이 드러난다. 실제로 우리는 활동가들이 단체뿐만 아니라 다른 사람들과도 일체감을 느낄 가능성이 더 크다는 것도 발견하는데, 이는 관념적 요소와 활동가들의 더 깊은 심리적 헌신이 그들을 간헐적 시위자들과 구별지어 준다는 것을 다시 한번 더 보여준다. 간헐적 시위자들의 참여가 더 즉흥적일 수 있다는 사실은 또한 간헐적 시위자들의 낮은 조직 수준을 반영하는 것이기도 하며, 따라서 그들은 저항 당일이나 불과 며칠 전에 참여를 결정했다고 말할 가능성이 크다. 반대로 활동가들은 저항하기 한 달 이전부터 헌신해 왔을 가능성이 훨씬 더 크다. 왜냐하면 활동가들의 거의 절반이 그보다 훨씬 이전 시기부터 자신들이 저항에 헌신해 왔다고 주장했기 때문이다.

동기와 헌신

우리는 여기서 사람들을 시위와 같은 정치적 활동에 참여하게 하는 서로 다른 동기들 및 국가, 시위 쟁점, 시위자 유형에 따른 동기의 차이에 대해 서술하는 것을 넘어서, 서로 다른 동기들이 어떻게 대의를 이름으로 거리로 나가는 사람들의 헌신에 영향을 미치는지에 대해서도 알아보고자 한다. 이러한 목적에 부합하게, 그리고 앞의 네 개의 장에서 수행한 것과 일관되게, 우리는 동기와 헌신 간의 연관성을 또한 시위 조직자 및 다른 참여자들과의 일체감뿐만 아니라 참여 결심과 관련하여 탐구하는 것을 목적으로 하는 일련의 회귀 모델을 통해 분석을 마무리한다. 〈표 7-2〉는 이 분석의 결과를 보여주는데, 우리는 여기에서 서로 다른 변수들을 차례로 포함시키는 단계적 논리를 따라 분석한 다음에 각 변수의 독립적 효과를 검증하는 결합 모델을 가지고 결론을 내린다. 이 표는 여섯 가지 모델을 보여준다. 모델 1은 동기의 효과를 검증한다. 모델 2는 저항하는 사람들과의 일체감을 포함한다. 모델 3은 단체와의 일체감을 포함한다. 모델 4는 저항을 결정하는 시점을 포함한다. 모델 5는 모든 유형의 동기를 포함할 뿐만 아니라 경제적·사회적 가치를 통제한다. 마지막으로, 모델 6은 모든 변수뿐만 아니라 주요 통제변수들(정치적 관심, 정치적 효능감, 단체의 성원)을 포함시켜 그러한 변수들이 다른 효과를 설명하는지를 알아본다. 다른 장에서의 분석과 마찬가지로 이 표에 제시된 결과도 역시 오즈비이다.

먼저 모델 1을 살펴보면, 모든 동기가 시위자들 사이에서 헌신을 결정하는 중요한 요인임을 알 수 있다. 이는 앞에서 논의한 내용, 즉 서로 다른 유형의 도구적-표출적 동기와 개인적-집합적 동기가 상호 배타적이지 않고 오히려 서로 연결되어 있으며 상호의존적이라는 것을 분명하게 보여준다. 표출적-개인적 동기의 유형인 견해 표현하기는 특히 널리 퍼져 있으며, 표출적-집합적 동기인 의식 고취하기가 그 뒤를 잇고 있다. 그다음으로는 도구적-집합적 동기인 정치인에게 사태를 변화시키라고 압박하기, 개인적-표출적 동기인 그렇게 함으로써 도덕적 책무 느끼기, 표출적-집합적 동기인 연대 표현하기가 뒤를 따르고 있고, 마지막에 도구적-개인적 동기인 나의 이익 지키기가 자리하고 있다. 이것은 모든 측면이 어느 정도 중요하기는 하지만 표출적 차원과 집합적 차원이 약간 더 중요한 경향이 있다는 것을 보여준다.

저항에 참여하는 다른 사람들과의 일체감 — 앞에서 논의한 바와 같이, 동원을 통해 대의에 대해 헌신하게 하고 사회변화에 대한 믿음을 발전시키는 데서 매우 중요한 느낌인 — 을 포함하는 모델 2의 결과로 나아가면, 우리는 저항에 참여하는 다른 사람들과의 일체감이 헌신에도 매우 큰 영향을 미친다는 것을 알 수 있다. 그리고 모델 3은 저항에 참여하는 다른 사람들과의 일체감이 저항을 주관하는 단체와의 일체감보다 더 중요하다는 것을 보여준다. 더 나아가 참여자들이 시위에 참석하기로 확고하게 결정한 시점을 포함하는 모델 4는, 저항 한 달 전에 참여를 결정한 사람이 당일에 참석하기로 결정한 사람보다 더 헌신할 가능성이 20배 이상 많다는 것을 보여준다. 이는 아마도 그러한 개인들이 조직에 뿌리를 두고 있고, 따라서 정보를 더 빨리 제공받아 그처럼 사전에 계획을 세울 수 있었을 가능성이 크다는 것을 시사한다. 모델 5는 다른 변수들을 통제할 때 모든 동기 변수의 효과는 그 크기가 감소한다는 것을 보여주는데, 이는 그러한 동기 요인이 서로 연계되어 있어서 헌신에 대한 영향을 증가시킨다는 것을 시사한다. 모든 동기 변수를 포함시키고 시위에서 느끼는 다른 사람들과의 일체감을 통제할 때, 각 동기 유형의 효과는 감소하고 연대 표현하기는 더 이상 유의미하지 않게 되는데, 이는 사람들이 저항 참여를 통해 연대를 보여주고자 하는 것이 동료 시위자와의 일체감과 분명하게 연계되어 있다는 것을 보여준다. 게다가 다른 모든 영향도 감소한다는 사실은 모든 동기가 동료 저항자나 시위를 주관하는 단체와의 일체감과 일정 정도 관련되어

표 7-2 | 현신에 대한 로지스틱 회귀 모델

단위: 오즈비

	모델 1		모델 2		모델 3		모델 4		모델 5		모델 6	
젠더(남성)	0.82***	(0.04)	0.72***	(0.03)	0.71***	(0.03)	0.72***	(0.04)	0.75***	(0.04)	0.71***	(0.04)
코호트												
제2차 세계대전 이후 세대	1.15	(0.12)	1.14	(0.12)	1.16	(0.12)	1.25*	(0.14)	1.19	(0.14)	1.17	(0.14)
1960년대/1970년대 세대(ref.)												
1980년대 세대	0.91	(0.07)	0.95	(0.07)	0.96	(0.07)	0.99	(0.07)	1.06	(0.08)	1.07	(0.09)
1990년대 세대	0.70***	(0.05)	0.73***	(0.05)	0.72***	(0.05)	0.72***	(0.06)	0.87	(0.07)	0.88	(0.07)
2000년대 세대	0.70***	(0.06)	0.70***	(0.05)	0.73***	(0.06)	0.68***	(0.06)	0.92	(0.08)	0.90	(0.08)
교육												
중등학교 또는 그 이하(ref.)												
학사 또는 그와 동등한 학위	0.84*	(0.06)	0.79***	(0.05)	0.79***	(0.05)	0.78***	(0.06)	0.81**	(0.06)	0.80**	(0.06)
석사 또는 그 이상의 학위	0.75***	(0.04)	0.70***	(0.04)	0.72***	(0.04)	0.72***	(0.04)	0.77***	(0.05)	0.75***	(0.05)
직업												
봉급생활자	0.93	(0.09)	0.86	(0.08)	0.89	(0.08)	0.89	(0.09)	0.89	(0.10)	0.88	(0.09)
중간 전문직	0.92	(0.10)	0.88	(0.09)	0.90	(0.10)	0.91	(0.10)	0.96	(0.11)	0.94	(0.11)
노동계급(ref.)												
실업자	0.84	(0.12)	0.78	(0.11)	0.79	(0.11)	0.71*	(0.10)	0.75	(0.11)	0.73*	(0.11)
학생	1.00	(0.12)	0.93	(0.11)	0.96	(0.11)	0.99	(0.12)	1.06	(0.14)	1.02	(0.13)
경제적 가치(좌파-우파)									0.99	(0.04)	0.95	(0.04)
사회적 가치(자유주의적)									1.09*	(0.04)	1.07	(0.04)
정치적 관심											1.42***	(0.08)
정치적 효능감											0.98	(0.05)

	모델 1		모델 2		모델 3		모델 4		모델 5		모델 6	
단체의 성원											0.83*	(0.07)
동기												
나의 이익 지키기	1.12***	(0.02)					1.07**	(0.02)	1.07**	(0.02)		
나의 견해 표현하기	1.48***	(0.05)					1.38***	(0.05)	1.37***	(0.05)		
정치인에게 변화 요구하기	1.26***	(0.04)					1.22***	(0.04)	1.23***	(0.04)		
공중 의식 고취하기	1.30***	(0.04)					1.21***	(0.04)	1.20***	(0.04)		
나의 연대감 표현하기	1.15***	(0.04)					1.06	(0.04)	1.05	(0.04)		
도덕적 책무 느끼기	1.19***	(0.02)					1.15***	(0.03)	1.15***	(0.03)		
일체감의 정도												
저항하는 사람들과의 일체감			2.11***	(0.06)					1.56***	(0.06)	1.56***	(0.06)
주관 단체와의 일체감					1.68***	(0.04)			1.21***	(0.03)	1.20***	(0.04)
저항을 확고하게 결심한 때												
저항 당일(ref.)												
저항 며칠 전							3.03***	(0.32)	2.44***	(0.27)	2.42***	(0.27)
저항 몇 주 전							8.09***	(0.87)	6.13***	(0.70)	6.14***	(0.70)
저항 한 달 이상 전							20.79***	(2.31)	15.11***	(1.77)	15.06***	(1.77)
활동가	1.68***	(0.10)	1.68***	(0.09)	1.59***	(0.09)	1.39***	(0.08)	1.14*	(0.07)	1.12	(0.07)
경제적 쟁점	1.39***	(0.08)	1.28***	(0.07)	1.37***	(0.08)	1.27***	(0.08)	1.27***	(0.08)	1.26***	(0.08)
국가												
벨기에	1.06	(0.10)	1.16	(0.11)	1.14	(0.11)	1.34**	(0.14)	1.36**	(0.15)	1.40**	(0.16)
이탈리아	1.14	(0.14)	1.08	(0.13)	1.08	(0.13)	1.05	(0.13)	1.21	(0.16)	1.26	(0.17)
네덜란드	0.88	(0.08)	0.90	(0.08)	0.77**	(0.07)	1.00	(0.10)	1.16	(0.13)	1.20	(0.13)

	모델 1		모델 2		모델 3		모델 4		모델 5		모델 6	
스페인	0.90	(0.09)	1.03	(0.10)	1.08	(0.11)	1.37**	(0.15)	1.15	(0.13)	1.20	(0.14)
스웨덴(ref.)												
스위스	1.04	(0.10)	1.03	(0.10)	0.99	(0.09)	1.00	(0.10)	0.97	(0.11)	0.99	(0.11)
영국	0.78**	(0.07)	0.82*	(0.07)	0.84	(0.07)	1.04	(0.10)	0.82	(0.09)	0.82	(0.09)
상수	0.01***	(0.00)	0.09***	(0.02)	0.24***	(0.04)	0.26***	(0.04)	0.00***	(0.00)	0.00***	(0.00)
로그 가능도	-5179		-5299		-5381		-4900		-4413		-4394	
전체 데이터 수	8,664		8,664		8,664		8,664		8,664		8,664	

주: 괄호 안 숫자는 표준오차이다.

* $p \leq 0.05$, ** $p \leq 0.01$, *** $p \leq 0.001$

있다는 것을 보여준다.

모델 6에서 정치적 관심, 정치적 효능감, 단체의 성원임을 통제했을 때, 동기 변수의 효과는 근본적으로 변화하지 않는다. 이 세 가지 통제변수 중 두 가지는 통계적으로 유의미하다. 구체적으로 말하면, 정치적 관심이 많을수록 저항에 대한 헌신이 강하다. 거꾸로 시위자가 서로 다른 유형의 단체들에 뿌리를 두고 있을수록 그들은 덜 헌신적이다. 이와 대조적으로 정치적 효능감은 유의미하지 않다. 가장 중요한 것은 앞서 언급했듯이 이러한 통제변수들은 기본적으로 다양한 유형의 동기의 효과를 변화시키지 않는다는 것이다.

요약하면, 회귀분석은 동기가 시위자들 사이에서 헌신을 결정하는 중요한 요인이라는 것을 보여준다. 서로 다른 유형의 도구적-표출적 동기와 개인적-집합적 동기들은 상호 배타적이기는커녕 서로 연계되어 있고 상호의존적이다. 비록 모든 측면이 얼마간 중요하기는 하지만, 표출적 측면과 집합적 측면이 약간 더 중요한 경향이 있다. 저항에 참여하는 다른 개인들과의 일체감은 헌신에 강한 영향을 미치고, 저항에서 다른 사람들과 느끼는 일체감이 저항을 주관하는 단체들과 느끼는 일체감보다 중요하다. 게다가 일찍이 참여를 결정한 사람이 행사 당일에 참석하기로 결정한 사람보다 더 헌신적이다. 마지막으로, 다른 변수들을 통제할 때 다양한 동기의 효과는 그 크기가 감소하는데, 이는 이러한 동기 요인들이 서로 연계되어 그 동기들이 헌신에 미치는 영향을 증가시킨다는 것을 시사한다.

결론

학자들은 저항 참여의 근저를 이루는 동기에 대하여 관심을 가져왔다 (Klandermans 2015). 이 장은 시위자의 동기를 다루고, 무엇이 사람들로 하여금 거리로 나가게 하는지를 물었다. 이와 관련하여 우리는 보다 도구적인 유형과 보다 표출적인 유형을 포함하여 서로 다른 종류의 동기들을 구별했다. 우리는 이러한 동기가 국가, 쟁점, 시위자 유형에 따라 얼마나 차이가 있는지를 조사했고, 서로 다른 동기 유형들이 헌신에 미치는 영향을 참여자가 시위에 참석한 다른 사람들 및 행사를 주관하는 단체와 느끼는 일체감뿐만 아니라 시위자가 참여하기로 확실하게 결정을 내린 시점과도 관련하여 살펴보았다.

우리의 분석은 국가들 사이에 견해 표현하기, 정치인들에게 변화 압박하기, 연대 표현하기가 가장 널리 퍼져 있는 동기이며, 대부분의 사람이 시위를 주관하는 단체들보다는 시위하는 다른 사람들과 더 일체감을 느낀다는 것을 보여주었다. 게다가 회귀분석에 따르면, 표출적-개인적 유형의 동기인 견해 표현하기가 특히 널리 퍼져 있었고, 의식 고취하기 같은 표출적-집합적 동기, 정치인에게 사태를 변화시키라고 압박하기 같은 도구적-집합적 동기, 그렇게 함으로써 도덕적 책무 느끼기 같은 개인적-표출적 동기, 연대 표현하기 같은 표출적-집합적 동기가 그 뒤를 따랐으며, 나의 이익 지키기 같은 도구적-개인적 동기가 마지막에 자리했다. 이는 모든 측면이 얼마간 중요하기는 하지만 표출적 측면과 집합적 측면이 약간 더 중요한 경향이 있다는 것을 시사한다. 우리의 분석은 또한 집합적 측면이 다른 사람들과의 일체감과 자신이 속한 단체의 다른 성원 및 단체 그 자체와의 일체감을 통해 분명하게 드러난다는 것을 보여주었다. 이것은 조직이 헌신에서 중요한 역할을 한다는 것을 보여준다.

보다 일반적으로 말하면, 거리 시위 참가자들의 동기에 대한 우리의 분석은 저항 행위에 참여하는 개인의 동기를 뒷받침하는 데서 집합적 정체성, 집합적 일체감, 정치화된 정체성이 수행하는 중심적인 역할과 관련하여 문헌들이 제시한 이론화를 확증한다(van Stekelenburg et al. 2013). 게다가 조사 결과들은 시위에 참여한 사람들과의 일체감은 그 과정을 주관하는 단체의 성원인 개인들, 즉 그러한 정치 조직의 동료 성원들과의 일체감과 밀접하게 연관되어 있을 가능성이 크다는 것을 보여준다. 이처럼 헌신은 다른 사람들과의 일체감, 그리고 비록 정도는 덜하지만 또한 단체와의 일체감을 통해 분명하게 드러난다. 이는 사회변화에 대한 헌신과 저항에서 조직이 갖는 중요성에 대한 견해를 다시 한번 더 뒷받침한다.

제8장

저항 정치와 사회운동 행동주의에 대한 전망

오늘날 거리 시위는 일반 사람들이 자신들의 목소리를 내고 실권자와 엘리트에게 도전하는 가장 중요한 수단 중 하나이다. 선거, 청원, 파업 및 여타 직접 행동 ─ 점점 더 정보통신 기술을 통해 실행되는 것들을 포함하여 ─ 과 함께 시위와 저항 행진은 모두 현대 항쟁 레퍼토리(Tarrow 2011; Tilly 1986)의 일부이다. 특히 시위는 그것이 모듈식인 경우, 즉 서로 다른 사람들에 의해 서로 다른 목적을 위해 이용될 수 있는 경우 하나의 강력한 수단이다(Tily and Tarrow 2015). 저항이 더 중요해지고 합법적이 된 경우에 시위는 '비관례적인 것의 정상화normalization of the unconventional'(Fuchs 1991)를 목격해 왔고, 이는 일부 사람들이 '사회운동 사회social movement society'라고 부르는 것을 낳았다(Meyer and Tarrow 1998). 게다가 시위는 일부 사람들이 '저항자의 정상화'라고 부르는 것(Van Aelst and Walgrave 2001)에 비옥한 근거를 제공하는데, 이는 거리의 시민들이 점점 더 사회의 구성make-up 을 반영할 것이라는 것을 암시한다. 이 책은 전적으로 저항에 집중해 왔다. 우리는 정치학, 사회학, 사회심리학의 다양한 연구 전통과 문헌을 바탕으로 7개국에서 일어난 수십 개의 시위와 그 시위에 참여한 수천 명의 사람을 대상으로 조사를 실시하여 독특한 데이터 세트를 구축하고 그 데이터에 기초하여 거리 시위를 미시 수준에서 분석해 왔다. 이러한 작업은 지구화 시대의 저항 정치와 사회운동 행동주의를 특성화하고자 하는 보다 광범위한 목적에서 우리가 '거리의 시민'이라고 칭해 온 사람들의 주요한 특징들을 밝혀낼 수 있게 해주었다. 우리는 그들이 누구이고 어떤 채널과 메커니즘을 통해 왜 시위에 참여하는지를 검토했다. 이 결론의 장에서 우리는 이 책의 주요 주장과 함께 앞의 장들에서 제시한 분석의 주요 발견물들을 요약한다. 우리는 주요 결과들을 개괄한 다음, 시위 참여가 시위가 발생한 나라, 그 시위가 다룬 쟁점(문화적 쟁점인지 아니면 경제적 쟁점인지), 그리고 시위자의 유형(간헐적 참여자인지 아니면 보다 정기적인 참여자, 즉 활동가인지)에 따라 어떻게 다른지를 논의한다. 그런 다음 우리는 저항에의 헌신과 관련한 문제와 그러한 헌신이 이 책에서 다룬 다양한 측면과 어떻게 연관되어 있는지를 논의한다. 더 나아가 지구화 시대의 저항 정치와 사회운동 행동주의에 대한 우리의 분석이 갖는 함의를 보다 폭넓게 살펴본 후, 사회적·정치적 변화에서 시민 그리고 특히 활동가가 수행하는 역할에 대한 성찰에 기초하여 미래를 전망하는 것으로 책을 마무리한다.

연구 결과의 개관

거리의 시민에 대한 우리의 미시 수준의 분석은 제1장에 요약된 개념 틀에 따라 이루어졌다(〈그림 1-1〉 참조). 이 개념 틀에 따르면, 누가, 왜, 그리고 어떻게 거리 시위에 참여하느냐는 참여의 동원 맥락(특히 이용 가능한 저항 잠재력)과 연관된 많은 상호 관련되어 있는 요인들 — 한편으로는 미시 구조적 요인들, 그중에서도 특히 사회구조적인 참여 기반, 참여와 제도 정치의 관계, 참여자들의 동원 구조, 그리고 다른 한편으로는 사회심리적 동학, 즉 인지적·정서적 성향뿐만 아니라 참여자들의 동기 — 에 의해 영향을 받는다. 우리는 각각의 측면을 별개의 장에서 다루어왔다. 이 책의 주요 주장과 보다 광범한 전망에 대한 논의를 좀 더 진전시키기에 앞서 각 장에서 도출된 주요 교훈들을 간략하게 요약해 보자.

제2장에서 우리는 유럽 시민들의 항쟁성의 정도와 그러한 항쟁성이 국가별로 어떻게 다른지를 평가함으로써 우리의 저항 조사 데이터에 대한 분석을 보다 광범한 맥락 속에 자리매김했다. 그렇게 하기 위해 우리는 ESS 자료를 이용하여 연구 대상 7개국의 일반 주민들 사이에서 나타나는 정치적 동원의 잠재력과 여타 주요한 정치적 태도에 대해 기술적으로 개관했다. 우리는 이러한 개관을 통해 비교 가능한 데이터가 있는 나라의 일반 주민의 특성을 후속 장들에서 나타나는 시위자 표본의 특성과 비교할 수 있는 바탕을 마련했다. 이 개관은 우리에게 국가 간의 중요한 변이는 물론 공통의 패턴까지도 산출해 주었다. 그 결과를 놓고 볼 때, 특히 이탈리아와 스페인이 저항 잠재력에서뿐만 아니라 여타 핵심 측면에서도

두드러졌다. 이 두 나라는 우리의 연구에 포함된 다른 나라들보다 저항 잠재력이 더 크다. 이는 시위에 참여하는 전체 비율을 검토할 때 특히 그렇다. 이탈리아와 스페인 시민들은 또한 자국 내 민주주의의 작동방식에 대한 만족도가 낮을 뿐 아니라 정치적 관심과 신뢰의 수준도 낮다. 이처럼 이 두 나라는 일반 주민들 사이에서 정치적 소외의 수준이 특히 높다는 것에 의해 특징지어지는 것으로 보인다. 더 나아가 이들 국가에서는 정치적 소외가 최근 몇 년간 증가해 온 반면, 다른 나라들에서는 민주주의에 대한 만족과 정치적 신뢰의 수준이 보다 안정적인 추세를 보이거나 심지어 증가해 왔다.

우리는 제3장에서는 저항의 사회적 기반과 관련한 문제를 검토했다. 우리의 분석 결과에 따르면, 일부 학자들이 사회운동 연구에서 자본주의 분석으로의 전환 내지 정치경제적 전환을 촉구하고 있지만, 저항의 계급 기반은 여전히 새로운 사회운동 저항자들의 프로필을 반영하고 있었다. 다시 말해 고학력 전문직 종사자들이 시위자들 사이에서 과대대표되고 있었다. 이와 대조적으로 역사적으로 전통적 노동운동의 주역이었던 노동계급과 육체적 직업은 과소대표되고 있었으며, 따라서 사회에서 정치적 목소리와 정치적 접근의 불평등 문제가 더 심화되고 있었다. 더 나아가 대침체 이후 일부 사람들이 주장해 온 것처럼 불안정성이 새로운 저항의 근거를 형성할 것인지는 분명하지 않다. 왜냐하면 실업자들이 저항에 나설 가능성이 적기 때문이다. 하지만 이탈리아, 스웨덴, 스위스의 시위자들 사이에서는 실업자들이 과대대표되고 있다. 그곳에서는 노동계급인 거리 시민들보다 실업자인 거리 시민들이 더 많다. 우리는 또한 계급 일체감이 헌신에 미치는 강한 효과도 발견했다. 이처럼 육체 숙련 노동자와 미숙련 노동자는 모든 나라의 시위자들 사이에서 과소대표되고 있지만, 노동계급과의 일체감은 저항에의 헌신에서 강력한 추동력이 되고 있다. 이것은 노동계급의 일체감이 그러한 자원이 빈약한 집단들로 하여금 그들에게 더 가파른 참여 장벽을 극복할 수 있게 해준다는 것을 보여준다. 하지만 우리의 분석은 또한 저항이 초기 단계와는 달리 오늘날에는 자원이 빈약한 집단의 의지물이 아니라 적어도 서유럽의 맥락에서는 부유하고 교육받은 중간계급이 자신들의 정치적 목적을 위한 캠페인을 벌이기 위해 이용하는 또 다른 도구인 것처럼 보인다는 것을 시사한다. 최근의 경제 위기와 긴축반대 운동의 부상이 불평등의 증가와 금융 비효율성의 사회적 비용 같은 사회경제적 쟁점을 강조하고 있음에도 불구하고, 우리의 분석은 여전히 그러한 추세를 뒷받침하고 있다.

제4장에서 우리는 제도 정치와 제도 외적 정치의 관계를 살펴보았다. 이 두 가지 정치적 영역 모두가 시위 참여자들과 분명하게 연관되어 있었다. 즉, 시위 참여자들은 자주 자신들의 목적을 달성하기 위한 캠페인을 벌이기 위해 제도적 수단과 제도 외적 수단을 함께 사용한다. 이것은 더 헌신적인 활동가들에게서 특히 사실이다. 게다가 그들은 정당에 애착을 느끼는데, 단지 급진 좌파 정당뿐만이 아니라 더 많은 중도 정당까지를 포함하여 정치적 스펙트럼을 가로지르며 정당을 지지한다. 이는 저항이 특정한 대의를 지지하는 활동가들이 이용할 수 있는 더 광범한 정치적 행동의 도구 상자 속에 들어 있는 하나의 수단이라는 생각을 뒷받침한다. 이러한 결과는 대체 테제의 관념을 훼손하는 것으로 인식될 수 있다. 즉,

저항자들은 전통적인 수단에 냉담한 것이 아니라 오히려 제도 외적 수단을 통해 자신들의 제도 정치의 영역을 확장한다. 따라서 저항은 민주적 책임성의 위기와 연결되어 있는 것으로 보인다. 특정한 대의에 정치적으로 헌신하는 사람들은 민주주의가 반응을 보이지 않을 때 자신들의 제도적인 정치적 참여가 자신들의 정치적 목적을 달성하기에 불충분하다고 생각할 수 있고, 따라서 제도 외적 수단으로 제도적 참여를 보충할 수 있다. 달리 말해 거리의 시민들은 자신들의 제도적 참여의 인지된 비효과성에 직면하여 저항 행동주의와 여타의 제도적·제도 외적 참여 양식 — 때로는 파괴적인 직접 행동을 포함하여 — 에 더 참여함으로써 실권자와 엘리트들에게 자신의 목소리를 들려주려고 하는 고도로 정치 비판적인 시민들이다. 그들은 자신들의 정치적 목적을 달성하기 위해 그러한 방식으로 정치 활동의 스펙트럼을 가로지르며 자신들의 정치적 행동주의를 확장한다.

우리는 제5장에서는 시위 참여의 직접적 채널(네트워크)과 간접적 채널(매체)에 초점을 맞추어 시위자의 동원 구조를 살펴보았다. 그 결과 우리는 시위자들이 정당, 노동조합, 전문직 단체, 자발적 결사체와 같은 서로 다른 종류의 조직들에 강하게 (소극적으로든 적극적으로든) 뿌리를 두고 있다는 것을 알 수 있었다. 동시에 우리는 또한 국가, 쟁점, 시위자 유형에 따른 중요한 변이를 관찰했다. 특히 활동가들이 간헐적 시위자들 — 하지만 일반 주민과 비교하면 상당히 뿌리내리고 있는 — 보다 정당과 노동조합에 더 강하게 관여하고 있는데, 이는 제도 정치와 제도 외적 정치 간의 강한 연관성을 또 한 번 입증해 준다. 우리의 분석은 또한 시위자가 매체, 온라인 소셜 네트워크, 조직 네트워크, 또는 대인 네트워크 — 누군가로부터 참여 요청을 받아 온 정도를 포함하여 − 를 통해 충원되어 온 정도에서 중요한 변이를 발견했다. 그렇지만 전통적인 조직적 유대와 대인관계적 유대가 매체 채널이나 온라인 소셜 네트워크보다 (특히 가장 경험 많은 참여자들에게) 여전히 더 중요한 것으로 보인다. 마지막으로, 우리의 분석은 헌신에 대해 살펴보고 시위자들이 '밀어 넣어졌는가' 아니면 '뛰어들었는가'라는 질문에 답하기 위해 노력하면서, 사회운동과 저항 활동 참여에 대한 구조적 설명과 심리학적 설명/합리적 선택 설명 모두가 입증되고 있음을 발견했다.

우리는 제6장에서는 거리 시민들의 인지적 성향(태도)과 정서적 성향(감정)에 대해 검토했다. 그 결과 우리는 일반 주민들에 비해 거리의 시민들이 정치에 대한 특히 높은 관심, 주류 정치기관들과 민주주의의 작동방식에 대한 비판적인 입장, 그리고 높은 정치적 효능감 의식으로 특징지어진다는 것을 알 수 있었다. 특히 보다 경험이 많은 활동가들은 문헌들에서 묘사된 비판적 시민의 관념과 분명하게 부합한다. 또한 활동가와 경제적 쟁점에 관한 시위의 참여자들이 간헐적 시위자와 문화적 쟁점에 관한 시위의 참여자들 각각보다 감정적으로 더 격정적이었다. 마지막으로, 우리의 분석은 거리 시민들이 저항에 헌신하는 정도가 정치적 관심과 효능감 같은 태도뿐만 아니라 자신들이 참여한 시위의 인지된 효과성에 대한 이해와 화, 걱정, 좌절 같은 특정한 감정과도 관련되어 있다는 것을 보여주었다. 게다가 우리는 태도와 감정이 어떻게 결합하여 헌신을 강화하는지도 보여주었다. 특히 우리는 정치적 관심과 화가 결합되어 있음을 발견했는데, 이는 인지와 정서 둘 다 정치적 헌신에 기여한다는 것을 시사한다. 이처럼 사회운동의 초기 설명들, 즉 저항을 통제 불능인 군중의 비이성적인 폭발로 바라보던 환원주의적 견해와는 달리, 인지와 감정은 상호배타적이지 않았다.

제7장에서 우리는 마지막으로 사람들로 하여금 시위에 나서게 하는 서로 다른 동기들을 탐구했다. 우리는 그러한 분석을 통해 거리의 시민들이 어떻게 다양한 도구적 저항 동기와 표출적 저항 동기는 물론 개별적 저항 동기와 집합적 저항 동기에 의해서도 추동되는지를 보여주었고, 그러한 유형의 동기들이 서로 배타적이 아니라 중첩된다는 것을 알 수 있었다. 우리의 분석은 또한 시위를 주관하는 단체와 동료 시위자와의 일체감도 중요하지만, 같은 정치적 대의를 명분으로 활동 중인 다른 사람들과의 강한 유대가 특히 중요하다는 것을 보여주었다. 더 나아가 우리는 대부분의 시위자가 시위 당일 훨씬 전에 참여하기로 분명하게 결정했다는 것을 보여주었는데, 이는 거기에 합리적이고 사전 계획적이고 조직적인 열망이 존재한다는 것을 보여준다. 우리는 또한 이 분석을 통해 거리 시민들을 추동하는 동기가 매우 복잡하다는 것, 그리고 집합적 정체성의 느낌이 그들의 참여 이유를 설명하는 중요한 요소라는 것을 보여주었다. 거리의 시민들은 동료 저항자들, 그리고 또한 시위를 주관하는 단체들과도 강한 일체감을 느끼고 있으며, 이 두 일체감 모두가 저항에의 헌신을 강화하는 것과 분명하게 연관되어 있다. 따라서 이러한 발견은 저항 ― 개인적 또는 집합적 문제를 해결하는 것을 목적으로 하는 형태의 집합행위와 정치적 정체성의 한 형태로 자신의 목소리를 내거나 더 광범한 사회집단을 대신하여 자신의 정치적 목소리를 내는 형태의 집합행위 모두 ― 의 합리적 성격과 집합적 성격을 뒷받

침해 준다. 게다가 이러한 발견은 거리의 시민들이 자신들의 정치적 이견을 표현하는 데서 다양한 의미와 목적을 아우르며 매우 의식적이고 복합적인 방식으로 대의에 헌신하고 정치적으로 활동한다는 것을 보여준다.

거리 시위 참여에서의 국가별, 쟁점별, 시위자 유형별 차이

제3장부터 제7장까지 모두에서 우리는 저항 조사 데이터 세트에 대해 두 가지 유형의 분석을 해왔다. 첫 번째 유형의 분석은 우리가 초점을 맞춘 서로 다른 요인들이 우리의 연구가 다룬 7개국에서 어떻게 다른지, 그러한 요인들이 문화적 쟁점과 경제적 쟁점에 관한 시위들 사이에서 어떻게 다른지, 그리고 그러한 요인들이 간헐적 시위자들과 활동가들 사이에서 어떻게 다른지를 보여주는 것을 목적으로 하는 기술적 분석으로 구성되었다. 두 번째 유형의 분석에서는 다양한 요인과 저항에의 헌신 간의 연관성을 조사하는 다변량 회귀분석을 이용했다. 이 절에서 우리는 핵심적인 발견들을 국가별, 쟁점별, 시위자 유형별로 나타나는 변이와 관련하여 논의한다. 다음 절에서는 우리의 핵심 발견들이 헌신과 관련하여 우리에게 말해주는 것뿐만 아니라 지구화 시대의 저항 정치와 사회운동 행동주의의 본질에 대해 갖는 함의에 대해서도 논의할 것이다.

연구들은 오랫동안 사회운동과 저항이 개인적 수준(Barnes and Kaase 1979)과 집합적 수준(Kriesi et al. 1995) 모두에서 국가마다 중요한 방식으로 다르다는 것을 보여주어 왔다. 다양한 요인들 − 서로 다른 정치적 기회의 양태(Hutter 2014a; Kitchelt 1986; Kriesi et al. 1995)와 역사적으로 다양한 저항문화와 저항 전통(della Porta and Mattoni 2013; della Porta and Diani 2006; Fahlenbrach et al. 2016)을 포함하여 ─ 이 그러한 변이를 설명하기 위해 강조되어 왔다. 이 책에서의 분석은 미시 동원이 맥락에 의존한다고 주장하는 사람들(van Stekelenburg et al. 2009), 보다 구체적으로 말하면 미시 동원은 국가적 맥락의 구체적인 특징들에 크게 의거한다고 주장하는 사람들에게 추가 증거를 제공한다. 이와 관련한 질문은 다음과 같다. 우리는 이러한 국가 간 변이를 이해할 수 있는 일관된 패턴을 식별할 수 있는가? 제1장에서 우리는 사회적·문화적 대립의 정치화와 관련된 사회적 차원(균열의 이용 가능성)과 정치적 기회구조와 관련된 제도적 차원(국가의 힘)을 결합하는 일반적인 틀을 하나의 유형학으로 제시하고, 그 속에 우리가 다루는 7개국을 위치시켰다. 우리는 서로 다른 나라를 포함시킴으로써 무엇보다도 우리의 발견의 외적 타당성external validity을 확보하고 그 국가들이 서로 다른 맥락을 가지고 있다는 것을 보여주는 것을 목표로 삼았다. 우리가 고려해 온 다양한 측면 모두에서 국가 간 변이를 설명하고자 하는 것은 이 절의 범위를 벗어난다. 하지만 시위자와 다른 참여 형태와의 관계 및 제도 정치와의 관계에서, 그들의 정치적 태도나 성향에서, 그리고 그들의 동원 구조에서 보다 구조화된 패턴을 발견하기를 기대할 수는 있다. 특히 정치적 기회 이론가들은 거시 수준과 중위 수준에서 그러한 관계를 반복적으로 보여주어 왔다(Kriesi 2004). 더 나아가 미시 수준에서 정치적 기회가 정치 참여에 미치는 영향도 밝혀져 왔다(Cinalli and Giugni 2011, 2016b; Morallees 2009). 하지만 정치적 기회, 좀 더 일반적으로는 보다 광범위한 맥락이 수행하는 구조화 역할은 학자들의 주목을 훨씬 덜 받아왔다.

　우리는 우리의 조사 결과로부터 몇 가지 일반적인 국가 간 패턴을 확인할 수 있다. 두 남유럽 국가 ― 이탈리아와 스페인 ― 는 일관된 공통점을 보여준다. 이를테면 이탈리아와 스페인 시위자는 조직 네트워크에 뿌리를 두고 있는 정도가 낮을 뿐만 아니라 조직 네트워크가 동원 채널로서 갖는 중요성도 상대적으로 낮다. 또한 정치적 신뢰와 외적 정치적 효능감의 수준도 특히 낮고(따라서 정치적 냉소주의는 높다), 심지어 시위자들이 느끼는 화의 수준도 높다. 이러한 패턴들은 우리가 국가 간 변이의 측면에서 발견한 가장 일관된 유형으로, 우리의 유형학과도 일치한다. 하지만 우리는 다른 면에서는 스페인이 이탈리아와도 다르다는 것을 발견한다. 게다가 우리는 우리가 '스웨덴 예외주의Swedish exceptionalism'라고 부를 수 있는 몇몇 징후를 발견하는데, 이것 또한 유형학 내에서 이 나라가 차지하는 위치와 일치한다. 이를테면 스웨덴은 시위자의 사회인구학적 구성의 측면에서 두드러지고(시위자들은 젊고 특히 교육을 잘 받았으며 많은 경우 학생이다), 또한 부분적으로 그들은 다른 나라의 시위자보다 더 자유주의적이다(그러나 이탈리아 시위자들보다 그렇게 많이 자유주의적이지는 않다). 스웨덴 시위자들은 또한 좌파 정당과 더 가깝고, 정당과 노동조합뿐만 아니라 다른 전문직 협회의 성원인 경우가 더 잦으며(그러나 후자와 관련해서는 벨기에 시위자들과 크게 다르지 않다), 온라인 소셜 네트워크를 통해 더 자주 동원되고(그러나 그 정도가 영국 시위자들보다 그렇게 잦지는 않다), 좌절감을 느낄 가능성이 더 크다(그러나 영국 시위자들보다는 덜하다). 이러한 패턴은 국가 간 변이에 관한 한 우리의 분석에서 신출된 가장 강력하고 보다 일관된 패턴이다. 우리의 국가 간 비교에서 도출된 중요한 교훈은 맥락이 실제로 중요하고, 그 결과 거리 시위 참여자들의 미시 동원 동학이 특정 국가를 특징짓는 광범위한 문화적·제도적 맥락에 크게 의존한다는 것이다. 하지만 이것은 우리의 주안점이 아니었고 보다 철저한 분석이 필요하기 때문에, 우리는 다른 연구자들에게 체계적 변이를 설명하는 과제를 남겨둔다.

동시에 우리는 여러 가지 공통적인 추세도 찾아냈다. 국가 간 차이와 다른 변이를 제외하면, 거리의 시민들은 많은 특징을 공유한다. 두 가지 공통점이 특히 두드러지기 때문에 언급할 만한 가치가 있다. 우선 사회구조적 차원에서 살펴보면, 우리가 제3장에서 살펴보았듯이, 시위자들은 대침체기뿐만 아니라 1960년대와 1970년대의 특히 정치화된 맥락에서 성인이 된 세대에 속하는 경우가 많다(Grasso 2016). 가장 중요한 것은 그들은 또한 일반 시민들보다 더 잘 교육받았고 중간계급일 가능성이 더 크다는 것이다. 이처럼 시위에 참여하는 사람들의 대다수는 대체로 여전히 문헌들에서 새로운 사회운동의 핵심 지지자로 규명된 고학력의 사회문화적 전문가들로 구성된다(Kriesi 1989). 거리의 시민들은 좌파적 가치와 자유주의적 가치를 강력하게 지지하고 있는데, 이는 새로운 사회운동이 중간계급 내부에서 권력의 자리에 있는 중간계급과 그들의 가치에 반대하는 공공부문에 속하는 사람들 간의 정체성 갈등에서 비롯된 결과라는 멜루치(Melucci 1989)의 주장을 반영하고 있다.

게다가 시위자들은 정치에 대한 자신들의 성향에 의해 단결된다. 우리가 제6장에서 살펴보았듯이, 시위 참여자들은 정치에 관심이 많으면서도 제도 정치와 대의민주주의에 대한 비판적 시각을 공유한다. 동시에 그들은 정치적 효능감이 강한 것이 특징이며, 따라서 특히 정치 참여와 집합 행위를 통해 사태를 변화시킬 수 있다는 믿음이 강하다. 이러한 특징들을 제2장에서 일반 주민 사이에서 발견한 특징들과 비교해 보면, 우리는 시위자들이 정치적으로 소외된 것과는 거리가 먼 비판적 시민 집단을 형성하고 있음을 알 수 있다(Dalton 2004; Norris 1999). 게다가 저항자들은 특정한 정치적 쟁점에 대해 특히 강렬한 감정을 공유하는 시민 집단이다. 저항자들은 확실히 이질적인 집단이지만, 정치 문제에 직접 개입하는 것이 대표자들 ― 점점 더 일반 시민들을 대변할 정당성을 거의 가지지 않은 것으로 인식되는 ― 에게 정치 문제를 맡겨놓는 것보다 낫다는 믿음에 의해 여전히 자주 단합되어 있다.

저항이 나라마다 다르다는 생각이 지금은 사회운동 연구자들 사이에서 확고하게 자리 잡고 있지만, 저항이 쟁점별로도 다르다는 생각은 자주 덜 인식되고 있다. 지금까지는 종래의 사회운동과 새로운 사회운동 간의 고전적인 구분을 넘어 시위가 다루는 쟁점에 따라 시위의 특징이 어떻게 다른지를 고찰한 연구는 거의 없었다(Grasso and Giugni 2015, 2016b; Verhulst 2011). 우리는 우리가 다루어 온 다양한 미시 동원의 측면들이 문화적 쟁점을 다루는 시위와 경제적 쟁점을 다루는 시위에 어떻게 달리 영향을 미치는지를 체계적으로 탐구함으로써 이러한 측면을 고찰했다. 전통적으로 사회운동 연구자들이 이 두 가지 저항 쟁점 유형을 명확하게 구별해 온 점을 감안할 때, 우리는 문화적 시위 참여자들과 경제적 시위 참여자들이 서로 다른 특성을 드러내고 다르게 행동할 것이라고 예상할 수 있다. 하지만 최근의 연구들은 또한 문화적 쟁점과 경제적 쟁점 모두에 의거하여 동원하는 글로벌 정의 운동과 긴축반대 운동을 살펴볼 때 그러한 구별이 생각했던 것보다 더 흐릿해져 왔다는 사실을 지적해 왔다(Eggert and Giugni 2012, 2015).

우리는 우리의 분석이 두 가지 견해 모두를 얼마간 뒷받침한다고 믿는다. 한편에서 우리는 문화적 시위와 경제적 시위가 많은 측면에서 다르다는 것을 발견했다. 이 두 시위는 사회인구학적 구성과 가치 지향에서 서로 다르다. 이를테면 문화적 시위에 참여하는 사람들은 더 젊고 더 잘 교육받고 더 자주 중간계급인 반면, 경제적 시위에 참여하는 사람들은 더 자주 남성이고, 객관적으로도 주관적으로도 노동계급이다. 이 두 시위는 또한 제도 정치 활동 및 제도 외적 정치 활동과 연계된 정도에서 서로 다를 뿐만 아니라 당파성의 정도에서도, 그리고 보다 일반적으로 말하면 그들과 제도 정치의 관계에서도 서로 다르다. 문화적 시위에 참여하는 사람들은 제도적 참여 형태와 제도 외적 참여 형태 모두에 보다 강하게 참여하는 경향이 있고, 또한 신좌파 정당과 녹색 정당에 더 강하게 애착을 갖는 반면, 경제적 시위에 참석하는 사람들은 특정 정당과 일체감을 가지지 않는 경우가 많다. 두 시위의 동원 구조와 동원 채널도 여러 가지 점에서 서로 다르다. 이를테면 문화적 시위에 참여하는 사람들은 온라인 소셜 네트워크와 같은 새로운 기술을 통해 더 자주 동원되는 반면, 경제적 쟁점을 다루는 시위자들은 노동조합이나 다른 전문직 협회에 더 깊이 뿌리를 두고 있고, 대인 네트워크를 통해 충원되었을 가능성이 더 크다. 더 나아가 모든 시위자가 정치적 관심이 많고 정치적 효능감을 공유하면서도, 동시에 (주류) 정치기관을 불신하고 자국 민주주의의 작동방식에 특히 만족하지 않는다. 그럼에도 불구하고 문화적 시위에 참여하는 사람들은 훨씬 더 높은 수준의 정치적 관심과 정치적 효능감을 보이는 경향이 있는 반면, 경제적 시위에 참석한 사람들은 훨씬 더 정치기관을 불신하고 민주주의의 작동방식에 불만을 드러내는 경향을 보인다. 우리는 또한 감정적 격정의 정도에서도 시위자들 사이에서 유의미한 차이를 발견했다. 즉, 문화적 시위에 참여하는 사람들은 시위 쟁점을 생각할 때 더 좌절하고 더 두려워하는 경향이 있는 반면, 경제적 시위에 참석하는 사람들은 더 화가 나 있고 더 걱정하는 경향이 있다. 마지막으로, 두 집단 간에는 사람들로 하여금 시위에 참여하게 하는 동기에서도, 그리고 저항에 참여하는 다른 사람들이나 주관 단계와의 일체감의 정도에서도 일정 정도 차이가 있었다. 문화적 시위에 참여하는 사람들이 공중의 의식을 고취할 필요성에 의해 더 자주 추동된다면, 경제적 시위에 참여하는 사람들은 더 자주 도구적으로뿐만 아니라 도덕적으로도 추동된다. 이러한 차이는 통계적으로 자주 유의미하지만, 그 차이가 그리 크지는 않다. 하지만 대체로 우리의 연구는 거리 시위 참여자들의 특징과 행동을 설명할 때 쟁점이 중요하다는 것을 보여주었다.

국가별, 쟁점별 변이에 더하여 우리가 연구에서 고찰했던 세 번째 주요한 식별 요인은 시위에 자주 참여하여 적극적으로 활동하는 참여자들 ― 우리가 활동가라고 부르는 ― 과 시위에 보다 산발적으로 참여하는 덜 헌신적인 시위자들 ― 우리가 간헐적 시위자라고 부르는 ― 을 비교하는 것으로 이루어진다. 사회운동과 시위 활동에서의 참여의 차이, 즉 사람들이 서로 다른 정도로 헌신하는 이유를 조사하는 연구는 상대적으로 적다(Barkan et al. 1995; Klandermans 1997; Kriesi 1993; McAdam 1986; Oliver 1984; Passy and Giugni 2001; Wiltfang and McAdam 1991). 이 측면은 이를테면 손더스와 그의 동료들(Saunders et al. 2012)의 연구에서 다시 시작되었고, 우리는 이 측면을 이 책의 주요 특징 중의 하나로 만들어왔다. 이런 맥락에서 우리는 설명적 요인과 미시 동원 동학이 시위 참여자의 행동주의 수준에 따라 다르게 작용한다는 것을 보여주고 싶었다.

여기서도 우리는 두 집단 간에 여러 가지 차이를 발견했는데, 그러한 차이들은 자주 서로 다른 쟁점에 대해 저항하는 시위자들 간의 차이보다 더 컸다. 첫째, 활동가들과 간헐적 시위자들은 사회적 기반과 가치 지향에서 서로 다르다. 특히 활동가들은 간헐적 시위자들보다 교육을 잘 받지 못한 경향이 있고 더 자주 노동계급이나 실업자인 반면, 간헐적 시위자들은 봉급생활자 출신일 가능성이 더 크다. 즉, 활동가들은 중하계급 또는 무엇보다도 노동계급과 더 자주 일체감을 가진다. 반면 간헐적 시위자들은 상층계급이나 중상계급과 일체감을 가지는 경향이 있다. 게다가 활동가들은 간헐적 시위자들보다 더 좌파적이고 더 자유주의적이다. 둘째, 두 집단은 다른 형태의 정치와 가지는 관계에서도 서로 다르다. 놀랄 것도 없이 활동가들은 투표를 제외하고는 간헐적 시위자들보다 다른 모든 정치 참여 형태에 더 깊이 참여한다. 활동가들은 또한 좌파 정당과 더 가까운 반면, 간헐적 시위자들은 녹색 정당이나 중도 정당에 더 자주 애착을 느낀다. 셋째, 두 유형의 시위자들은 서로 다른 동원 구조와 동원 채널을 보여준다. 활동가들은 기존 네트워크, 즉 조직 네트워크에 훨씬 더 깊이 뿌리내리고 있으며, 기본적으로 단체의 적극적인 성원으로 활동한다. 이 것은 특히 우리가 정당과 노동조합 또는 다른 전문직 협회의 성원, 즉 보다 전통적이고 제도화된 유형의 조직을 살펴볼 때 눈에 띈다. 더 나아가 활동가들은 대인 네트워크, 그리고 무엇보다도 조직 네트워크를 통해 (그러나 온라인 소셜 네트워크를 통해서도) 더 자주 충원되는 경향이 있는 반면, 간헐적 시위자들은 다른 매체 채널을 통해 더 자주 동원된다. 하지만 이 러한 차이의 존재와 중요성은 우리가 모든 채널을 고려하는지 아니면 단지 가장 중요한 채널만을 고려하는지에 달려 있다. 게다가 활동가들에게 조직 네트워크가 갖는 더 큰 중요성은 대인 네트워크를 통해 충원이 이루어질 때 그러한 충원이 거의 대부분 그들이 소속된 조직의 공동 성원들 덕분에 이루어진다는 사실에서도 알 수 있다. 넷째, 두 집단의 시위자들 은 또한 자신들의 인지적 저항 성향과 정서적 저항 성향과 관련해서도 뚜 렷한 차이를 보인다. 시위에 참여하는 사람들은 전반적으로 정치에 더 관 심이 많고, 시위에 참여하면 변화를 일으킬 수 있다고 더 많이 느끼며, 주 류 정치기관에 대해 더 불신하고, 자국의 민주주의 작동방식에 덜 만족한 다. 이 모든 특징은 간헐적 시위자들에 비해 활동가들 사이에서 더 두드 러진다. 간략하게 말하면, 정기적으로 시위에 참여하는 사람들은 산발적 으로만 참여하거나 시위자로서의 '경력'을 지금 막 시작한 사람들에 비해 문헌들이 묘사하는 비판적 시민의 이미지(Dalton 2004; Norris 1999)를 더 잘 반영한다. 더 나아가 활동가들은 또한 간헐적 시위자들에 비해 화, 좌 절, 걱정, 공포와 같은 감정을 더 강하게 느끼는데, 이는 인지적 성향뿐만 아니라 정서적 성향도 정치적 헌신과 연관되어 있음을 시사한다. 다섯째,

활동가들은 모든 유형의 참여 동기 ― 도구적 동기와 표출적 동기, 집합적 동기와 개인적 동기 ― 를 강하게 가지고 있다. 더욱이 활동가들은 저항에 참여하는 사람 및 주관 단체와 더 강하게 일체감을 느끼고 일반적으로 시위 일자 훨씬 이전에 시위에 참여하기로 결정하는 반면, 간헐적 시위자들은 시위 일자에 훨씬 더 가까워져서야 시위 참여를 결정하는 경향이 있다.

저항에의 헌신: 구조, 문화, 그리고 합리성

제1장에서 지적했듯이, 우리는 우리의 표본이 시위자들로 구성되어 있다는 점을 감안하여 시위자들이 거리에 나서서 대의에 헌신하기로 결정하는 데서 어떤 요인들이 그들을 구별짓는지를 조사하는 것을 목적으로 삼았다. 여기서는 이러한 측면에서 우리의 연구가 산출한 주요 연구 결과를 요약한다. 그렇기에 우리는 거리 시위 참여에 대한 미시 수준의 분석, 즉 참여에 대한 헌신의 분석으로 돌아간다. 따라서 우리가 이 책 전체에서, 그리고 제7장에서 더 직접적으로 다루었던 근본적인 문제는 다음과 같은 측면으로 다시 틀 지어질 수 있다. 대의를 이름으로 저항에 헌신하게 하는 근원은 무엇인가? 거리 시위와 같은 저항 활동에 참여하겠다는 결의는 어디에서 나오는가?

저항 정치와 사회운동 활동에 참여하게 되는 궁극적인 동기가 자신들이 느껴온 불만에 있다는 것은 확실하다. 하지만 후자는 참여에 필요조건이지만 충분조건은 아닌 것으로 간주될 수 있다. 문헌들은 개별적인 불만 수준을 넘어, 그리고 불만을 행동으로 옮길 수 있는 유리한 정치적 기회가 존재하는 것을 넘어서(Kriesi 2004) 사람들을 정치에 참여하도록 이끄는 많은 다른 요인을 강조한다. 우리가 제5장에서 언급했듯이, 이 요인들은 주요한 두 가지 종류의 설명으로 묶일 수 있다. 즉, 개인의 동기, 성향, 자원의 역할을 강조하는 '미는' 요인과 충원 채널과 충원자의 역할을 지적하는 '당기는' 요인이다. 후자는 기존 네트워크뿐만 아니라 여타 동원 채널들로 이루어진 구조 동원을 강조하는, 참여에 대한 구조적 설명에 의해 뒷받침되지만(McAdam 1996; Tindall 2015), 전자는 우리가 제7장에서 했던 것처럼 사람들이 왜 사회운동에 참여하는지를 세 가지 종류의 동인 – 즉, 도구성, 정체성, 이데올로기 – 으로 더 구체적으로 구분할 수 있다(Klandermans 2013). 우리는 비교정치에서 주요 연구 패러다임을 세 가지로 구분하는 리크바흐와 주커만(Lichbach and Zuckerman 1997)의 노선을 따라 그 동기들을 다시 틀 지어서 구조, 문화, 합리성으로 명명할 수 있다.

우리는 구조, 문화, 합리성 모두가 얼마간 중요하다는 증거를 발견했다. 따라서 우리는 시위 참여 동기 – 그리고 보다 광범위하게는 저항 활동에 참여하려는 동기 – 를 단일 요인 또는 심지어 작은 부분 집합으로 환원할 수 없다. 구조적 요인은 분명 강한 영향을 미치지만, 항상 예상하는 대로는 아니다. 우리가 제3장에서 살펴보았듯이, 저항의 사회적 기반은 헌신과 연관되어 있다. 하지만 이는 무엇보다도 젠더, 연령, 교육의 경우에 적용된다. 이와 대조적으로 객관적인 사회계급은 헌신에 그다지 중요하지 않아 보인다. 이를테면 전통적으로 저항 행동주의와 사회운동 참여에 대한 설명은 사회계급의 역할을 강조하지만(Eder 1993, 2013; Kriesi 1989,

1993), 후자는 더 높은 수준의 헌신과는 관련이 없어 보인다. 우리의 회귀 모델은 무엇이 시위자와 비참여자를 구별하는지를 검증하는 것이 아니라 시위자들 사이에서의 헌신을 설명하는 것을 목적으로 하기 때문에, 이 것은 단지 계급이 헌신들에 영향을 미치지 않는다는 것을 의미할 뿐이다. 반면 이 점과 관련하여 중요해 보이는 것이 주관적인 계급 일체감인데, 왜냐하면 특히 노동계급이나 중하계급과 일체감을 느끼는 사람들뿐만 아니라 여타 계급이나 무계급과 일체감을 느끼는 사람들 역시 상층계급 이나 중상계급과 일체감을 느끼는 사람들보다 더 강하게 헌신하고 있기 때문이다. 따라서 정치적 헌신에서 중요한 것은 (집합적 정체성의 형성 및 집단 수준의 정치와 연관되어 있는) 계급의 정치적·주관적 측면이며, 객관적 인 구조적 사실 그 자체는 헌신에서 그다지 중요하지 않다. 노동계급이라 는 것이 그 자체로 자동적으로 노동계급 개인들을 더 급진적으로 만들지 는 않지만, 노동계급 개인들이 자신들의 계급과 일체감을 가질 때, 그들 은 주어진 대의를 이름으로 거리로 나서서 정치적으로 더 헌신한다.

구조적 요인 중에서는 기존 네트워크와의 유대가 현저하게 두드러진 다. 동원 구조를 중심에 위치시키는, 사회운동에 대한 구조적 설명 (McAdam 1996; Tindall 2015)과 일관되게, 우리는 제5장에서 이러한 종류 의 요소가 두 가지 서로 다른 방식으로 작용했다는 것을 발견했다. 한편 에서 조직 네트워크에 더 강하게 뿌리를 두고 있는 시위자들은 특히 그들 이 소속된 단체에서 적극적인 역할을 할 때 더욱더 헌신적이었다. 다른 한편 가장 헌신적인 사람들은 덜 헌신적인 참여자들에 비해 조직 네트워 크나 대인 네트워크를 통해 시위에 참여하는 경향이 있다는 점에서 사회적 네트워크 또한 동원 역할을 한다. 따라서 적어도 가장 헌신적인 사람들의 경우에는 전통적 (구조적) 채널이 매체 채널이나 온라인 소셜 네트워크와 같은 새로운 정치적 의사소통 양식보다 여전히 더 중요하다.

사회운동에 대한 구조적 설명은 (특히 정치적 기회 이론의 형태로) 오랫동안 이 분야를 지배했지만, 그 후 비판의 표적이 되었다. 정치적 기회 접근방식에 대한 굿윈과 재스퍼(Goodwin and Jasper 2004)의 신랄한 비판과 그 접근방식을 지지하는 가장 중요한 일부 학자의 방어 — 이는 같은 책에 실려 있다 — 는 이와 관련한 논쟁의 측면들을 분명하게 예증한다. 비판의 핵심적 전거 중 하나는 정치적 기회 이론 — 그리고 좀 더 넓게 보면 사회운동에 대한 정치 과정 접근방식 — 의 이른바 구조적 편향이었다. 그 후 문화는 사회운동 분야 내에서 그 영역을 넓혀왔다. 하지만 이를테면 프레이밍 이론 (Benford and Snow 2000)에서뿐만 아니라 여타 사회운동 이론에서 정체성 (Hunt and Benford 2004), 이데올로기(Snow 2004), 가치(Rochon 1998), 그리고 더 최근에는 감정(Goodwin et al. 2004)에도 핵심적인 역할이 할당된 것에서 알 수 있듯이, 문화가 저항 정치와 사회운동 행동주의에서 완전히 무시된 적은 전혀 없었다.

우리의 연구는 시위에의 헌신적 참여를 설명하는 데서 문화가 실제로 중요하다는 것을 보여준다. 이는 계급 일체감이 헌신에 미치는 영향을 통해 알 수 있다. 게다가 문화의 중요성은 헌신이 일정한 가치 지향과 관련되어 있다는 사실에도 반영되어 있다. 경제적 가치(좌파-우파)와 사회적 가치(자유주의적-권위주의적)는 우리의 모든 분석에 포함되었고, 우리의 분석은 일반적으로 자유주의적 가치와 좌파적 가치가 강한 사람들이 더 강하게 헌신하는 경향이 있다는 것을 보여주었다. 이는 저항의 계급 기반이 새로운 사회운동 저항자들의 프로필을 계속 반영하고 있다는 생각과 일치한다. 더 나아가 문화의 역할은 감정과 헌신의 관계에서도 볼 수 있다. 우리가 제6장에서 살펴보았듯이, 매우 헌신적인 시위자들은 특히 화, 걱정, 좌절과 관련하여 감정적으로 더 격정적이었다.

궁극적으로 정치 참여는 행동에 나서기로 하는 숙고적이고 합리적인 결정의 결과이다. 사회운동에 대한 합리적 선택 설명은 명시적으로 이 점을 매우 강조해 왔다(이에 대한 논평으로는 Opp 2013을 보라). 저항 참여의 미시 동학에 관한 이전의 연구와 일관되게, 우리는 제6장에서 우리가 정치적 성향이라고 불러온 많은 정치적 태도가 시위에의 헌신에 영향을 미친다는 것을 발견했다. 물론 시위에의 헌신은 정치적 관심과 관련되어 있다. 가장 중요한 것은 우리가 헌신이 내적인 정치적 효능감 — 즉, 참여가 중요하다는 느낌 — 뿐만 아니라 시위의 인지된 효과성도 연관되어 있다는 것을 발견했다는 것이다. 달리 말해 자신의 참여가 영향을 미칠 수 있으며 자신이 참여하는 시위가 바람직한 변화를 만들어내는 데서 중요한 역할을 한다고 믿는 시위자들이 더 강력하게 헌신적으로 참여한다.

저항 정치의 경계를 허물고 넘어서기

거리 시위 참여에 대한 우리의 미시 수준의 분석은 국가별, 쟁점별, 시위자 유형별 차이와 유사성을 보여주고 시위에의 헌신에 대한 사회심리학적 동학뿐만 아니라 미시구조적 동학의 영향을 측정하는 것을 넘어, 지구화 시대의 저항 정치 및 사회운동 행동주의와 관련된 많은 광범위한 쟁점을 부각시켜 왔다. 그것들 가운데 세 가지, 즉 저항 정치의 '다원화 pluralization', 문화적 저항과 경제적 저항 간 구분의 약화, 저항 정치와 제도 정치의 관계는 특별히 주목해 볼 만한 가치가 있다. 이 세 가지 측면을 다루는 과정에서, 우리는 저항자들 간을, 서로 다른 저항 쟁점들 간을, 그리고 제도적 저항 영역과 제도 외적 저항 영역 간을 구별짓는 것으로 전통적으로 이해되어 온 경계가 모호해지고 있음을 볼 수 있다.

반 앨스트와 발흐라버(Van Aelst and Walgrave 2001)는 저항의 정상화 ― 즉, 시위가 보다 정당화되는 동시에 널리 확산되어 온 사실 ― 와 함께 저항자의 정상화 역시 얼마간 일어나 왔다고 상정했는데, 이는 저항자의 특성이 점점 더 일반 시민의 특성을 반영하게 될 것임을 의미한다. 하지만 그들의 진술은 단일 국가, 즉 벨기에에 관한 데이터에 근거한 것이었다. 우리는 우리의 연구가 그들의 평가를 얼마간 확증해 준다고 믿는다. 왜냐하면 이 책이 의거하는 조사의 응답자들은 서로 다른 광범위한 다양한 사회집단과 세대를 대표하고 있기 때문이다. 동시에 우리는 모든 사람이 저항하는 것은 아니며, 특히 시위하기가 여전히 전형적인 새로운 사회운동 지지자들 ― 고학력인 사회문화적 전문가들 ― 과 연관되어 있는 반면 덜 교육받은 사람들, 사회적으로 취약한 사람들, 그리고 가난한 사람들은 여전히 거리로 나올 가능성이 적다는 것도 발견했다. 그러나 일부 사람들이 여전히 핵심 저항자 집단들 사이에서 과대대표되고 있지만, 비록 단 한 번일지라도 시위에 참여한 사람들도 만만치 않게 많다. 이를테면 우리는 우파 정당 및 중도 정당과 일체감을 가지는 사람들처럼 중상계급과 일체감을 가지는 개인들도 거리로 나서는 것을 보아왔다. 물론 이런 집단들이 널리 퍼져 있지는 않지만, 이것은 우리가 시위 정치의 '다원화'를 목격하고 있다는 점에서 변화를 예고한다.

더 나아가 이런 '다원화'는 저항 활동에 참여하는 일련의 사람들에게서뿐만 아니라 사람들로 하여금 시위에 참여하게 하는 다양한 동원 채널과 그들이 표현하는 서로 다른 다양한 참여 동기에서도 발견된다. 이전 시대에는 대인 네트워크와 조직 네트워크가 주요한, 또는 어쩌면 심지어는 유일한 수단이었다면, 오늘날에는 동원 채널의 범위가 분명히 훨씬 더 넓다. 확실히 전통적인 사회적 네트워크가 여전히 중요하지만, 매체는 영향력을 증대시켜 왔고, 새로운 기술들은 그 밖의 채널들 – 특히 주목할 만한 것으로는 온라인 소셜 네트워크의 형태로 – 을 추가해 왔다. 전통적 채널과 새로운 매체 채널 모두가 처음으로 저항에 참여하는 젊은 시위자들에게 특히 중요하다.

저항 정치의 경계가 모호해지고 있다는 또 다른 징후는 서로 다른 시위 쟁점들이 점점 더 중첩되고 있다는 데서 발견되며, 이는 특히 문화적 저항과 경제적 저항 간의 구분을 약화시키는 결과를 낳았다. 서로 다른 시위 쟁점을 다루는 사회운동이 어떻게 서로 다른 동학에 의해 지배될 수 있는지에 대한 관심이 부족한 상태이기는 하지만, 학술적 연구들은 전통적으로 서로 다른 쟁점에 의거하여 동원되는 독자적인 운동들이 존재한다고 지적해 왔다. 그러한 구분 중에서 가장 잘 알려진 것이 바로 종래의 사회운동과 새로운 사회운동 간의 구분이다(Kriesi et al. 1995). 전통적인 운동이 경제적 재분배와 관련된 쟁점에 초점을 맞추었다면(물론 재분배는 노동운동의 주요한 전장이다), 새로운 사회운동은 문화적 쟁점과 라이프스타일 쟁점을 전면에 내세운다. 이처럼 연구자들은 사회적 저항의 부문을 구획화하는 경향이 있었다. 우리는 이러한 노선을 따랐던 이전의 분석들(Eggert and Giugni 2012, 2015; Grasso and Giugni 2015, 2016b)에서와 마찬가지로 이러한 종래의 쟁점(그리고 운동)과 새로운 쟁점(그리고 운동) 간의 구분이 크게 과장되었다고 본다. 우리는 글로벌 정의 운동이, 그리고 나중에는 긴축반대 운동이 이러한 구분을 흐리게 하는 데 기여한 것으로 본다. 이러한 운동들은 문화적 측면과 경제적 측면 모두를 강조하는, 다소 이질적인 스펙트럼의 행위자와 쟁점들로 특징지어졌다. 하지만 대침체의 맥락에서 몇몇 학자가 최근에 저항 정치 연구를 위해서는 경제적·재분배적 쟁점을 좀 더 중시할 필요가 있다고 강조해 왔는데, 이것은 사회운동 연구에서 자본주의의 역할에 더 많은 관심을 기울일 것을 요구하는 것으로 이어졌다(della Porta 2015; Hetland and Goodwin 2013). 우리가 제3장에서 다루었던 이 문제는 긴축반대 운동에 관한 연구에 의해 제기되었다. 그러나 긴축반대 운동이 자본주의 체계가 지닌 심각한 불평등과 비효율성 − 사회의 가장 약한 부문이 사회의 가장 부유한 소수의 실수가 초래한 대가를 치르게 만드는 − 등 경제적 측면을 강조해 온 것은 사실이지만, 그것은 또한 민주주의적 가치와 더불어 현재 엘리트들의 정치적 책임성 및 대응성의 위기에 대처할 필요성을 강조하는 등 보다 문화적 요소도 많이 포함하고 있다.

두 저항 부문 간에는 얼마간의 연계성이 존재하고, 앞에서 개관한 것처럼 구분이 모호해지고 있지만, 우리의 연구는 또한 문화적 쟁점과 경제적 쟁점에 의거한 저항들이 여전히 서로 다른 미시 수준의 동학에 의해 특징 지어지고 있음을 시사한다. 앞에서도 말했듯이, 우리는 문화적 시위와 경제적 시위의 사회적 구성, 시위자와 다양한 형태의 정치 참여의 관계, 시위자의 당파성의 정도, 시위자의 동원 구조와 동원 채널, 시위자의 인지적 성향과 정서적 성향, 그리고 시위자의 동기에서 유의미한 차이를 관찰했다. 그러나 그 차이가 상당하기는 하지만, 항상 매우 크지는 않다. 이것은 문화적 쟁점과 경제적 쟁점을 식별하는 차이가 일부 사람들이 주장해온 것보다 크지 않으며 아마도 앞으로 더 줄어들 것이라고 믿게 한다. 더 많은 연구가 이 문제와 계속해서 씨름할 필요가 있다.

저항 정치의 '다원화' 및 문화적 쟁점과 경제적 쟁점 간의 화해는 저항 정치 연구에서 전통적인 이론적 경계가 모호해지는 것과 관련되어 있다. 우리의 연구에서 강조된 또 다른 측면은 저항 정치와 제도 정치 간의 연계 관계를 살펴보는 것이었는데, 여기서도 우리는 전통적인 경계선이 흐려지고 있음을 볼 수 있다. 학자들이 투표를 일반 시민들이 자신들의 목소리를 낼 수 있는 유일한 정당한 정치적 수단으로 간주하는 반면 저항은 집합 행위의 여러 붕괴 이론에서 인식된 것처럼 좌절한 공격적인 통제 불능 상태의 군중이 행하는 몰정치적인 행동 — 비록 비합리적이고 일탈적인 행동은 아니더라도 — 으로 이해되던 시대가 있었다(이에 대한 논평으로는 Buechler 2004와 Useem 1998을 보라). 하지만 연대 이론들 — 자원 동원 이론과 정치 과정 이론 — 이 등장한 이후 '고귀한' 제도 정치 및 선거 정치가 '저급한' 제도 외적 정치 및 저항 정치와 강력하게 연결되어 있다는 것이 분명하게 밝혀저 왔다. 우리의 연구는 그러한 연관성을 추가적으로 확증해 준다. 우리는 거리의 시민들이 붕괴 이론이 묘사한 것처럼 자신들의 스트레스 수준을 낮추기 위해 막연한 집합행동을 하는, 사회적으로 고립되고 매우 좌절한 개인이기는커녕 강력하게 통합되어 있고 정치의식을 가지고 있으며 일련의 다른 수단들 가운데서 합리적으로 저항 정치를 선택하고 있음을 발견한다. 가장 중요한 것은 시위나 다른 제도 외적 정치 활동에 참여하는 것이 제도적 참여를 손상시키지 않는다는 것이다. 정반대로 시위자들은 제도적 수단과 제도 외적 수단 모두에 아주 자주 참여한다.

이러한 조사 결과는 사회운동 문헌에서 정당과 투표에 관한 연구와 사회운동과 저항에 대한 분석을 결합할 필요가 있음을 강조하는 최근 연구들(Císař and Navrátil 2015; della Porta et al. 2017; Goldstone 2003; Heaney 2013; Heaney 2013; Heaney and Rojas 2015; Hutter et al. 2018; Kriesi 2014; Kriesi et al. 2012; McAdam and Tarrow 2010, 2013; Norris et al. 2015)과 맥을 같이한다. 매캐덤과 그의 동료들(McAdam et al. 2001)이 분명히 밝혀왔듯이, 오늘날 적절한 구분은 제도 정치와 제도 외적 정치 간의 구분이 아니라 오히려 서로 다른 형태의 항쟁 정치 간의 구분이다. 이것은 제도적 행위자들이 저항 정치의 일원일 수도 있고 실제로 그들이 점점 더 그렇게 되고 있다는 것을 의미한다. 이것은 또한 중요한 것은 저항 활동에 누가 참여하는가가 아니라(이것도 그 자체로 흥미로운 질문이기는 하지만), 그들이 왜 어째서 참여하는가라는 것임을 의미한다.

회색 지대는 여전히 분명히 남아 있다. 모든 사람이 저항 활동에 참여하는 것은 아니다. 정반대로 저항자들 ― 보다 구체적으로는 시위자들 ― 은 여전히 인구 중 소수집단이다. 더 나아가 우리의 연구 결과가 보여주듯이, 문화적 쟁점에 기반한 저항과 경제적 쟁점에 기반한 저항은 여전히 상당 정도 서로 다른 일단의 불만을 가진, 그리고 때로는 서로 다른 행위 레퍼토리를 채택하는 서로 다른 지지자들에 의해 특징지어진다. 이를테면 우리는 파업이 문화적 쟁점에 관한 시위에 비해 경제적 시위에 참여하는 활동가들 사이에서 훨씬 더 널리 행해지고 있다는 것을 발견했다. 게다가 저항 정치는 여전히 자신의 목소리를 내고 기존의 정책 조치나 제안에 이의를 제기하기 위한, 또는 사람들로 하여금 특정 쟁점에 대한 여론에 민감하게 만들고 공중의 의식을 고취하기 위한 하나의 구체적인 수단(또는 일단의 수단)으로 남아 있다. 하지만 오늘날 더 광범위한 행위자들이 우리가 거리 시민들이라고 불러온 사람들이 되었고, 제도 정치와 제도 외적 정치 간의 경계가 덜 분명해져 온 것과 마찬가지로 문화적 쟁점과 경제적 쟁점 간의 경계도 더 희미해져 왔다는 징후들이 보이고 있다. 이것들은 모두 오늘날의 지구화 시대에 초래되는 불확실성을 포함하여 바우만(Bauman 2000, 2007)이 '액체적 근대성liquid modernity'이라고 불렀던 것의 또 다른 결과(또는 최소한 신호)로 이해될 수 있다.

거리 시위와 사회변동

더 넓은 수준에서 볼 때, 그리고 우리의 책을 결론짓기 위한 전망적 관점에서 볼 때, 우리의 연구는 사회적·정치적 변화에서 거리의 시민들 — 보다 구체적으로는 활동가들 — 의 역할에 대한 성찰을 요구한다. 저항이 그 안에 보다 광범한 정치적 변화를 위한 씨앗을 얼마나 담고 있다고 볼 수 있는가? 우리가 살펴보았듯이, 오늘날 주요 학자들은 대침체와 긴축반대 운동을 경제적 쟁점과 불평등이 사회운동 담론의 중심으로 복귀하고 있음을 보여주는 신호라고 강조해 왔다. 분명 대침체는 자본주의 경제체계가 지닌 비효율성의 문제를 전면에 부각시켜 왔다. 저항 운동이 여론을 설득하고 동원하여 더 광범한 공중을 자신들의 대의에 끌어들이는 비판적인 대중을 발전시킬 수 있을까? 연구들은 신자유주의적 이데올로기가 특히 냉전 후반기 동안에 성인이 된 세대들 사이에서 널리 퍼져 있다는 것을 보여주어 왔다(Grasso et al. 2017). 위기의 시대와 긴축반대 운동의 부상 속에서 사회화된 이 신세대들이 보다 광범위한 기존의 사회적·정치적 제도에 도전하고 보다 정의롭고 공정한 사회를 재건하기 위한 진보적 대안을 제시하는 사회운동을 발전시킬 수 있을까? 우리의 연구는 현 위기의 시기에 사회화된 2000년대 세대 또한 매우 적극적이지만, 1960~1970년대 세대가 여전히 대부분의 나라에서 가장 적극적이라는 것을 보여주어 왔다. 1960~1970년대의 '저항 세대'는 당시의 정치적 사건에 직접 영향을 받은 참가자들이라는 것을 넘어 사회에 깊은 영향을 미쳤고, 사회적 행동 패턴과 규범을 훨씬 더 광범위하게 변화시켰다(McAdam 1999). 하지만 여러 면에서 이 저항 세대가 그 시대의 진보적인 좌파-자유주의적 가치를 구체화할 제도를 수립하지 못했기 때문에, 지금 우리는 이를테면 이민에 대한 격렬한 반대에서 보듯이 우파 권위주의적이고 포퓰리즘적인 외국인 혐오와 배타적 가치의 강력한 부활을 목격하고 있다. 현대의 저항이 계속해서 진정한 사회변화를 불러일으키고 현대 사회 전반에 자유주의적이고 관용적인 진보적 가치를 보급할 수 있을 것인가, 아니면 단지 대안적 라이프스타일 선택과 대항적 문화적 가치를 긍정하는 수단이 되고 말 것인가? 젊은 세대가 주도하는 현대 사회운동이 신자유주의 모델과 우파의 배제 정치를 넘어 현대 문제에 대한 새로운 진보적 해답을 진전시킬 수 있을 것인가?

　오직 미래만이 이러한 질문들에 대한 답을 제공할 수 있을 것이다. 우리의 연구는 경제적 조건의 악화로 특징지어지는 현재의 경제 상황이 특히 가장 큰 타격을 받아온 가장 박탈당한 집단들 사이에서 보다 광범한 사회적 불만이 발생하는 비옥한 토대가 되고 있는 것으로 보인다고 주장해 왔다. 악화되는 경제 상황은 정치화에 공간을 열어주고, 사적인 경제적 문제들이 실제로는 사회적·정치경제적 문제라는 것을 깨닫게 해주고, 이것이 다시 자원이 빈약한 집단을 포함하여 사회의 더 광범한 부문이 동원을 자극하게 할 수 있을 것이다. 우리의 연구는 오늘날 저항이 중간계급을 과대대표하고 노동계급을 과소대표하는 경향이 있다는 것을 보여준다. 하지만 일부 나라에서는 실업자들이 과대대표되고 있는데, 이는 프레카리아트화가 잠재적으로 저항의 새로운 기반이 될 수 있다는 것을 시사한다. 하지만 이 책의 중요한 발견 중 하나는 자원이 더 빈약한 집단이 경제적 쟁점을 둘러싼 시위에 참여할 가능성이 더 크고, 또한 이들 집단의 개인들이 더 높은 참여 장벽을 극복하기 위해 특히 더 헌신적이게 된다는 것이다. 좌파적 가치와 계급 일체감(특히 노동계급과의 일체감)은 무엇이 사람들로 하여금 대의를 이름으로 거리에 나가 헌신하게 하는지를 예측하는 데서 중요한 변수들이었다. 이러한 고도로 헌신적인 거리 시민들, 특히 젊은 세대 출신의 거리 시민들은 다른 사람들을 정치화하여 보다 광범하게 저항 정치에 끌어들이는 데서, 그리고 진정한 사회변화를 안내하고 현 체계를 보다 민주적이고 공정하게 그리고 인간적으로 재구조화할 수 있는 비판적 대중을 발전시키는 데서 핵심 세력이 될 수 있을 것이다.

주

제1장 지구화 시대의 저항 정치와 사회운동 행동주의

1   바르톨리니와 마이어(Bartolini and Mair 1990: 95)가 지적했듯이, 1918~1995년의 시기에 초
    점을 맞추고 계급이 경쟁의 주요 차원이었던 선거의 비율에 따라 순위를 매길 경우 수치가 다
    소 달라진다는 점을 지적해 둘 필요가 있다. 특히 영국은 스웨덴보다 더 높은 18% 가까이까
    지 올라가고 이탈리아와 스위스는 0%까지 내려간다.

2   이것들이 국가 균열의 구조 — 만약 우리가 이 측면을 정치적 기회구조의 일부를 이루는 것으
    로 본다면 — 와 함께 시간이 지남에 따라 보다 견고해지는 정치적 기회구조의 두 가지 측면
    이다. 이와는 대조적으로 동맹 구조 및 권력과 동맹 구조가 결합하는 양태는 단기적으로 변
    화한다.

3   CCC 프로젝트에 대한 보다 자세한 정보에 대해서는 www.protestsurvey.eu를 보라. 동일한
    방법론(Klandermans et al. 2010)을 사용하여 이러한 종류의 데이터를 수집하는 데 참여하기
    를 원하는 모든 연구자는 이 프로젝트 웹사이트에서 "저항 시위에 관한 데이터 수집 매뉴얼
    (Manual for Data Collection on Protest Demonstrations)"을 이용할 수 있다.

4   이 비교를 통해 볼 때, 체계적인 거부 바이어스는 나이 및 교육과 관련해서만 나타날 뿐이고,
    국가별 및 저항 쟁점별로는 작은 차이만 보인다(Walgrave et al. 2016).

제2장 항쟁적인 유럽인들?

1   데이터에 대한 보다 상세한 설명으로는 www.europeansocialsurvey.org를 보라.

2   우리가 이 방법들 각각을 그 자체로 고려하는 반면, 정치 참여에 관한 연구들은 자주 이러한
    특정한 정치 활동과 다른 활동들을 광범위한 형태의 참여들을 구성하는 항목들로 본다
    (Barnes and Kaase 1979; Dalton 2008; Milbrath 1965; Teorell et al. 2007; Van Deth 2016).
    이런 맥락에서 테오렐과 그의 동료들(Teorell et al. 2007)은 그러한 활동들이 이탈에 기반한
    (exit-based) 것인지 항의에 기반한(voice-based) 것인지, 대의제적인 것인지 대의제도 외적
    인 것인지, 특정한 대상을 표적으로 하는지 그렇지 않은지에 따라 다섯 가지 주요 형태, 즉 투
    표, 정당 활동, 접촉, 소비자 참여, 저항 활동으로 구분한다.

3   이 조사는 2년마다 실시되며, 2002년부터 2016년까지의 데이터를 이용할 수 있다. 하지만 우
    리의 표본이 2009년에서 2013년 사이에 발생한 시위를 대상으로 하기 때문에, 우리는 여기서
    2014년까지의 데이터만을 다룬다. 어떤 경우에는 주어진 질문이 특정 회차의 조사에 포함되
    어 있지 않다. 가장 중요하게는 이탈리아가 대부분의 회차의 조사에 참여하지 않았기 때문
    에, 우리는 이탈리아에 대해서는 2002년, 2004년, 2012년의 데이터만 가지고 있다.

4   스위스의 낮은 투표율은 스위스 정치의 전통적인 성격과 그곳에는 직접민주주의의 도구(국

민발의와 국민투표)가 존재한다는 것으로도 설명할 수 있는데, 이는 전국 선거를 일부 덜 적절하게 만들어서 선거 참여율을 떨어뜨릴 수 있다(Freitag and Stadelmann-Steffen 2010; 그러나 반대 증거도 있다. 이에 대해서는 Ladner and Fiechter 2012를 보라).

5 2006년, 2008년, 2010년, 2014년도의 ESS에서 누락된 데이터가 이탈리아의 저항 잠재력을 과소평가하게 할 수 있다는 점을 유의해야 한다.

6 스위스의 수치들은 이러한 참여 형태의 실제 사용을 과대평가하게 할 수도 있다는 것을 유념해야 한다. 왜냐하면 직접민주주의의 도구들 또한 청원과 거의 동일한 방식으로 서명을 요구하기 때문이다. 하지만 직접민주주의의 도구들은 정치 당국에 대해 구속력을 가진다는 점에서 청원과는 다르다.

7 여기서 우리는 두 가지 범주의 가능한 답변(적어도 한 달에 한 번과 적어도 일주일에 한 번)에 대한 비율을 제시하기로 결정했다. 우리는 그 답변들이 강한 참여를 반영하는 것으로 간주한다.

8 불행하게도 이것은 단체의 성원임을 보여주는 지표로는 매우 빈약하다. 왜냐하면 '그와 유사한 단체'가 의미하는 것이 무엇인지가 분명하지 않기 때문이다. 따라서 사람들은 '그와 유사한 단체'가 다른 노동운동 단체를 지칭하는 것인지 아니면 다른 어떤 단체를 지칭하는 것인지를 알 수 없다. 하지만 주어진 수치상으로는 대부분의 응답자가 '그와 유사한 단체'를 노동운동 단체를 지칭하는 것으로 해석했을 가능성이 크다.

9 우리는 가치가 정의상 조사 질문을 통해 직접 관찰될 수 없다는 점을 강조해야 한다. 왜냐하면 가치는 호감이 가는 바람직한 도덕적 고려사항을 의미하는, 관찰할 수 없는 개념이기 때문이다(van Deth and Scarbrough 1995). 하지만 이 장의 목적을 위해서는 두 개의 직접적인 질문을 이용하는 것만으로도 충분하다.

제4장 저항 정치와 제도 정치

1 불매운동에서는 그 차이가 10% 포인트도 나지 않는다. 청원서에 서명한 경우에서는 그 차이가 거의 16%인 데 반해, 파업에서는 그 차이가 25%로 상당히 커진다. 활동가의 31%가 파업에 참여한 반면, 간헐적 시위자는 단 6%만이 파업에 참여했다. 그리고 직접 행동의 경우에는 20%에 가까운 차이가 나는데, 활동가가 21% 넘게 직접 행동에 참여한 것에 비해 간헐적 시위자들의 직접 행동 참여 비율은 3%가 채 되지 않았다.

제5장 그들은 시위에 밀어 넣어졌는가 아니면 뛰어들었는가?

1 이러한 요인들 대부분 ─ 무엇보다도 불만, 효능감, 정체성 ─ 은 전통적으로 집합행위에 대한 사회심리학적 설명에서 제시되어 왔지만, 최근의 연구들은 감정의 역할에 점점 더 관심을 기울여왔다(이에 대한 논평으로는 Jasper 2011을 보라).

2 사회적·정치적 네트워크가 선거 행동에 미치는 영향에 관한 사례로는 Zuckerman et al. 1994를 보라.

3 전체 측정에서 두 집단 간의 차이는 5% 수준으로 통계적으로 유의미하지 않다.

4   간헐적 시위자와 활동가의 사회적 뿌리내림의 서로 다른 정도는 인터뷰 이전 12개월 동안에
    단체에 적극적으로 참여했는지의 여부에서도 볼 수 있다. 하나의 단일 조직의 성원인 사람들
    사이에서는 차이가 없지만, 간헐적 시위자 중 어떤 단체에도 참여하지 않는 사람들의 비율은
    활동가들 사이에서 그러한 사람들의 비율의 두 배나 된다. 이와는 대조적으로 활동가는 간헐
    적 시위자보다 두 개 또는 세 개, 심지어는 세 개 이상의 단체에 훨씬 더 자주 참여한다. 우리
    가 살펴보았듯이, 이것은 다양한 유형의 단체에도 적용되지만, 특히 정당은 물론 노동조합과
    전문직 협회에도 적용되는데, 이는 제도적 조직과 매개 조직에의 참여와 시위 참여 간에는 강
    한 연관성이 있음을 시사한다.

제6장 시위자들 사이에서의 인지와 정서

1   브래디와 그의 동료들(Brady et al. 1995)은 정치적 효능감에 대해, 그리고 보다 일반적으로
    는 정치에 대한 심리적 참여에 대해 이와 유사한 주장을 한다.

2   덧붙이면, 파시와 지우니(Passy and Giugni 2001)는 개인적 효과성이 참여와 강한 정의 효과
    를 갖는다는 것 외에도, 집합적 효과성이 차별적 참여와 부의 관계에 있음을 발견했다.

3   하지만 일부 학자들은 상대적 박탈감 설명을 이러한 지배적인 경멸적 논조에 대한 반발로 보
    기도 한다. 이에 대해서는 Goodwin et al. 2000을 보라.

4   이에 더하여 굿윈과 그의 동료들(Goodwin et al. 2004)은 이 감정 유형 외에도 두 가지 종류
    의 감정을 정의한다. 직접적인 대상이 없는 모둘적 또는 이동 가능한 기분(mood)과 복잡한
    인지적 이해와 도덕적 인식에서 발생하는 도덕 감정(moral emotion)이 그것이다. 재스퍼
    (Jasper 2011)도 유사하게 감정을 다섯 가지 종류로 구분하는데, 충동(urge), 반사적 감정, 기
    분, 정서적 충성심이나 지향, 도덕 감정이 그것이다.

5   일반 주민들에는 시위나 여타 정치 활동에 참여하는 사람들도 포함되어 있기 때문에 정치에
    적극적인 사람들과 그렇지 않은 사람들 간의 차이는 훨씬 더 크다고 볼 수 있다.

6   정치적 신뢰 척도(5개 항목)의 크론바흐 알파(Cronbach's alpha)는 0.79이다.

7   네 가지 정치적 효능감 척도의 크론바흐 알파는 다음과 같다. 외적 효능감 척도(2개 항목)
    0.55, 내적 효능감 척도(3개 항목) 0.70, 정치적 효능감 척도(5개 항목) 0.63, 시위 효과성 척
    도(2개 항목) 0.78. 외적 정치적 효능감 척도는 회귀분석에 이용하기 위해 전도되었다. 이것
    은 높은 동의의 비율은 낮은 효능감(또는 높은 정치적 냉소주의)을 반영하고 낮은 동의의 비
    율은 높은 효능감(또는 낮은 정치적 냉소주의)을 반영한다는 것을 의미한다.

8   외적 정치적 효능감의 수준이 낮은 것은 무엇보다 응답자들이 "대부분의 정치인은 많은 약속
    을 하지만 실제로는 아무것도 하지 않는다"라고 믿는 반면 "나는 투표의 이익을 보지 못하지
    만 정당들은 어쨌거나 자신들이 원하는 것은 무엇이든 한다"라고 말한 사람들의 비율은 훨씬
    낮다는 사실에서 기인한다.

9   정치적 관심 및 네 가지 감정과 관련하여 우리는 일련의 더미 변수를 만들었는데, 여기서 1은
    다른 기술적인 표들에서처럼 가장 극단적인 두 범주를 나타내는 것이 아니라 극단 범주를 나
    타낸다. 분포가 가장 높은 값에 치우쳐 있기 때문에 그렇게 했다. 개인적 효능감과 집합적 효
    능감은 첫 번째 두 가지 지표("나의 참여가 이 나라의 공공정책에 영향을 미칠 수 있다"와 "조

직화된 시민 집단이 이 나라의 공공정책에 많은 영향을 미칠 수 있다")만으로 측정된다. 왜냐하면 이 두 가지 지표가 보다 면밀하게 비교할 수 있는 지표이기 때문이다.

10 하지만 정치적 신뢰의 효과는 내적 효능감과 외적 효능감을 포함하는 모델에서는 유의미하지 않다.

11 하지만 개인적 효과성과 집합적 효과성을 분석할 때, 우리는 내적 효능감과 외적 효능감에 초점을 맞추기 때문에 감정 효과를 통제하지 않는다.

제7장 사람들은 왜 시위를 하려 하는가?

1 동기(motive)와 동기부여(motivation)가 때때로 다른 측면을 나타내기 위해 사용되기도 하지만, 여기서 우리는 이 두 용어를 서로 바꿔 쓸 수 있는 용어로 사용한다.

부록. 프로젝트의 조사팀이 조사한 개별 국가의 시위 목록

C = 문화적 저항; E = 경제적 저항

벨기에

1 앤트워프, 5월 1일 행진(2010): E

2 브뤼셀, 기후변화(2009): C

3 브뤼셀, 노동을 위한 행진(2010): E

4 브뤼셀, 긴축반대(2010): E

5 브뤼셀, 정부 반대, 위대한 나라(2011): C

6 브뤼셀, 우리의 이름으로는 하지 마라(2011): C

7 브뤼셀, 비이윤 시위(2011): E

8 브뤼셀, 우리는 대안을 가지고 있다(2011): E

9 브뤼셀, 후쿠시마는 이제 그만(2012): C

이탈리아

10 아시시, 페루자-아시시 행진(2011): C

11 볼로냐, 게이 프라이드(2012): C

12 피렌체, 정의의 씨앗, 공동 책임의 꽃(2013): C

13 피렌체, 메이데이(2011): E

14 피렌체, 총파업(2011): E

15 피렌체, 피렌체 10+10/또 다른 유럽을 위해 힘 합치기(2012): E

16 밀라노, 유로메이데이(2011): C

17 니세미, 모스 반대(2013): C

18 로마, 몬티 반대의 날(2012): E

네덜란드

19 암스테르담, 학생 시위 1(2010): E

20 암스테르담, 암스테르담 문화 시위(2010): E

21 암스테르담, 인종차별과 배제를 중단하라(2011): C

22 암스테르담, 반핵시위(2011): C

23 암스테르담, 위트레흐트, 로테르담, 네덜란드를 점거하라(2011): E

24 할렘, 핑크 새터데이 퍼레이드(2012): C

25 로테르담, 은퇴자 시위(2009): E

26 헤이그, 공공사업을 위해 강력히 연대하자(2011): E

27 헤이그, 학생 시위 2(2011): E

28 헤이그, 군사 시위(2011): E

29 헤이그, 예산 삭감 중단하라(케어와 복지)(2011): E

30 위트레흐트, 기후 시위(2009): C

31 위트레흐트, 위트레흐트 문화 시위(2010): C

스페인

32 바르셀로나, 유럽의 자본, 위기, 전쟁 반대(2010): E

33 바르셀로나, 자결이 민주주의이다(2010): E

34 바르셀로나, 우리가 국가이다, 우리가 결정한다(2010): E

35 바르셀로나, 5월 1일, 노동절(2010): E

36 마드리드, 노동법 반대(2010): E

37 마드리드, 이제 진짜 민주주의를! 우리는 정치인과 은행가의 수중에 있는 물품이 아니다!(2011): E

38 산티아고 데 콤포스텔라, 언어 법령 반대 시위(2010): E

39 산티아고 데 콤포스텔라, 신노동법 반대 시위(2010): E

40 비고, 메이데이 축전(2011): E

41 비고, 자본 개혁이 아니라 고용을 위하여, 우리의 권리를 지키자(2011): E

스웨덴

42 코펜하겐(대부분 덴마크와 스웨덴 응답자), 기후 행진(2009): C

43 예테보리, 메이데이(좌파당)(2012): C

44 예테보리, 메이데이(사회민주당/LO)(2012): E

45 예테보리, 레인보우 퍼레이드(LGBTQ+ 축제)(2012): C

46 말뫼, 메이데이(좌파당)(2011): C

47 말뫼, 메이데이(사회민주당/LO)(2011): E

48 스톡홀름, 5월 1일 행진, 좌파당(2010): C

49 스톡홀름, 인종차별 정치 반대(2010): C

50 스톡홀름, 5월 1일 행진, 사회민주당(2010): E

51 스톡홀름, 반핵시위(2011): C

스위스

52 베른, 세계 여성 행진(2010): C

53 베츠나우, 반핵 선언(2011): C

54 제네바, 제네바 게이 프라이드(2011): C

55 제네바, 제네바 여성 시위(2011): C

56 제네바, 5월 1일 시위 2011(2011): E

57 뮐레베르크, 반핵시위(2012): C

58 취리히, 5월 1일 시위(2010): E

59 취리히, 프라이드 시위(2012): C

영국

60 런던, 전국 기후 행진(2009): C

61 런던, 메이데이 노동자 행진(2010): E

62 런던, 의회를 되찾자(2010): C

63 런던, 증오 범죄 반대 철야농성(2010): C

64 런던, 파시즘 반대 전국 시위(2010): C

65 런던, 우리의 미래에 투자하라: 교육 예산 삭감 중단하라(2010): E

66 런던, 전국 기후 행진 2010(2010): C

67 런던, 제2차 전국 학생 시위(2010): E

68 런던, 백만 여성 봉기(2011): C

69 런던, 대안을 위한 TUC 행진: 일자리, 성장, 정의(2011): E

70 런던, 런던을 검거하라(2011): E

71 런던, 런던 프라이드 퍼레이드(2012): C

참고문헌

Agger, Robert E., Marshall N. Goldstein, and Stanley A. Pearl. 1961. "Political Cynicism: Measurement and Meaning." *Journal of Politics* 23(3): 477~506.

Alderson, Arthur, and François Nielsen. 2002. "Globalization and the Great U-Turn: Income Inequality Trends in 16 OECD Countries." *American Journal of Sociology* 107(5): 1244~1299.

Almond, Gabriel, and Sidney Verba. 1963. *The Civic Culture: Political Attitudes and Democracy in Five Nations.* Princeton University Press.

Aminzade, Ronald. 1993. *Ballots and Barricades: Class Formation and Republican Politics in France, 1830~1871.* Princeton University Press.

Ancelovici, Marcos, Pascale Dufour, and Héloïse Nez (eds.). 2016. *Street Politics in the Age of Austerity: From the Indignados to Occupy.* Amsterdam University Press.

Andretta, Massimiliamo, Lorenzo Bosi, and Donatella della Porta. 2015. "Trust and Efficacy Taking to the Streets in Times of Crises: Variation among Activists." pp. 129~148 in Marco Giugni and Maria T. Grasso (eds.), *Austerity and Protest: Popular Contention in Times of Economic Crisis.* London: Routledge.

Anduiza, Eva, Camilo Cristancho, and José M. Sabucedo. 2014. "Mobilization through Online Social Networks: The Political Protest of the Indignados in Spain." *Information, Communication & Society* 17(6): 750~764.

Balch, George I. 1974. "Multiple Indicators in Survey Research: The Concept 'Sense of Political Efficacy'." *Political Methodology* 1(2): 1~43.

Barkan, Steven E., and Steven F. Cohn. 2013. "Recruitment." pp. 1058~1061 in David A. Snow, Donatella della Porta, Bert Klandermans, and Doug McAdam (eds.), *The Wiley-Blackwell Encyclopedia of Social and Political Movements.* Oxford: Blackwell.

Barkan, Steven E., Steven F. Cohn, and William H.Whitaker. 1995. "Beyond Recruitment: Predictors of Differential Participation in a National Antihunger Organization." *Sociological Forum* 10(1): 113~133.

Barker, Colin. 2013. "Marxism and Social Movements." pp. 713~721 in David A. Snow, Donatella della Porta, Bert Klandermans, and Doug McAdam (eds.), *The Wiley-Blackwell Encyclopedia of Social and Political Movements.* Oxford: Blackwell.

Barner-Barry, Carol, and Robert Rosenwein. 1985. *Psychological Perspectives on Politics.* Upper Saddle River, NJ: Prentice Hall.

Barnes, Samuel H., and Max Kaase (eds.). 1979. *Political Action: Mass Participation in Five Western Democracies.* Beverly Hills, CA: Sage.

Bartolini, Stefano, and Peter Mair. 1990. *Identity, Competition and Electoral Availability: The Stabilisation of European Electorates 1885~1985.* Cambridge University Press.

Bauman, Zygmunt. 2000. *Liquid Modernity.* Cambridge: Polity Press.

_____. 2007. *Liquid Times: Living in an Age of Uncertainty.* Cambridge: Polity Press.

Beissinger, Mark R. 2002. *Nationalist Mobilization and the Collapse of the Soviet State.* Cambridge University Press.

Bekkers, René. 2012. "Trust and Volunteering: Selection or Causation? Evidence froma 4 Year Panel Study." *Political Behavior* 34: 225~247.

Benford, Robert D. 2013a. "Solidarity and Movements." pp. 1230~1232 in David A. Snow, Donatella della Porta, Bert Klandermans, and Doug McAdam (eds.), *The Wiley-Blackwell Encyclopedia of Social and Political Movements.* Oxford: Blackwell.

_____. 2013b. "Master Frame." pp. 723~724 in David A. Snow, Donatella della Porta, Bert Klandermans, and Doug McAdam (eds.), *The Wiley-Blackwell Encyclopedia of Social and Political Movements.* Oxford: Blackwell.

Benford, Robert D., and David A. Snow. 2000. "Framing Processes and Social Movements: An Overview and Assessment." *Annual Review of Sociology* 26: 611~640.

Bennett, Lance W., and Alexandra Segerberg. 2013. *The Logic of Connective Action: Digital Media and the Personalization of Contentious Politics.* Cambridge University Press.

Berinsky, Adam J., and Gabriel S. Lenz. 2011. "Education and Political Participation: Exploring the Causal Link." *Political Behavior* 33(3): 357~373.

Bermeo, Nancy and Larry M. Bartels. 2014. "Mass Politics in Tough Times." pp. 1~39 in Nancy Bermeo and Larry M. Bartels (eds.), *Mass Politics in Tough Times: Opinions, Votes, and Protest in the Great Recession.* Oxford University Press.

Best, Samuel J., and Brian S. Krueger. 2011. "Government Monitoring and Political Participation in the United States: The Distinct Roles of Anger and Anxiety." *American Politics Research* 39(1): 85~117.

Beyerlein, Kraig, and Kelly Bergstrand. 2013. "Biographical Availability." pp. 137~138 in David A. Snow, Donatella della Porta, Bert Klandermans, and Doug McAdam (eds.), *The Wiley-Blackwell Encyclopedia of Social and Political Movements.* Oxford: Blackwell.

Bihagen, Erik, Magnus Nermo, and Robert Erikson. 2014. "Social Class and Employment Relations: Comparisons between the ESeC and EGP Class Schemas Using European Data." pp. 89~113 in David Rose and Eric Harrison (eds.), *Social Class in Europe: An Introduction to the European Socio-Economic Classification.* London: Routledge.

Blais, André. 2007. "Turnout in Elections." pp. 621~635 in Russell J. Dalton and Hans-Dieter Klingemann (eds.), *The Oxford Handbook of Political Behavior.* Oxford University Press.

Blumer, Herbert. 1946. "Collective Behavior." pp. 167~222 in Alfred M. Lee (ed.), *New Outline of the Principles of Sociology.* New York: Barnes & Noble.

Brader, Ted. 2005. "Striking a Responsive Chord: How Campaign Ads Motivate and Persuade Voters by Appealing to Emotions." *American Journal of Political Science* 49(2): 388~405.

_____. 2006. *Campaigning for Hearts and Minds: How Emotional Appeals in Political Ads Work.* University of Chicago Press.

Brader, Ted, and George E. Marcus. 2013. "Emotion and Political Psychology." pp. 165~204 in Leonie Huddy, David O. Sears, and Jack S. Levy (eds.), *The Oxford Handbook of Political Psychology.* 2nd edition. Oxford University Press.

Brady, Henry E., Sidney Verba, and Kay Lehman Schlozman. 1995. "Beyond SES? A Resource Model of Political Participation." *American Political Science Review* 89: 271~294.

Buechler, Steven M. 1995. "New Social Movement Theories." *Sociological Quarterly* 36(3): 441~464.

_____. 2004. "The Strange Career of Strain and Breakdown Theories of Collection Action." pp. 47~66 in David A. Snow, Sarah Soule, and Hanspeter Kriesi (eds.), *The Blackwell Companion to Social Movements*. Oxford: Blackwell.

Burstein, Paul. 2014. *American Public Opinion, Advocacy, and Policy in Congress: What the Public Wants and What It Gets*. Cambridge University Press.

Calvo, Kerman. 2013. "Fighting for a Voice: The Spanish 15M/Indignados Movement." pp. 236~253 in Cristina Flesher Fominaya and Laurence Cox (eds.), *Understanding European Movements: New Social Movements, Global Justice Struggles, Anti-Austerity Protest*. London: Routledge.

Campbell, Angus, Philip E. Converse, Warren E. Miller, and Donald E. Stokes. 1960. *The American Voter*. New York: Wiley.

Campbell, Angus, Gerald Gurin, and Warren E. Miller. 1954. *The Voter Decides*. Evanston, IL: Row, Peterson.

Campbell, David E. 2013. "Social Networks and Political Participation." *Annual Review of Political Science* 16: 33~48.

Castañeda, Ernesto. 2013. "The Indignados of Spain: A Precedent to Occupy Wall Street." *Social Movement Studies* 11(3~4): 309~319.

Cinalli, Manlio, and Marco Giugni. 2011. "Institutional Opportunities, Discursive Opportunities, and the Political Participation of Migrants in European Cities." pp. 43~62 in Laura Morales and Marco Giugni (eds.), *Social Capital, Political Participation and Migration in Europe: Making Multicultural Democracy Work?* Basingstoke: Palgrave Macmillan.

_____. 2016a. "Collective Responses to the Economic Crisis in the Public Domain: Myth or Reality?" *Politics & Policy* 44(3): 427~446.

_____. 2016b. "Electoral Participation of Muslims in Europe: Assessing the Impact of Institutional and Discursive Opportunities." *Journal of Ethnic and Migration Studies* 42(2): 309~324.

Císař, Ondřej, and Jiří Navrátil. 2015. "At the Ballot Boxes or in the Streets and Factories: Economic Contention in the Visegrad Group." pp. 35~53 in Marco Giugni and Maria T. Grasso (eds.), *Austerity and Protest: Popular Contention in Times of Economic Crisis*. London: Routledge.

Clark, Peter, and James Wilson. 1961. "Incentive Systems: A Theory of Organizations." *Administrative Science Quarterly* 6(2): 129~166.

Converse, Philip E. 1964. "The Nature of Belief Systems in Mass Publics." pp. 206~261 in David E. Apter (ed.), *Ideology and Discontent*. New York: Free Press of Glencoe.

Corr, Philip J. 2013. "Approach and Avoidance Behaviour: Multiple Systems and their Interactions." *Emotion Review* 5(3): 285~290.

Corrigall-Brown, Catherine. 2013. "Participation in Social Movements." pp. 900~905 in David A. Snow, Donatella della Porta, Bert Klandermans, and Doug McAdam (eds.), *The Wiley-Blackwell Encyclopedia of Social and Political Movements*. Oxford: Blackwell.

Cotgrove, Stephen, and Andrew Duff. 1980. "Environmentalism, Middle-Class Radicalism and Politics." *The Sociological Review* 28(2): 333~351.

Craig, Stephen C., and Michael A. Maggiotto. 1982. "Measuring Political Efficacy." *Political Methodology* 8(3): 85~109.

Crossley, Nick. 2013. "Class Consciousness: The Marxist Conception." pp. 203~204 in David A. Snow, Donatella della Porta, Bert Klandermans, and Doug McAdam (eds.), *The Wiley-Blackwell Encyclopedia of Social and Political Movements.* Oxford: Blackwell.

Dalton, Russell J. 2004. *Democratic Challenges, Democratic Choices: The Erosion of Political Support in Advanced Industrial Democracies.* Oxford University Press.

_____. 2008. *Citizen Politics: Public Opinion and Political Parties in Advanced Industrial Democracies.* Washington, DC: CQ Press.

Dalton, Russell J., Alix Van Sickle, and Steven Weldon. 2010. "The Individual-Institutional Nexus of Protest Behaviour." *British Journal of Political Science* 40(1): 51~73.

Dalton, Russell J., and Martin P. Wattenberg (eds.). 2002. *Parties Without Partisans: Political Change in Advanced Industrial Democracies.* Oxford University Press.

Davies, James C. 1962. "Toward a Theory of Revolution." *American Sociological Review* 27(1): 5~18.

de Vreese, Claes H. 2008. "Political Cynicism." pp. 3693~3695 in Wolfgang Donsbach (ed.), *The International Encyclopedia of Communication.* Oxford: Blackwell.

Dekker, Paul, Ruud Koopmans, and Andries van den Broek. 1997. "Voluntary Associations, Social Movements and Individual Political Behaviour in Western Europe." pp. 224~243 in Jan W. van Deth (ed.), *Private Groups and Public Life: Social Participation and Political Involvement in Representative Democracies.* London: Routledge.

della Porta, Donatella. 1996. "Social Movements and the State: Thoughts on the Policing of Protest." pp. 62~92 in Doug McAdam, John D. McCarthy, and Mayer N. Zald (eds.), *Comparative Perspectives on Social Movements: Political Opportunities, Mobilizing Structures, and Cultural Framings.* Cambridge University Press.

della Porta, Donatella (ed.). 2007a. *The Global Justice Movement: Cross-National and Transnational Perspectives.* Boulder, CO: Paradigm.

_____(ed.). 2007b. "The Global Justice Movement: An Introduction." pp. 1~28 in Donatella della Porta (ed.), *The Global Justice Movement: Cross-National and Transnational Perspectives.* Boulder, CO: Paradigm.

_____(ed.). 2009. *Another Europe: Conceptions and Practices of Democracy in the European Social Forums.* London: Routledge.

della Porta, Donatella. 2013. "Repertoires of Contention." pp. 1081~1083 in David Snow, Donatella della Porta, Bert Klandermans, and Doug McAdam (eds.), *The Wiley-Blackwell Encyclopedia of Social and Political Movements.* Oxford: Blackwell.

_____. 2015. *Social Movements in Times of Austerity: Bringing Capitalism Back Into Protest Analysis.* Cambridge: Polity Press.

della Porta, Donatella, Massimiliano Andretta, Lorenzo Mosca, and Herbert Reiter. 2006. *Globalization from Below: Transnational Activists and Protest Networks.* Minneapolis: University of Minnesota Press.

della Porta, Donatella, and Mario Diani. 2006 [1999]. *Social Movements: An Introduction.* 2nd edition. Oxford: Blackwell.

della Porta, Donatella, Joseba Fernández, Hara Kouki, and Lorenzo Mosca. 2017. *Movement Parties against Austerity*. Cambridge: Polity Press.

della Porta, Donatella, and Alice Mattoni. 2013. "Cultures of Participation in Social Movements." pp. 171~181 in Aaron Delwiche and Jennifer Jacobs Henderson (eds.), *The Participatory Cultures Handbook*. New York and London: Routledge.

_____(eds.). 2014. *Spreading Protest: Social Movements of the Crisis*. Colchester: ECPR Press.

della Porta, Donatella, and Dieter Rucht (eds.). 2013. *Meeting Democracy: Power and Deliberation in Global Justice Movements*. Cambridge University Press.

Deonna, Julien, and Fabrice Teroni. 2009. "Taking Affective Explanations to Heart." *Social Science Information* 48(3): 359~377.

Diani, Mario. 1995. *Green Networks: A Structural Analysis of the Italian Environmental Movement*. Edinburgh University Press.

_____. 2004. "Networks and Participation." pp. 339~359 in David A. Snow, Sarah Soule, and Hanspeter Kriesi (eds.), *The Blackwell Companion to Social Movements*. Oxford: Blackwell.

Dunn, Andrew, Maria T. Grasso, and Clare Saunders. 2014. "Unemployment and Attitudes to Work: Asking the 'Right' Question." *Work, Employment, and Society* 28(6): 904~925.

Earl, Jennifer, and Katrina Kimport. 2011. *Digitally Enabled Social Change: Activism in the Internet Age*. Cambridge, MA: MIT Press.

Eder, Klaus. 1993. *The New Politics of Class: Social Movements and Cultural Dynamics in Advanced Societies*. London: Sage.

_____. 2013. "Social Class and Social Movements." pp. 1179~1182 in David A. Snow, Donatella della Porta, Bert Klandermans, and Doug McAdam (eds.), *The Wiley-Blackwell Encyclopedia of Social and Political Movements*. Oxford: Blackwell.

Edwards, Bob, and John D. McCarthy. 2004. "Resources and Social Movement Mobilization." pp. 116~152 in David A. Snow, Sarah Soule, and Hanspeter Kriesi (eds.), *The Blackwell Companion to Social Movements*. Oxford: Blackwell.

Eggert, Nina, and Marco Giugni. 2010. "Does Associational Involvement Spur Political Integration? Political Interest and Participation of Three Immigrant Groups in Zurich." *Swiss Political Science Review* 16(2): 175~210.

_____. 2012. "The Homogenization of 'Old' and 'New' Social Movements: A Comparison of Participants in May Day and Climate Change Demonstrations." *Mobilization* 17(3): 335~348.

_____. 2015. "Does the Class Cleavage Still Matter? The Social Composition of Participants in Demonstrations Addressing Redistributive and Cultural Issues in Three Countries." *International Sociology* 30(1): 21~38.

Eidlin, Barry, and Jasmine Kerrissey. 2018. "Social Class and Social Movements." pp. 517~536 in David A. Snow, Sarah A. Soule, Hanspeter Kriesi, and Holly McCammon (eds.), *The Wiley-Blackwell Companion to Social Movements*. 2nd edition. Chichester: John Wiley.

Ellemers, Naomi. 1993. "The Influence of Socio-Structural Variables on Identity Management Strategies." *European Review of Social Psychology* 4(1): 27~57.

English, Patrick, Maria T. Grasso, Barbara Buraczynska, Sotirios Karampampas, and Luke Temple.

2016. "Convergence on Crisis? Comparing Labour and Conservative Party Framing of the Economic Crisis in Britain, 2008~2014." *Politics & Policy* 44(3): 577~603.

Erickson Nepstad, Sharon. 2013. "Commitment." pp. 229~230 in David A. Snow, Donatella della Porta, Bert Klandermans, and Doug McAdam (eds.), *The Wiley-Blackwell Encyclopedia of Social and Political Movements.* Oxford: Blackwell.

Erickson Nepstad, Sharon, and Christian Smith. 1999. "Rethinking Recruitment to High-Risk/Cost Activism: The Case of the Nicaragua Exchange." *Mobilization* 4(1): 25~40.

Esmer, Ylmaz, and Thorleif Pettersson. 2007. "The Effects of Religion and Religiosity on Voting Behavior." pp. 481~503 in Russell J. Dalton and Hans-Dieter Klingemann (eds.), *The Oxford Handbook of Political Behavior.* Oxford University Press.

Esping-Andersen, Gøsta. 1990. *The Three Worlds of Welfare Capitalism.* Princeton University Press.

Evans, Geoffrey, Anthony Heath, and Mansur Lalljee. 1996. "Measuring Left-Right and Libertarian-Authoritarian Values in the British Electorate." *British Journal of Sociology* 47(1): 93~112.

Evans, Geoffrey, and James Tilley. 2017. *The New Class War: Excluding the Working Class in 21st-Century Britain.* Oxford University Press.

Ezrow, Lawrence, and Geogios Xezonakis. 2016. "Satisfaction with Democracy and Voter Turnout: A Temporal Perspective." *Party Politics* 22(1): 3~14.

Fahlenbrach, Kathrin, Martin Klimke, and Joachim Scharloth (eds.). 2016. *Protest Cultures: A Companion.* New York and Oxford: Berghahn Books.

Farah, Barbara G. 1979. "Political Dissatisfaction." pp. 409~447 in Samuel H. Barnes and Max Kaase (eds.), *Political Action: Mass Participation in Five Western Democracies.* Beverly Hills, CA: Sage.

Fillieule, Olivier, and Philippe Blanchard. 2010. "Individual Surveys in Rallies (INSURA): A New Tool for Exploring Transnational Activism?" pp. 186~210 in Simon Teune (ed.), *The Transnational Condition: Protest Dynamics in an Entangled Europe.* New York and Oxford: Berghahn Books.

Fillieule, Olivier, Philippe Blanchard, Eric Agrikolianski, Marko Bandler, Florence Passy, and Isabelle Sommier. 2004. "L'altermondialisme en réseaux. Trajectoires militantes, multipositionnalité et formes de l'engagement: les participants du contre-sommet du G8 d'Evian." *Politix* 17(68): 13~48.

Flam, Helena. 2014. "Social Movements and Emotions." pp. 308~333 in Hein-Anton van der Heijden (ed.), *Handbook of Political Citizenship and Social Movements.* Cheltenham: Edward Elgar.

_____. 2015. "Micromobilization and Emotions." pp. 264~276 in Donatella della Porta and Mario Diani (eds.), *The Oxford Handbook of Social Movements.* Oxford University Press.

Flam, Helena, and Debra King (eds.). 2005. *Emotions and Social Movements.* London: Routledge.

Flanagan, Scott C., and Aie-Rie Lee. 2003. "The New Politics, Culture Wars, and the Authoritarian-Libertarian Value Change in Advanced Industrial Democracies." *Comparative Political Studies* 36(3): 235~270.

Flesher Fominaya, Cristina, and Laurence Cox (eds.). 2013. *Understanding European Movements:*

New Social Movements, Global Justice Struggles, Anti-Austerity Protest. London: Routledge.

Franklin, Mark N. 2004. *Voter Turnout and the Dynamics of Electoral Competition in Established Democracies since 1945.* Cambridge University Press.

Fraser, Nancy, and Axel Honneth. 2003. *Redistribution or Recognition? A Political-Philosophical Exchange.* London: Verso.

Freitag, Markus, and Isabelle Stadelmann-Steffen. 2010. "Stumbling Block or Stepping Stone? The Influence of Direct Democracy on Individual Participation in Parliamentary Elections." *Electoral Studies* 29(3): 472~483.

Frijda, Nico H. 2007. *The Laws of Emotion.* Mahwah, NJ: Lawrence Erlbaum Associates.

_____. 2008 [1993]. "The Psychologists' Point of View." pp. 68~87 in Michael Lewis, Jeannette M. Haviland-Jones, and Lisa Feldman Barrett (eds.), *Handbook of Emotions.* 3rd edition. New York: Guilford Press.

Fuchs, Dieter. 1991. "The Normalization of the Unconventional: New Forms of Political Action and New Social Movements." pp. 148~169 in Gerd Meyer and Franciszek Ryszka (eds.), *Political Participation and Democracy in Poland and West Germany.* Warsaw: Wydaeca.

_____. 2007. "The Political Culture Paradigm." pp. 161~184 in Russell J. Dalton and Hans-Dieter Klingemann (eds.), *The Oxford Handbook of Political Behavior.* Oxford University Press.

Gambetta, Diego. 1987. *Were They Pushed or Did They Jump? Individual Decision Mechanisms in Education.* Cambridge University Press.

Gamson, William A. 1968. *Power and Discontent.* Homewood: Dorsey Press.

_____. 1990. *The Strategy of Social Protest.* 2nd edition. Belmont, CA: Wadsworth.

_____. 1992a. *Talking Politics.* Cambridge University Press.

_____. 1992b. "The Social Psychology of Collective Action." pp. 53~76 in Aldon D. Morris and Carol McClurg Mueller (eds.), *Frontiers in Social Movement Theory.* New Haven, CT: Yale University Press.

_____. 2013. "Injustice Frames." pp. 607~608 in David A. Snow, Donatella della Porta, Bert Klandermans, and Doug McAdam (eds.), *The Wiley-Blackwell Encyclopedia of Social and Political Movements.* Oxford: Blackwell.

Gamson, William A., Bruce Fireman, and Steven Rytina. 1982. *Encounters with Unjust Authority.* Homewood, IL: Dorsey.

Gamson, William A., and Andre Modigliani. 1989. "Media Discourse and Public Opinion on Nuclear Power: A Constructionist Approach." *American Journal of Sociology* 95(1): 1~37.

Gamson, William A., and Micah Sifry. 2013. "The #Occupy Movement: An Introduction." *The Sociological Quarterly* 54(2): 159~163.

Gerbaudo, Paolo. 2012. *Tweets and the Streets: Social Media and Contemporary Activism.* London: Pluto Press.

Geschwender, James A. 1968. "Explorations in the Theory of Social Movements and Revolutions." *Social Forces* 47(2): 127~135.

Gitlin, Todd. 2012. *Occupy Nation: The Roots, the Spirit, and the Promise of Occupy Wall Street.* New York: It Books.

Giugni, Marco, and Maria Grasso. 2012. "Trust, Skills, or Identity? The Missing Link Between Associational Involvement and Political Participation Amongst Marginalized Groups." *ESA*

Research Network on Political Sociology Mid-Term Conference. Milan (Italy), November 30~December 1.

Giugni, Marco, and Maria T. Grasso (eds.). 2015. *Austerity and Protest: Popular Contention in Times of Economic Crisis*. London: Routledge.

Giugni, Marco, Ruud Koopmans, Florence Passy, and Paul Statham. 2005. "Institutional and Discursive Opportunities for Extreme-Right Mobilization in Five Countries." *Mobilization* 10(1): 145~162.

Giugni, Marco, and Jasmine Lorenzini. 2017. *Jobless Citizens: Political Engagement of Unemployed Youth*. Basingstoke: Palgrave Macmillan.

Giugni, Marco, and Jasmine Lorenzini. 2018. "The Politics of Economic Crisis: From Voter Retreat to the Rise of New Populisms." In Thomas Janoski, Cedric de Leon, Joy Misra, and Isaac Martin (eds.), *The New Handbook of Political Sociology: States, Parties, Movements, Citizenship and Globalization*. Cambridge University Press.

Giugni, Marco, Noémi Michel, and Matteo Gianni. 2014. "Associational Involvement, Social Capital, and the Political Participation of Ethno-Religious Minorities: The Case of Muslims in Switzerland." *Journal of Ethnic and Migration Studies* 40(10): 1593~1613.

Goldstone, Jack. 1991. *Revolution and Rebellion in the Early Modern World*. Berkeley, CA: University of California Press.

_____. 1998. "Social Movements or Revolutions? On the Evolution and Outcomes of Collective Action." pp. 125~145 in Marco Giugni, Doug McAdam, and Charles Tilly (eds.), *From Contention to Democracy*. Lanham, MD: Rowman & Littlefield.

Goldstone, Jack (ed.). 2003. *States, Parties, and Social Movements*. Cambridge University Press.

González, Roberto, and Rupert Brown. 2003. "Generalization of Positive Attitudes as a Function of Subgroup and Superordinate Group Identifications in Intergroup Contact." *European Journal of Social Psychology* 33(2): 195~214.

Goodwin, Jeff. 2001. *No Other Way Out: States and Revolutionary Movements, 1945~1991*. Cambridge University Press.

Goodwin, Jeff, and James M. Jasper (eds.). 2004. *Rethinking Social Movements: Structure, Meaning, and Emotion*. Lanham, MD: Rowman & Littlefield.

_____(eds.). 2009. *The Social Movements Reader: Cases and Concepts*. Malden, MA: Blackwell.

Goodwin, Jeff, James M. Jasper, and Francesca Polletta. 2000. "The Return of the Repressed: The Fall and Rise of Emotions in Social Movement Theory." *Mobilization* 5(1): 65~83.

_____. 2001. *Passionate Politics: Emotions and Social Movements*. University of Chicago Press.

_____. 2004. "Emotional Dimensions of Social Movements." pp. 413~432 in David A. Snow, Sarah Soule, and Hanspeter Kriesi (eds.), *The Blackwell Companion to Social Movements*. Oxford: Blackwell.

Gould, Roger. 2003. "Why Do Networks Matter? Rationalist and Structuralist Interpretations." pp. 233~258 in Mario Diani and Doug McAdam (eds.), *Social Movements and Networks: Relational Approaches to Collective Action*. Oxford University Press.

Grasso, Maria T. 2013. "The Differential Impact of Education on Young People's Political Activism: Comparing Italy and the United Kingdom." *Comparative Sociology* 12(1): 1~30.

_____. 2014. "Age, Period and Cohort Analysis in a Comparative Context: Political Generations and Political Participation Repertoires." *Electoral Studies* 33: 63~76.

_____. 2016. *Generations, Political Participation and Social Change in Western Europe.* London: Routledge.

_____. 2018. "Young People's Political Participation in Europe in Times of Crisis." pp. 179~196 in Sarah Pickard and Judith Bessant (eds.), *Young People Re-Generating Politics in Times of Crisis.* London: Palgrave Macmillan.

Grasso, Maria T., Stephen Farrall, Emily Gray, Colin Hay, and Will Jennings. 2017. "Thatcher's Children, Blair's Babies, Political Socialisation and Trickle-Down Value-Change: An Age, Period and Cohort Analysis." *British Journal of Political Science.* https://doi.org/10.1017/S0007123416000375.

Grasso, Maria T., and Marco Giugni. 2015. "Are Anti-Austerity Movements 'Old' or 'New'?" pp. 57~82 in Marco Giugni and Maria T. Grasso (eds.), *Austerity and Protest: Popular Contention in Times of Economic Crisis.* London: Routledge.

_____. 2016a. "Protest Participation and Economic Crisis: The Conditioning Role of Political Opportunities." *European Journal of Political Research* 55(4): 663~680.

_____. 2016b. "Do Issues Matter? Anti-Austerity Protests' Composition, Value Orientations, and Action Repertoires Compared." pp. 31~58 in Tom Davies, Holly Ryan, and Alejandro Peña (eds.), *Research in Social Movements, Conflicts and Change.* Greenwich, CT: JAI Press.

Gurr, Ted R. 1970. *Why Men Rebel.* Princeton University Press. Habermas, Jürgen 1975. *Legitimation Crisis.* Boston: Beacon Press.

Habermas, Jürgen. 1987. *A Theory of Communicative Action.* Cambridge: Polity Press.

Haines, Herbert H. 1984. "Black Radicalization and the Funding of Civil Rights, 1957~1970." *Social Problems* 32(1): 31~43.

Halman, Loek. 2007. "Political Values." pp. 305~322 in Russell J. Dalton and Hans-Dieter Klingemann (eds.), *The Oxford Handbook of Political Behavior.* Oxford University Press.

Harrop, Martin, and William L. Miller. 1987. *Elections and Voters: A Comparative Introduction.* New York: New Amsterdam Books.

Hay, Colin. 2007. *Why We Hate Politics.* Cambridge: Polity Press.

Heaney, Michael T. 2013. "Elections and Social Movements." pp. 391~394 in David Snow, Donatella della Porta, Bert Klandermans, and Doug McAdam (eds.), *The Wiley-Blackwell Encyclopedia of Social and Political Movements.* Oxford: Blackwell.

Heaney, Michael T., and Fabio Rojas. 2015. *Party in the Street: The Antiwar Movement and the Democratic Party after 9/11.* Cambridge University Press.

Hetland, Gabriel, and Jeff Goodwin. 2013. "The Strange Disappearance of Capitalism from Social Movement Studies." pp. 83~102 in Colin Barker, Laurence Cox, John Krinsky, and Alf Gunvald Nilsen (eds.), *Marxism and Social Movements.* Leiden: Brill.

Hirsch, Eric L. 1990. "Sacrifice for the Cause: Group Processes, Recruitment, and Commitment in a Student Social Movement." *American Sociological Review* 55: 243~254.

Hobolt, Sara B. 2012. "Citizen Satisfaction with Democracy in the European Union." *Journal of Common Market Studies* 50: 88~105.

Hoffer, Eric. 1951. *The True Believer: Thoughts on the Nature of Mass Movements.* New York: Harper & Row.

Hooghe, Marc, and Sofie Marien. 2013. "A Comparative Analysis of the Relation between Political Trust and Forms of Political Participation in Europe." *European Societies* 15(1): 131~152.

Huddy, Leonie, Stanley Feldman, and Erin Casses. 2007. "On the Distinct Political Effects of Anxiety and Anger." pp. 202~230 in W. Russell Neuman, George E. Marcus, Ann N. Crigler, and Michael MacKuen (eds.), *The Affect Effect: Dynamics of Emotion in Political Thinking and Behavior.* University of Chicago Press.

Hunt, Scott A., and Robert D. Benford. 2004 "Collective Identity, Solidarity, and Commitment." pp. 433~458 in David A. Snow, Sarah Soule, and Hanspeter Kriesi (eds.), *The Blackwell Companion to Social Movements.* Oxford: Blackwell.

Huo, Yuen, Heather Smith, Tom Tyler, and Allan Lind. 1996. "Superordinate Identification, Subgroup Identification, and Justice Concerns: Is Separatism the Problem; Is Assimilation the Answer?" *Psychological Science* 7(1): 40~45.

Hutter, Swen. 2014a. *Protesting Culture and Economics in Western Europe: New Cleavages in Left and Right Politics.* Minneapolis: University of Minnesota Press.

_____. 2014b. "Protest Event Analysis and Its Offspring." pp. 335~367 in Donatella della Porta (ed.), *Methodological Practices in Social Movement Research.* Oxford University Press.

Hutter, Swen, Hanspeter Kriesi, and Jasmine Lorenzini. 2018. "Social Movements in Interaction with Political Parties." pp. 322~337 in David A. Snow, Sarah A. Soule, Hanspeter Kriesi, and Holly McCammon (eds.), *The Wiley-Blackwell Companion to Social Movements,* 2nd edition. Oxford: Blackwell.

Hylmö, Anders, and Magnus Wennerhag. 2015. "Does Class Matter in Anti-Austerity Protests? Social Class, Attitudes towards Inequality, and Political Trust in European Demonstrations in a Time of Economic Crisis." pp. 83~105 in Marco Giugni and Maria T. Grasso (eds.), *Austerity and Protest: Popular Contention in Times of Economic Crisis.* London: Routledge.

Inglehart, Ronald. 1977. *The Silent Revolution: Changing Values and Political Styles among Western Publics.* Princeton University Press.

_____. 1990. *Culture Shift in Advanced Industrial Society.* Princeton University Press.

_____. 1997. *Modernization and Postmodernization: Cultural, Economic, and Political Change in 43 Societies.* Princeton University Press.

Inglehart, Ronald, and Gabriela Catterberg. 2002. "Trends in Political Action: The Developmental Trend and the Post-Honeymoon Decline." *International Journal of Comparative Sociology* 43(3-5): 300~316.

Jacobs, Dirk, and Jean Tillie. 2004. "Introduction: Social Capital and Political Integration of Migrants." *Journal of Ethnic and Migration Studies* 30(3): 419~427.

Jasper, James M. 1998. "The Emotions of Protest: Affective and Reactive Emotions in and Around Social Movements." *Sociological Forum* 13(3): 397~424.

_____. 2004. "A Strategic Approach to Collective Action: Looking for Agency in Social Movement Choices." *Mobilization* 9(1): 1~16.

_____. 2011. "Emotions and Social Movements: Twenty Years of Theory and Research." *Annual Review of Sociology* 37: 285~303.

Jasper, James M., and Aidan McGarry. 2014. *The Identity Dilemma, Social Movements, and*

Contested Identity. Philadelphia, PA: Temple University Press.

Jasper, James M., and Jane D. Poulsen. 1995. "Recruiting Strangers and Friends: Moral Shocks and Social Networks in Animal Rights and Anti-Nuclear Protests." *Social Problems* 42(4): 493~512.

Jenkins, Richard. 2008 [1996]. *Social Identity.* 3rd edition. London: Routledge.

Jennings, M. Kent. 1987. "Residues of a Movement: The Aging of the American Protest Generation." *American Political Science Review* 81(2): 367~382.

Johnston, Hank, Enrique Laraña, and Joseph R. Gusfield (eds.). 1994. *New Social Movements: From Ideology to Identity.* Philadelphia, PA: Temple University Press.

Jordan, Grant, and William Maloney. 1997. *The Protest Business? Mobilising Campaign Groups.* Manchester University Press.

Kaase, Max and Alan Marsh. 1979. "Political Action: A Theoretical Perspective." pp. 27~56 in Samuel H. Barnes and Max Kaase (eds.), *Political Action: Mass Participation in Five Western Democracies.* Beverly Hills, CA: Sage.

Kerbo, Harold. 1982. "Movements of 'Crisis' and Movements of 'Affluence': A Critique of Deprivation and Resource Mobilization Theory." *Journal of Conflict Resolution* 26(4): 645~663.

Killian, Lewis M. 1973. "Social Movements: A Review of the Field." pp. 9~53 in Robert R. Evans (ed.), *Social Movements: A Reader and Source Book.* Chicago, IL: Rand McNally.

Kitschelt, Herbert. 1986. "Political Opportunity Structures and Political Protest: Anti-Nuclear Movements in Four Democracies." *British Journal of Political Science* 16(1): 57~85.

_____. 1988. "Left-Libertarian Parties: Explaining Innovation in Competitive Party Systems." *World Politics* 40(2): 194~234.

_____. 1994. *The Transformation of European Social Democracy.* Cambridge University Press.

Kitschelt, Herbert (in collaboration with Anthony J. McGann). 1995. *The Radical Right in Western Europe.* Ann Arbor: University of Michigan Press.

Klandermans, Bert. 1984. "Mobilization and Participation: Social-Psychological Expansions of Resource Mobilization Theory." *American Sociological Review* 49(5): 583~600.

_____. 1997. *The Social Psychology of Protest.* Oxford: Blackwell.

_____. 2004. "The Demand and Supply of Participation: Social-Psychological Correlates of Participation in Social Movements." pp. 360~379 in David A. Snow, Sarah Soule, and Hanspeter Kriesi (eds.), *The Blackwell Companion to Social Movements.* Oxford: Blackwell.

_____. 2012. "Between Rituals and Riots: The Dynamics of Street Demonstrations." *Mobilization* 17(3): 233~234.

_____. 2013. "Motivation and Types of Motives (Instrumental, Identity, Ideological Motives)." pp. 778~780 in David A. Snow, Donatella della Porta, Bert Klandermans, and Doug McAdam (eds.), *The Wiley-Blackwell Encyclopedia of Social and Political Movements.* Oxford: Blackwell.

_____. 2015. "Motivations to Action." pp. 219~230 in Donatella della Porta and Mario Diani (eds.), *The Oxford Handbook of Social Movements.* Oxford University Press.

Klandermans, Bert, and Dirk Oegema. 1987. "Potentials, Networks, Motivations, and Barriers:

Steps Towards Participation in Social Movements." *American Sociological Review* 52(4): 519~531.

Klandermans, Bert, Manuel Sabucedo, Mauro Rodriguez, and Marga De Weerd. 2002. "Identity Processes in Collective Action Participation: Farmers' Identity and Farmers' Protest in the Netherlands and Spain." *Political Psychology* 23(2): 235~251.

Klandermans, Bert, Jacquelien van Stekelenburg, Dunya van Troost, Anouk van Leeuwen, Stefaan Walgrave, Joris Verhulst, Jeroen van Laer, and Ruud Wouters. 2010. *Manual for Data Collection on Protest Demonstrations. Caught in the Act of Protest: Contextualizing Contestation (CCC)*. Amsterdam and Antwerp: VU University and University of Antwerp.

Klandermans, Bert, Jacquelien van Stekelenburg, and Stefaan Walgrave. 2014. "Comparing Street Demonstrations." *International Sociology* 29(6): 493~503.

Klandermans, Bert, Jojanneke van der Toorn, and Jacquelien van Stekelenburg. 2008. "Embeddedness and Identity: How Immigrants Turn Grievances into Action." *American Sociological Review* 73(6): 992~1012.

Knutsen, Oddbjørn. 1995. "Left-Right Materialist Value Orientations." pp. 160~196 in Jan W. van Deth and Elinor Scarbrough (eds.), *The Impact of Values*. Oxford University Press.

_____. 2007. "The Decline of Social Class?" pp. 457~480 in Russell J. Dalton and Hans-Dieter Klingemann (eds.), *The Oxford Handbook of Political Behavior*. Oxford University Press.

Koopmans, Ruud. 1995. *Democracy from Below: New Social Movements and the Political System in West Germany*. Boulder, CO: Westview Press.

_____. 1996. "Explaining the Rise of Racist and Extreme Right Violence in Western Europe: Grievances or Opportunities?" *European Journal of Political Research* 30(2): 185~216.

Koopmans, Ruud, and Susan Olzak. 2004. "Discursive Opportunities and the Evolution of Right-Wing Violence in Germany." *American Journal of Sociology* 110(1): 198~230.

Koopmans, Ruud, and Dieter Rucht. 2002. "Protest Event Analysis." pp. 231~259 in Bert Klandermans and Suzanne Staggenborg (eds.), *Methods of Social Movement Research*. Minneapolis: University of Minnesota Press.

Kornhauser, William. 1959. *The Politics of Mass Society*. Glencoe, IL: Free Press.

Kousis, Maria, and Charles Tilly (eds.). 2005. *Economic and Political Contention in Comparative Perspective*. Boulder, CO: Paradigm Publishers.

Kriesi, Hanspeter. 1988a. "The Interdependence of Structure and Action: Some Reflections on the State of the Art." pp. 349~368 in Bert Klandermans, Hanspeter Kriesi, and Sidney Tarrow (eds.), *International Social Movement Research*. Greenwich, CT: JAI Press.

_____. 1988b. "Local Mobilization for the People's Petition of the Dutch Peace Movement." pp. 41~82 in Bert Klandermans, Hanspeter Kriesi, and Sidney Tarrow (eds.), *International Social Movement Research*. Greenwich, CT: JAI Press.

_____. 1989. "New Social Movements and the New Class in the Netherlands." *American Journal of Sociology* 94(5): 1078~1116.

_____. 1993. *Political Mobilization and Social Change*. Aldershot: Avebury.

_____. 1998. "The Transformation of Cleavage Politics: The 1997 Stein Rokkan Lecture." *European Journal of Political Research* 33(2): 165~185.

_____. 1999. "Movements of the Left, Movements of the Right: Putting the Mobilization of Two

New Types of Social Movements into Political Context." pp. 398~423 in Herbert Kitschelt, Peter Lange, Gary Marks, and John D. Stephens (eds.), *Continuity and Change in Contemporary Capitalism*. Cambridge University Press.

_____. 2004. "Political Context and Opportunity." pp. 67~90 in David A. Snow, Sarah Soule, and Hanspeter Kriesi (eds.), *The Blackwell Companion to Social Movements*. Oxford: Blackwell.

_____. 2014. "The Political Consequences of the Economic Crises in Europe: Electoral Punishment and Popular Protest." pp. 297~333 in Nancy Bermeo and Larry M. Bartels (eds.), *Mass Politics in Tough Times: Opinions, Votes and Protest in the Great Recession*. Oxford University Press.

Kriesi, Hanspeter, Edgar Grande, Martin Dolezal, Marc Helbling, Dominic Höglinger, Swen Hutter, and Bruno Wüest. 2012. *Political Conflict in Western Europe*. Cambridge University Press.

Kriesi, Hanspeter, Edgar Grande, Romain Lachat, Martin Dolezal, Simon Bornshier, and Timotheos Frey. 2006. "Globalization and the Transformation of the National Political Space: Six European Countries Compared." *European Journal of Political Research* 45(6): 921~956.

_____. 2008. *West European Politics in the Age of Globalization*. Cambridge University Press.

Kriesi, Hanspeter, Ruud Koopmans, Jan Willem Duyvendak, and Marco Giugni. 1995. *New Social Movements in Western Europe*. Minneapolis: University of Minnesota Press.

Kriesi, Hanspeter, and Takis S. Pappas (eds.). 2015. *European Populism in the Shadow of the Great Recession*. Colchester: ECPR Press.

Kriesi, Hanspeter, and Dominique Wisler. 1996. "Social Movements and Direct Democracy in Switzerland." *European Journal of Political Research* 30(1): 19~40.

Kurtz, Sharon. 2002. *All Kinds of Justice: Labor and Identity Politics*. Minneapolis: University of Minnesota Press.

Ladner, Andreas, and Julien Fiechter. 2012. "The Influence of Direct Democracy on Political Interest, Electoral Turnout and Other Forms of Citizens' Participation in Swiss Municipalities." *Local Government Studies* 38: 437~459.

Lazarsfeld, Paul F., Bernard Berelson, and Hazel Gaudet. 1948. *The People's Choice: How the Voter Makes Up His Mind in a Presidential Campaign*. New York: Columbia University Press.

Le Bon, Gustave. 1895. *La psychologie des foules*. Paris: Alcan.

Leach, Colin W., Aarti Iyer, and Anne Pedersen. 2006. "Anger and Guilt about Ingroup Advantage Explain the Willingness for Political Action." *Personality and Social Psychology Bulletin* 32(9): 1232~1245.

_____. 2007. "Angry Opposition to Government Redress: When the Structurally Advantaged Perceive Themselves as Relatively Deprived." *British Journal of Social Psychology* 46(1): 191~204.

Lenin, Vladimir Ilyich. 1902. *What Is To Be Done?* London: Penguin.

Lewis-Beck, Michael S., and Mary Stegmaier. 2000. "Economic Determinants of Electoral Outcomes." *Annual Review of Political Science* 3: 183~219.

_____. 2007. "Economic Models of Voting." pp. 518~537 in Russell J. Dalton and Hans-Dieter Klingemann (eds.), *The Oxford Handbook of Political Behavior*. Oxford University Press.

Lichbach, Mark Irving, and Alan S. Zuckerman. 1997. "Research Traditions and Theory in Comparative Politics: An Introduction." pp. 3~16 in Mark Irving Lichbach and Alan S. Zuckerman (eds.), *Comparative Politics: Rationality, Culture, and Structure*. Cambridge University Press.

Lim, Chaeyoon. 2008. "Social Networks and Political Participation: How Do Networks Matter?" *Social Forces* 87(2): 961~982.

Lipset, Seymour M., and Stein Rokkan. 1967. "Cleavage Structures, Party Systems, and Voter Alignments: An Introduction." pp. 1~64 in Seymour M. Lipset and Stein Rokkan (eds.), *Party Systems and Voter Alignments: Cross-National Perspectives*. New York: Free Press.

Lipsky, Michael. 1968. "Protest as a Political Resource." *American Political Science Review* 62(4): 1144~1158.

Lorenzini, Jasmine, and Marco Giugni. 2012. "Employment Status, Social Capital, and Political Participation: A Comparison of Unemployed and Employed Youth in Geneva." *Swiss Political Science Review* 18(3): 332~351.

Maheu, Louis (ed.). 1995. *Social Movements and Social Classes: The Future of Collective Action*. London: Sage.

Mair, Peter. 2006. "Ruling the Void? The Hollowing of Western Democracy." *New Left Review* 42: 25~51.

_____. 2007. "Left-Right Orientations." pp. 206~222 in Russell J. Dalton and Hans-Dieter Klingemann (eds.), *The Oxford Handbook of Political Behavior*. Oxford University Press.

Maloney, William A., and Sigrid Rossteuscher (eds.). 2007. *Social Capital and Associations in European Democracies: A Comparative Analysis*. London: Routledge.

Maloney, William A., and Jan W. van Deth (eds.). 2010. *Civil Society and Activism in Europe: Contextualizing Engagement and Political Orientations*. London: Routledge.

Maloney, William A., Jan W. van Deth, and Sigrid Rossteuscher. 2008. "Civic Orientations: Does Associational Type Matter?" *Political Studies* 56(2): 261~287.

Manin, Bernard. 1997. *The Principles of Representative Government*. Cambridge University Press.

Marcus, George E., and Michael B. MacKuen. 1993. "Anxiety, Enthusiasm, and the Vote: The Emotional Underpinnings of Learning and Involvement during Presidential Campaigns." *American Political Science Review* 87(3): 672~685.

Marcus, George E., W. Russell Neuman, and Michael MacKuen. 2000. *Affective Intelligence and Political Judgement*. University of Chicago Press.

Marsh, Alan, and Max Kaase. 1979. "Background of Political Action." pp. 97~136 in Samuel H. Barnes and Max Kaase (eds.), *Political Action: Mass Participation in Five Western Democracies*. Beverly Hills, CA: Sage.

Martin, Greg. 2015. *Understanding Social Movements*. London: Routledge.

Marwell, Gerald, and Ruth Ames. 1979. "Experiments on the Provision of Public Goods. I: Resources, Interest, Group Size, and the Free-Rider Problem." *American Journal of Sociology* 84(6): 1335~1360.

Marwell, Gerald, and Pamela Oliver. 1993. *The Critical Mass in Collective Action: A Micro-Social Theory*. Cambridge University Press.

Marx, Karl. 1852. "The Eighteenth Brumaire of Louis Bonaparte." pp. 300~325 in David McLellan (ed.), *Karl Marx: Selected Writings*. Oxford University Press.

McAdam, Doug. 1986. "Recruitment to High-Risk Activism: The Case of Freedom Summer." *American Journal of Sociology* 92(1): 64~90.

_____. 1988. *Freedom Summer*. Oxford University Press.

_____. 1996. "Conceptual Origins, Current Problems, Future Directions." pp. 23~40 in Doug McAdam, John D. McCarthy, and Mayer N. Zald (eds.), *Comparative Perspectives on Social Movements: Political Opportunities, Mobilizing Structures, and Cultural Framings*. Cambridge University Press.

_____. 1999 [1982]. *Political Process and the Development of Black Insurgency, 1930~1970*. 2nd edition. University of Chicago Press.

McAdam, Doug, John D. McCarthy, and Mayer N. Zald. 1988. "Social Movements." pp. 695~737 in Neil J. Smelser (ed.), *Handbook of Sociology*. London: Sage.

_____(eds.). 1996. *Comparative Perspectives on Social Movements: Political Opportunities, Mobilizing Structures, and Cultural Framings*. Cambridge University Press.

McAdam, Doug, and Ronnelle Paulsen. 1993. "Specifying the Relationship between Social Ties and Activism." *American Journal of Sociology* 99(3): 640~667.

McAdam, Doug, and Sidney Tarrow. 2010. "Ballots and Barricades: On the Reciprocal Relationship between Elections and Social Movements." *Perspectives on Politics* 8(2): 529~542.

_____. 2013. "Social Movements and Elections: Toward a Broader Understanding of the Political Context of Contention." pp. 325~346 in Jacquelien van Stekelenburg, Conny Roggeband, and Bert Klandermans (eds.), *The Future of Social Movement Research: Dynamics, Mechanisms, and Processes*. Minneapolis: University of Minnesota Press.

McAdam, Doug, Sidney Tarrow, and Charles Tilly. 2001. *Dynamics of Contention*. Cambridge University Press.

McCarthy, John, and Mayer Zald. 1973. *The Trend of Social Movements in America: Professionalization and Resource Mobilization*. Morristown, NJ: General Learning Press.

_____. 1977. "Resource Mobilization and Social Movements: A Partial Theory." *American Journal of Sociology* 82(6): 1212~1241.

McPhail, Clark. 2013. "Modular Protest Forms." pp. 757~762 in David A. Snow, Donatella della Porta, Bert Klandermans, and Doug McAdam (eds.), *The Wiley-Blackwell Encyclopedia of Social and Political Movements*. Oxford: Blackwell.

Melucci, Alberto. 1989. *Nomads of the Present: Social Movements and Individual Needs in Contemporary Society*. Edited by John Keane and Paul Mier. Philadelphia: Temple University Press.

_____. 1996. *Challenging Codes: Collective Action in the Information Age*. Cambridge: Cambridge University Press.

Meyer, David S. 2007. *The Politics of Protest: Social Movements in America*. Oxford University Press.

Meyer, David S., and Debra C. Minkoff. 2004. "Conceptualizing Political Opportunity." *Social Forces* 82(4): 1457~1492.

Meyer, David S., and Sidney Tarrow. 1998. "A Movement Society: Contentious Politics for a New

Century." pp. 1~28 in David Meyer and Sidney Tarrow (eds.), *The Social Movement Society: Contentious Politics for a New Century*. Lanham, MD: Rowman & Littlefield.

Micheletti, Michele. 2003. *Political Virtue and Shopping: Individuals, Consumerism, and Collective Action*. New York: Palgrave Macmillan.

Micheletti, Michele, Andreas Follesdal, and Dietlind Stolle (eds.). 2004. *Politics, Products, and Markets: Exploring Political Consumerism Past and Present*. New Brunswick and London: Transaction Publishers.

Milbrath, Lester W. 1965. *Political Participation: How and Why Do People Get Involved in Politics?* Chicago, IL: Rand McNally.

Miller, Patrick R. 2011. "The Emotional Citizen: Emotion as a Function of Political Sophistication." *Political Psychology* 32(4): 575~600.

Moore, Barrington. 1978. *Injustice: The Social Bases of Obedience and Revolt*. London: Macmillan.

Morales, Laura. 2009. *Joining Political Organisations: Institutions, Mobilisation and Participation in Western Democracies*. Colchester: ECPR Press.

Morales, Laura, and Marco Giugni (eds.). 2011. *Social Capital, Political Participation and Migration in Europe: Making Multicultural Democracy Work?* Basingstoke: Palgrave Macmillan.

Muller, Edward, and Karl-Dieter Opp. 1986. "Rational Choice and Rebellious Collective Action." *American Political Science Review* 80(2): 471~487.

Mummendey, Amélie, Thomas Kessler, Andreas Klink, and Rosemarie Mielke. 1999. "Strategies to Cope with Negative Social Identity: Predictions by Social Identity Theory and Relative Deprivation Theory." *Journal of Personality and Social Psychology* 76(2): 229~245.

Mutz, Diana C. 2007. "Political Psychology and Choice." pp. 80~99 in Russell J. Dalton and Hans-Dieter Klingemann (eds.), *The Oxford Handbook of Political Behavior*. Oxford University Press.

Neuman, W. Russell, George E. Marcus, Ann N. Crigler, and Michael MacKuen (eds.). 2007. *The Affect Effect: Dynamics of Emotion in Political Thinking and Behavior*. University of Chicago Press.

Norris, Pippa (ed.). 1999. *Critical Citizens: Global Support for Democratic Government*. Oxford University Press.

Norris, Pippa. 2002. *Democratic Phoenix: Reinventing Political Activism*. Cambridge University Press.

_____. 2004. "Young People and Political Activism: From the Politics of Loyalties to the Politics of Choice?" In *Civic Engagement in the 21st Century: Toward a Scholarly and Practical Agenda*. University of Southern California.

_____. 2011. *Democratic Deficit: Critical Citizens Revisited*. Cambridge University Press.

Norris, Pippa, Richard W. Frank, and Ferran Martínez i Coma (eds.). 2015. *Contentious Elections: From Ballots to Barricades*. New York: Routledge.

Norris, Pippa, Stefaan Walgrave, and Peter van Aelst. 2005. "Who Demonstrates? Antistate Rebels, Conventional Participants, or Everyone?" *Comparative Politics* 37(2): 189~205.

Oberschall, Anthony. 1973. *Social Conflict and Social Movements*. Englewood Cliffs, NJ: Prentice Hall.

Oegema, Dirk, and Bert Klandermans. 1994. "Why Social Movement Sympathizers Don't Participate: Erosion and Nonconversion of Support." *American Sociological Review* 59(5): 703~722.

Oliver, Pamela. 1984. "'If You Don't Do It, Nobody Else Will': Active and Token Contributors to Local Collective Action." *American Sociological Review* 49(5): 601~610.

_____. 2013. "Selective Incentives." pp. 1152~1153 in David A. Snow, Donatella della Porta, Bert Klandermans, and Doug McAdam (eds.), *The Wiley-Blackwell Encyclopedia of Social and Political Movements*. Oxford: Blackwell.

Olson, Mancur. 1965. *The Logic of Collective Action*. Cambridge, MA: Harvard University Press.

Olzak, Susan. 1989. "Analysis of Events in the Study of Collective Action." *Annual Review of Sociology* 15: 119~141.

Opp, Karl-Dieter. 1985. "Sociology and Economic Man." *Zeitschrift für die gesamte Staatswissenschaft / Journal of Institutional and Theoretical Economics* 141(2): 213~243.

Opp, Karl-Dieter. 1988. "Grievances and Participation in Social Movements." *American Sociological Review* 53(6): 853~864.

_____(in collaboration with Peter and Petra Hartmann). 1989. *The Rationality of Political Protest: A Comparative Analysis of Rational Choice Theory*. Boulder, CO: Westview Press.

Opp, Karl-Dieter. 2009. *Theories of Political Protest and Social Movements: A Multidisciplinary Introduction, Critique and Synthesis*. London: Routledge.

_____. 2013. "Rational Choice Theory and Social Movements." pp. 1051~1058 in David Snow, Donatella della Porta, Bert Klandermans, and Doug McAdam (eds.), *The Wiley-Blackwell Encyclopedia of Social and Political Movements*. Oxford: Blackwell.

Pakulski, Jan. 1993. "The Dying of Class or of Marxist Class Theory?" *International Sociology* 8(3): 279~292.

Pakulski, Jan, and Malcolm Waters. 1996a. *The Death of Class*. London: Sage.

_____. 1996b. "The Reshaping and Dissolution of Social Class in Advanced Society." *Theory and Society* 25(5): 667~691.

Parkin, Frank. 1968. *Middle Class Radicalism: The Social Bases of the British Campaign for Nuclear Disarmament*. Manchester University Press.

Parsons, Talcott. 1937. *The Structure of Social Action*. New York: McGraw-Hill.

Passy, Florence. 2003. "Social Networks Matter: But How?" pp. 21~49 in Mario Diani and Doug McAdam (eds.), *Social Movements and Networks: Relational Approaches to Collective Action*. Oxford University Press.

_____. 2013. "Social and Solidary Incentives." pp. 1224~1227 in David A. Snow, Donatella della Porta, Bert Klandermans, and Doug McAdam (eds.), *The Wiley-Blackwell Encyclopedia of Social and Political Movements*. Oxford: Blackwell.

Passy, Florence, and Marco Giugni. 2001. "Social Networks and Individual Perceptions: Explaining Differential Participation in Social Movements." *Sociological Forum* 16(1): 123~153.

Paulsen, Ronnelle. 1991. "Education, Social Class, and Participation in Collective Action." *Sociology of Education* 64: 96~110.

Peterson, Abby. 2016. "Social Movement Outcomes without Social Movements? Research on Swedish Social Movements and Swedish Social Movement Research." pp. 319~337 in

Olivier Fillieule and Guya Accornero (eds.), *Social Movement Studies in Europe: The State of the Art*. New York and Oxford: Berghahn Books.

Peterson, Abby, Mattias Wahlström, and Magnus Wennerhag, M. 2015. "European Anti-Austerity Protests: Beyond 'Old' and 'New' Social Movements?" *Acta Sociologica* 58(4): 293~310.

Piccio, Daniela. 2016. "The Impact of Social Movements on Political Parties." pp. 263~284 in Lorenzo Bosi, Marco Giugni, and Katrin Uba (eds.), *The Consequences of Social Movements*. Cambridge University Press.

Pichardo, Nelson A. 1997. "New Social Movements: A Critical Review." *Annual Review of Sociology* 23: 411~430.

Piven, Frances Fox, and Richard A. Cloward. 1979. *Poor People's Movements: Why They Succeed, How They Fail*. New York: Vintage Books.

Polanyi, Karl. 1944. *The Great Transformation: The Political and Economic Origins of Our Time*. London: Beacon Press.

Polletta, Francesca, and James M. Jasper. 2001. "Collective Identity and Social Movements." *Annual Review of Sociology* 27: 283~305.

Putnam, Robert D. 1993. *Making Democracy Work: Civic Traditions in Modern Italy*. Princeton University Press.

_____. 2000. *Bowling Alone: The Collapse and Revival of American Community*. New York: Simon & Schuster.

Quaranta, Mario. 2015. *Political Protest in Western Europe: Exploring the Role of Context in Political Action*. Heidelberg and New York: Springer.

_____. 2016. "Protesting in 'Hard Times': Evidence from a Comparative Analysis of Europe, 2000~2014." *Current Sociology* 64(5): 736~756.

Raschke, Joachim. 1985. *Soziale Bewegungen. Ein historisch-systematischer Grundriss*. Frankfurt: Campus.

Redlawsk, David (ed.). 2006. *Feeling Politics: Emotion in Political Information Processing*. New York: Palgrave Macmillan.

Rochon, Thomas R. 1998. *Culture Moves: Ideas, Activism, and Changing Values*. Princeton University Press.

Rokeach, Milton. 1973. *The Nature of Human Values*. New York: Free Press.

Rokkan, Stein. 1970. *Citizens, Elections, Parties*. Oslo: Universitetsforlaget.

Romanos, Eduardo. 2013. "Collective Learning Processes within Social Movements: Some Insights into the Spanish 15M/Indignados Movement." pp. 203~219 in Cristina Flesher Fominaya and Laurence Cox (eds.), *Understanding European Movements: New Social Movements, Global Justice Struggles, Anti-Austerity Protest*. London: Routledge.

Rosanvallon, Pierre. 2008. *Counter-Democracy: Politics in an Age of Distrust*. Cambridge University Press.

Rosenstone, Steven, and John Mark Hansen. 1993. *Mobilization, Participation, and Democracy in America*. New York: Macmillan.

Rudolph, Thomas J., Amy Gangl, and Dan Stevens. 2000. "The Effects of Efficacy and Emotions on Campaign Involvement." *Journal of Politics* 62(4): 1189~1197.

Saunders, Clare, Maria Grasso, Cristiana Olcese, Emily Rainsford, and Christopher Rootes. 2012.

"Explaining Differential Protest Participation: Novices, Returners, Repeaters, and Stalwarts." *Mobilization* 17(3): 263~280.

Scarbrough, Elinor. 1995. "Materialist-Postmaterialist Value Orientations." pp. 123~159 in Jan W. van Deth and Elinor Scarbrough (eds.), *The Impact of Values.* Oxford University Press.

Scharpf, Fritz. 2011. "Monetary Union, Fiscal Crisis and Pre-emption of Democracy." *ZSE* 2: 163~198.

Schumpeter, Joseph A. 1942. *Capitalism, Socialism, and Democracy.* New York: Harper & Brothers.

Schussman, Alan, and Sarah A. Soule. 2005. "Process and Protest: Accounting for Individual Protest Participation." *Social Forces* 84(2): 1083~1108.

Scott, James. 1987. *Weapons of the Weak: Everyday Forms of Peasant Resistance.* New Haven, CT: Yale University Press.

Seligson, Mitchell A. 1980. "Trust, Efficacy and Modes of Political Participation: A Study of Costa Rican Peasants." *British Journal of Political Science* 10(1): 75~98.

Shorter, Edward, and Charles Tilly. 1974. *Strikes in France, 1830~1968.* Cambridge University Press.

Sigelman, Lee, and Stanley Feldman. 1983. "Efficacy, Mistrust, and Political Mobilization: A Cross-National Analysis." *Comparative Political Studies* 16(1): 118~143.

Simon, Bernd, and Bert Klandermans. 2001. "Towards a Social Psychological Analysis of Politicized Collective Identity: Conceptualization, Antecedents, and Consequences." *American Psychologist* 56(4): 319~331.

Simon, Bernd, Michael Loewy, Stefan Stürmer, Ulrike Weber, Peter Freytag, Corinna Habig, Claudia Kampmeier, and Peter Spahlinger. 1998. "Collective Identification and Social Movement Participation." *Journal of Personality and Social Psychology* 74: 646~658.

Smelser, Neil J. 1962. *Theory of Collective Behavior.* New York: Free Press.

Snow, David A. 2004. "Framing Processes, Ideology, and Discursive Fields." pp. 380~412 in David A. Snow, Sarah Soule, and Hanspeter Kriesi (eds.), *The Blackwell Companion to Social Movements.* Oxford: Blackwell.

Snow, David A., and Robert D. Benford. 1992. "Master Frames and Cycles of Protest." pp. 133~155 in Aldon D. Morris and Carol McClurg Mueller (eds.), *Frontiers of Social Movement Theory.* New Haven, CT: Yale University Press.

Snow, David A., E. Burke Rochford, Jr., Steven K. Worden, and Robert D. Benford. 1986. "Frame Alignment Processes, Micromobilization, and Movement Participation." *American Sociological Review* 51(4): 464~481.

Snow, David A., Daniel M. Cress, Liam Downey, and Andrew W. Jones. 1998. "Disrupting the 'Quotidian': Reconceptualizing the Relationship between Breakdown and the Emergence of Collective Action." *Mobilization* 3(1): 1~22.

Snow, David A., and Robert Lessor. 2013. "Consciousness, Conscience and Social Movements." pp. 244~249 in David A. Snow, Donatella della Porta, Bert Klandermans, and Doug McAdam (eds.), *The Wiley-Blackwell Encyclopedia of Social and Political Movements.* Oxford: Blackwell.

Snow, David A., Sarah Soule, and Daniel Cress. 2005. "Identifying the Precipitants of Homeless

Protest across 17 U.S. Cities, 1980~1990." *Social Forces* 83(3): 227~254.

Snow, David A., Louis A. Zurcher, Jr., and Sheldon Ekland-Olson. 1980. "Social Networks and Social Movements: A Microstructural Approach to Differential Recruitment." *American Sociological Review* 45(5): 787~801.

Sotirakopoulos, Nikos. 2016. *The Rise of Lifestyle Activism*. London: Palgrave Macmillan.

Sotirakopoulos, Nikos, and George Sotiropoulos. 2013. "'Direct Democracy Now!': The Greek Indignados and the Present Cycle of Struggles." *Current Sociology* 61(4): 443~456.

Standing, Guy. 2011. *The Precariat: The New Dangerous Class*. London: Bloomsbury.

Stiglitz, Joseph. 2012. *The Price of Inequality*. New York: Norton.

Stokes, Donald E. 1963. "Spatial Models of Party Competition." *American Political Science Review* 57(2): 368~377.

Stolle, Dietlind. 2007. "Social Capital." pp. 655~692 in Russell J. Dalton and Hans-Dieter Klingemann (eds.), *The Oxford Handbook of Political Behavior*. Oxford: Oxford University Press.

Stolle, Dietlind, and Michele Micheletti. 2013. *Political Consumerism: Global Responsibility in Action*. Cambridge University Press.

Streeck, Wolfgang. 2014. "How Will Capitalism End?" *New Left Review* 87: 35~64.

Sturmer, Stefan, and Bernd Simon. 2004. "Collective Action: Towards a Dual-Pathway Model." *European Review of Social Psychology* 15(1): 59~99.

Tajfel, Henri, and John Turner. 1979. "An Integrative Theory of Intergroup Conflict." pp. 33~47 in William G. Austing and Stephen Worchel (eds.), *The Social Psychology of Intergroup Relations*. Chicago: Nelson-Hall.

Tarde, Gabriel. 1901. *L'opinion et la foule*. Paris: Alcan.

Tarrow, Sidney. 1989. *Democracy and Disorder: Protest and Politics in Italy, 1965-1975*. Oxford: Clarendon Press.

_____. 1992. "Mentalities, Political Cultures, and Collective Action Frames: Constructing Meanings Through Action." pp. 174~202 in Aldon D. Morris and Carol McClurg Mueller (eds.), *Frontiers in Social Movement Theory*. New Haven, CT: Yale University Press.

_____. 1996. "States and Opportunities: The Political Structuring of Social Movements." pp. 41~61 in Doug McAdam, John McCarthy and Mayer N. Zald (eds.), *Comparative Perspectives on Social Movements: Political Opportunities, Mobilizing Structures, and Cultural Framings*. Cambridge University Press.

_____. 1998 [1994]. *Power in Movement: Social Movements and Contentious Politics*. 2nd edition. Cambridge University Press.

_____. 2011 [1994]. *Power in Movement: Social Movements and Contentious Politics*. 3rd edition. Cambridge University Press.

Taylor, Verta. 2013. "Social Movement Participation in Global Society: Identity, Networks and Emotions." pp. 37~58 in Jacquelien van Stekelenburg, Connie Roggeband, and Bert Klandermans (eds.), *The Future of Social Movement Research: Dynamics, Mechanisms, and Processes*. Minneapolis: University of Minnesota Press.

Temple, Luke, Maria T. Grasso, Barbara Buraczynska, Sotirios Karampampas, and Patrick English. 2016. "Neoliberal Narrative in Times of Economic Crisis: A Political Claims Analysis of the UK Press, 2007~2014." *Politics & Policy* 44(3): 553~576.

Teorell, Jan, Mariano Torcal, and José Ramón Montero. 2007. "Political Participation: Mapping the Terrain." pp. 334~357 in Jan W. van Deth, José Ramón Montero, and Anders Westholm (eds.), *Citizenship and Involvement in European Democracies: A Comparative Analysis*. London: Routledge.

Thomassen, Jacques. 1989. "Economic Crisis, Dissatisfaction, and Protest." pp. 103~134 in Kent M. Jennings and Jan W. van Deth (eds.), *Continuities in Political Action: A Longitudinal Study of Political Orientations in Three Western Democracies*. New York: De Gruyter.

Tilly, Charles. 1978. *From Mobilization to Revolution*. Reading, MA: Addison-Wesley.

_____. 1986. *The Contentious French: Four Centuries of Popular Struggle*. Cambridge, MA: Belknap Press.

_____. 1990. *Coercion, Capital and European States, AD 990~1992*. Oxford: Blackwell.

_____. 1994. "Social Movements as Historically Specific Clusters of Political Performances." *Berkeley Journal of Sociology* 38: 1~30.

_____. 1995. *Popular Contention in Great Britain, 1758~1834*. Cambridge, MA: Harvard University Press.

_____. 1999. "From Interactions to Outcomes in Social Movements." pp. 253~270 in Marco Giugni, Doug McAdam, and Charles Tilly (eds.), *How Social Movements Matter*. Minneapolis: University of Minnesota Press.

_____. 2007. *Democracy*. Cambridge University Press.

Tilly, Charles, and Sidney Tarrow. 2015 [2006]. *Contentious Politics*. 2nd edition. Oxford University Press.

Tilly, Charles, Louise Tilly, and Richard Tilly. 1975. *The Rebellious Century, 1830~1930*. Cambridge, MA: Harvard University Press.

Tindall, David B. 2015. "Networks as Constraints and Opportunities." pp. 231~245 in Donatella della Porta and Mario Diani (eds.), *The Oxford Handbook of Social Movements*. Oxford University Press.

Topf, Richard. 1995. "Beyond Electoral Participation." pp. 52~91 in Dieter Fuchs and Hans-Dieter Klingemann (eds.), *Citizens and the State*. Oxford University Press.

Touraine, Alain. 1978. *La voix et le regard*. Paris: Seuil.

_____. 1981. *The Voice and the Eye*. Cambridge University Press.

Trottier, Daniel, and Christian Fuchs (eds.). 2015. *Social Media, Politics and the State: Protests, Revolutions, Riots, Crime and Policing in the Age of Facebook, Twitter and YouTube*. New York: Routledge.

Turner, Ralph H., and Lewis M. Killian. 1957. *Collective Behavior*. Englewood Cliffs, NJ: Prentice Hall.

Useem, Bert. 1998. "Breakdown Theories of Collective Action." *Annual Review of Sociology* 24: 215~238.

Valentino, Nicholas A., Ted Brader, Eric W. Groenendyk, Krysha Gregorowicz, and Vincent L. Hutchings. 2011. "Election Night's Alright for Fighting: The Role of Emotions in Political Participation." *Journal of Politics* 73(1): 156~170.

Valentino, Nicholas A., Krysha Gregorowicz, and Eric W. Groenendyk. 2009. "Efficacy, Emotions and the Habit of Participation." *Political Behavior* 31(3): 307~330.

Valentino, Nicholas A., Vincent L. Hutchings, Antoine J. Banks, and Anne K. Davis. 2008. "Is a Worried Citizen a Good Citizen? Emotions, Political Information Seeking, and Learning via the Internet." *Political Psychology* 29(2): 247~273.

van Aelst, Peter, and Stefaan Walgrave. 2001. "Who is That (Wo)man in the Street? From the Normalisation of Protest to the Normalisation of the Protester." *European Journal of Political Research* 39(4): 461~486.

van Biezen, Ingrid, Peter Mair, and Thomas Poguntke. 2012. "Going, Going, ... Gone? The Decline of Party Membership in Contemporary Europe." *European Journal of Political Research* 51(1): 24~56.

van der Meer, Tom W. G. 2017. "Political Trust and the 'Crisis of Democracy'." Oxford Research Encyclopedia of Politics. http://politics.oxfordre.com/view/10.1093/acrefore/97801902286 37.001.0001/acrefore-9780190228637-e-77.

van Deth, Jan W. 1995. "Introduction: The Impact of Values." pp. 1~18 in Jan W. van Deth and Elinor Scarbrough (eds.), *The Impact of Values*. Oxford University Press.

_____. (ed.). 1998. *Comparative Politics: The Problem of Equivalence*. New York: Routledge. 2016. "What is Political Participation?" *Oxford Research Encyclopedia of Politics*. http://politics.oxfordre.　　　　com/view/10.1093/acrefore/9780190228637.001.0001/ acrefore-9780190228637-e-68.

van Deth, Jan W., and Elinor Scarbrough (eds.). 1995. *The Impact of Values*. Oxford University Press.

van Stekelenburg, Jacquelien 2006. "*Promoting or Preventing Social Change: Instrumentality, Identity, Ideology, and Group-Based Anger as Motives of Protest Participation.*" Unpublished doctoral dissertation, Vrije Universiteit, Amsterdam.

van Stekelenburg, Jacquelien. 2013. "Moral Incentives." pp. 770~777 in David A. Snow, Donatella della Porta, Bert Klandermans, and Doug McAdam (eds.), *The Wiley-Blackwell Encyclopedia of Social and Political Movements*. Oxford: Blackwell.

van Stekelenburg, Jacquelien, and Bert Klandermans. 2007. "Individuals in Movements: A Social Psychology of Contention. pp. 157~204 in Bert Klandermans and Conny Roggeband (eds.), *The Handbook of Social Movements across Disciplines*. New York: Springer.

_____. 2013. "The Social Psychology of Protest." *Current Sociology* 61(5-6): 886~905.

van Stekelenburg, Jacquelien, Bert Klandermans, and Wilco W. van Dijk. 2009. "Context Matters: Explaining How and Why Mobilizing Context Influences Motivational Dynamics." *Journal of Social Issues* 65(4): 815~838.

van Stekelenburg, Jacquelien, Anouk van Leeuwen, and Dunya van Troost. 2013. "Politicized Identity." pp. 974~978 in David A. Snow, Donatella della Porta, Bert Klandermans, and Doug McAdam (eds.), *The Wiley-Blackwell Encyclopedia of Social and Political Movements*. Oxford: Blackwell.

van Stekelenburg, Jacquelien, Stefaan Walgrave, Bert Klandermans, and Joris Verhulst. 2012. "Contextualizing Contestation: Framework, Design, and Data." *Mobilization* 17(3): 249~262.

van Zomeren, Martijn, and Aarti Iyer. 2009. "Introduction to the Social and Psychological Dynamics of Collective Action." *Journal of Social Issues* 65(4): 645~660.

van Zomeren, Martijn, Colin Wayne Leach, and Russell Spears. 2010. "Does Group Efficacy Increase Group Identification? Resolving Their Paradoxical Relationship." *Journal of Experimental Social Psychology* 46(6): 1055~1060.

_____. 2012. "Protesters as 'Passionate Economists': A Dynamic Dual Pathway Model of Approach Coping With Collective Disadvantage." *Personality and Social Psychology Review* 16(2): 180~199.

van Zomeren, Martijn, Tom Postmes, and Russell Spears. 2008. "Toward an Integrative Social Identity Model of Collective Action: A Quantitative Research Synthesis of Three Socio-Psychological Perspectives." *Psychological Bulletin* 134(4): 504~535.

van Zomeren, Martijn, Tamar Saguy, and Fabian M. H. Schellhaas. 2013. "Believing in 'Making a Difference' to Collective Efforts: Participative Efficacy Beliefs as a Unique Predictor of Collective Action." *Group Processes & Intergroup Relations* 16(5): 618~634.

van Zomeren, Martijn, Russell Spears, Agneta H. Fischer, and Colin W. Leach. 2004. "Put Your Money Where Your Mouth Is! Explaining Collective Action Tendencies through Group-Based Anger and Group Efficacy." *Journal of Personality and Social Psychology* 87(5): 649~664.

Verba, Sidney, and Norman H. Nie. 1972. *Participation in America: Political Democracy and Social Equality.* New York: Harper & Row.

Verba, Sidney, Norman H. Nie, and Jae-on Kim. 1978. *Participation and Political Equality: A Seven-Nation Comparison.* Cambridge University Press.

Verba, Sidney, Kay Lehman Schlozman, and Henry E. Brady. 1995. *Voice and Equality: Civic Voluntarism in American Politics.* Cambridge, MA: Harvard University Press.

Verhulst, Joris. 2011. "*Mobilizing Issues and the Unity and Diversity of Protest Events.*" Unpublished doctoral dissertation, University of Antwerp, Belgium.

Verhulst, Joris, and Jeroen Van Laer. 2008. "Determinants of Sustained Activism across Movement Issues." Paper for the 2nd ECPR Graduate Conference, Barcelona, August 25~27.

Verhulst, Joris, and Stefaan Walgrave. 2009. "The First Time is the Hardest? A Cross-National and Cross-Issue Comparison of First-Time Protest Participants." *Political Behavior* 31(3): 455~484.

Visser, Jelle. 1992. "The Strength of Union Movements in Advanced Capitalist Democracies: Social and Organizational Variations." pp. 17~52 in Marino Regini (ed.), *The Future of Labour Movements.* London: Sage.

Wahlstrom, Mattias. 2016. "Why Do People Demonstrate on May Day?" pp. 217~244 in Abby Peterson and Herbert Reiter (eds.), *The Ritual of May Day in Western Europe: Past, Present and Future.* London: Routledge.

Walgrave, Stefaan, and Dieter Rucht (eds.). 2010. *The World Says No to War: Demonstrations Against the War on Iraq.* Minneapolis: University of Minnesota Press.

Walgrave, Stefaan, Jeroen Van Laer, Joris Verhulst, and Ruud Wouters. 2013. "Why Do People Protest? Comparing Demonstrators' Motives Across Issues and Nations." *Media, Movements and Politics.*

Walgrave, Stefaan, and Joris Verhulst. 2011. "Selection and Response Bias in Protest Surveys." *Mobilization* 16(2): 203~222.

Walgrave, Stefaan, and Ruud Wouters. 2014. "The Missing Link in the Diffusion of Protest: Asking Others." *American Journal of Sociology* 119(6): 1670~1709.

Walgrave, Stefaan, Ruud Wouters, and Pauline Ketelaars. 2016. "Response Problems in the Protest Survey Design: Evidence from Fifty-One Protest Events in Seven Countries." *Mobilization* 21(1): 83~104.

Wallerstein, Immanuel. 2010. "A World-System Perspective on the Social Sciences." *British Journal of Sociology* 61(1): 167~176.

Watts, Meredith W. 1973. "Efficacy, Trust and Commitment to the Political Process." *Social Science Quarterly* 54(3): 623~631.

Way, Baldwin M., and Roger D. Masters. 1996. "Political Attitudes: Interactions of Cognition and Affect." *Motivation and Emotion* 20(3): 205~236.

Weber, C. 2013. "Emotions, Campaigns and Political Participation." *Political Research Quarterly* 66(2): 414~428.

Weber, Max. 1922. *Economy and Society*. Berkeley, CA: University of California Press.

Whiteley, Paul, and Patrick Seyd. 1996. "Rationality and Party Activism: Encompassing Tests of Alternative Models of Political Participation." *European Journal of Political Research* 29(2): 215~234.

_____. 2002. *High-Intensity Participation: The Dynamics of Party Activism in Britain*. Ann Arbor: University of Michigan Press.

Wiltfang, Gregory L., and Doug McAdam. 1991. "A Study of Sanctuary Movement Activism." *Social Forces* 69(4): 987~1010.

Yzerbyt, Vincent, Muriel Dumont, Daniel Wigboldus, and Ernestine Gordijn. 2003. "I Feel for Us: The Impact of Categorization and Identification on Emotions and Action Tendencies." *British Journal of Social Psychology* 42(4): 533~549.

Zuckerman, Alan S., Nicholas A. Valentino, and Ezra W. Zuckerman. 1994. "A Structural Theory of Vote Choice: Social and Political Networks and Electoral Flows in Britain and the United States." *Journal of Politics* 56(4): 1008~1033.

Zürn, Michael. 1998. "Schwarz-Rot-Grün-Braun: Reaktionsweisen auf Denationalisierung." pp. 297~330 in Ulrich Beck (ed.), *Politik der Globalisierung*. Frankfurt: Suhrkamp.

찾 아 보 기

옮긴이의 변

『거리의 시민들』이라는 이 책의 제목은 나의 눈을 끌기에 충분하고도 남았다. 이 책은 당시 주말이나 휴일에 도심 거리를 꽉 채우고 있던 수많은 인파의 물결 — 이 책을 접한 것은 '코로나19' 이전이었다 — 은 물론, 나의 대학 시절의 경험까지 떠오르게 했으며, 학문적 이력까지 되짚어 보게 했기 때문이다. 대학 초창기에 나는 강의실에 있기보다는 거리 위에서 카메라를 메고 있었다. 도시 거리의 구석진 곳과 그곳에서 마주하는 사람들에게 카메라 렌즈를 들이대곤 했다. 시위가 있는 날에도 역시 다른 학생들과 함께 거리에 있었지만, 나의 임무는 달랐다. 시위 대열 속에 있는 것이 아니라 현장의 모습을 카메라에 생생하게 담아 곧바로 캠퍼스 광장에 그 기록 사진을 전시하는 일이 나에게 주어진 과제였다. 밤을 새워 사진을 인화하여 광장에 내걸고 나면, 그다음 날에는 모두 사라져버리는 일들이 반복되었다. 그러던 중 이러한 사실을 안 부모님께 불려 시골집으로 내려가게 되었고, 그 후 거리 위에서의 나의 낭만적 작업은 중단되었다. 긴 휴교령이 내려지고 어둠의 시대가 다시 오면서 이제 나는 단순한 기록자가 아닌, 투사(?)의 일원으로 활동할 것인지 아니면 거리 투쟁의 연구자가 될 것인지를 결정해야 했기 때문이다. 앞에 나서기를 좋아하지 않는, 그리고 용기 없던 나는 연구자가 되는 길을 택했다. 그러나 나의 몸은 아니더라도 나의 눈은 항상 거리 위에 있었다. 적어도 충실한 '관찰자'는 되어야 했고, 적어도 '양심적 지지자'의 역할만큼은 해야 했기 때문이다.

학부생 시절에 사회운동, 더 구체적으로는 학생운동에 관한 연구를 하겠다는 호기 어린 결정을 한 이후 집합행위 — 그리고 혁명 — 에 관한 책들을 섭렵했고, 실제로 '4월혁명'에 관한 논문으로 석사과정을 마쳤다. 박사학위 이후에는 사회운동에 관한 여러 편의 논문을 썼고, 단행본들을 편집했으며, 여러 권의 책도 번역하여 출간했다. 감정에 대한 사회학적 연구에 몰두하는 현재에도 사회운동은 여전히 중요한 관심사 중의 하나로 남아있다. 거리의 친구들에게 지고 있는 빚을 갚는 작업을 하고 있는지도 모른다. 이런 연유에서인지 출판사에서 이 책에 대한 검토를 의뢰해 왔다. 하지만 처음에는 이 책의 내용은 제목만큼 나에게 매력을 발하지 못했다. 나는 원래 경험적 '사실'보다는 '이론'에 더 끌리는 스타일인 데다, 숫자 보기를 싫어하는 나에게 이 책의 수많은 통계치가 부정적인 선입견을 주었기 때문이다. 그리고 이론적인 면에서는 새롭기보다는 백화점식이었다. 그나마 관심을 끈 것은 내가 최근에 주목하고 있는 감정과 사회운동에 대한 논의까지를 포함하고 있다는 것이었다.

하지만 책장을 하나씩 넘기면서 이 책의 가치가 보이기 시작했다. 끊임없이 지적되어 온 사회운동 연구의 한계 중 하나는 사회운동이 항상 사후적으로 거시사회적 요인에 의해 추론된다는 것이다. 따라서 운동의 주체 — 이 책의 표현으로 '저항자'들 — 는 사라지거나 추단된다. 그러다 보니 사회운동 연구는 항상 형식적 틀은 존재하되 내용은 공허하다. 그러나 이 책은 유럽 7개국에서 4년간에 걸쳐 실시된 저항자 조사연구 데이터에 기초한다. 보다 구체적으로는 이 조사 데이터를 가지고 누가, 왜, 어떻게 저항에 참여하는지를 치밀하게 밝히고 있다. 게다가 저항자들을 국가별, 시위 쟁점별, 시위자 유형별로 비교분석하는 작업을 통해 저항 행동을 맥락화한다. 따라서 그간의 공허했던 사회운동 연구를 미시 수준의 저항자 연구로 메울 뿐만 아니라 이전의 사회운동 이론들을 정리하고 그 이론들이 제기해 온 가정들을 철저하게 검증한다. 이것이 바로 논평자들이 이 책을 저항 정치에 대한 가장 포괄적인 종합적인 연구라고 평가하는 이유이다.

옮긴이가 역자 후기라는 지면을 통해 독자에게 할 수 있는 서비스의 하나는 책의 내용을 요약하여 독자들의 책 읽기를 돕는 것이다. 그러나 이 책은 저자들이 각 장마다 말미에 자신들의 경험적 발견물들을 요약해 놓았고 또 결론에서도 전체 내용을 개관하고 이론적으로 토론하고 있기 때문에, 옮긴이가 또다시 동일한 작업을 반복하는 것은 지면을 낭비하는 일일 것이다. 하지만 저자들이 시위자들에 대한 직접 조사를 통해 검증한 사회운동과 관련한 가정들은 재차 언급할 가치가 있다. 우선, 이 조사의 결과에 나타난 거리의 사람들은 좌절한, 공격적인, 통제 불능 상태의 군중이 아닌 것은 물론, 더 이상 노동조합의 투사, 진보적인 지식인, 의식 있는 학생들만이 아니었다. 저항은 투표 및 여타 특정한 참여 형태를 제외하면 가장 일반적이고 가장 광범위한 참여 형태였다. 이는 '저항의 정상화 테제' — 그리고 '저항자의 정상화 테제' — 를 뒷받침하는 것이었다. 둘째, 이 경험적 연구는 '정치적 소외 테제'를 반증했다. 다시 말해, 저항자들은 소외되어 있고 반정치적인 사람들이라는 가정은 지지되지 않았다. 오히려 거리의 시민들은 기성 정치에 대해 불신하기는 하지만 개인적 행위와 집합적 행위를 통해 세상을 바꾸는 데 도움을 줄 수 있다고 확신하는 비판적 시민들이었다. 셋째, 시위를 포함한 비제도 정치가 제도 정치를 대체하고 있다는 이른바 '대체 테제'도 부정되었다. 저항자들은 전통적인 수단에 냉담한 것이 아니라 오히려 제도 외적 수단을 통해 자신들의 제도 정치의 영역을 확장했다.

이러한 검증의 결과는 저자들로 하여금 거리의 저항은 '민주적 책임성의 위기'에 대항하여 민주주의를 확장하기 위한 정치적 행동주의의 하나임을 확신하게 한다. 그들의 이러한 생각은 '감사의 말'에서 "민주주의는 투표를 통해서뿐만 아니라 시위와 같은 비선거 정치 활동을 통해서도 적극적으로 정치에 참여하는 사람들에 의해 만들어진다"라고 말하면서 "정치 참여를 통해 민주주의에 활력을 불어넣어 준" 거리의 시민들에게 이 책을 헌정하는 데서 분명하게 나타난다. 아마도 이 말은 학자의 평가가 아니라 시간과 비용을 들이면서까지 위험을 감수하는 거리의 시민들의 강고한 바람을 대신 전하는 것일 것이다.

그러나 이 책의 이러한 평가는 이 책이 연구의 대상으로 한정한, 저자들의 표현으로 '좌파 – 자유주의적' 가치를 지향하는 저항들에서 멈춘다. 오늘날 거리에는 '우파 – 권위주의적' 가치를 내세우며 거리를 가득 메우고 있는 '또 다른' 거리의 사람들이 있다. 게다가 그들 또한 반대 세력에게 증오를 퍼부으면서도 민주주의를 외친다. 이제 거리는 이 두 세력의 전투장이 되기도 한다. 대체 무엇이 사람들로 하여금 '서로 다른' 거리로 나서게 하는가? 이제 연구자들은 누가 옳은가를 따지는 것이 아니라, 그래서

'집단 극화'를 자극하는 것이 아니라, 무엇이 그들을 둘로 갈라놓는지, 그리고 그 메커니즘은 무엇인지를 규명해야 한다. 민주주의와 관련해서만 본다면, 아마도 그것은 '제도'로서의 민주주의에서 기인하는 것이지, '가치'로서의 민주주의에서 비롯되는 것은 아닐 것이다. 이것이 바로 민주주의 시대에 민주주의의 '정신'을 되새겨야 하는 이유이고, 또한 민주주의 투쟁의 역사, 즉 저항의 역사를 되짚어봐야 하는 이유일 것이다.

사회운동을 다룬 책의 출간은 출판사로서는 꺼릴 만한 일이다. 수많은 운동단체가 있고, 수많은 활동가가 있고, 무수한 거리의 시민들이 있기에 수요가 많을 것으로 예상되지만, 사회운동 서적은 그리 팔리지 않는 책 중의 하나이기 때문이다. 어쩌면 이것이 사회운동 영역에서 이론과 실천이 더욱 '따로인' 영역이 된 이유인지도 모른다. 그럼에도 불구하고 한울엠플러스(주)의 김종수 사장님은 사회운동 분야의 책 출간에 연구자보다도 더 열정적이다. 특히 이 책은 사장님의 출판 의지가 아니었다면 빛을 보지 못했을 수도 있다. 그러다 보니 옮긴이 역시 이번 책으로 '한울아카데미'에서만 다섯 번째의 사회운동 관련 책을 그 목록에 올려놓게 되었고, 이제 시리즈 같은 표지까지 갖추게 되었다. 나의 이러한 작업의 대부분에는 나의 편집 파트너 신순남 팀장과 디자인팀의 노고가 숨어 있다. 항상 뒤에서 애쓰는 기획실의 윤순현 차장을 비롯한 모두에게 새해를 맞이하며 감사의 인사를 전한다.

2021년의 둘째 날에
박 형 신

지은이

마르코 지우니(Marco Giugni)는 제네바대학교 정치학/국제관계학과 교수로, 시민권연구소(Institute of Citizenship Studies: InCite) 소장을 맡고 있다. 그의 연구는 사회운동과 정치 참여에 초점을 맞추고 있다. 그는 *Mobilization: An International Quarterly*의 유럽 편집자이다. 저서로는 *Social Protest and Policy Change*(2004), *Contested Citizenship*(2005, 공저), *Global Justice Movement*(2015, 공저), *The Consequences of Social Movements*(2016, 공저) 등이 있다.

마리아 T. 그라소(Maria T. Grasso)는 셰필드대학교의 정치학과 교수이다. 그녀의 연구는 정치사회학과 정치 참여에 초점을 맞추고 있다. 저서로는 *Generations, Political Participation and Social Change in Western Europe*(2016)이 있고, 지우니와 함께 *Citizens and the Crisis*(2018), *Austerity and Protest*(2015)를 편집했다.

옮긴이

박형신은 고려대학교 문과대학 사회학과를 졸업하고 고려대학교 대학원 사회학과에서 석사와 박사학위를 취득했다. 그간 강원대학교 사회과학연구소 연구교수, 고려대학교 인문대학 사회학과 초빙교수 등을 지냈다. 지금은 다시 연세대학교 사회발전연구소 연구교수로 일하고 있다. 사회이론, 감정사회학, 음식과 먹기의 사회학에 관심을 가지고 연구를 진행하고 있다. 지은 책으로는 『정치위기의 사회학』, 『감정은 사회를 어떻게 움직이는가』(공저), 『에바 일루즈』 등이 있고, 옮긴 책으로는 『고전사회학의 이해』, 『은유로 사회 읽기』, 『감정과 사회관계』, 『한 미식가의 자본주의 가이드』, 『저항은 예술이다』(공역), 『자연식품의 정치: 기업과 사회운동』 등이 있다.

한울아카데미 2284

거리의 시민들
지구화 시대에 누가 왜 어떻게 시위에 참여하는가

지은이 ┃ 마르코 지우니·마리아 T. 그라소   옮긴이 ┃ 박형신
펴낸이 ┃ 김종수   펴낸곳 ┃ 한울엠플러스(주)   편집 ┃ 신순남
초판 1쇄 인쇄 ┃ 2021년 1월 20일   초판 1쇄 발행 ┃ 2021년 2월 5일

주소 ┃ 10881 경기도 파주시 광인사길 153 한울시소빌딩 3층   전화 ┃ 031-955-0655
팩스 ┃ 031-955-0656   홈페이지 ┃ www.hanulmplus.kr   등록번호 ┃ 제406-2015-000143호

Printed in Korea.
ISBN 978-89-460-7284-8 93300(양장)
      978-89-460-8023-2 93300(무선)

※ 책값은 겉표지에 표시되어 있습니다.
※ 이 책은 강의를 위한 학생판 교재를 따로 준비했습니다.
   강의 교재로 사용하실 때에는 본사로 연락해 주십시오.